"十二五"普通高等教育本科国家级规划教材

北京市高等教育精品教材立项项目

新编21世纪市场营销系列教材

国际市场营销

第7版 · 数字教材版

王晓东 编著

International Marketing

中国人民大学出版社
· 北京 ·

内容简介

新发展格局下，中国企业要积极融入国际市场，让国内市场和国际市场更好联通，进一步提升中国企业的全球竞争力。本书结合我国企业的国际营销实践，系统介绍了国际市场营销的概念、方法和技术。第7版在系统阐述国际市场营销基本理论的前提下，注重概括和总结改革开放的伟大实践，注重消化和吸收中国传统文化的精华，注重描述和探讨中国特色社会主义市场经济的国情特点。通过大量原创性本土案例，本书体现了“全球化思考，本土化行动”这一国际市场营销的核心指导思想和理念。

作者简介

王晓东 中国人民大学二级教授、吴玉章高级讲席教授，博士生导师，中国人民大学市场流通经济研究中心主任，中国商业经济学会高校贸易经济教学研究工作委员会会长。在国内外期刊发表论文近50篇，主持完成多项国家级课题。荣获北京市第十六届哲学社会科学优秀成果奖、第九届高等学校科学研究优秀成果奖（人文社会科学）。

前言

在中国加入世界贸易组织后的20多年里，国内工商企业跻身国际市场开展国际化经营已成为一种趋势和潮流，正如习近平总书记所言，“要敢于到世界市场的汪洋大海中去游泳”①。现阶段，世界百年未有之大变局加速演进，国际力量对比深刻调整，因此要切实把握好国际营销环境的变化。党的二十大报告指出：“推进高水平对外开放。依托我国超大规模市场优势，以国内大循环吸引全球资源要素，增强国内国际两个市场两种资源联动效应，提升贸易投资合作质量和水平。”党的二十届三中全会通过的《中共中央关于进一步全面深化改革 推进中国式现代化的决定》，突出强调“完善高水平对外开放体制机制”。在新发展格局下，中国企业要积极融入国际市场，让国内市场和国际市场更好联通，就需要认识到国际营销的重要意义，结合国际市场需求制定恰当的营销策略，进一步提升中国企业的全球竞争力。因此作为企业商科人才培养必备课程的国际市场营销就成为我国财经院校开设的主干课程之一，其教材编写也是一项重要的基础工作。

本教材在编写过程中，本着博采众长、为我所用的原则，通过借鉴传统市场营销学的相关理论，总结营销经验的精华，吸收营销理论的研究成果，结合国内外企业的国际营销实践，系统地介绍和梳理了国际营销理论新的概念、方法和技术。与同类教材相比，本书的特色在于：(1) 理论脉络清晰。本书以国际市场营销的基本概念为出发点，分析国际市场营销环境、国际市场购买行为，讨论国际市场细分、国际目标市场选择、国际大市场营销，直至国际市场营销组合策略，以及国际市场营销新趋势，构成了一个框架结构合理、内容完整充实、案例丰富多彩的有机整体。(2) 案例内容新颖。“商理极深、商务极博”，国际商务发展日新月异，使得

① 习近平谈治国理政：第二卷．北京：外文出版社，2017：478.

国际市场营销具有很强的实用性，所以教材的案例编写非常重要，而案例提炼本身就是由实践到理论的一个重要阶梯。在扩大高水平对外开放、推动自贸试验区提质增效、建设更高水平开放型经济新体制的战略背景下，我国超大规模市场优势显著，国际营销也迎来了新使命、新任务、新机遇，发挥营销在创造新需求方面的独特作用，有助于让中国大市场成为世界大机遇。同时，深度参与全球产业分工与合作，持续提升贸易领域开放合作水平，对企业的跨国经营水平提出了更高要求，国际营销将助力企业主体塑造知名品牌形象，以更好地满足国际需求。（3）反映最新成果。本书在系统阐述国际市场营销基本理论的前提下，注重概括和总结改革开放的伟大实践，注重消化和吸收中国传统文化的精华，注重描述和探讨中国特色社会主义市场经济的国情特点，以期反映国际市场营销的前沿内容。（4）本土色彩浓厚。商科教材既要国际化，也要本土化。前者强调通用性，用于国际比较；后者强调适用性，形成核心竞争力。本书既兼顾国外经典案例的收集，也注重我国原创性本土案例的编写，融入了更多的本土意识，体现出商科教学和人才培养方面的中国意识、中国气派、中国风格。

在此次修订中，对上一版部分内容做了补充，比如利用大数据、人工智能等技术实现市场营销领域的技术革新，此次修订力图使该部分内容在教材中有更深入的体现，使学生对现代国际市场营销有更深刻的理解。此外，对每一章的案例内容都做了更新，力求对企业国际市场营销前沿实践加以总结和概括，将最鲜活的案例呈现给读者。

在本书修订中，谢莉娟、孙开心、邓雨夏、张泰宁等参与了资料整理和案例收集工作，在此一并表示感谢。国际市场营销的研究目前在我国还处于上升发展阶段，研究体系有待进一步整合完善，研究方法有待进一步规范提升，一些理论观点也尚存争议，书中难免有疏漏和缺憾，敬请专家和读者谅解并指正。

王晓东

中国人民大学商学院

目录

第1章

国际市场营销导论

本章要点

1. 国际市场营销是在国内营销概念上发展起来的范围更广、更加复杂的营销活动，其可分为多种类型，与国际贸易既有区别又有联系。

2. 国际市场营销的理论基础不仅涉及产品理论，还涉及国际贸易的相关理论。

3. 国际市场营销的发展经历了数个不同阶段，各个阶段的主要特征各有不同。

经济全球化和贸易一体化既给从事国际化经营的企业带来了更多的市场机会，同时也使企业面临日趋激烈的国际市场竞争。在机遇与挑战并存的条件下，企业为寻求更为广阔的国际市场空间和生存发展机会，迫切需要一种新的理念和理论的指导。国际市场营销学就是在全球化背景下，指导和帮助企业面对复杂多变的国际市场营销环境做出正确判断和决策的营销学专门学科。

第1节　国际市场营销的含义

国际市场，亦称世界市场，它是在世界范围内因国际分工和经济联系而进行商品、服务、技术等交换活动的场所，是国际经济体系的一个重要组成部分。企业想要顺利地进入国际市场，并成功地开展国际市场营销活动，了解和掌握国际市场营销的基本理论与方法是非常重要的，首先应从了解国际市场营销的基本概念入手。

一、从国内营销到国际营销

市场营销一般是指一个企业所进行的各种与市场相关的营利活动，包括：市场调查与分析；市场细分与目标市场选择；产品或服务开发；产品或服务定价；经过一定的分销渠道，向市场供应这些产品或服务；使用某种促销手段，向市场传递信息并说服人们购买。此外，还包括对所有这些活动的计划、组织和控制。我们一般将市场营销定义为个人和群体通过创造并同他人交换产品和价值以满足需要和欲望的一种社会和管理过程。此定义建立在下列核心概念基础之上：需要、产品、效用、交换。图1－1表明了上述概念之间的逻辑关系。

需要→产品→效用→交换→市场营销

图1－1　市场营销概念

消费者的需要是市场营销的出发点，人们对自身需要的满足有着某种或强或弱的偏好。人们使用某种商品或服务来满足自己的需要，任何满足消费者需要和欲望的商品或服务都可称为产品。效用是消费者对某一产品满足其需要的整体能力的评价，理性的消费者会选择效用最大的产品为最满意的产品。交换是以提供某物作为回报与他人换取所需要产品的行为，通过交换取得产品是人们满足自身需要的主要方式。由交换的概念可引出市场的概念。市场是由一切具有特定需要和欲望并且愿意和能够以交换来满足此需要和欲望的潜在消费者组成的。市场营销泛指与市场有关的一切人类活动，它意味着与市场一起运行以实现潜在的交换，市场营销是为了满足人们的需要而实现潜在交换的活动。

市场营销作为一种通过创造产品和价值并进行交换以满足消费者需要的社会和管理过程，根据是否跨越国界，可细分为国内市场营销和国际市场营销。国际市场营销包括所有国内市场营销所进行的活动，其特征不是进行的活动本身，而是如何进行这些活动，即进行这些活动的方式。

二、国际市场营销的定义

国际市场营销是国内市场营销在国际市场上的延伸，是指企业为满足国际市场需求和获得利润而进行的经营和销售活动。企业从国际角度考虑营销问题，或者说国际市场营销产生的动因主要有以下几点：国内市场过于狭小，不能满足企业不断扩张的需求；产品过剩，在国内市场积压，要求继续开拓国外市场；货币升值、出口困难造成企业将部分加工过程外移；工资和土地成本上升使企业不得不出于降低成本的考虑而开拓成本更低廉的国外市场；环保意识日渐深入人心，很多发达国家将污染严重的工业企业转移至发展中国家，以减少其对本国环境的污染；规避贸易障碍，通过海外设厂绕过贸易壁垒，可有效解决贸易争端，降低成本。

企业在进行市场扩张时普遍遵循一定的地理顺序：

本地市场→地区市场→全国市场→海外相邻市场→全球市场

肯德基的发展过程就是这样的，2024年肯德基在英国品牌评估机构发布的“全球最有价值25个餐厅品牌”排行榜中位列第三，但一开始它只不过是美国肯塔基州的一个加油站附设的一家简易餐厅，最初的供应范围只是当地小镇上的居民以及公路上来往的旅客和司机。通过不断壮大，发展到全州、全国乃至全球，现在，肯德基的国外销售额已占其总销售额的一半以上。这样的成绩可以归功于肯德基成功的国际营销策略。

国际市场营销是国内营销在国际市场上的延伸，因此，国际市场营销的基本原理同国内市场营销是一致的。许多指导国内企业营销活动的范畴、策略和方法，诸如营销调研、环境分析、消费者行为研究、细分市场和目标市场选择、市场营销组合策略的制定与实施等，均可用来指导国际市场营销活动。但国际市场营销并不是国内营销在国际市场上的简单延伸。国际市场营销所面对的是本国以外的其他国家的市场，国外市场范围辽阔且距离遥远，各个国家的政治制度、法律体系、经济体制、人口状况、技术水平、消费方式、风俗习惯等环境因素均有较大差异，环境特性决定了国际市场营销与国内营销存在质的区别。这意味着从事国际市场营销活动的企业将面临极为复杂的国际市场营销环境。图 1－2 表明了两种环境的差异。

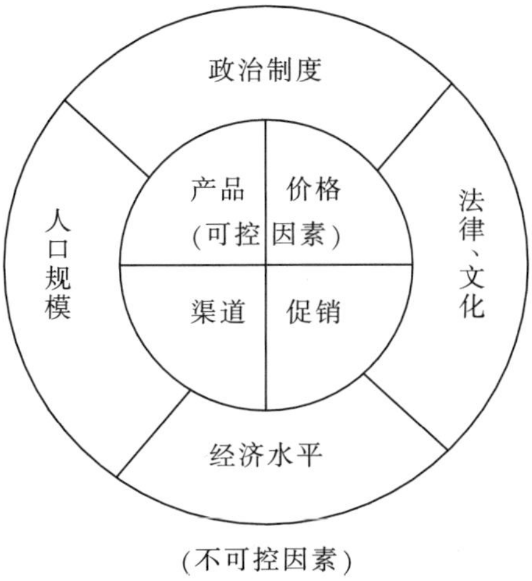

（a）国内市场营销环境

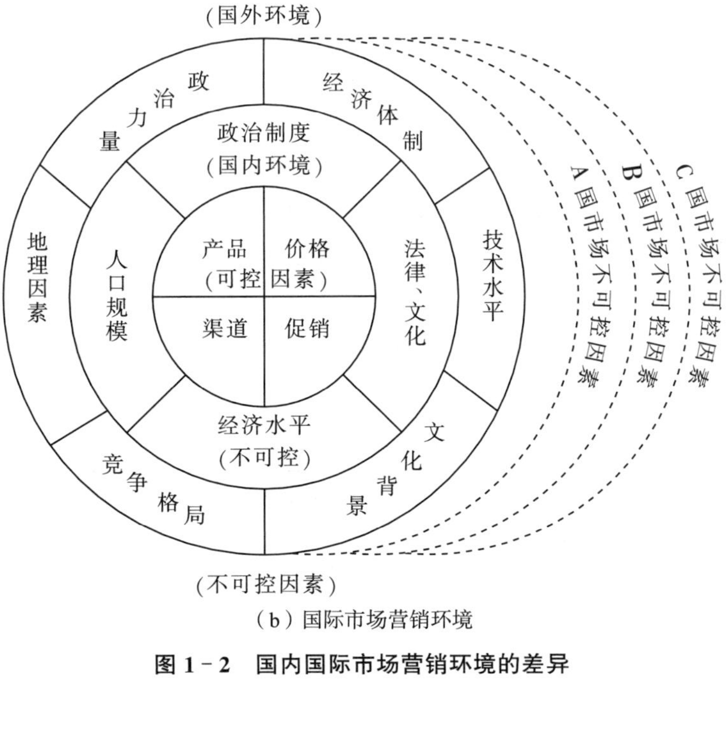

（b）国际市场营销环境

图 1－2　国内国际市场营销环境的差异

三、国际市场营销的基本类型

国际市场营销的基本类型是与国际企业发展的基本形态相关联的。国际企业的发展曾经历贸易型、海外投资型及跨国公司型等形态，伴随国际企业的发展，国际市场营销也先后发生过三种类型的变化。

（1）贸易-出口营销型。这是指产品由国内生产，将产品销往国外的营销决策也由国内企业来制定。与国内营销不同，跨国界交易会使市场营销活动遇到新的政治、经济和法律限制，这些限制性因素增加了国际市场营销的难度。

（2）海外投资-国外营销型。这是指企业投资国外，采用独资或合资等方式在国外生产基地从事生产，并在该国市场就近销售。每个国家具有自己独特的市场营销环境，这将使国际市场营销活动变得更为复杂。

（3）跨国公司-多国营销型。跨国公司是在两国或两国以上从事经营活动的公司。一般而言，跨国公司在国外拥有直接投资，或设有子公司，或从事生产制造，企业的所有权及控制权仍然掌握在设置于国内的总公司手中，营销决策由总公司做出。

需要指出的是，跨国经营企业和跨国公司是两个既密切联系又相互区别的企业组织形式，跨国公司（以前称多国公司，1974 年联合国经济及社会理事会决定此后统一使用“跨国公司”这一名称）是企业跨国经营的高级形式，国际市场营销学研究的企业实际上是指跨国公司的形式，但一些尚不是跨国公司的跨国经营企业也不同程度地从事国际市场营销，企业只要有跨国经营行为或跨国活动，即可视为从事国际市场营销。

四、国际市场营销与国际贸易

国际市场营销与国际贸易尽管都是以获取利润为目的的跨越国界的经济活动，在国际市场上有商品和服务的交换活动，都会涉及诸如产品定价、实体分配等问题，但二者毕竟在行为方式上有较大差别。有关国际市场营销与国际贸易的区别和联系，经济学家弗恩 · 特普斯卡（Vern Terpstra）从五个方面进行了较为详细的比较[①]，如表 1 - 1 所示。

表 1 - 1　国际贸易和国际市场营销比较

比较项目	国际贸易	国际市场营销
1. 行为主体	国家	企业
2. 商品流通形态	跨越国界	跨越国界/不必跨越国界

① 吴世经．国际营销学．成都：西南财经大学出版社，1989：6.

续表

比较项目	国际贸易	国际市场营销
3. 交易动机	比较利益	利润
4. 信息来源	国际收支平衡表	企业市场营销记录
5. 市场活动方式		
买与卖	是	一般为卖
物质分配	是	是
定价	是	是
市场调研	一般没有	是
产品开发	一般没有	是
推销	一般没有	是
分销渠道管理	否	是

（1）从行为主体来看，国际贸易往往是以国家为主体的，国家是国际贸易的组织者，在政治制度不同的国家，外贸政策会成为外交政策的组成部分；而国际市场营销活动的主体是企业，主要是指两个或两个以上国家的企业之间发生的营销活动。

（2）从商品流通形态来看，国际贸易的流通形态是跨越国界型，即参与交换的商品和服务必须真正从一国转移到另一国，是纯粹的买卖活动；而国际市场营销的形态则是多样化的，既可跨越国界，也可不必跨越国界，其活动具有经营的特征，不是纯粹的买卖活动。国际贸易与国际市场营销活动的这一差异反映到统计数据上，表现为国际市场营销额往往大于国际贸易额。

（3）从交易动机来看，国际贸易的原动力是国际比较利益；而国际市场营销是作为微观主体的企业以追求利润为动机的经营决策。

（4）从信息来源来看，国际贸易的信息来源是国际收支平衡表，从进口和出口两个方面体现国际贸易的经营状况和效果；而国际市场营销的信息来源主要是企业的市场营销记录。

（5）从市场活动方式看，首先，国际贸易包括出口和进口两个方面，国际市场营销更强调出口方面，且突出出口的售出过程，即通过市场调研，为国际市场提供适销对路的商品或服务。其次，国际贸易的活动过程相对于国际市场营销较为简单，只涉及营销活动的部分内容，而国际市场营销要涉及营销活动的全过程，包括营销调研、环境分析、市场机会的寻找、目标市场的选择与进入，以及产品、定价、渠道、促销的决策与管理等全部营销活动。国际市场营销活动的这一特点，决定了它比国际贸易更富有主动精神与创造精神，要求营销管理人员以更为积极进取的态度参与国际市场竞争。

第2节　国际市场营销的理论基础

国际市场营销和国际贸易均是跨越国界的经济活动，二者有着类似的理论基础。许多关于国际贸易的理论同样可以解释国际市场营销活动的产生和发展，国际贸易中的比较利益学说和产品生命周期理论可看作比较成熟的国际市场营销的理论基础。

一、比较利益学说

国际贸易理论肇始于亚当·斯密的绝对利益论。亚当·斯密在《国民财富的性质和原因的研究》即《国富论》中这样讲道，如果一件东西在购买时所需的代价比在家内生产时所需的小，就永远不会想要在家内生产，这是每一个精明的家长都知道的格言……在每一个私人家庭中的行为是精明的事情，在一个大国的行为中就很少是荒唐的了，如果外国能将商品以比我们自己制造还便宜的价格供应我们，我们最好利用出售我们自己的优势产业生产出来的物品的一部分来向它们购买，这总是比自己制造有利。① 可见，在斯密的逻辑中，贸易的前提是各国产业间的差异，即生产的国际分工。斯密的理论还进一步阐述了分工的发展是促进劳动生产率提高的关键因素，而分工的程度受到市场范围的强烈制约。对外贸易有助于扩大市场范围，因而能够促进分工的深化和生产率的提高，加快一国的经济增长。斯密已具有了通过国际贸易带动经济增长的最初思想。后来，大卫·李嘉图发展了斯密的学说，提出了相对利益的观点，弥补了斯密绝对利益理论的弱点，即如果一国在一切产业上均无优势，国际贸易何以产生。按照李嘉图的相对利益理论，各国应致力于更多地生产它能相对更有效率地进行生产的产品，并出口这些产品以换回其生产上处于相对劣势的产品。即两优之中取最优，两劣之中取次劣。被称为古典贸易理论的斯密、李嘉图学说都把劳动作为唯一的生产要素，劳动的成本差异导致国际贸易的产生，从而使双方获利。古典贸易理论虽然具有劳动价值论这一合理的内核，但劳动成本的唯一性排斥了资源稀缺的因素，使这一理论对国际贸易的解释存在某种局限。

20世纪初，瑞典经济学家赫克歇尔和俄林提出了“资源配置”或“资源禀赋”的贸易学说，在赫克歇尔-俄林模型（H-O模型）中，劳动不再是唯一的投入，商品交换比例的决定由劳动一种因素扩展到各种天赋资源或要素，即要素禀赋。这一理论称为新古典贸易理论。新古典贸易理论后来进一步丰富为赫克歇尔-俄林-萨缪尔森模型（H-O-S模型）。作为现代国际贸易理论的H-O-S原理将传统的比较优势架构在要素禀赋的基础上，更深入细致地阐释了国际贸易产生的原因以及贸易模式。根据这一理论，一个国家应充分利用它所拥有的生产要素优势进行生产，

---

① 亚当·斯密．国民财富的性质和原因的研究：上册．北京：商务印书馆，1979：30.

各国应出口那些密集地使用本国丰富的生产要素所生产的商品，并进口那些密集地使用本国稀缺的生产要素所生产的商品。由于发达国家与发展中国家在资源禀赋上的反差，国际贸易似应在这两类国家间进行。但事实上，近一半的世界贸易是在要素禀赋相似的工业化国家间进行的。这说明现代国际贸易理论也不能解释所有的国际贸易现象。伴随着对外贸易战略的研究，越来越多的人认识到，没有千篇一律的贸易模式，各国应把国际贸易的一般理论同本国特有的国情结合起来，探索出适合自身特点的对外贸易发展规律。

二、产品生命周期理论

国际贸易的发展带动了国际资本的转移，使得人们把注意力从贸易转向投资，以往的对外贸易理论无法解释在国际经济关系中出现的新现象，因此一些揭示对外直接投资及跨国公司行为和战略的理论应运而生。它们打破了以往的纯粹贸易理论，从更广阔的角度和更深入的层次探讨国际经济活动的规律，这同时也为国际市场营销构筑了理论基础，其中的产品生命周期理论有效地解释了企业的跨国经营行为。

产品生命周期理论，简称 PLC（product life cycle）理论，产生于 20 世纪 60 年代中期，其主要代表人物是哈佛大学教授雷蒙德·弗农（Raymond Vernon）。弗农在哈佛大学主办的《经济学季刊》上发表了题为“产品周期中的国际投资与国际贸易”的论文，首次对产品生命周期理论与国际商务活动的关系进行了阐述。产品生命周期理论是第二次世界大战后解释工业品贸易的著名理论，该理论认为，如同人从出生到死亡有一个生命周期一样，产品在市场上的变化也要经历一个介绍、成长、成熟、衰退的周期性过程。国与国之间在生产结构、技术条件、管理水平及市场因素等方面的差异，决定了同一产品在不同国家处于生命周期的不同发展阶段。一般来说，新产品首先在母国市场商业化，然后逐步向其他国家的市场扩展。在这一过程中，信息的跨国界流动也是要受到限制的，在产品商品化程度上，母国处于最高级阶段；其他工业化国家次之；发展中国家处于初级阶段；而在经济特别落后的国家，该新产品可能还未进入。产品生命周期概念可用来确定某种产品同一时期在不同国家市场上的相应位置（见图 1-3）。

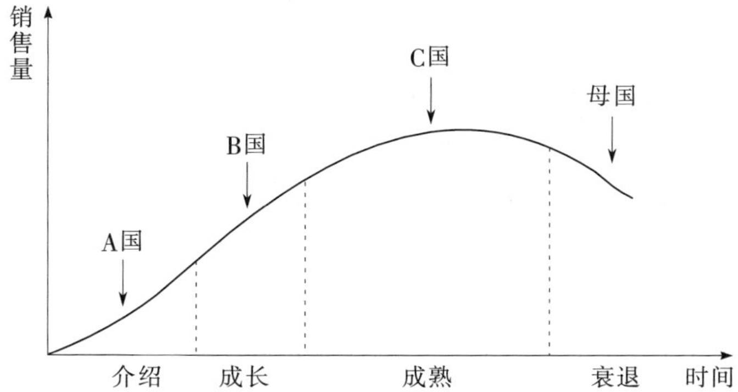

图 1-3　既定时期内产品的国际市场生命周期

产品生命周期理论还可以由图1－4概括表示。在图1－4中，对产品创新国来说，$t_1 \sim t_4$ 时期是净出口国，但从 t_4 时期开始成为净进口国；对发展中国家来说，$t_2 \sim t_5$ 时期为净进口国，但从 t_5 时期开始成为净出口国。这说明某产品在经济发达国家已经处于或临近产品生命周期的衰退期，但在国外其他发达国家的市场上可能还处于成长期，在发展中国家可能刚刚进入介绍期，尚有大片市场可开拓或扩展。因此将该产品出口至他国既延长了产品生命周期，又使企业获得了可观的利润和收入。只有在将来的某一时期，当该产品在所有国家市场都经历了成熟与衰退期后，该产品的全球生命周期才告结束。产品生命周期理论对企业投资国外、开展跨国经营提供了有益的理论指导。

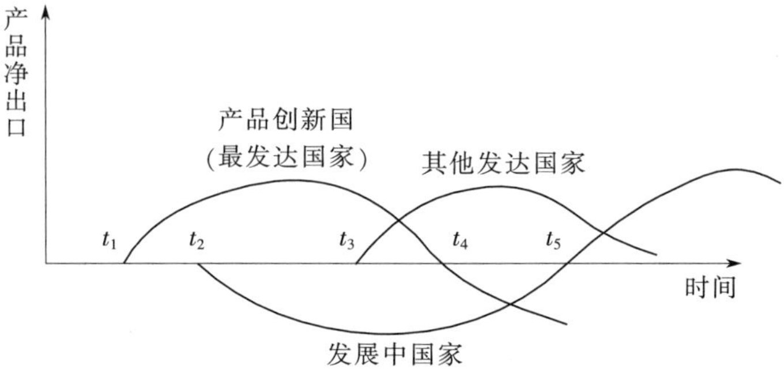

图1－4　不同国家的产品生命周期

第3节　国际市场营销的发展阶段

国际贸易的历史源远流长，国际市场营销则是自19世纪中期逐渐发展起来的。19世纪中期以后，受产业革命的影响，跨国公司所面临的主要问题由如何寻找产品原料转向如何开拓产品销售市场，在以收购、合作、兼并等方式建立海外机构的资本转移过程中，开始注意运用某些营销手段，尽管这时国际市场营销的整体水平还处于较低层次。国际市场营销的较快发展始于第二次世界大战结束后的20世纪50年代。

根据市场营销的一般理论，现代市场营销观念的确立是伴随着供求关系的变化，即卖方市场向买方市场的转化而逐步完成的。美国的经济在战争中未受到破坏，战后仍以较快速度发展，在50年代初形成买方市场的格局。随着战后经济恢复和发展，西欧各国和日本先后形成了总体上供大于求的买方市场。买方市场的形成一方面使以消费者为中心的现代市场营销观念被广泛接受；另一方面也意味着主要资本主义国家的生产超过有支付能力的需求的程度不断加深，国内市场日趋饱和，迫使更多的国内企业将所生产的产品向国外市场渗透，或者直接投资海外，建立生产和销售机构以寻求更为广阔的国际商品市场。在这一过程中，形成了为数不少的国际化经营的跨国公司，它们将已形成相对完整体系的市场营销理论、方法和策略运用到国际市场营销活动过程中，指导国际市场营销实践，同时也丰富了国际市场营销的理论体系。在开拓国外市场方面，日本企业相比欧美企业来讲，更早地表现出一种非常明显的国际导向，其国际市场营销活动的成功令人瞩目。虽然以消费者为中心的现代市场营销观念发端于美国，但在营销理论的应用方面，日本企业却有后来居上之势，这对日本的经济起飞起了很大的推动作用。

20 世纪 80 年代以来，世界范围内的科技革命对各国经济的增长产生了巨大影响，再加上不同社会制度的国家先后采取了对外开放的政策，发达国家独占国际市场的局面已经结束，发达国家和发展中国家的企业相继进入国际市场，使得国际市场更具有供过于求的买方市场特征。此外，集团贸易组织的兴起、贸易保护主义政策的施行，使得国际市场营销环境更趋复杂多变。在这一阶段，跨国公司得到了迅速发展，不仅营销活动的范围进一步扩大，其国际市场营销已经上升到全球营销的高度，而且营销活动进一步向深层次发展，由商品输出转向资本输出，将本国生产成本高的部门或产品向成本低的国家或地区转移。通过在国外筹资办厂，在全球范围内安排产品的开发、生产、销售、定价、促销等活动，国际市场营销活动的效益明显提高。概括来讲，国际市场营销的发展历程可以划分为几个具有不同特征的阶段。

（1）国内营销（domestic marketing）。国内营销指的是目标仅在本国市场上的营销活动。这一阶段，企业将营销的重点集中于国内市场，通常不会考虑国际市场和国际营销环境等问题。国内营销一般来讲有两种情况：一种是国内营销发生在国际统一市场尚未形成之时，企业面临的仅仅是一个不成熟的国内市场；另一种是企业仅仅把目标锁定在国内市场，而对国际市场不予考虑。前者由营销的客观条件所决定，后者则更多地反映了企业的战略规划。

（2）出口营销（export marketing）。出口营销是企业以国内市场为基础，同时从事部分产品的出口业务，通过产品出口进入国际市场的一种市场营销形态，是企业进入国际市场的第一阶段。在这一阶段，出口营销企业对国外的目标市场进行选择，并依赖国内生产供货，重点是充分利用本国的产品和经验，因此其国际营销的规划并不十分明显，很多交易被称为“送上门来的出口订单”。

（3）国外营销（overseas marketing）。国外营销是在出口营销的基础上，企业更多地参与某些国外市场，并有比较完整的国际营销策略的营销活动。这一阶段的国际营销不仅着眼于产品的出口，还明确把某些外国市场作为自己的目标市场，根据这些海外目标市场的需要，开发产品，建立渠道，销售产品，获得利润。在这一阶段，企业也可以通过在某国设立分支机构建立起在该国更加有力地协调销售活动的市场营销系统。

（4）多国营销（multinational marketing）。多国营销是指企业同时参与多个国外市场的一种国际营销活动，它比国外营销在开拓境外市场的深度上又进了一步。跨国公司可以根据各东道国不同的要素和市场情况，将生产和销售的不同环节分散到各个更具比较优势的国家，使其资源在全球范围内合理配置。比如 A 国的生产资料最便宜，跨国公司就可在 A 国采购原材料；B 国的研发成本最低，就把研发机构设在 B 国；C 国的工资水平最低，便在 C 国加工；D 国的组装成本较低，就可以在 D 国组装；E 国的市场售价最高，当然就应该把销售的目标市场选在 E 国。

（5）全球营销（global marketing，又称跨国营销）。全球营销是指企业将整个世界市场看作一个市场。从这一阶段的消费者兴趣和偏好来看，相似的需求已构成一个统一的世界市场，跨国公司可运用一种一体化的方式来协调不同国家的消费者需求，生产全球标准化的产品以取得规模效益。例如，微软公司是以一种全球性的眼光来看待其目标市场的，而不是以单个国家为基础，这样就可以建立一个全球范围的标准产品体系，而对国家间的差别仅需做微小的变动，从而减少了软件本土化的时间。又比如，可口可乐的核心饮料产品在全球范围内保持一致，基本上在所有市场中提供相同的可口可乐饮料。这种标准化的产品帮助其在全球范围内建立统一的品牌形象，便于大规模生产和分销，同时使得该公司可在全球范围内有统一的标准来进行营销战略的制定与实施。

从国际市场营销的发展历程来看，任何一个企业在国际市场营销过程中都会处于上述某一阶段。企业所处阶段既取决于企业的发展战略目标，同时也会受整个国家发展水平的影响。经济发达国家的企业一般会处于国际市场营销的较高阶段，发展中国家的企业相对来讲处于国际市场营销的较低阶段。随着整个国家经济水平逐渐提高，企业的国际市场营销也将由低层次向高层次不断发展。

案例分析

瑞幸咖啡的海外扩张

瑞幸咖啡近年来在国内市场的表现堪称传奇，它成功挑战了库迪并超越了星巴克，品牌旗下门店在国内超过 2 万家，创造了亮眼的业绩。然而，随着规模的不断扩大，瑞幸在国内的增长遇到了瓶颈，面临着发展的边界。为了继续扩张，瑞幸计划于 2024 年第四季度至 2025 年第一季度启动大规模的海外扩张，主要聚焦东南亚和美国市场。截至 2024 年 9 月，瑞幸仅在新加坡就开设了 38 家直营门店。

瑞幸的海外扩张计划最早可以追溯到 2019 年。当时，瑞幸计划在 2020 年下半年进入海外市场，但由于财务丑闻和疫情等因素，原计划被迫推迟。随着新管理层的接手，瑞幸重新评估了出海策略，经过多次讨论和调研，最终决定从新加坡开始试水，并将其作为开拓东南亚市场的跳板。

2023 年 4 月，瑞幸在新加坡开设了第一家海外门店。根据知情人士透露，瑞幸将新加坡视为其海外品牌认知度和商业模式的试验场，计划在未来 3 到 5 年内以新加坡为东南亚总部，逐步拓展到周边市场。 2024 年上半年，瑞幸与马来西亚的成功食品公司接洽，讨论通过合资形式进军马来西亚市场。成功食品是星巴克在马来西亚的代运营商，负责运营超过 340 家星巴克门店。

在新加坡市场，瑞幸借鉴了星巴克的选址策略，在商业综合体、交通枢纽、繁忙街区等地开设门店。但与星巴克相比，瑞幸选择开设面积较小的门店，租金和人工成本可控。为了吸引顾客，瑞幸推出了“新客首杯咖啡 0.99 新元”的优惠，而不是像中国市场那样采用 0 元拉新的方式。此外，瑞幸将产品定价设为原价的 60%~70%，以适应当地市场。

瑞幸在新加坡的运营也加强了其对供应链建设的重视。尽管新加坡的物料成本比中国高出约 1.5 倍，瑞幸仍计划通过国内供应链的进一步扩展，逐步将成本降低至中国市场的 1.1 倍。虽然新加坡和其他海外市场也存在许多小而独特的本土咖啡品牌，但瑞幸并不会复制国内的价格战和过快扩张策略，而是采取稳健的扩展方式，力求与多个本土品牌共存，逐渐赢得消费者的心理认同。

资料来源：瑞幸计划年底大规模出海，海外财务规划的痛点有哪些?.(2024-09-11). https://www.sohu.com/a/807991470_120957208.

问题

1. 根据产品生命周期理论，瑞幸当前在中国、海外市场处于什么样的发展阶段？
2. 瑞幸在海外市场的营销策略和国内市场有什么异同？

思考题

1. 国际市场营销与国内市场营销的主要区别与联系是什么？
2. 国际市场营销的三种类型及各自的特点是什么？
3. 企业走向国际市场的动因有哪些？
4. 简述国际市场营销的发展历程及各个阶段的主要特征。

第2章

国际市场营销环境（上）——国际环境

本章要点

1. 国际市场营销环境主要分为国际环境和外国市场的国内环境，其中国际环境的影响因素主要包括经济因素和政治因素。

2. 随着区域经济一体化，多种类型的区域组织得到发展，成为国际市场经济因素中的重要部分。

3. 除了区域组织，国际贸易政策和国际货币制度也是国际市场中重要的经济因素。

4. 不同于国内营销的4P理论，国际市场营销还要注意公共关系（public relation）和政治（politics）因素。国家之间的双边和多边关系常常影响国际市场营销。

环境是指与某一特定作用体之间存在潜在关系的所有外在因素及实体的总称和体系，对于不同的事物，环境的内容各有不同。企业的国际市场营销环境是指环绕企业周围对其国际市场营销活动具有潜在影响的所有因素。企业所处的国际环境无时无刻不在变化，随时会产生新的威胁和机会，企业必须适时采取行动，以适应不断变化的国际环境。

当国内企业的产品跨越国界进入国际市场时，首先会遇到来自国际上的各种政治和经济力量的束缚，从而影响产品的国际流动。这些政治、经济方面的限制体现出国际市场营销的某些共性。习近平总书记指出："企业家要……提高把握国际市场动向和需求特点的能力，提高把握国际规则能力，提高国际市场开拓能力，提高防范国际市场风险能力，带动企业在更高水平的对外开放中实现更好发展，促进国内国际双循环。"① 党的二十届三中全会指出，"稳步扩大制度型开放。主动对接国际高标准经贸规则""建立同国际通行规则衔接的合规机制，优化开放合作环境"②，在这样的国际背景下，不同企业的产品进入各具特色的外国市场，不同国家独特的市场营销环境构成国际市场营销的个性特征，因此，国际市场营销环境主要由两个

① 习近平：在企业家座谈会上的讲话．(2020－07－21)．新华网．

② 中共中央关于进一步全面深化改革　推进中国式现代化的决定．北京：人民出版社，2024．

部分组成：国际环境（见图2－1）和外国市场的国内环境。

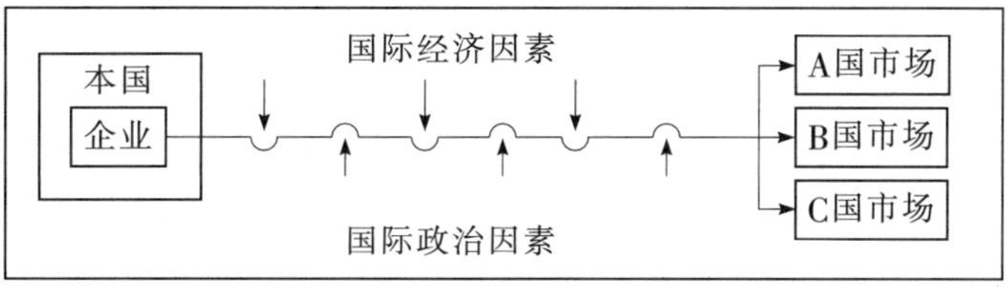

图2－1　国际市场营销的国际环境

第1节　影响国际市场的经济因素

进入国际市场的企业，其活动会受到国际宏观经济因素的影响。伴随世界经济一体化的趋势，各地形成了诸多区域经济组织。这些区域经济组织对外国企业在其成员国内部的市场营销活动有很大的抑制或促进作用。此外，国际贸易政策和国际货币制度也会给从事国际市场营销的企业组织带来某些限制性影响。

一、区域经济一体化

目前区域经济一体化已成为影响国际市场发展变化的主要因素之一，各国都希望以地缘为纽带，结成某种形式的经济合作关系，以便有效地利用各自的资源为成员国市场提供商品或服务，区域经济一体化促进了各种区域经济组织形式的产生。党的二十大报告指出，十年来，“我们实行更加积极主动的开放战略，构建面向全球的高标准自由贸易区网络，加快推进自由贸易试验区、海南自由贸易港建设，共建‘一带一路’成为深受欢迎的国际公共产品和国际合作平台。我国成为一百四十多个国家和地区的主要贸易伙伴，货物贸易总额居世界第一，吸引外资和对外投资居世界前列，形成更大范围、更宽领域、更深层次对外开放格局”①。

（一）区域经济组织的类型

区域经济组织根据内容和发展程度的不同可分为六种类型：优惠贸易协定、自由贸易区、关税同盟、共同市场、经济联盟和完全经济一体化。不同贸易体制下的交易费用的变化如图2－2所示。

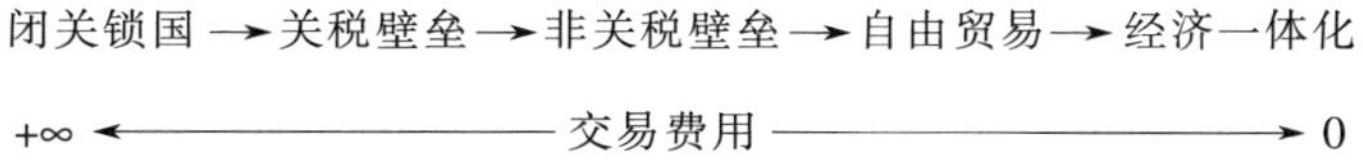

图2－2　不同贸易体制下的交易费用变化

---

① 习近平：高举中国特色社会主义伟大旗帜　为全面建设社会主义现代化国家而团结奋斗：在中国共产党第二十次全国代表大会上的报告．北京：人民出版社，2022.

（1）优惠贸易协定（preferential trade arrangement）。优惠贸易协定是指成员国（经济体）之间通过签订协定或采取其他形式对全部或部分商品实行特别的关税优惠，它是区域经济一体化中最低级和最松散的一种形式。2006 年 9 月 1 日开始实施的《亚太贸易协定》就是典型的优惠贸易协定。欧洲煤钢共同体和美加汽车产品协定也属于优惠贸易协定这一组织类型。

（2）自由贸易区（free trade area）。自由贸易区是国家间经济一体化约束最少、最为松散的形式。在自由贸易区内，成员国之间取消商品或服务移动的一切人为限制，成员间的一切贸易壁垒均被撤除，从而产生了一个商品或服务可自由交易的自由贸易市场，但成员国与非成员国之间仍保持原有的贸易政策。其主要特点是成员之间取消关税与非关税壁垒，但各自保留自己的海关和关税制度。其不足之处是造成迂回贸易，很多企业将市场进入程序改为向区域内关税最低的国家出口，之后再免税出口到最终消费国。解决这一现象的有效方式是采用按原产地确定最终关税的税收制度。著名的自由贸易区有欧洲自由贸易区（EFTA），建立之初由七个国家组成，芬兰、冰岛之后加入，目前只剩下挪威、冰岛、列支敦士登和瑞士四个成员国，其他国家均已加入欧盟（英国于 1973 年退出 EFTA 加入欧共体，并于 2020 年退出欧盟），现在这一组织正在协调其内部关系，以便和欧盟共同组成更大的统一实体；美国、加拿大和墨西哥三国通过签订《北美自由贸易协定》也产生了一个单一大陆经济区——北美自由贸易区（NAFTA）；属于自由贸易区性质的区域经济组织还有东盟自由贸易区，日本、新加坡自由贸易区，中国-东盟自由贸易区，日本-东盟自由贸易区等。

（3）关税同盟（customs union）。自由贸易区的合作层次较低，被列为国际经济合作的低级阶段。关税同盟在自由贸易区的基础上又向前迈进一步，其合作程度高于自由贸易区。关税同盟是指成员国之间完全取消在商品贸易中的关税和数量限制，使商品在各成员国之间自由流动。另外，成员国还对来自非成员国的商品进口建立统一的关税制度，形成了统一的对外贸易政策。关税同盟在一体化程度上比自由贸易区有实质性的进步。因为关税同盟意味着撤除了成员国各自原来的关境，组成了共同的关境，这不仅有利于排除来自非成员国商品的竞争，促进成员国之间商品自由流动，而且使成员国在关税方面形成了一体化。关税同盟开始具有了超国家性质，是实现全面经济一体化的基础。这一组织具有强大的对外贸易政策协调与管理能力。比如，2010 年 1 月 1 日起白俄罗斯、哈萨克斯坦、俄罗斯关税同盟启动，对外实行统一进口关税，取消成员国内部海关限制，确保商品在三个国家境内自由流通。

（4）共同市场（common market）。共同市场的经济合作程度高于关税同盟。共同市场不仅包括关税同盟所包含的经济内容，即成员国间商品或服务的自由交换、成员国间的进出口免税及对非成员国的共同关税，还包括比关税同盟更为丰富的经济内容，除商品可自由流动外，各种生产要素（劳动力、资本、技术）也可在共同市场内部的成员国之间流动，移民和跨国界投资的限制被取消，各国资源可在更大的市场空间内合理配置，组织内财政政策、货币政策以及就业政策方面要进行高度的协调。目前只有欧盟走到了这一阶段。阿根廷、巴西、巴拉圭和乌拉圭四国曾在巴拉圭首都亚松森签订《亚松森条约》，宣布建立南方共同市场，其后智利、玻利维亚等国加入成为联系国，希望最终能够建立南美共同市场。

（5）经济联盟（economic union）。经济联盟的建立，除了要求商品、服务和生产要素自由流动之外，还要求经济政策的一体化。这说明经济联盟的合作程度高于共同市场形式。经济联盟下的成员国间要协调货币政策、税收政策和政府开支政策，甚至要有统一的货币形式。这种经济合作可能导致成员国牺牲部分国家主权利益，以服从一个位于国家之上的联盟权威机构，经济联盟最终也有可能推动政治一体化的政治联盟的形成。目前只有欧盟接近经济联盟这一阶段。

（6）完全经济一体化（complete economic integration）。完全经济一体化是区域经济一体化的最高组织形式，区域内各国在经济联盟的基础上，全面实行统一的经济和社会政策，建立统一的货币制度，使各成员国在经济上形成单一的经济实体。伴随着经济联盟不断发展，成员国将会加强政治上的联合，建立政治经济统一体，因此又称政治经济一体化。欧盟一体化进程就是以建立关税同盟为起点，进而发展为统一大市场、经济货币联盟，并向政治联盟发展，建成政治经济统一体的完全经济一体化组织。

不同区域经济组织的特征及其比较如表2-1所示。

表2-1 不同区域经济组织的特征

组织类型	优惠关税	商品的自由流动	共同对外关税	生产要素的自由流动	经济政策的协调	超国家经济组织
优惠贸易协定	√					
自由贸易区	√	√				
关税同盟	√	√	√			
共同市场	√	√	√	√		
经济联盟	√	√	√	√	√	
完全经济一体化	√	√	√	√	√	√

（二）区域经济组织的特点

（1）区域经济组织是一种国际趋势。近年来，国际区域市场的形成与发展有不断加速的趋势，各国不断签署协议，区域市场的数量也在不断增加。这种趋势还会继续下去。

（2）区域经济组织有不断扩大的趋势。很多区域经济组织的成员国数量不断增加，规模也不断扩大。如从美加自由贸易区扩大到由美国、加拿大、墨西哥组成的北美自由贸易区；又如欧盟的成员国也在不断增加。

（3）区域经济组织有不断高度化的趋势。所谓高度化，是指国际区域市场的模式由低级向高级逐步演进。如东盟，在成立之初属于地区性合作集团，现在正在向自由贸易区过渡；又如欧共体向欧盟的发展过程。

（4）区域经济组织在某种程度上存在交叉性。这种交叉性表现在不同的区域市场相互交叉，即某个国家或地区既是某一个区域经济组织的成员，又是另一个区域经济组织的成员。如墨西哥既是北美自由贸易区的成员，又是哥伦比亚、墨西哥和委内瑞拉组成的三国市场的成员。

就国际市场营销来讲，区域经济组织的出现为经营者提供了许多机会，但也有一些潜在的问题。区域经济一体化的基本特征就是为区域内的生产和贸易提供优惠和便利，区域市场越大，所提供的市场机会就越多。但区域经济组织对区域外的贸易对象将带来不利的条件限制，这显然会对企业的国际市场营销产生消极影响。这方面的影响主要包括两个方面：一是特惠效应的影响。区域经济组织使区域外出口商受到歧视性待遇，难以与区域内公司进行公平竞争，在这种情况下，区域外出口商可以采取直接投资的方式开展国际市场营销。二是增长效应。区域经济组织会造成统一市场规模不断扩大，这种扩大会使区域内公司扩大生产规模以适应市场的需求，这使得区域外的出口商面临着被区域内公司的产品替代的威胁，在这种情况下，经济一体化会导致区域外出口商由出口营销转向投资营销，以部分抵消经济一体化对其造成的消极影响。

二、国际贸易政策

虽然区域经济组织对成员国的对外贸易有统一协调的职能，但各国政府有权制定本国的贸易政策，企业进行国际市场营销还必须了解有关国家的外贸政策。主要的国际贸易政策有关税、非关税壁垒及各种鼓励出口措施等。

1. 关税

关税是商品通过国境时，海关向进出口商征收的税金，征收关税的目的在于增加政府收入和保护国内民族工业。经常性的关税种类有：（1）进口税。即进口国海关对本国进口商征收的正常关税，又可分为最惠国税和普通税。（2）出口税。即出口国海关向本国出口商征收的关税。（3）过境税。也称转口税，是本国海关对由他国出口通过本国关境运往另一国的货物所征收的关税。除上述三种关税，还有临时性关税、差价税和进口附加税三种非经常性关税。关税将直接影响企业的国际市场营销活动，特别是在定价方面，出口商品被课征关税后，价格的大幅提高会削弱企业在国际市场上的竞争力；对进口商品的高额关税政策也会招致别国的报复，使企业的国际市场营销活动受阻。

2. 非关税壁垒

除关税之外的限制进出口交易的各种贸易保护措施，均可称作非关税壁垒。与关税相比，非关税壁垒更为隐蔽，近年来逐渐成为干预自由贸易的主要手段。过去几十年中的多边关税谈判使关税得到了极大的削减，但这一积极成果又在很大程度上被非关税壁垒的广泛运用抵消。主要的非关税壁垒包括：（1）进口配额。这是进口国政府在一定时期内对特定商品的进口数量或进口金额加以限制的政策举措，可分为绝对配额和关税配额两种。（2）出口限额。这是出口国政府在一定时期内对特定商品所规定的出口额度，超过额度则禁止对进口国出口。（3）进口许可证制。这是由进口国外贸主管机构发给本国进口商的对特定商品的进口许可凭证。（4）外汇管制。这是指一国政府以法令形式对国际结算和外汇交易实行的限制性制度，国家通过外汇管理当局对外汇买卖进行控制，就可有效地控制商品进出口的数量、种类和进出口国别。

除上述内容，非关税壁垒还包括其他间接的限制性措施，如政府采购政策、进出口的国家垄断、专断的海关估价制、各种技术或卫生标准等。非关税壁垒对企业的国际营销活动影响很大，有时甚至比关税限制更严格。如进口配额，它可使企业降低生产成本、开辟新市场等营销决策失去作用，企业无法适应这种市场环境的变化，在非关税壁垒面前束手无策。

3. 鼓励出口措施

各国政府在运用关税和非关税壁垒限制进口，保护本国相关产业的同时，也采取措施支持本国企业的出口业务。大多数国家都热衷于“奖出限入”，原因很简单，净出口是一国国内生产总值（GDP）的重要组成部分。另外，出口是很多国家外汇收入的主要来源，有利于保持良好的国际收支，维持本币币值的稳定。主要的鼓励出口措施包括出口补贴、本币贬值、出口信贷、出口信贷国家担保制等。

4. 世界贸易组织

任何一家从事国际市场营销的企业都希望能在没有关税与非关税壁垒、没有贸易保护主义政策限制的条件下，从国外市场进口商品或向世界市场出口商品，但各国政府出于本国利益的考虑，均不同程度地对外国货物征收关税和实行配额，使国际贸易数额减少，给企业的国际市场营销制造了障碍。致力于反对限制性贸易政策的世界贸易组织（WTO）的前身为关税及贸易总协定（简称“关贸总协定”），关贸总协定于第二次世界大战后的 1948 年开始生效，这是各国和地区缔结的旨在降低关税、减少贸易壁垒的有关贸易和关税的多边国际协定。一方面，它通过建立一套良好行为规范为成员之间的合作奠定了基础。从这一意义上讲，关贸总协定是一种世界贸易俱乐部，联系着 100 多个成员。另一方面，关贸总协定定期召开有关多边关税谈判的多国会议，讨论相互减少贸易壁垒的问题，如第五轮谈判的“狄龙回合”、第六轮谈判的“肯尼迪回合”、第七轮谈判的“东京回合”、第八轮谈判的“乌拉圭回合”。这种在互惠基础上通过反复磋商，以降低关税或非关税壁垒为主的多边贸易谈判，达成了最惠国待遇、平等无歧视待遇等基本规则，大大提高了成员之间的合作程度，使得世界贸易总额的 85%是在关贸总协定范围内进行的。可见，关贸总协定所制定的贸易准则和达成的互惠协议对国际市场营销会产生重大的影响。脱胎于关贸总协定的世界贸易组织于 1995 年 1 月 1 日正式运行，被称为“经济联合国”，其成员之间相互开放市场，相互给予最惠国待遇和国民待遇，这就为本国企业在成员方市场上的营销活动创造了有利的外部条件。

三、国际货币制度

国际市场营销涉及产品或服务的交换，除易货贸易，交换通常是以货币为媒介的。世界上有 150 多种通货，多种货币的存在使得现代国际交换面临许多困难。一个国家必须持有国际上普遍接受的货币，而不能用自己的货币随意购买其他国家的商品。一个企业也不能向没有国际货币的国家出口货物。影响国际货币制度的主要机构有国际货币基金组织和世界银行。

1. 国际货币基金组织

最早的国际货币制度是金本位制，金本位制下的各国纸币发行要受到黄金准备数量的限制，因而金本位制缺乏弹性。20 世纪 30 年代的世界经济危机所诱发的金融动荡，使得一些国家相继放弃金本位制，进而使原有的国际货币流通秩序遭到破坏。为改善战后国际金融和贸易关系，保证世界经济的稳定发展，在美国新罕布什尔州布雷顿森林召开了由 44 个国家参加的联合国和联盟国家国际货币金融会议，简称布雷顿森林会议。会议的重要成果是建立了一个永久性的国际货币机构——国际货币基金组织，确立了以美元为中心的国际货币体系——布雷顿森林体系。这一体系确立了各国货币盯紧美元，而美元直接与黄金挂钩的固定汇率制，并通过国际货币基金组织来维持其正常运转。国际货币基金组织的基本任务是稳定汇率，但一些国家出于本国利益的考虑，把固定汇率朝有利于本国的方向浮动，浮动汇率相继普遍实行并逐渐合法化。布雷顿森林体系的崩溃使得汇率的变化更加反复无常，汇率变化所导致的货币价值的变化对企业从事国际营销的市场策略、产品价格决策及货币支付的操作方式均会产生不确定性影响。目前国际货币基金组织主要致力于调整和维持汇率，向有关国家或地区提供短期贷款，以解决国际收支平衡问题。这对企业的国际市场营销来讲，意味着更加广阔的世界市场。

2. 世界银行

世界银行的全称是国际复兴开发银行，成立于 1945 年，初期宗旨在于复兴战后欧洲，后来则主要通过提供和组织长期贷款满足成员的资金需求，恢复并发展战后经济。世界银行既可为成员的政府项目贷款，帮助兴建某些生产建设周期长、利润率低，但又为该成员的经济和社会发展所必需的电力、交通和公用事业等工程项目，又可为经政府担保的私营企业提供中长期贷款，这为企业的国际市场营销活动，特别是不发达国家的企业进入国际市场提供有力的资金支持。

世界贸易组织、国际货币基金组织和世界银行一起被称为维护国际经济运行的支柱组织。这三大支柱组织对企业开展国际市场营销活动产生了重要影响。

第 2 节　影响国际市场的政治因素

企业是一种经济组织，企业的市场营销活动也是一种经济活动，但当企业涉足国际市场时，将面临复杂多变的国际政治环境，会遇到政治因素的干预并深受其影响。科特勒在强调大市场营销时，在 4P——产品（product）、价格（price）、渠道（place）、促销（promotion）——的基础上又提出了 2P，即公共关系（public relation）和政治（politics），可见政治在国际营销活动中的作用日渐重要。政治是一个庞大且宽泛的领域，国际政治对企业国际市场营销的影响主要取决于国家之间的双边关系以及控制国家集团之间关系的多边协定，这里仅论述影响国际市场营销的这两个方面。

一、双边关系

国家之间的贸易联系不单纯是两国经济关系的反映，同时也体现着包含政治因素的非经济因素。世界上某一国家和任何其他国家或地区都有一种独特的关系，这种体现政治、经济、文化、法律、军事等内容的双边关系，既可能给该国企业的国际市场营销创造有利的外部条件，也可以形成对这一活动不利的阻力。这种双边关系又是不断变化的，会随着时间的推移而演变，有利与不利的局面有可能交替出现。贸易关系是以两国政治上的和平共处为前提的。国家之间关系紧张，无论是冷战还是公开冲突，都会有损国际市场营销活动的开展。企业如果不了解国家间的这些非经济因素，就很难取得跨国营销活动的成功。

二、多边协定

在日益开放的国际环境下，世界上任何一个国家都难以实施闭关锁国的政策，或者完全按照本国意愿开展对外交往。党的二十届三中全会强调："维护以世界贸易组织为核心的多边贸易体制，积极参与全球经济治理体系改革，提供更多全球公共产品。"① 国家间的协调行动常常是必要且有用的，战时的军事联盟就是国家间的一体化组织。和平时期，不少国家出于利益上的考虑，也结成不同形式的国家集团。尽管集团内的成员国可能不完全同意集团的目标和任务，但只要在行动上被看作一个集体，就以国家集团的形象出现在国际政治或经济舞台上，如石油输出国组织欧佩克，它对集团内成员国企业的国际市场营销会产生重要影响。企业在跨国经营活动中对国际政治予以充分的考虑是十分必要的。

① 中共中央关于进一步全面深化改革　推进中国式现代化的决定．北京：人民出版社，2024.

当今世界正处于百年未有之大变局，企业的国际市场营销面临的不确定性当然不利于营销活动的顺利进行，但国际环境的变化也可能给企业带来很好的营销机会。这就要求企业的营销人员对国际环境进行细致考察，以了解可能遇到的阻力和风险；同时，由于国际环境并不是静止不变的，这也要求企业的营销人员必须以动态和发展的眼光去评价整体环境，使企业的营销策略适应不断变化的国际市场营销环境。

案例分析

RCEP 政策红利持续释放

作为覆盖全球约 30% 总人口、GDP 总值、货物贸易金额的全球最大自贸区，《区域全面经济伙伴关系协定》(RCEP)是亚太区域经济一体化取得的里程碑式成果。2020 年 11 月 15 日，东盟十国与中国、日本、韩国、澳大利亚、新西兰共同签署 RCEP，并推动其于 2022 年 1 月 1 日生效。2023 年 6 月 2 日，菲律宾正式加入 RCEP，至此，所有 15 个签署国实现全面生效。RCEP 所涵盖的区域总人口、GDP 总值以及货物贸易额占全球比重约为 30%，该协定形成了全球规模最大、发展潜力最强的自由贸易区。

在过去两年多的时间里，RCEP 持续释放政策红利，成员国间的经贸交流日益活跃。各国企业纷纷受益于关税优惠、通关简化以及贸易投资便利化等政策红利。例如，关税壁垒的降低为中国企业的进出口创造了更广阔的市场空间，增强了区域供应链的稳定性和竞争力。企业能够借助成员国间的关税减免，降低出口成本，提高产品在国际市场的价格竞争力；同时，进口原材料和零部件成本下降，有助于优化生产成本结构，提高盈利能力。此外，统一的贸易规则和简化的通关流程，进一步减少了非关税壁垒，推动了贸易便利化，促进了商品的快速流动。

“经核准出口商”制度是 RCEP 的一大亮点。根据该制度，经海关依法认定的“经核准出口商”可以为符合条件的商品开具原产地声明，从而享受关税优惠，提升通关便利性。例如，南京海关数据显示，2024 年 1—4 月，江苏省 46 家企业获得“经核准出口商”资格，企业自主出具的原产地声明数量增长了 2.32 倍。而江门海关则通过优化营商环境，积极支持企业成为“经核准出口商”，促进企业提升国际竞争力。据统计，截至 2024 年 2 月底，江门海关已认证 17 家“经核准出口商”。

展望未来，专家建议企业应积极利用 RCEP 政策优势，以推动进一步发展。首先，各地产业和企业应加强对 RCEP 政策的学习与培训，确保能够准确理解和运用原产地累积规则等核心条款，从而优化产业链布局；其次，企业应积极开拓新兴市场，拓宽出口渠道，特别是注重开发 RCEP 框架下的开放市场；再次，要提升产品和服务的国际标准接轨能力，增强品牌影响力和市场竞争力；最后，应加强与 RCEP 成员国的投资合作，利用外资引进先进技术，推动产业升级，探索跨境产业链合作，共同提升区域经济一体化水平。

资料来源：RCEP 对 15 个签署国全面生效满一年　政策红利持续释放．(2024-06-04). http://finance.people.com.cn/n1/2024/0604/c1004-40249815.html.

问题

1. RCEP 生效对于我国企业的国际市场营销活动有何影响？
2. 中国跨国企业应当如何迎接此次机会和挑战？

思考题

1. 区域经济组织包括几大类？它们各自的特征是什么？
2. 国际贸易政策如何影响企业的国际市场营销活动？
3. 双边关系如何影响企业的跨国营销活动？
4. 国际政治环境的特点是什么？
5. 企业在进行国际市场营销活动时应当如何看待和面对各种国际政治因素？

第 3 章

国际市场营销环境（下）——目标市场国的国内环境

本章要点

1. 除国际市场环境的影响，目标市场国国内环境的影响也同样重要。

2. 目标市场国的国内环境影响因素主要包括经济与人口环境、社会与文化环境、政治与法律环境。

3. 国际市场环境和国内环境以及其中的细分环境共同对营销组合产生影响。

企业的国际市场营销环境除了受到国际政治、国际经济两大因素的影响之外，更受制于所要进入的目标市场所在国国内环境的制约，包括经济、人口、社会、文化、政治及法律等各个方面，可分别概括为各个国家的经济与人口环境、社会与文化环境、政治与法律环境等，以下各节将逐一论述。

第 1 节　国际市场经济与人口环境

考察经济与人口环境的主要目的是估算某一国家或地区的市场规模，即能够形成多大的实际购买能力，这是企业进入国际市场必须考虑的问题。根据某一国家的人口状况、收入水平及经济基础结构等因素，可大致描绘出这一地区的经济与人口环境。

一、经济环境

国际市场营销受各国经济环境的影响，各国经济环境十分复杂，涉及的因素很多，主要有经济体制、经济发展阶段、经济基础设施、市场需求规模等，这些因素都会对国际市场营销决策产生影响。

（一）经济体制

经济体制是指在一定的历史发展阶段，国家采用何种方式来管理经济活动的具体制度，是一国宏观经济环境的最重要特征。世界各国的经济体制按财产所有权，可划分为私有制经济体制和公有制经济体制；按资源配置方法，可划分为计划经济体制和市场经济体制。这些划分方法和内容在一个具体国家中是交叉而不是孤立存在的，一国的经济活动往往是多种经济体制相互交叉、相互制约、相互补充的结果。

从经济体制的角度分析市场营销环境，主要是因为经济体制不同的国家和地区，其经济政策会存在不容忽视的差异，不同的经济政策对企业营销活动有直接的影响。如在纯粹的市场经济体制下，市场自发地进行资源配置，企业完全可以根据自身的经济目标及条件来制订营销策略，企业的产品也比较容易进入市场；而在纯粹的计划经济体制下，由国家下达指令性计划进行资源配置和价格调整，各个企业的经营活动必须服从国家计划，因此，开拓市场就比较困难。从现实的经济发展来看，纯粹的市场经济或纯粹的计划经济都是不存在的，更多的是介于二者之间的具有混合经济特征的经济体制。各国经济体制的差异在于市场因素和计划因素在资源配置过程中产生作用的程度、范围和方式。因此企业在了解各国的关税、配额、外汇管制等相关政策时，不能忽略对各国经济体制的了解，只有这样营销策略才能具有较强的实用性和适应性。

（二）经济发展阶段

一个国家的经济发展水平对于欲进入这个国家的外国企业来讲具有重要意义。关于各国所处经济发展阶段的问题，沃尔特·罗斯托（Walt Rostow）按照市场的经济发展程度，将所有国家的经济发展阶段分为六类进行讨论。

（1）传统社会阶段。传统社会是以自给自足为主的自然经济社会，生产能力有限的农业居于首位，产品用于交换的比例较低，加工制造业、交通运输业、能源供应及其他基础设施状况也较差，在对外经济交往中多以资源型的初级产品出口为主。罗斯托认为，如果一个国家或地区的经济很落后，且处于封闭阶段，不接触外界，那么它是不会想使经济起飞的。只有在它想使经济起飞，由于种种限制又未能实现这一愿望时，暴力革命才会发生。在罗斯托看来，革命无非是换了一种起飞的途径而已。

（2）起飞前的准备阶段。罗斯托把经济起飞的主要条件归结为三点：较高的积累比例；建立起飞的主导部门；制度上的改革，即建立一种能保证起飞的制度。处于这一阶段的国家和地区，资金短缺局面有所缓解，投资和储蓄开始增加，现代科技开始应用于农业和工业生产，农业人口的城市化流动开始起步。与这一过程相伴随，商品化水平不断提高，商品市场逐步扩大。

（3）起飞阶段。按照罗斯托的解释，起飞就是突破经济的传统停滞状态，这好比飞机起飞一样，起飞之后，就可以顺利地滑翔飞行了。罗斯托认为未实现起飞的国家最容易走革命的道路，一旦完成了起飞，经济就可以实现自动持续成长，暴力革命就少有发生。罗斯托把起飞阶段概括为一国工业化的初期，尽管时间较短（20～

30 年），但基本经济结构和生产方式的转变是剧烈的，因而是一个具有决定性意义的转变时期。[①] 在这一阶段，需要大量的投资以满足工业的不断扩张，整个经济呈现持续稳定的增长。

（4）成熟阶段。在罗斯托看来，成熟阶段是指起飞之后，经过较长时期的经济持续增长而达到的一个阶段，此时的经济已经吸收了技术的先进成果，并有能力生产自己想要生产的产品。这一时期整个国家的经济结构已经比较健全，国内产品具备了一定的国际竞争力，企业国际化进程迅速加快，出口产品在国际市场上占有越来越多的市场份额。

（5）高额群众消费阶段。据罗斯托论断，高额群众消费阶段是一个高度发达的工业社会，技术上的成熟使得社会的主要注意力从供给转向需求，从生产转向消费。在这一阶段，由于大量需求和高额消费，社会生产和主导部门转向耐用消费品制造业和服务业，耐用消费品已普及到一般居民家庭，居民家庭对耐用消费品的购买保证了以大量生产耐用消费品为基础的经济繁荣。国民生活达到一个较高的富裕程度，现代科技进一步运用于控制环境污染及其他社会福利方面。处于这一时期的国家已具备系统、完备的产业结构以及应有尽有的产品结构。

（6）追求生活质量阶段。罗斯托认为高额群众消费阶段不能永远存在下去，它会转入另一个新的成长阶段，这是一个提高居民生活质量的阶段。追求生活质量阶段的主导部门是以公共服务业和私人服务业为代表的提高居民生活质量的有关部门。这些部门包括公共投资的教育、卫生保健、住宅建筑、城市和郊区的现代化建设、社会福利等部门。此类部门和前述各阶段的主导部门有一个明显的区别：以前各成长阶段的主导部门都是生产有形产品的，产品可以出口；而追求生活质量阶段的主导部门是服务业，提供的是服务，以提供服务为特征的第三产业成为社会经济的主导部门。

在罗斯托的六个经济成长阶段论中，最为关键的是起飞和追求生活质量两个阶段，起飞阶段相当于工业化开始的阶段，追求生活质量阶段则是工业社会中人们生活的一个真正的突变。[②] 他认为人类社会至今已经历了前五个成长阶段。美国正进入第六个成长阶段，走在其他国家的前面。其他国家正按照各自的特点和条件，由低级阶段向高级阶段过渡。对于国际市场营销来讲，一国所处的经济发展阶段不同，居民收入水平不同，消费者需求及购买行为模式也就不同，进而直接或间接地影响企业的国际营销组合决策。一般而言，在经济发达国家，由于人均收入水平较高，消费者需求呈现出明显的多样化、个性化和高档化特征；而在经济发展水平较低的国家，市场需求则呈现明显的低档化、大众化特征，居民消费水平普遍较低，消费结构十分相似，用于吃、穿、住等方面的消费支出在家庭总支出中普遍占据相当大的比重。从购买行为特征看，经济发达国家的消费者在做出购买决策时主要考虑的是产品的性能、特色、服务和是否环保等因素；而在经济发展水平较低的国

---

① 罗志如，等．当代西方经济学说．北京：北京大学出版社，1989：597.

② 同①622.

家，由于受购买力的制约，消费者在做出购买决策时主要考虑的是产品的价格和产品的实用性。从目标营销策略角度看，由于经济发达国家的消费者购买能力普遍较强，市场竞争激烈，国际营销者应尽可能选择差异化营销策略，以培育差异化竞争优势；而在经济发展水平较低的国家，由于消费者购买力普遍较低，价格往往是其做出购买决策首先考虑的因素，因此国际营销者实施无差异营销策略可能更有助于市场开拓和市场地位的树立。从分销渠道方面看，在经济发展水平高的国家，消费品大多是通过超级市场、购物中心等大规模自助零售商销售给消费者的，分销体系呈现出扁平化特征；在经济发展水平较低的国家，家庭式的小规模零售店是分销渠道终端的主要业态，大多数消费品的分销渠道较长。促销方面，在经济发达的国家，由于市场竞争更激烈，消费者的消费行为更成熟，所以营销者必须进行大规模的市场推广和促销活动，尤其是广告投入在企业促销总预算中占有较大比重；而在经济发展水平较低的国家，企业信息、产品信息的传播主要靠销售人员当面介绍和消费者之间的口头传播，企业在市场推广和促销方面的投入水平相对较低。因此，必须根据各个目标市场国所处经济发展阶段的市场特点，有针对性地制定国际市场营销策略。

（三）经济基础设施

经济基础设施主要包括一国的能源供给、运输条件、通信保证以及各种商业基础设施。任何一个从事国际市场营销的企业都要依赖当地市场的这些物质设施。一般来说，一个国家的经济实力越强，其基础设施越趋完善，也就越便于外国企业在本国市场的营销活动。作为国际营销的约束条件，能源、交通、通信以及具有销售辅助功能的机构设施，构成国际市场经济环境的一个重要方面。基础设施的建设也对完善我国市场经济体制、推动经济高质量发展意义重大，党中央指出未来需要“健全现代化基础设施建设体制机制。构建新型基础设施规划和标准体系，健全新型基础设施融合利用机制，推进传统基础设施数字化改造，拓宽多元化投融资渠道，健全重大基础设施建设协调机制”①。

（1）能源。能源供给是经济基础设施的一个重要方面，丰富的能源不仅是吸引外资的优势，而且关系到整个市场的工业化水平，特别是生产钢铁、水泥和耐用消费品的制造商，在进入一国市场时对此因素必须予以高度重视。

（2）交通。交通条件是指由公路、铁路、水路及空中航线组成的运输网络。企业的物流依赖于一国的运输基础设施，比如进入东南亚市场的企业，往往先进入新加坡，因为该国拥有可停靠大型船舶的深水港和效率极高的机场，通过新加坡的海运、空运可向东南亚地区市场渗透。发达国家与发展中国家在运输能力、运输方式方面的差异很大，决定了各自不同的产品实体分配效率，影响到国际市场营销活动的顺利进行。

（3）通信。通信与交通同等重要，国际营销中的营销调研和促销都依赖于一国通

① 中共中央关于进一步全面深化改革　推进中国式现代化的决定．北京：人民出版社，2024.

信设施的质量，通信设施的装备水平及普及程度直接影响到商品交换的便利、对市场机会的把握以及交易成本。一国通信设施的发展水平要由各种信息传递媒介的发达程度和传递信息的质量来反映，通信的效率制约着国际市场营销活动的整个过程。

（4）商业基础设施。除了能源、交通、通信这些基础设施之外，企业的国际市场营销还依赖于目标市场国的商业基础设施，诸如金融机构、广告公司、市场调研机构以及包括批发商、零售商在内的分销渠道结构。一个企业的国际市场营销活动开展得越广泛，就越依赖现有的银行、广告代理商和由经销商组成的销售网络。这方面的配套设施越完善，企业国际市场营销活动的开展就越便利。

（四）市场需求规模

企业在进入一国市场之前首先要考虑其市场需求规模，市场需求规模是由有货币购买能力的消费者组成的。因此研究市场需求规模不仅要看人口，还要看总的收入水平。国民生产总值和人均收入就成了决定市场需求规模的重要因素。

（1）国民生产总值（CNP）。它代表一个国家的总国民收入，是衡量一国经济实力和购买能力的重要指标，反映该国的总体市场规模。如果说经营消费品的国际企业对人均收入有兴趣，是因为人均收入与消费者的购买能力相关，那么国民生产总值则是表示工业品市场潜力的更可靠的指标，如卡车、水泥、钢铁等产品的市场潜在需求量与国民生产总值成正比，通常国民生产总值增长越快，该国市场对工业品的需求和购买力就越大。

（2）人均收入。该因素可以用来衡量一国的消费者的平均购买力，并根据一般规律推测消费水平和消费结构。除基本生活必需品的需求量可由人口规模做出直接估算，对大多数消费者而言，人均收入是最能反映非生活必需品市场潜力的因素。消费者对文化娱乐产品、休闲旅游产品以及服务用品需求层次上的差异，主要是由收入层次的差异决定的。因此，不同国家的人均收入可能是决定购买者行为的主要因素，人均收入也就成为考察一国市场消费水平的重要依据。但人均收入只有在大多数人的收入接近这一水平时才是一个有价值的参考指标，现实的状况却可能是小部分人的收入高于平均数，大部分人的收入低于平均数，在那些呈现二元经济结构的发展中国家更是如此。国际市场营销人员将收入差异分为以下五种类型：1）普遍为低收入；2）低收入占大多数；3）高收入与低收入并存；4）高、中、低收入都有；5）大多数为中等收入。

从全世界来看，一方面，各国的人均收入有很大差距，最贫困国家的人均收入只是最富有国家的几百分之一；另一方面，一国内的不同社会阶层间也存在收入的巨大差距，处于两极的消费者群体代表着截然不同的市场需求水平，特别是一些价格需求弹性较高的商品，更要考虑各阶层收入的差异。

（3）个人消费。以国民生产总值和人均收入为基础，可以判断某国市场是否有足够的容量，如果证明该国市场是有潜力的，还需要进一步分析当地居民消费结构及消费水平。一般来说消费由收入决定，国际市场营销人员需要了解目标市场消费者对其可支配收入的消费模式。可支配收入是指扣除消费者个人缴纳的各项税款后可用于个人消费和储蓄的那部分收入。个人储蓄增加，意味着现实购买力减少，潜在购买力增加。消费信贷则可刺激现实购买力的增长。

收入是个总量问题，支出则是个结构问题，收入的变化会引起支出结构的变化。恩格尔定律指出，随着收入水平上升，生活必需品消费所占比重会下降。因此，随着一国整体收入水平的上升，奢侈品或精神消费品的贸易呈增加趋势，生活必需品的贸易在整个贸易中的比例会下降，该类产品的价格也会降低。目前发达国家的恩格尔系数大多降到 20%以下，而贫困国家的恩格尔系数大多在 60%以上，吃穿消费占相当大的比重。

二、人口环境

人口虽然不是决定一个国家或地区市场规模的绝对因素，但它对于估计商品的潜在需求，尤其是消费品市场需求有非常重要的意义，因为市场意味着持有货币的人，研究市场规模就不能脱离人口因素。人口特征可由人口数量、人口增长、人口结构、人口分布及人口流动的状况及发展趋势来反映。

（1）人口数量。从某种意义上讲，市场规模是受人口总量制约的，一般来说，在其他条件相同时一个国家的市场规模与其人口总数是成正比的，诸如食品、日用品、药品、文具等许多商品，其市场潜量都与人口数量有直接关系。据联合国有关组织统计，全球人口 1970 年为 37 亿，1980 年为 45 亿，1990 年为 52 亿，2000 年为 60 亿，2011 年即突破 70 亿，2018 年达到 76 亿，2021 年为 78 亿。截至 2024 年，全球总人口已超过 82 亿。据世界银行预测，全球人口到 2030 年将达到 88 亿，到 2050 年可能突破 100 亿大关，达到 119 亿。只有达到 110 亿人以后才会趋于稳定。由此可见，随着世界人口不断增多，全球市场规模也将不断扩大。在其他条件相同的情况下，一个国家的人口总数越多，该国的市场规模就越大，越容易发现和找到市场机会，企业进入该国市场也就越有利。尽管 2023 年中国的人均 GDP 排名世界第 69 位①，但由 14 亿人口总量所形成的市场需求足以吸引世界各国的企业来此投资。中国市场不仅庞大，而且成长性较好，近年来已成为许多跨国公司在北美和欧盟以外的最大市场。

（2）人口增长。从事国际市场营销的企业若从战略角度考虑市场规模问题，就不仅要关心某一地区的当前人口总量，而且要了解该地区的人口发展趋势，即人口增长状况。人口增长速度将影响该地区未来的市场规模。国际市场营销的战略决策受人口增长率的影响较大。世界人口尤其是发展中国家的人口总体上呈现出加速递增的趋势，据估算，欧洲人口翻倍需要 178 年，北美洲需要 95 年，亚洲需要 40 年，非

---

① 全球人均 GDP 榜单出炉！中、美、俄、印、越南、乌克兰等国成绩如何呢?.（2024-07-10）. https://news.qq.com/rain/a/20240710A09M9E00.

洲需要24年。一般来讲，低收入和中等收入国家的人口年平均增长率远远高于高收入国家。高收入的发达国家人口增长率下降，其市场规模从长远看会相对缩小。当然，这是在收入因素不发生变化的条件下所做出的判断，倘若将收入增长的因素考虑进去，人口增长率对市场容量会产生扩大与限制两个方面的作用。

（3）人口结构。人口结构对购买行为的影响进而对市场规模的影响，主要体现在年龄结构、家庭结构和性别结构等方面。在不同国家或地区，这些因素往往存在差异，进而产生需求差异。就年龄结构而言，因同一年龄段的消费者群体的购买偏好具有一定的共性，年龄可作为细分市场的依据之一，不同年龄段的人口构成不同的子市场，这将会影响企业的市场选择。目前世界人口年龄结构变化有两个主要特征：一是人口老龄化，老年市场在不断扩大，与“银发消费”相关的药品、保健品等商品的需求日益增长，促使企业日益关注老年市场的需求变化。二是人口出生率下降，在这方面发达国家与发展中国家的情况又有所不同。发达国家的人口出生率近年来一直趋于下降，西欧一些国家出现人口零增长甚至负增长；发展中国家的人口出生率虽然也趋于下降，但人口总量仍在增长。世界人口出生率的下降使婴幼儿市场成为庞大且有开发价值的市场，这是因为人们对婴幼儿的抚养更加重视，对婴幼儿在身体发育和智力发展上的投资大大增加。与此同时人口出生率的下降也造成婴幼儿数量减少，婴幼儿市场需求面临萎缩，迫使一些营销婴幼儿用品的企业转向出生率较高的国家去寻找市场。婴幼儿市场需求层次的提高将影响与这一市场有关联的企业的营销方式，改变其市场营销组合策略。

家庭结构变化的趋势是家庭规模越来越小，以往几代同堂的大家庭模式逐渐改变。对某些商品而言，作为基本消费群体的家庭结构的变化，可导致人口少的国家比人口多的国家更具有市场潜力。家庭结构变化趋势对国际市场营销的意义不仅在于估计潜在市场规模的大小，还将影响企业产品的设计、包装、分销和促销等各个方面，企业要制定与目标市场所在国的家庭模式相适应的营销对策。

男性和女性的需求不同，这两个消费群体的购买动机和消费模式有很大的差异。按照传统观点，女性主要购买杂货、化妆品及童装等，男性主要购买家电、汽车及保险等。但是，随着许多国家女性就业率的提高，女性参与家庭购买决策的权力和范围越来越大。《中国女性汽车消费趋势报告（2024）》数据显示，自2014年起，中国女性新购车用户群体占比不断增加，2022年提升至34%。[①] 另外，男性与女性对广告媒体有不同的偏好，如男性喜欢体育、新闻等节目，女性则偏爱电视连续剧。所以，企业应针对不同国家的不同性别消费者的观念，有的放矢地安排国际市场营销活动。

（4）人口分布。人口分布状况决定人口密度，人口密度虽然与一国的市场规模没有直接联系，但它会影响到企业进入市场的难易。一个国家的人口分布是不均衡

---

① 《中国女性汽车消费趋势报告（2024）》正式发布．（2024-03-28）．https://www.21jingji.com/article/20240328/herald/18cd57149d1a38c3411ed39b4cb3cfd6.html.

的，例如我国大部分人口分布在东南沿海地区，美国一半以上人口集中在南部。人口分布影响着国际市场营销的效率。从人口分布角度看，企业一般都希望在人口密度较大的地区从事营销活动，因为此类地区购买力比较集中，企业可以较低的营销成本取得较高的市场规模效益。所以一些有远见的投资者在建造超市、书店、医院、银行、剧院、邮局时，十分注意人口密度与地点设置的关系。从国际市场营销的角度讲，人口密度对于企业评估分销渠道和物流成本尤为重要。在人口稠密的地区市场，企业可利用较短的分销渠道，或者直接与消费者沟通；而在人口居住分散的市场，企业则不得不依靠多层次的中间商。比如，2021 年美国市场人口密度仅为荷兰市场人口密度的 7%①，尽管有现代化的运输网，其运输成本仍高于荷兰。又比如 2024 年欧盟总人口估计为 4.492 亿人②，绝对人口数量与某些国家或地区并无较大的差异，但由于这一地区人口高度集中，加上高收入等有利因素，使得欧洲地区成为颇具吸引力的大市场。

（5）人口流动。人口流动或人口转移表明了市场规模的空间变化。人口流动促使人口的密度和分布发生变化，这对消费结构、消费规模、消费水平、商业网点和服务方式均会产生重大的影响。世界人口流动或转移有两个明显的趋势：一是农村人口流向城市；二是城市人口流向郊区。《世界城镇化展望报告》数据显示，到 2045 年，世界城镇人口预期将超过 60 亿，大部分城镇人口的增长将发生在发展中国家，特别是非洲。③ 人口的城市化趋势对市场营销活动有直接的影响。在大多数国家，城市居民和农村居民的消费模式是不一样的，城市居民一般受到良好教育，乐于接受新鲜事物，收入较高，购买力水平也比较高；而农村市场在各方面都有较大的差距。与此同时，城市规模日益扩大，交通拥堵、环境污染问题严重，高速公路、地铁等基础设施的发展使得西方国家的许多人纷纷从城市转移到郊区，日本的许多大城市周围人口密度增加，中心城区人口减少，形成所谓的“空心化”现象。与这一现象相对应的是零售结构发生变化，美国的郊区住宅区中首先出现了现代化的购物中心，城市商业中心的百货商店和专业商店受到一定冲击，这些都说明了人口流动对国际市场营销活动的影响。

第 2 节　国际市场社会与文化环境

国际市场社会与文化环境代表了国际市场营销中的人文因素，人类虽然具有共

① 2021 年世界各国人口密度（每平方公里人数）. https://www.kylc.com/stats/global/yearly/g_population_density/2021.html.

② 欧盟统计局：2024 年欧盟人口增长至 4.492 亿人．（2024-07-30）. https://finance.sina.com.cn/tech/roll/2024-07-30/doc-incfvsss8653354.shtml.

③ 《世界城镇化展望报告》：到 2050 年世界城镇人口将再添 25 亿.（2023-03-04）. https://www.un.org/zh/desa/world-urbanization-prospects-2014.

同的生物学特征，但人与人之间存在很大的社会和文化方面的差异。由于人们处在不同的阶层或群体，具有不同的价值观念，风俗习惯和审美观也各有不同。生活在不同国家的人在语言文字、宗教观念与信仰上也有极大的区别，这些因素都极大地影响着企业的国际市场营销活动。

一、社会阶层与相关群体

作为国际市场营销人员，应对目标市场国的社会组织有充分的了解，如家庭、族群、社会阶层、相关群体等。每个国家的社会组织都有其独特性，必须对其加以研究，才能使营销活动有的放矢。

（1）家庭。家庭是所有社会中的基本单位，但其构成并不相同。家庭的模式和规模直接影响消费者的购买模式，从而影响国际市场营销活动的进行和效果。家庭单位的不同构成对消费方式会产生较大影响。在西方发达国家，家庭往往以核心家庭的形式出现，这种只有父母与孩子的小家庭模式会使购买单位增多，家庭消费品的市场潜力也就随之增大。而在欠发达国家，尤其是比较贫困的国家，家庭往往呈现几代同堂的扩展家庭模式。这种成员较多的家庭模式会构成较大的集合购买力，家庭集合购买力会形成一个消费品潜在市场。国际企业在制定营销决策时，必须考虑因家庭规模大小而引起的市场潜力的变化。比如一个五口之家原本只需要一套淋浴设备，若分成两个家庭，则需要两套淋浴设备，增加了一倍，家庭规模的小型化需要企业调整产品策略。家庭结构对企业促销策略也有影响，大家庭中家长的权威较大，对家庭购买决策起决定作用。在这种家庭关系较密切的背景下，以家庭为单位作为推销对象比以个人为单位作为推销对象更为有效。而在小家庭模式中，家长的权威有所减弱，购买决策由个人做出，营销人员需以个人为促销对象来制定营销策略。如在存在两种文化背景的加拿大，以英语区居民为对象的广告中可只出现妻子的画面；而对法语区居民播放的广告则让夫妻同时出现在画面上，因为法语区居民在传统上更重视家庭关系，广告以一个温馨的家庭来构思效果会更好。

（2）族群。族群问题在许多国家都存在。几乎每个国家都有少数民族，每个民族都有自己特殊的需求和购买习惯。族群关系不仅是经济问题，而且是政治问题，目前世界上许多局部冲突都是由部落间的敌意和民族纠纷引起的。族群关系这一敏感问题如果处理不好，不仅会影响企业的营销绩效，而且会导致更为棘手的事件发生。从营销角度看，既要看到族群间的共性消费行为，也要顾及他们各自不同的消费需求。有必要把每个族群作为特定的目标市场来考虑，并制定相应的营销组合策略。

（3）社会阶层。社会阶层是指把人按照职业、收入、受教育程度等因素划分为不同的非伦理性社会群体。和前面所论述的家庭、族群等伦理性群体对市场营销的影响相同，可把整个市场按不同社会阶层划分为若干细分市场，因为不同社会阶层的人群其消费倾向是不同的。美国社会就很重视社会地位及身份象征。美国社会学家劳埃德·沃纳将美国社会分为六个阶层，即上上层、上下层、中上层、中下层、下上层、下下层。由于各阶层消费者在收入、职业及受教育程度上存在差异，其消费结构也有明显不同，从上上层消费者对珠宝、古玩、豪华住宅的需求直至下下层消费者对一般食品、旧货的购买，呈现出结构上的消费分类倾向，因而需要拟定不同的营销对策。

（4）相关群体。相关群体是指能够直接或间接影响消费者态度、价值观和购买行为的所有群体。相关群体分为三种形式：一是非正式的主要群体，如家庭成员、亲朋好友、同事、邻居等，他们之间有较密切的联系，在购买行为、需求偏好等方面容易相互影响。二是正式的次要群体，如工会、职业协会等社会团体和组织，这些群体对消费者购买行为产生间接的影响。三是期望群体，即消费者虽不属于这一群体，但这一群体成员的态度、行为对消费者有很大影响，如各种名人、明星背后有大批的崇拜者和追随者，他们对国际市场营销的影响不可低估。例如英国凯特王妃喜欢穿着长裙，对 Issa，Reiss 等品牌情有独钟，这些时装品牌也成为其崇拜者抢购的对象。总之，企业在进行国际市场营销时一定要密切关注对消费行为有较大影响的相关群体，了解其现状和发展方向，以便及时推出迎合目标消费者需要的产品和服务。

二、文化差异与文化环境

除了社会因素之外，国际市场营销环境还包括文化因素，文化环境是营销环境的重要组成部分。首先有必要从文化环境的角度来理解文化的内涵。文化可以从动态与静态两种意义上概括，从静态上可把文化描述为人类劳动创造的物质财富和精神财富的总和，包括物质文化与精神文化两个方面，而西方学者更倾向于从动态的角度把文化作为环境特征来分析。美国社会学家 L. 布鲁姆等认为，文化是指在群体经历中产生的代代相传的共同的思维与信仰方式，它是一个社会的生活方式以及适用于其成员的知识、信仰、习俗和技能。① 另一位美国学者 F. R. 鲁特则认为，文化可以定义为某一特定的人类社会的独特的生活方式，即一代又一代延续下来的独特的思维方式、观念、感情、信仰和行为。② 美国营销学家菲利普·凯特奥拉则把文化描述为影响、造就和支配着人们的生活方式，是人们对生活的全面设计。③

总之，文化具有以下几个方面的特征：文化是通过后天学习获得的，而不是与生俱来的；文化是代代相传的，是可以通过有影响的社会组织传播的；文化是一个有机整体，组成社会文化的各个要素之间存在复杂的内在联系，共同作用于人们的消费行为；文化是共享的，社会中的每个成员都理解该社会文化的意义并受其影响；文化是不断发展变化的。

文化的实质是人类在行为和观念方面的一种生活方式，涉及人类生活的各个方

① 王文举，王小末．试论市场营销文化环境．财贸研究，1996（1）.

② F. R. 鲁特．国际市场学：打入国际市场的战略．上海：上海社会科学院出版社，1991：273.

③ 菲利普·凯特奥拉．国际市场经营学．北京：华夏出版社，1989：73.

面，包括价值观念、风俗习惯、审美情趣、语言文字、教育水平、宗教信仰、商业惯例等，这些要素共同形成文化环境的整体概念。向上向善的文化是一个国家、一个民族休戚与共、血脉相连的重要纽带。①

1. 价值观念

价值观念是指人们对于事物的价值判断标准，是不同社会之间、不同群体之间，乃至不同个人之间的根本区别所在，因而是文化的核心内容。文化的差异最终集中反映在社会价值观念的差异上。不同的历史和文化背景形成不同的价值观念，具体包括人们对消费、时间、财富、风险、变革等的观念。因价值观念不同，人们的消费倾向就有所区别，这明显地表现在东西方人对待消费的态度上。西方国家许多人讲求现实消费，注重现实生活的感官享受，而不愿意把钱留待将来去花，不喜欢延迟消费；东方人则讲求节俭、朴素，对未来生活的考虑重于对现实生活的安排。与西方人相比，东方人更偏爱储蓄。价值观念的差异还表现在人们对时间的看法上。美国人把时间看得很重，对能节约时间的产品格外欢迎，如快餐、成衣、快速成像等。但有些国家的人则拒绝这类节约时间、提高效率的产品，速溶咖啡在美国很畅销，而在拉美一些国家，购买和消费这一产品被认为是一种懒惰。金宝汤公司推出的浓缩汤在美国很受欢迎，但英国消费者宁愿自己动手做汤。

2. 风俗习惯

风俗习惯是人类社会代代相传的思想和行为规范，表现在社会生活的各个方面，如婚丧礼仪、饮食习惯、节日习俗等，是社会文化的重要组成部分。成功的营销活动总是与对目标市场消费者风俗习惯的了解分不开的。由文化差异产生的不同风俗习惯会对国际市场营销活动起到很大的约束作用。皮尔·卡丹品牌在法国服装界享有盛誉，但有些款式在中东服装市场却无人问津，这主要是受中东传统风俗习惯的影响。在伊斯兰国家，食品和服装必须符合清真标准。国际品牌如雀巢便推出了清真认证的产品线，以满足这些国家消费者的需求。此外，不同的国家和民族都有自己的传统节日和庆祝形式。中国有春节，欧美有圣诞节、复活节，日本有成人节、女儿节等。只有对各个国家的风俗习惯有较深入的了解，才能对消费者的需求有较准确的把握。

3. 审美情趣

审美情趣也是价值观的一种表现形式，是人们判断事物美丑的标准。人们的审美活动体现在对数字、颜色、图案和音乐的喜好和忌讳之中。在对数字的理解上，各国各民族都有一些认为是吉祥或忌讳的数字，如中国的不少地区认为“8”代表吉祥发财，印度人认为以“0”结尾是不祥之兆。这些都会给营销活动带来便利或障碍。颜色在不同国家可用来表达不同的情感，对颜色的好恶不能主观臆断，要与当地购买者的审美观念联系起来考虑。一般来讲，各国国旗的颜色能被当地消费者

① 习近平：在全国抗击新冠肺炎疫情表彰大会上的讲话．(2020－09－08)．新华网．

较大程度地接受。绿色在美国表示安详，在日本则代表疾病；蓝色在埃及象征恶魔，在荷兰则象征女权，在瑞典象征男权；在泰国黄色代表吉祥，皇室多使用黄色，而在埃塞俄比亚，黄色却与死亡相联系。此外，法国人讨厌墨绿色，土耳其人不喜欢紫色，巴西人厌恶棕色，等等。这种对于色彩的审美观念与国际市场营销特别是商品自身及其包装的颜色选择关系极大。若选了不合适的产品色彩或者包装色调，可能会失去许多买主；相反，仅仅变换一下色彩，就可能很快打开销路。不同的文化背景使得人们对图案有不同的审美心理，体现在产品、包装、广告的图案设计上。图案造型要与当地居民的审美观念相一致。如在罗马尼亚，三角形和环形的图案比较吸引消费者；在德国，方形比圆形更受青睐；伊朗人喜爱狮子；日本人喜好鸭子；中东人喜欢孔雀图案；等等。文化背景的差异使得人们对音乐的理解与感受也不同。由于音乐对人的情感有巨大的感染作用，国际营销人员常常利用音乐来表达广告信息，音乐正成为广泛应用的促销手段。但音乐的选用要符合当地人对音乐的理解，这样才会有好的促销效果。如美国人喜欢民谣，巴西人喜欢桑巴，若在美国的广告中以西部牛仔音乐作背景，会产生很好的效果，而在智利和阿根廷这种方法则行不通，因为在这两个国家，牛仔仅仅是一种职业，不带有任何浪漫色彩。可见，准确理解、把握某一文化的审美观念，对于在国际市场营销活动中恰当选择产品款式、规格、色彩、包装及广告促销，具有重要的经济意义。

4. 语言文字

一种语言代表着一种文化，语言是文化的交流工具。语言不仅划分出不同的文化群体，而且使这些群体泾渭分明，所以人们将语言称为文化的一面镜子。据统计，世界上大约有3 000种语言，即使在一个国家内部，往往也存在着多种语言。语言的多样与复杂往往成为国际市场交易双方沟通的障碍，品牌和产品的名称、包装中的文字、商标的设计乃至广告促销中的信息，都要求语言表达严谨、准确，一旦存在歧义就会产生令人啼笑皆非的误解，甚至造成经济上的严重损失。这方面的案例不胜枚举。百事可乐的著名广告“Come Alive with Pepsi”在美国受到普遍好评，但在德国被译为“百事可乐和你一起从坟墓中出来”。美国的克莱斯勒汽车公司用“Dart is Power”的广告语表示本公司生产的汽车功率大、载重多且速度快，在西班牙却被理解为是对买主精力不足的嘲弄。可见，在国际营销信息沟通过程中，要十分注意语言翻译和文字使用。

5. 教育水平

教育是通过知识和经验的传递使社会文化得以延续的条件和保障。它在决定人们的价值观念和生活方式的同时，也影响着消费者的行为和习惯。教育对国际市场营销的影响主要表现在：

（1）教育水平影响人们的消费行为。教育作为人口变数，是市场细分的标准之一。不同国家的教育水平决定着其国民的消费模式，发达国家的消费者文化程度普遍较高，消费需求主要集中在享受型、发展型的商品上，对商品的鉴赏能力强，购买过程较具理性；而经济落后国家消费者的需求层次较低，产品选择和购买决策的理性程度相对较低。

（2）教育水平会影响企业的国际市场营销调研。企业的国际市场营销调研活动会受到被调查国民众的文化水平的制约，如果调查对象受过良好的教育，则较容易与之进行沟通，调查过程顺利、迅速；而在被调查人员文化水平较低的情况下，调查过程将会困难得多。

（3）教育水平会影响企业国际市场营销的产品决策。企业在制定产品决策时一定要使产品的复杂程度、技术性能、使用、维修和维护等适应当地的教育水平，否则就难以打开销路。例如，刚果（金）政府从欧洲引进了一批先进的喷雾器，目的是提升农业生产效率。然而，由于当地农民未能掌握这些喷雾器复杂的操作、维护和修理技术，这些设备很快便损坏，农民不得不重新使用旧式的、效率较低的喷雾器。又如，中国的拖拉机在斯里兰卡颇受欢迎，因为其易于使用和维修，符合当地居民的受教育程度。

（4）教育水平对促销活动也有影响。商品包装上的文字说明要考虑到消费者的受教育程度，电视、报纸、杂志上的广告及各种促销推广方式的选择要根据消费者所受教育程度而定。此外，从拓展国外市场的角度看，如果目标市场国的受教育程度较低，企业便要派较多的经理和营销人员到该国发展业务，而难以倚重该国人才。同时，还要注意教育方法的不同，如一般欧洲国家的教育比较重视知识和思想的传授，而美国比较重视启发和务实，这些对于聘用员工和培训营销人员都是有影响的。

6. 宗教信仰

宗教影响着人们认识事物的观念、准则和方式，从这一意义上讲，宗教是行为的主要原因。作为文化的一个重要方面，宗教极大地影响着消费者的行为。据统计，世界上有20多亿的各类教徒。基督教、佛教、伊斯兰教并称为世界三大宗教。信仰同一种宗教的人们形成了较为一致的消费模式。宗教对国际市场营销的影响表现在以下几个方面。

（1）不同宗教的信仰者有着不同的价值观和行为准则，从而形成了不同的需求和消费模式。从市场营销的角度来看，宗教主要反映了消费者的某些理想、愿望和追求，市场营销者必须对目标市场的宗教信仰有较深入的了解，从而发现和创造市场机会，减少营销风险。如日本精工公司为穆斯林推出了功能新颖的手表，此表能将世界各地140个城市的当地时间转换为麦加时间，每天响铃5次，提醒使用者按时礼拜。此表一问世，即受到世界各地穆斯林的欢迎。

（2）宗教节日前后需求往往大增大减。许多宗教有自己的节日，比如，在美国，感恩节是家庭团聚和感恩的日子，许多零售商会推出“黑色星期五”大促销，以吸引消费者购买节日礼物。国际市场营销活动可以根据不同节日的具体情况，把握时机，制定不同的销售计划。

（3）宗教禁忌影响人们的消费行为。宗教禁忌是进行国际市场营销前必须了解的。如果对宗教禁忌掉以轻心，则会给企业带来不必要的损失。

（4）宗教组织本身既是大型集团购买者，又是教徒购买的重要影响者。宗教的组织和教义在经济活动中起着重要作用。

7. 商业惯例

企业想将产品推广到其他国家，首先要经过各种商业渠道，了解中间商的经商方式和经商习惯是极其重要的。各个国家或地区的商业习惯深受其特有的社会文化的影响，由于社会文化的差异，各国的商业习俗与惯例有很大的区别。如美国人做生意讲究效率；日本人注重个人信用；意大利人讲究节约。在贸易谈判中，各国有不同的风格和礼节。美国人喜欢边吃边谈；德国人注重体面，讲究形式，但缺少灵活性；在与法国人洽谈的过程中，至少要有一份法文说明书，因为在法国准确地使用语言是很重要的；在日本和新加坡，商业名片是重要的谈判入场券。只有对不同国家的商业习俗有较深入的了解，在商业交往中才能比较便利。

综上所述，文化差异总是存在的，而且表现在各个方面。一种特定的文化提供了一套能使其成员妥善处理人与人、人与物、人与社会关系的准则。生活在不同文化环境中的人们进行交往时，必然会产生因文化差异导致的文化冲突。这种情况如图 3-1 所示。

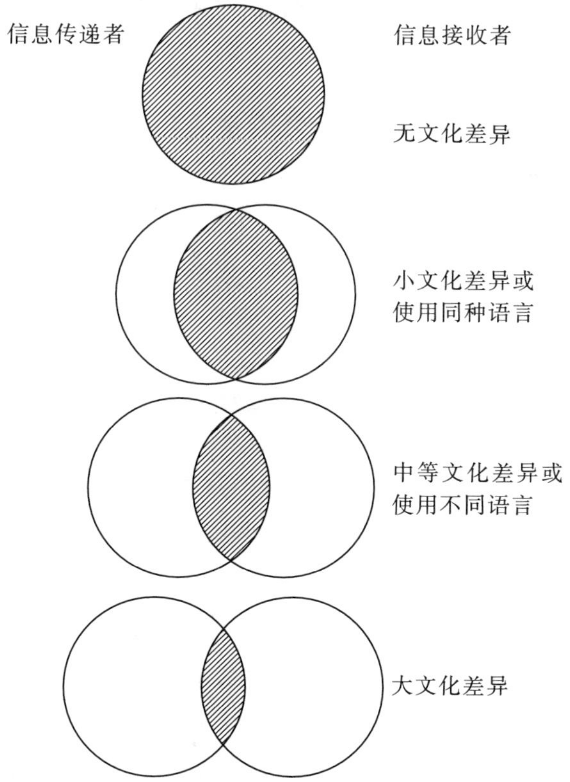

图 3-1　信息传递者和信息接收者文化差异的不同情境

国际市场营销者必须对不同国家之间的文化差异、冲突及其对营销活动的影响进行全面、深入、准确的分析，然后采取相应的营销策略和措施，将文化差异的影响降至最低，这就是国际市场营销中的文化适应。要做好文化适应，最重要的一点是克服自我参照准则（即营销者无意识地参照本国文化价值观、市场知识和营销经验，对外国市场或营销问题做出判断，并作为营销决策的依据）。詹姆斯·李提出的一套方法可供借鉴。该方法有四个步骤：（1）按照本国的文化特征、习惯或行为规范定义营销问题；（2）按照外国的文化特征、习惯或行为规范定义营销问题或确定营销目标；（3）仔细分析自我参照准则如何使问题复杂化，并将其影响分离出来；（4）在没有自我参照准则的影响下，重新定义问题，确定目标。

总之，国际市场营销是一种经济活动，同时也是一种文化活动，文化渗透在所有的营销活动（定价、促销、分销、产品、包装和式样等）之中，而营销人员的各种努力又构成文化的一个组成部分。国际市场营销人员的任务是突破不同国家的文化环境障碍，积极寻找市场机会，找出各种文化之间的差异与共性，并将这些差异与共性融入营销计划，因而战略、产品和营销方案可以针对显著的、重要的文化差异进行适当调整，同时，也要抓住相关共性，以免对营销方案进行不必要的和成本高昂的改动。

第3节　国际市场政治与法律环境

作为一种经济和贸易活动的国际市场营销活动，离不开各国的政治、法律环境。世界各国有着不同的政治制度、政治稳定性、政治风险，以及具有不同法律效力的条约、公约及协定等，企业在不同国家开展营销活动所面临的情况及应采取的对策有所不同，企业的国际市场营销策略必须把政治与法律环境考虑进去。

一、政治环境

关于影响国际市场的政治因素这一问题，已经在上一章讨论过了，现在再来考察一下目标市场国的国内政治环境对企业跨国营销的制约。这种政治环境主要包括一国的政治制度、政治稳定性以及可能出现的政治风险。

1. 政治制度

政治制度是指一个国家的国家结构、政治体制、政党制度等。

（1）国家结构。这主要是指一个国家的基本权力结构。一些国家属集权制国家，以中央集权为特征，各地方行政绝对服从中央政府的领导，全国有统一的宪法、法令，目前世界上大多数国家都属于这种类型；另一些国家则以联邦制为特征，各地区都有相对独立的行政管辖权和立法权，可以颁布、实施适合本地区需要的特殊法规，美国就是典型的联邦制国家。国家结构决定了某些市场特性，集权制国家中的各项贸易法规、商业政策比较统一，容易把握，国内市场的统一性较强；而联邦制国家中的各种法规、政策差异较大，地方的行政管辖独立性还可能造成市场的某种分割，增加国际市场营销的难度。

（2）政治体制。政治体制即国家政治体系运作的形式，也称为政体。纵观世界，传统的政治体制通常分为君主制与共和制两种。君主制是以国王或皇帝为国家元首的政权组织形式，国家的最高权力名义上或实际上属于君主，目前世界上仅有 20 多个国家的政体属于这种形式，如英国、挪威、沙特阿拉伯等。共和制是指国家元首由选举产生，国家最高权力机关有一定任期的政权组织形式。共和制国家有议会制和总统制两种形式，议会制共和国（如意大利）的最高权力机关是议会，享有立法与监督权；总统制共和国（如美国）的最高行政权掌握在作为国家元首和政府首脑的总统手中。我国的政体是人民代表大会制度。不同的政体具有不同的国家管理经济的形式。熟悉一国的政体对企业顺利进入国际市场很有必要。

（3）政党制度。一国的政党制度按行使政权或干预政治的形式可分为一党制、两党制、多党制等类型。一党制（以墨西哥为代表）是指某一党派的政治力量非常强大，以致在公开选举中其他党派无法与其展开竞争。两党制（以美国为代表）是由两个强大的政党相互交替轮流执政，由此可导致差异较大的政府经济政策。多党制（以意大利为代表）是由多个政党联合组成政府，各党的主张和政策不同而引起党派间的冲突难以避免，联合政府的稳定性取决于各党派间的合作态度。中国共产党领导的多党合作和政治协调制度完全不同于前述几种政党制度，是一种具有鲜明中国特色的政党制度。不同的政党有不同的主张，政府政策也深受政党的影响，因此国际市场营销人员应了解一国的政党体系、各主要政党的政策，特别是对外经济政策的倾向性，这对于分析该国的现行政策和预测未来政局的变化是有益的。

2. 政治稳定性

政治稳定才能保证政策的持续，国际企业最关心目标市场国政府的政策能否得到长期稳定的贯彻，政策摇摆不定引起的政局动荡会使外商望而却步，投资信心不足。一国政治稳定与否，可从该国政权更迭的频率予以考察，若政权的更迭过于频繁，便会产生一连串的不确定性，既定政策难以为继；倘若政权变更是通过军事政变的方式进行的，原有政策便会发生急剧变化。政治稳定性还可从文化分裂和宗教冲突方面进行分析，一国文化的分裂和宗教信仰之争都有可能引发政局动荡。目前世界上局部地区的武装冲突大多与文化差异和教派论争有密切关系。此外，政治稳定性也可从诸如暴动、罢工、骚乱事件发生的多寡来判断。

3. 政治风险

目标市场国政局的不稳定预示着欲进入该国市场的国际企业要面临政治风险。一般来讲，作为主权国家的东道国往往具有绝对的权力来影响和制约外国企业在该国的营销活动，国际企业必须对其可能遇到的政治风险做出分析和判断。这些风险主要来自以下几个方面。

（1）没收、征用和国有化。没收是指东道国政府无条件地把外国企业在该国的投资收归本国所有，由此导致财产所有权从外国公司向东道国的转移。征用是东道国政府将外国企业在该国的投资收归国有的另一种形式，与没收的区别只是在于征用时东道国政府给予外资企业一定额度的补贴。与没收、征用相比，国有化是一种更微妙的国家管制形式，它不同于带有突然性的没收、征用方式，而是采用渐进的方式，逐步以各种手段和方法将外资企业的所有权全部或部分地转移到东道国手中。没收、征用及国有化是国际企业可能面临的最严重的政治风险。随着近年来国际局势的缓和，这三种形式的政治风险有所降低。这一方面是因为各国政府已认识到引进外资对本国经济发展的作用；另一方面是因为东道国所采取的这些极端措施也会招致投资国的报复或制裁，从长期来看不利于本国经济的成长。

（2）进口限制与外汇管制。这两项风险虽不像上述的那么严重，却可能更为普遍。任何主权国家都设有不同种类的进口障碍，以限制那些与本国利益存在冲突的产品进入该国市场，实现保护本国企业与产品的目的。例如，东道国可以利用发放进口许可证来限制某些产品的进口；进口配额从数量上限制了某一产品的进口；关税虽不是一种直接的数量限制，但提高关税也足以阻止某些外国商品的进入。外汇管制是政府对本国外汇交易和流通实施管制的一种手段，各国政府会依据对本国是否有利，选择松紧程度不一的外汇政策。外汇管制既限制了国际企业在东道国的销售，也影响了所实现利润的顺利返还。

（3）价格管制与劳工问题。价格管制也是国际企业所面临的风险之一。一国政府对那些关系到本国国计民生的重要商品或服务的价格有时会加以行政干预，尤其是不愿意看到此类价格为外国企业所操纵，以维护公众利益和保障公众的基本生活。如果外国企业涉足这些领域或部门，就很容易成为价格管制的对象。这种价格管制大大限制了外资企业的营销策略特别是价格策略的运用，使其不能根据市场的变化及时调整经营策略，进而给企业国际市场营销带来不利影响。劳工问题是许多国家政府十分关注的问题，特别是对外国企业来说，这个问题会变得相当敏感和易被触发。例如许多国家政府支持工会对抗外资企业，有的禁止外资企业随意解雇工人，有的甚至要求和投资者分享利润。因此国际企业必须处理好企业内部的劳资关系，否则不仅会使企业的业务受到影响和限制，甚至可能被迫结束在东道国的营销活动。例如，2005 年联想收购 IBM 个人电脑业务，2010 年吉利收购沃尔沃，2016 年腾讯收购芬兰游戏公司 Supercell，这些企业在收购过程中面临的最大问题之一都是海外的劳工问题，都要受到当地严格的劳工法的限制。

（4）税收管制。征税作为政府控制外资企业的一种手段也属于政治风险的范畴，如东道国政府突然提高税率，或提前结束投资时达成的有关免税、减税的优惠措施，或针对外资企业征收带歧视性的特别税。外资企业在当地经营达到一定规模后，税率的突然提高会使企业的利润大减，进而扰乱企业的经营策略。

除上述风险，国际企业在东道国还面临诸如政府的行政效率及廉洁程度问题。此外，还有民族主义与国民感情、企业所在国与东道国的国际关系等问题。企业只有对进入国际市场后可能面对的各种政治风险做出全面的分析和预测，才能在风云变幻的国际政治环境中制定出有效的营销对策。

二、法律环境

一个国家的法律制度与其政治制度有着密不可分的联系，从某种角度来讲，法律代表着一个国家的政治意愿。正如各国有权选择自己的政治制度一样，各国政府也有权按照本国特点建立自己的法律法规体系。就市场营销来讲，世界上还没有一部统一的国际商法，据以调节各国企业间的交易和投资活动，跨国交易必然面临着不同于本国市场的、陌生的法律环境。熟悉国际市场法律环境就成为企业跨国营销活动顺利开展的前提条件之一。国际市场法律环境主要包括各国不同的法律制度，涉及国际营销的法律规定，以及具有法律效力的国际公约、协定、国际惯例及仲裁机构。

1. 法律制度

对世界各国法律制度比较成熟的划分方式是二分法，即把各国国内法分为两大体系：大陆法和英美法。大陆法体系以法律条文为依据，以成文法规为基础，由商事法典、民事法典和刑事法典组成，也就是说，专有一部调整商业活动的法律法规。大陆法系国家包括以法国、德国、意大利、奥地利、荷兰、西班牙、葡萄牙等国为代表的一些欧洲国家，还包括受其影响的拉丁美洲国家、非洲部分国家以及亚洲的日本、泰国等。英美法体系的基础是传统、惯例以及法院的判例，而不是依赖成文法规与法典。英美法系国家除英国、美国外，还有加拿大、澳大利亚、新西兰及亚洲的一些国家。

由于渊源不同，两大法系间存在着一些明显的差异，比如对工业产权的保护，在不同国家有不同的措施和条例。在英美法系国家，像著名商标等企业无形资产的财产权利依赖于使用该项财产的历史，按照“使用在先”的原则来判断工业产权的所有者，谁先使用，谁就拥有产权。而在许多大陆法系国家中，工业产权是按照“注册在先”的原则来确定所有权，财产权利依据哪个当事人最先实际注册登记这个商标来判定，即谁最早办理工业产权的注册，谁就是该产权的合法所有人，就受到有关产权法律的保护。如果一家企业将本国的“使用在先”或者“注册在先”的原则原封不动地照搬到国际市场上的其他国家，很可能造成误解。因此，国际企业必须熟悉各个国家的法律规定及其具体的法律解释。

2. 涉及国际营销的法律规定

各国法律规定主要围绕以下两方面内容：一是保持和控制竞争；二是保护消费者利益。这些内容大多涵盖了市场营销的四个基本要素，即产品、价格、渠道和促销。

（1）有关产品的法律规定。除了产品的包装、标签、品牌、商标、保证和服务以外，许多国家的法律还规定了产品的纯度、安全性和性能等。国际企业必须了解目标市场国的特殊要求，越发达的国家，在产品的生产、经销方面的限制越严格。例如，有些国家规定汽车必须安装尾气净化装置才能进入市场。又如，在日本，护肤护发用品禁止含有甲醛，所以化妆品公司要想进入日本市场就必须对其产品进行相应的配方调整。企业在哪个国家从事营销活动，就必须遵守哪个国家的法律规定。

（2）有关价格的法律规定。对价格的控制因不同国家而异，实行计划经济体制的国家对价格控制得较为严格，市场经济国家则鼓励企业在价格方面展开竞争。然而，即使像美国这样的典型的市场经济国家，也颁布了不少干预价格的法规条例。一般而言，生活必需品最容易受到政府价格政策的干预。在干预方式上，既可以直接控制价格，也可采用诸如控制利润水平的间接控制手段，如阿根廷政府规定制药公司的标准利润率为11%。

（3）有关渠道的法律规定。各国法律对渠道决策的影响只有在国际企业与当地经销商或代理商签订或终止某一协议时才会发生，有些国家对本国不同类型的中间商的经销范围可能会做出规定，企业在选择渠道对象时应考虑这一因素。一般情况下，企业可比较自由地选择国际渠道模式。

（4）有关促销的法律规定。各国在促销方面的法律限制都比较多。例如，奥地利的法律规定，企业进行有奖销售时不得对不同的消费群体给予不同的现金折扣；法国禁止企业以低于成本的价格促销或以购买某商品为条件向顾客赠送礼品或奖金；德国禁止企业提供任何类别的刺激以吸引顾客，且企业不能提供超过产品价值3%的价格回扣。在各种促销手段中，受到政府限制较多的是广告促销。大多数国家都有对广告进行管理的法律法规，从广告信息的内容到广告媒体的选择，都有详细的规定。如很多国家对香烟、酒类广告进行严格限制；有些国家则不准做比较广告；有的国家做药品广告需要提前获得批准。也有一些国家，为了控制广告，减小出口国产品在本国的影响，采取征收广告税的办法对外来产品进行限制。因此，凡从事国际市场营销的企业，在进行市场环境分析时，必须顾及目标市场国的法律规范，据此制定出符合目标市场国特点的营销组合策略。

3. 具有法律效力的国际公约、协定、国际惯例及仲裁机构

国际企业除遵守本国政府和目标市场国颁布的法律规定外，还要了解国际通行的条约及协定。为调整国际经贸关系，各国签订了大量双边或多边的条约，目前在国际上较具影响的有《国际海运公约》《联合国国际货物销售合同公约》《保护工业产权巴黎公约》等。国际惯例则是在国际经济活动中逐渐形成的习惯性规范条例。虽然它不具有普遍的法律约束力，但由于长期在国际经济交往中约定俗成并得到公认，所以在国际商务活动中对双方当事人也有约束力。同国际商务活动有关的国际惯例主要有《华沙-牛津规则》《国际贸易术语解释通则》《跟单信用证统一惯例》等。尽管存在着这些公约、惯例，但国家间的贸易往来仍没有一部统一的国际商法来调节，各国所签订的条约、公约和协定对于缔约国的双方或多方就具有法律约束力，运用哪一国的法律来解决国际商务争端，在合同中要加以明确，一旦纠纷无法通过协商解决，就只有求助于国际仲裁。尽管世界上没有一个凌驾于各国之上的立法机构，但建立了一些为各国所承认的国际仲裁组织。比较著名的国际仲裁机构有泛美商事仲裁委员会、加拿大-美国商事仲裁委员会、伦敦仲裁院、美国仲裁协会、国际商会等。在大多数国家，仲裁条款具有在境内强制执行的法律效力，国际上也有在联合国主持下缔结的《承认和执行外国仲裁裁决的公约》来维护国际仲裁的法律效力。

案例分析

山姆会员店在中国市场的成功扩展

自1983年由沃尔玛创始人山姆·沃尔顿（Sam Walton）创立以来，山姆会员店（Sam's Club）凭借其创新的商业模式和卓越的市场执行力，成为全球零售行业的重要领导者。作为美国首家会员制仓储俱乐部，山姆最初主要面向小企业主，提供批发商品，并通过较低的价格和高效的供应链管理迅速占领了市场份额。经过多年的发展，山姆会员店的扩张步伐从未停歇，今天它已遍布全球，并在多个国家和地区成功实现了本土化运营。

山姆会员店的核心竞争力体现在其独特的仓储模式、精准的商品定位和高效的供应链管理。通过低价大宗商品、精选SKU和会员制的组合，山姆会员店能够在保证高质量的同时，通过节省采购成本提高产品的性价比，吸引中高收入家庭的青睐。这种模式不仅在美国本土取得了显著的成功，也为山姆会员店的全球扩张奠定了基础。

随着中国中等收入群体的崛起和消费升级的趋势，山姆会员店在中国市场逐步形成了其独特的客户群体。中国中高收入群体的消费需求正日益多元化，这为山姆会员店提供了丰富的市场机会。特别是随着中等收入群体的增加，他们更注重品质、性价比以及购物体验，这与山姆会员店的服务定位高度契合。然而，中国的零售市场和消费者需求与美国市场存在明显差异。中国市场的消费已进入供给大幅过剩的时代，消费者的购买需求趋于多样化，供需关系的变化导致了消费分层。因此，传统的大宗商品低价模式逐渐无法满足所有消费者群体的需求。在此背景下，山姆会员店的精准定位和高效供应链管理变得尤为重要。

山姆会员店采用了精准的市场定位策略，专注于服务高收入群体，并通过会员制模式和精选SKU，提供个性化、高效的消费体验。对于这些消费者来说，山姆会员店不仅提供价格上的优惠，还通过高品质的商品和完善的服务，满足了他们对生活质量的要求。此外，山姆会员店的去中间商策略在中国市场也发挥了重要作用。山姆会员店通过高效的供应链，直接从生产源头购买商品，确保了产品的高品质，并且在价格上具有较大的竞争优势。这一策略有助于山姆会员店在竞争激烈的中国市场脱颖而出，吸引了越来越多的高收入消费者。同时，山姆会员店意识到，仅凭价格竞争并不足以在零售市场中占据一席之地。随着市场竞争的加剧，山姆会员店开始专注于优化其供应链，以提高产品的差异化和质量。通过直接从源头采购商品，山姆会员店能够有效降低中间环节的成本，确保产品的高品质和竞争力。此外，山姆会员店还在产品的选择上进行了差异化布局，根据中国消费者的需求，推出了更多符合本土文化和口味的商品。这一供应链优化策略不仅使山姆会员店在价格上具备优势，也帮助其在品质和服务上与竞争对手形成差异化。山姆会员店通过高效的供应链管理和差异化产品的提供，成功吸引了更多中高收入消费者，进一步增强了其在中国市场的竞争力。

资料来源：山姆 2023 年销 800 亿左右，线上占比 47%.（2024－04－15）. https://news.qq.com/rain/a/20240416A0002C00.

问题

1. 山姆会员店的目标消费群体有哪些特点？
2. 结合案例，谈谈企业在国际市场营销中进行市场定位的重要性。

思考题

1. 国际市场经济环境包括哪些内容？它们如何影响企业的国际市场营销活动？
2. 简述不同国家的家庭构成与家庭模式对该国的消费方式会产生怎样的影响。
3. 国际市场营销中的东道国政治风险主要有哪些？
4. 举例说明不同国家的法律环境对营销组合策略有何影响。

第4章
国际市场购买行为分析

本章要点

1. 在国际市场中，消费者会受到多种因素影响而改变购买行为，形成多种多样的购买行为模式。

2. 国际市场的参与者众多，不仅有普通消费者组成的市场，还有产业市场和政府市场，这些特殊市场的购买模式、特征和影响因素都各不相同。

就需要的实质而言，吃、穿、住、用、行是人类的普遍需要。在满足这些基本生活需要的基础上，人们自然会追求轻松的工作、舒适的生活及较高的社会地位。需要层次的变化必然会提高人们的消费档次，这也是一种普遍趋势。对于需要的具体表现形式，不同国家或地区的消费者由于处在不同的经济、社会、文化环境下，再加之个人心理因素的影响就会产生差异较大的购买行为。企业的国际营销对象既可以是消费者，也可以是生产者、中间商或政府机构，各类购买者的购买行为不尽相同，需要逐一加以分析。

第1节　国际消费者市场购买行为

生产者、中间商或政府机构作为集团购买者，虽然具有特定的购买行为特征，但与消费者市场相比，其购买成员的数量是有限的，消费者仍是最大的购买群体，这一点对国内市场和国际市场而言是相同的。就国际市场营销而言，营销的目的是满足消费者的需要和欲望，达到这一目的的前提条件是，营销人员必须了解目标消费者的欲望、观念、偏好和购买行为。

一、消费者市场的特征

消费者市场是指为生活消费目的而购买商品和服务的一切个人和家庭。消费者市场在整体市场中具有非常重要的地位，是其他市场存在的基础。与集团购买行为相比，消费者市场购买行为具有以下特征。

（1）消费者市场交易的范围广，购买人数多，而且较为分散。

（2）由于消费者的个体差异较大，因此对商品的花色、品种、规格等的要求复杂多样，并且消费者的购买数量小、次数多。

（3）消费者大多缺乏商品的专业知识，因此受企业广告或其他推广方式的影响较大，属于非专家购买。

（4）消费者的购买流动性大，购买商品比较慎重，因此购买力会在不同地区、不同企业及替代品之间流动。

（5）消费者的需求具有无限扩展性，即人们的需求会随着社会经济的发展和消费者收入的提高而不断发展，不断产生新的需求。

（6）消费者的需求具有多层次性。马斯洛的需求层次理论将人类的需求按重要性与发生次序分为生理需求、安全需求、社会需求、尊重需求、自我实现需求这五个层次。

二、消费者购买行为模式

国际市场营销人员对不同国家和地区的消费者及其购买行为的了解应包括下述几方面的内容：购买者，即市场是由哪些人组成的；购买对象，即购买什么商品；购买目的，即为什么要购买这些商品；购买方式，即怎样购买商品；购买时间，即什么时候购买商品；购买地点，即在哪里购买商品。

（1）购买者。就谁来购买而言，影响或做出购买决策的人取决于家庭情况。家庭结构与购买决策者有很大关系。在规模较大的传统家庭中，年长的男性在购买决策方面有重要的发言权，其他家庭成员则拥有较少的发言权。但随着国家经济发展水平的提高，家庭的规模越来越小，成员越来越少，那些只有父母和孩子的核心家庭数量逐渐增多，这种家庭比较民主，决策也较为分散。

（2）购买对象。就买什么而言，消费者所购买的商品在营销学中通常划分为耐用品、非耐用品和服务这三大类，这种划分与国内营销是一致的。但各国消费者实际从市场上购买的东西并不一样，各国消费者所购商品有各自的特点。

（3）购买目的。就为什么买而言，要准确地说明一个人为什么做某事是困难的，市场营销人员试图解释人们的消费行为。通过研究发现，购买行为不是一种本能，价值观和态度是购买行为的决定因素，而价值观和态度又是由深层次的文化底蕴决定的。由于不同的国家有不同的文化，购买行为在不同的文化背景下，其表现形式也是不同的。研究还发现，社会阶层和相关群体也是决定消费者行为的重要因素，一个国家区别于另一个国家的社会阶层和相关群体，也是文化造成的，是一种文化所特有的。

（4）购买方式。就怎样购买而言，各国消费者的购买过程可看作一种解决问题的活动。观察消费者如何购买的一种方法是考察购买过程的各个步骤，包括引起需求、寻找信息、选择评价、决定购买等。从本质上讲，这些步骤对研究所有国家的购买行为都是适用的，但由于各国之间存在各方面的差异，上述步骤在不同国家会有较大的不同，从而导致形式各异的购买模式。

（5）购买时间。就什么时候购买而言，首先取决于购买频率，有的国家的消费者几乎每天购买，有的国家的消费者隔若干天集中购买一次。购买时间还表现在人们在一天当中的什么时间来购买，这又取决于卖方的营业时间。影响消费者购买时间的最后一个因素是，购买者的年龄和家庭生命周期阶段。

（6）购买地点。就什么地点购买而言，取决于消费者所在国家的渠道结构和营销网络，各国批发与零售之间的差异是如此之大，特别是零售业态有着千差万别的种类与形式，这势必造成消费者购买地点的不同。

研究消费者购买行为模式的理论中最有代表性的是刺激-反应模式（见图 4－1）。消费者的购买行为是受消费者心理活动支配的。外部的各种刺激，包括企业的营销刺激和环境刺激，进入消费者的意识，并在消费者特征的影响下，经过消费者的决策过程，引起消费者购买或不购买的行为反应。其中，营销刺激是营销者可控的因素，环境刺激是不可控的因素。

图 4－1　消费者购买行为的刺激-反应模式

在经历了 2008 年的全球金融危机之后，世界经济一度低迷，企业不得不大量削减营销费用，这带来了新一轮的营销方式的变革。传统的营销方式正逐渐被抛弃，而新的更直接、更有效的营销方式脱颖而出。习近平总书记指出：“近年来，互联网、大数据、云计算、人工智能、区块链等技术加速创新，日益融入经济社会发展各领域全过程，数字经济发展速度之快、辐射范围之广、影响程度之深前所未有，正在成为重组全球要素资源、重塑全球经济结构、改变全球竞争格局的关键力量。”① 网络营销（包括网络广告、搜索引擎营销）在许多国家都呈现出蓬勃发展的态势。世界著名广告公司日本电通根据调查数据提出了一个全新的消费者行为模式框架。该模式是一种基于网络时代市场特征重构的 AISAS 模式（见图 4－2）。

① 习近平：把握数字经济发展趋势和规律推动我国数字经济健康发展．(2021－10－20)．人民网．

图 4－2　消费者行为模式——AISAS 模式

该模式框架指出，现在的消费者在注意商品并产生兴趣之后，增加了信息搜索（search）以及产生购买行动之后的信息分享（share）两个重要环节。这两个环节都离不开消费者对互联网的应用。

此外，人工智能能够通过大数据分析、机器学习、自然语言处理等技术手段深入分析消费者数据，为市场研究提供超精细化的用户画像，帮助品牌更快更准确地捕捉市场趋势和消费者偏好，使“一人多面”的个性化营销成为可能。

总之，企业在进行国际市场营销时应当全面了解和把握各目标市场国消费者的购买行为模式，关注其行为模式的变化，以便采取更有效、更具针对性的营销策略，从而以最低的成本达到最佳的营销效果。

三、影响消费者购买行为的因素

上述消费者购买行为的选择将受到很多因素的影响，影响购买行为的因素主要包括以下几个方面。

（一）文化因素

文化因素对各国消费者的购买行为有着广泛、深远的影响，这是区别于国内市场消费者行为最显著的特点。购买者的文化、亚文化差异和所处社会阶层直接改变着他们的消费动机和行为，因此了解不同国家或地区的文化差异与共性，有利于把握不同国家或地区市场消费者购买行为的异同。

（1）文化。人在成长过程中通过家庭和其他社会机构获得基本的价值观、喜好和习惯，久而久之就会形成决定人们欲望和行为的文化因素。文化不同会导致不同国家的消费者对同一产品持有不同的态度，比如宝洁公司的佳美香皂在日本做广告时，出现男性直接赞美女性外表的场景，这种表达方式不为日本男性所接受，文化冲突导致这种香皂在日本滞销。

（2）亚文化。一种文化可以由更小的亚文化构成，亚文化可为其成员带来更明确的认同感和归属感。包括民族、宗教和地域的亚文化因素是细分市场的重要变数，国际市场营销人员要了解不同亚文化群体的需求与偏好，还要调查其购买产品的时间、地点，据此设计产品并制定相应的市场营销组合策略。

（3）社会阶层。任何一个社会都存在等级之分，主要是根据职业、收入、教育和价值倾向等因素划分等级，社会中按等级排列的具有相对同质性和持久性的群体可称为社会阶层。处于同一社会阶层的人往往具有相似的价值观、兴趣和行为，一个社会成员在其一生中可在不同社会阶层之间移动，但总会受到各种条件的限制。

在服装、家具、汽车和娱乐用品等领域，各社会阶层具有明显的产品或品牌的偏好，营销人员可将某个社会阶层作为自己的目标市场。比如新加坡香格里拉饭店的香宫是专为高端消费者服务的，而露天集市的大排档则面向广大的中低层消费者。

（二）社会因素

除文化因素，诸如相关群体、家庭和社会角色与地位等一系列社会因素也会对消费者行为产生影响。

（1）相关群体。正如第 3 章所述，相关群体指的是所有对消费者的态度、价值观与行为有直接或间接影响的群体。相关群体对处于群体内的个人至少有三个方面的影响：相关群体使个人受到新的行为和生活方式的刺激；相关群体影响个人的价值观和消费偏好；相关群体还会通过向其内部成员施加压力，使个人行为趋向一致。正是因为相关群体深刻地影响着个人对产品的实际选择，所以国际市场营销人员总是希望能识别出目标消费者的相关群体，充分利用他们对消费者施加影响，扩大产品销售。

（2）家庭。家庭是对购买者最具影响力的一种群体。家庭成员对购买者行为的影响可因家庭类型与产品种类的不同而存在差异。由于社会文化传统的作用和经济发展水平的差距，不同国家或地区的家庭结构类型往往不同。婚前家庭中，双亲对购买者的行为影响最为重要；婚后家庭中，配偶及子女对消费者的购买行为往往有更为直接的影响。市场营销人员需要判断家庭成员对购买决策过程的影响力，是丈夫支配型、妻子支配型还是共同支配型。

（3）社会角色与地位。人在其一生的社会活动中往往会从属于许多群体，在不同的群体中从事不同的活动，担任不同的角色，每种角色又都有相应的地位。这种角色与地位深刻地影响着人们的购买行为，人们往往选择与自己的社会角色相符合的产品。品牌又代表着人们的社会地位，比如公司经理和一般职员，由于角色和地位的差异，其购买行为会有所不同。

（三）个人因素

消费者在年龄、家庭生命周期、职业、经济状况、生活方式、个性和性别方面的差异，决定着不同国家消费者的购买决策。

（1）年龄与家庭生命周期。人在一生中不同阶段所购买的商品与所享受的服务是不一样的，随着年龄的变化，人们对服装、家具和娱乐的偏好会有很大不同。这虽然是一种普遍趋势，但在各国的表现形式又不尽相同。比如西方国家的年轻人比较早地脱离家庭独立生活，可随意支配自己的收入；亚洲一些国家的年轻人多和父母住在一起，尽管可支配收入占工资的相当大部分，但购买行为较多地受到家人的影响。家庭生命周期的不同阶段也影响着消费，不同的阶段往往有特定的购买力指向，如表 4 - 1 所示。国际市场营销人员经常把目标市场定位于某一阶段的家庭群体。

表4-1 家庭生命周期不同阶段及购买行为

家庭生命周期各阶段	购买行为模式
1. 单身阶段	几乎没有经济负担，新观念的带头人，追求自我价值 购买：一般的厨房用品和家具、新潮服装、度假
2. 新婚阶段 年轻、无子女	经济状况较好，购买力强 购买：家用电器、汽车、耐用家具、度假
3. 满巢阶段Ⅰ 年幼子女不到6岁	家庭用品采购的高峰期，更注重产品的使用价值，对广告宣传敏感，购买大包装商品 购买：婴儿食品、玩具、学习用品、日常用品
4. 满巢阶段Ⅱ 年长的夫妇和尚未独立的子女同住，户主仍在工作	经济状况较好，对耐用品及日常用品购买力强 购买：学习用品、教育、生活必需品、医疗保健用品、度假
5. 空巢阶段 年长的夫妇，无子女同住，户主仍在工作	经济状况良好且有储蓄，对旅游、娱乐、自我教育感兴趣 购买：旅游用品、奢侈品、度假
6. 鳏寡阶段 退休	收入减少，经济状况一般，对身体健康更加关注 购买：有助于健康、睡眠和消化的医用护理保健用品，家庭劳务，度假

资料来源：沈铖．全球营销学．武汉：武汉大学出版社，2004：138.

（2）职业。个人职业也影响着消费模式，比如蓝领工人会对打折服装、方便食品有更多的需求；公司总裁则会买昂贵的西服、乘坐飞机旅行、拥有游艇等。营销人员可以发现某一特定的职业群体，为这一特定职业群体提供某种产品或某项服务，比如，一些电脑软件公司专门为品牌经理、工程师、律师、医师设计不同的计算机软件。需要注意的是，各国的职业特点有所不同，消费行为会有一定的差异。

（3）经济状况。不同国家的经济发展水平将使人均国内生产总值有很大差异，居民收入的差别必然影响到居民的需求水平和需求结构，也就要求有相应的市场营销对策。对经济发达国家的消费者而言，市场营销强调的是产品款式、性能及特色，非价格竞争多于价格竞争；对于经济发展水平较低的国家，则侧重于产品的功能及实用性，价格因素比产品品质更重要。

（4）生活方式。生活方式是人在活动、兴趣和意见上所表现出来的一种生活态度，有些人虽然属于同一社会阶层，来自同一文化背景，具有相似的个性，但由于生活方式不同，他们的活动、兴趣和见解就不同，营销人员应善于寻找和发现具有相同或相似生活方式的社会群体。有人曾将日本人的生活方式划分为四种类型，即成功者（有事业心）、知识分子（有个性）、团体主义者（充分利用团体获得最大好处）和依赖者（忠诚），但这种划分方式在马来西亚、新加坡和泰国等国家并不适合，在这些国家需要按照完全不同的生活方式标准来分类。

（5）个性和性别。每个人在自信心、控制欲和自主意识等方面都有个体差异。

在某一特定个性同产品或品牌之间存在较强关联性的前提下，这种个性就可以成为分析消费者购买行为的有用变量。例如，美国学者研究发现，敞篷轿车的买主的个性较为主动、激进和喜欢社交。许多消费者在采购商品（特别是服装）时，都要同自我形象相对照，考虑该商品能否保持或美化自我形象，只有当商品同自我形象一致时，才会采取购买行动。从一般意义上讲，每个人都有影响购买行为的独特个性，但不同国家或地区的人，其个性的表现方式又很不相同。性别差异也会导致购买行为有很大差异，比如有人把女性的购买行为概括为：品牌敏感度不如男性、对于广告更加敏感、购物更加细致、喜欢更感性化的媒体、购物更非理性、对价格更敏感、消费易受他人影响、花钱更谨慎、更加重视购物环境、更不愿承担风险等。又如，夫妻俩逛街时，女士爱看服装与化妆品，男士关心音响与电子设备。

（四）心理因素

消费者心理是指消费者在满足需要的活动中的思想意识。心理因素包括动机、感觉、学习以及信念和态度，心理因素会影响消费者的购买选择。

(1) 动机。动机是由需要引起的，需要在迫切性达到一定程度时就会转化为动机。心理学家提出了不同的人类动机理论，弗洛伊德、马斯洛和赫兹伯格的理论都从不同角度论证了人的动机形成过程。其中，以马斯洛的需求层次理论对营销学产生的影响最为深刻。马斯洛的需求层次理论将人类的需求分为生理需求、安全需求、社交需求、尊重需求和自我实现需求。人们总是首先寻求最基本需求的满足，在满足了基本的需求后，转向下一层次需求的满足。我国是茶叶出口大国，有人曾按需求层次理论将我国茶叶出口划分为五个目标市场，上海的绿茶一向主销北非市场，是满足当地人生理需求的饮料；云南的沱茶和福建的乌龙茶有助于降低胆固醇和减肥，成为满足日本和欧洲国家消费者安全需求的珍品；苏州特产碧螺春是绿茶中的名贵品种，再配以古色古香的包装，是新加坡和马来西亚等地的送礼佳品，满足了当地人的社交需求；西湖龙井和云南红茶为我国茶中极品，我国驻外使领馆常以这两种茶款待宾客，满足了宾客受尊重的需求；闻名于世的茶道弘扬了传统文化，实际上满足了人们自我实现的需求。

(2) 感觉。处于同一外界情境的人会有不同的感觉。人的行动取决于其对情境的感觉程度。人们之所以会对相同事物产生不同的感觉，是因为有三种不同的感觉过程。首先是选择性注意，人们的日常生活会接触众多的刺激，但大部分刺激会被过滤掉。人对刺激性信息的接受是有选择的，比如美国人喜新，只有新、奇、特的产品广告才有可能引起美国人的注意；而在有些国家，人们注重传统，喜欢古老的消费方式，营销人员对新产品市场的开拓与传统产品联系起来可能效果更好。其次是选择性曲解，消费者对所接收的信息总是按自己的思维方式来理解。选择性曲解是指人们趋向于将所获得的信息与自己的意愿结合起来。比如我国企业向西方发达国家出口产品，这些国家的消费者往往以对发展中国家的先入为主之见看待我国的产品，因而要求国内企业树立明确的品牌意识。最后是选择性记忆，对所接触过的信息，人们只会记住那些符合自己信念和态度的部分，这就需要国际市场营销人员以生动、简明、有吸引力的广告宣传打动消费者，并通过反复宣传使他们对本企业产品有深刻的良好印象。

（3）学习。学习是指由经验的积累所引起的个人行为的改变。由学习而引发行为多半是驱策力、刺激、诱因、反应与强化等因素相互作用的结果。对国际市场营销来讲，学习的理论价值在于使营销人员把产品与强烈的驱策力联系起来，以刺激物为主，并提供与刺激物相类似的诱因环境，唤起消费者的初步反应，通过正面强化等手段来建立消费者对产品的现实需求。比如中医药出口日本，就是根据日本社会老龄化趋势，老年人寻求满足安全需求，通过广告宣传使中医药的吸引力大为增强，再通过药店橱窗中陈列的实物、说明书、包装等诱因，使老年人产生购买的反应，若使用后感觉良好，便强化了中医药延年益寿的意识，这就是一个学习过程。

（4）信念和态度。人们通过学习获得了信念和态度，它们反过来又影响着人们的购买行为。信念是指人们在自身的知识、意见与信仰的基础上对事物所持有的描述性思想，人的行为通常是以信念为依据的。如果存在某些错误的信念，进而阻碍了购买行为，营销人员就应通过促销活动来纠正这些信念。比如发达国家的消费者一般对国产货评价较高，而发展中国家的消费者更喜欢进口商品。就后者而言，如果消费者认为国产货不如进口货，当地政府就要开展提倡购买国货的活动。态度是指个人对某事物或观念所持有的一种评价、感受和倾向，与信息相比，态度更具有持久性，更难以改变。要改变一种态度就需要在对待事物或观念方面做出重大调整。比如日本的本田摩托车最初进入美国市场时，面临着是只把摩托车卖给已对摩托车感兴趣的少数人还是设法增加对摩托车感兴趣的人的选择问题。前者促销成本较低，但销量有限；后者市场容量可观，但营销成本较高。当时的美国人普遍把摩托车与犯罪联系在一起，为了改变消费者对摩托车的态度，本田公司发起了大规模的“骑上本田迎亲人”宣传活动，逐渐消除了美国消费者的偏见，最终进入了美国市场。

从以上分析可以看出，消费者的购买行为是文化、社会、个人与心理因素综合作用的结果，其中的很多因素是消费者无法改变的，但这些因素在帮助国际市场营销人员确定可能对产品有购买兴趣的消费者方面是很有用的。根据这些影响因素可以发现或找到一个特殊的消费群体，便于国际企业有针对性地制定市场营销战略与战术。

四、消费者的购买决策过程

（一）消费者购买行为的类型

消费者的购买行为会因购买主体、购买对象和各种购买条件的限制而存在很大差异，消费者购买的产品越复杂、越昂贵，考虑的问题就会越多，也就是说他参与的程度或被卷入的程度越高。依据消费者的参与程度和品牌的差异程度，可将购买行为分为四种类型，如表 4 - 2 所示。

表 4 - 2　消费者购买行为类型

<table>
<tr><th colspan="2" rowspan="2"></th><th colspan="2">参与程度</th></tr>
<tr><th>高参与度</th><th>低参与度</th></tr>
<tr><td rowspan="2">品牌差异</td><td>品牌差异大</td><td>复杂的购买行为</td><td>寻求多样化的购买行为</td></tr>
<tr><td>品牌差异小</td><td>寻求平衡的购买行为</td><td>习惯性购买行为</td></tr>
</table>

（1）复杂的购买行为。这是指消费者在购买价格昂贵、购买频率低、不熟悉的产品时，会投入很多的精力和时间。消费者需要花费大量的时间收集信息，学习相关知识，进行认真的比较、鉴别和挑选，如购买汽车的过程。对于这种购买行为，企业的营销战略应该帮助消费者学习有关产品类别、属性等知识，让消费者充分了解本企业产品的性能、特点及可能带来的利益。同时营销者必须使品牌特征与众不同，运用主要的印刷媒体和详细的广告文稿来描述其品牌的优势。在国际市场营销活动中，企业的产品可能会因为是进口产品而受到青睐，也可能因为是舶来品而让当地消费者怀有疑虑，这时企业可通过相关群体来影响企业广告的可信度与说服力。

（2）寻求平衡的购买行为。这是指消费者认为不同品牌产品看上去差异性不大，为避免在购买后后悔、遗憾，消费者会收集更多的信息，试图证实自己购买决策的正确性，以达到心理上的平衡。如地毯、家具、装修材料等产品的购买大多属于寻求平衡的购买行为。对于这种购买行为，企业要通过合理的定价、方便的分销网点和积极的人员推销来影响消费者对本品牌的选择，促成其购买。而后要利用广告宣传和新闻报道，通过专家学者、名人明星等权威人士对商品或品牌进行正面评价，使消费者肯定自己的购买行为，帮助他们保持心理平衡。

（3）寻求多样化的购买行为。这是指消费者在购买某些价格低廉但品牌差异显著的产品时，不愿意花费时间和精力进行比较选择，有很大的随意性，以频繁更换品牌来减少风险。这类购买者的品牌转换是为了寻求多样性，而非有不满意之处，如购买饼干、零食这一类的食品。对于这种购买行为，企业可以依据市场地位的不同而采取不同的营销策略。市场领导者应通过占有货架、避免脱销和提醒购买的广告来鼓励消费者形成习惯性购买行为；市场挑战者则要以降低价格、折扣、赠券、赠送样品和强调使用新品牌的广告来鼓励消费者改变习惯性购买行为。

（4）习惯性购买行为。这是指在购买某些简单商品时，由于商品价格低廉、品牌差异小，消费者的参与程度会很低，消费者对品牌的选择主要是出于熟悉，且会逐渐形成购买习惯。食盐等日常消费品的购买就属于这种行为。对于这种购买行为，企业可利用价格优惠或现场促销等方式吸引顾客使用产品，同时提高购买的参与程度和品牌的差异性，在广告宣传上也应注意广告内容要突出，便于记忆，广告频率应较高，提高消费者对本企业产品的熟悉程度，应以电视、报纸等大众媒体为主要促销手段。

（二）消费者的决策过程

国际市场营销通常将消费者的购买过程分为五个阶段，即引起需求、收集信息、选择评估、购买决策和购后评价，如图4-3所示。

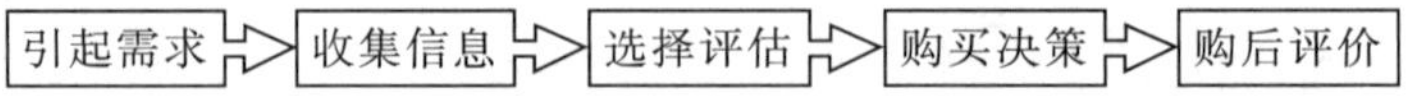

图4-3 决策过程的五个阶段

（1）引起需求。这是指消费者由于内部或外部刺激而产生了购买某种产品的欲望。这实际上表明消费者意识到了未满足的需求。最常见的两种情况是现有的产品不完全适用或消费者缺少应该常备的用品，如果消费者见到比当前产品更好的产品，也可能会产生需求。对于国际市场营销人员来说，这一阶段的主要任务是了解消费者的需求类型以及需求产生的原因，引导消费者去寻找并接收本企业的产品信息。企业可以通过广告来激发人们对新产品的需求。在不同的国家和地区，需求产生的诱因可能不一样，企业对不同的目标市场应进行相应的调查。

（2）收集信息。这是指确认了某种需求的消费者会收集有关的信息，注意相关产品的广告，并乐于就有关问题同朋友讨论或向专家咨询。需要收集的信息一般包括：产品质量、功能、价格、品牌、已购买者的评价等。消费者收集信息的范围和数量取决于购买类型和风险感知，即对于初次购买的商品，要收集的有关信息就比较多，而且范围较广；如果是反复购买的商品，则所需收集的信息较少，甚至直接越过信息收集阶段。通过收集信息，消费者对欲购产品的各种品牌会经历一个从不熟悉到熟悉的过程，其选择范围也逐渐缩小。企业在开展国际市场营销活动的过程中，应注意不同的目标市场消费者的信息来源，以及不同信息来源对消费者购买决策的影响程度等，从而采取相应的措施来影响消费者对本企业产品的信息获得，扩大本企业产品的信息传播范围。

（3）选择评估。这是指消费者对信息收集阶段所形成的可供选择的各种品牌进行比较以做出最优选择的过程。消费者需要弄清楚备选品牌的利弊，权衡优劣后方能做出购买决定。国际市场营销人员可改进产品性能，使之接近消费者的评估标准；利用广告宣传，改变消费者对本品牌的不良看法；唤起对被忽视的产品属性的注意；改变各项评估指标的重要性权数等来提高本企业产品的中选率。

（4）购买决策。这是指消费者对商品信息进行收集和系统评估后，已形成购买意图，再经过他人或是环境等因素的影响，最终做出购买决定并实现购买的过程。企业在这个阶段的营销重点是加强广告宣传活动，增强消费者对本企业产品的信心，加大促销力度，吸引消费者购买。尤其是对于刚刚进入国外市场的企业而言，当地的消费者对于企业产品还不熟悉，所以要通过销售地点的营业推广活动，吸引消费者选择和使用企业的产品。

（5）购后评价。这是指消费者在购买某种产品并使用一段时间后会形成对产品的购后评价并决定是否再次购买。如果消费者对产品感到满意，就会将其推广到自己所在的社会群体中，这样会使产品的销路扩大；反之，产品的销路则受阻。为了强化消费者购后满意的正效应，减少不满意的消极影响，企业在国际市场营销过程中应该采取以下措施：对产品的广告宣传实事求是，避免消费者发现与实际不符而产生反感；与顾客保持联系，肯定其购买决策的正确性，增强消费者购后的满意感；介绍产品的正确使用方法，避免使用不当引起的不满；向消费者征求改进意见，并对其提供质量保证与维修服务，恰当解决消费者的抱怨。

可以说，企业营销活动的目标就是寻找消费者决策过程中容易受到影响的时刻，或者说接触点，发起攻势，促使其购买本企业的产品或服务。如今，随着产品选择面和媒体的激增，影响消费者购买的因素越来越多，消费者越来越有辨别力，越来越知情。针对这种新形势，研究人员提出了一种新的“消费者的决策历程”理论来指导企业的营销活动。该理论指出，消费者的决策过程更多的是一个循环历程，其中包括四个主要阶段：初选、积极评估、购买时刻以及购买后体验，如图 4－4 所示。

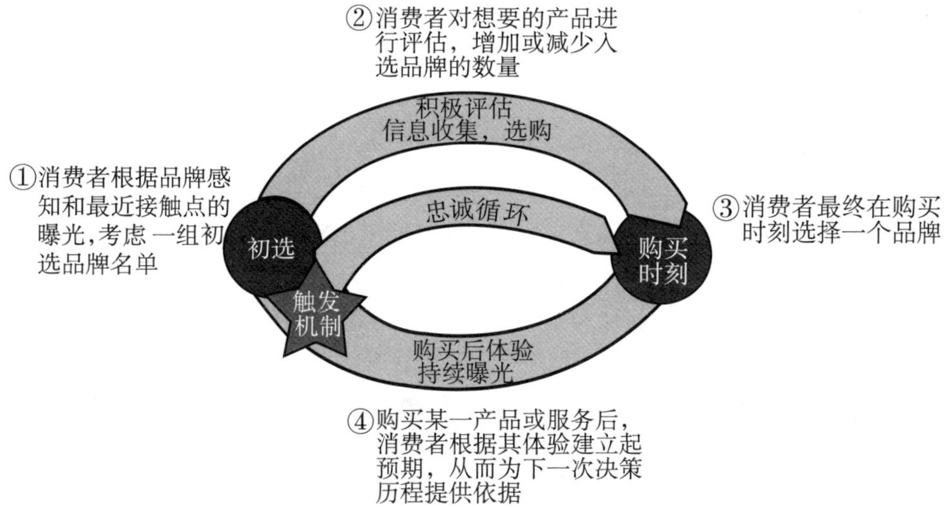

图 4－4　消费者的决策历程

在初选阶段，消费者面对大量的选择和信息，往往会圈定有限的一组品牌，在这个阶段企业的品牌知名度至关重要。在积极评估阶段，纳入考虑范围的品牌数量会随着消费者寻找信息和有针对性地逛店而增多，某些品牌可能会再次进入考虑范围。这一行为变化为国际市场营销人员带来了机会，即在品牌能够产生影响时增加接触点。在这个阶段，消费者主动接触营销人员的重要性要远高于营销人员主动接触消费者的重要性。在如今的决策历程中，由消费者主导的营销（如互联网评论、亲友的口头推荐、店内的互动、过去经验的回顾等）越来越重要，这就要求营销人员学会运用口碑相传和互联网信息传播等手段来影响消费者主导的接触点。在购买时刻阶段，研究发现许多消费者会将最终购买决定推迟到他们进入店内时，因此推销、包装、在货架上的位置、商品的摆放等因素对于这个阶段消费者的决策至关重要。在购买后体验阶段所产生的忠诚客户中，有一部分是积极主动的品牌忠诚者，他们不仅会坚持购买该品牌，还会向他人推荐；另一部分则是消极被动的品牌忠诚者，他们是出于懒惰、不想纠结于过多的选择等原因而继续购买某一品牌，但未必会坚守。因此营销人员应该把扩大积极品牌忠诚者群体作为工作重点。

总之，在国际市场营销中了解消费者的购买决策过程，并针对消费者不同的购买类型和决策制定恰当的营销策略，才能达到企业的营销目的，这对企业进行国际市场营销活动具有至关重要的意义。

第2节　国际产业市场购买行为

产业市场由所有购买商品和服务，并将这些商品和服务用于进一步生产其他商品和服务，以供销售、租赁或供应给他人的组织构成。为了更全面地了解国际产业市场的购买行为，可以从市场差异、市场需求特征、购买决策类型及影响购买行为的主要因素等方面进行描述。

一、不同国家产业市场差异

由于各国的经济发展状况和文化背景不同，不同国家的产业市场也表现出一定的差异性，但这种差异并不像国际消费者市场那么大。比如就购买动机而言，国际产业市场购买动机的相似性就比较大。各国产业市场间的区别主要体现在以下两个方面。

（1）各国产业结构的规模与性质不同，规模的差异并非仅仅意味着一些国家比另一些国家要大，即使人口数量相近的国家在产业规模上也有可能相差很大，比如美国2023年GDP高达27.36万亿美元[①]，其高科技产业如芯片产业规模巨大，英特尔一家公司2023年营收就高达542亿美元[②]；而印度尼西亚2023年GDP为1.37万亿美元，其高科技芯片产业规模远小于美国。除规模外，各国的产业性质也不相同。中国拥有完整和复杂的产业结构，所生产的产品数量之多、品种之齐全都居于世界前列；而其他国家则不会拥有这样多的工业门类，有的国家甚至只有很少的工业产品品种。

（2）各国工业设备和流程的复杂程度不同，即使生产同一种产品，在不同国家也有不同的生产方式。经济发展水平越高的国家，产品的技术含量越高，随着经济

---

① 2023年世界国家和地区GDP总量和人均GDP排名出炉!.（2024-04-23）. https://baijiahao.baidu.com/s?id=1797054781721623560.

② 英特尔年营收542亿美元.（2024-01-26）. https://news.qq.com/rain/a/20240126A02JKS00.

发展水平的下降，生产过程越来越呈现出劳动密集型的特征。

二、产业市场需求特征

与消费者市场相比，国际产业市场有以下显著特征。

（1）购买者数量较少。产业市场的购买者通常比消费者市场的顾客少得多。比如固特异轮胎公司在产业市场的命运取决于能否获得几家大制造商的订单，但当该公司向消费者市场出售更新用的轮胎时，它就面对一个由美国和其他国家的众多个体购买者所组成的庞大潜在市场。

（2）购买量较大且市场较集中。产业市场的购买具有少数大客户购买绝大部分商品的高度集中的特点。在现代经济条件下，许多行业的生产集中于少数大公司，所需原料和设备的采购也就相对集中，购买数量相当大。比如亚洲的机动车、复印机和照相机行业，几家大型制造商占据了总市场份额的绝大部分。由于各国的产业布局与自然资源、地理环境、能源供应和交通条件密切相关，一个产业总是集中在几个城市或地区。例如，美国的制造业就主要集中在其东北部的几个州。

（3）供求双方关系密切。因为产业市场的购买者数量较少，且购买数额悬殊，市场供求双方希望有密切的沟通与合作，客户要求供应者能按自己在数量、品种、规格方面的交货条件及时提供产品，因而越能与客户充分合作的供应商越有希望拿到订单。此外，一般来讲，产业购买者与供应商达成协议后，都愿意继续订货，成为长期业务关系户，因此工业用品销售中的厂商信誉比一般消费品的品牌信誉更为重要。

（4）需求受消费者市场影响。产业市场需求是由消费者市场的最终需求衍生而来的，消费者市场需求的变化会对产业市场需求产生连锁效应，因此，产业市场营销人员始终关注着最终消费者市场的需求状况。例如，如果消费者市场对汽车有大量需求，那么汽车制造企业对钢材及其他用于制造汽车的原材料需求也会大增。

（5）需求缺乏价格弹性。价格弹性是指价格涨落与销量增减之间的关系。产业市场上商品和服务的需求和市场价格变化没有紧密的关联性，除非有替代品出现。比如棉花价格的涨跌不一定会引起制鞋者对棉布需求的减少或增加，除非制鞋者能够找到满意的棉布代用品。此外，在产品总成本中占很小比重的材料如一些零配件，在需求上更缺乏弹性。

（6）波动需求较大。产业市场上商品和服务的需求比消费者市场的需求更易产生波动，假设消费者需求增加一定的百分比，那么反映在产业市场上，对原材料和机器等生产要素的需求就可能成倍增长。比如消费者需求仅增长 10%，产业市场的需求就可能增长 200%，这被经济学家称为“牛鞭效应”。

（7）专业化购买。产业市场的购买行为属于专家购买，一般是由经过培训的采购代理商或企业中的专业采购人员承担的。购买者需要通晓所购商品的技术性能，对竞争对手的情况也应了如指掌。这种具有较强技术分析和市场判断能力的专业化购买，使得采购行为更趋合理有效。专业化购买行为往往由技术专家和高级主管组成的采购委员会来执行。与消费者市场的个人购买决策相比，产业市场购买显然是一种集体决策。

上述产业市场需求的诸多特征具有普遍的代表性，在所有国家都是适用的，但人们在产业市场购买中所表现出来的合理性与客观性，在不同国家又是有所区别的。

三、购买决策类型

产业市场的购买者在采购活动中要面临购买决策的问题，按决策的难易程度可分为直接重购、修正重购、全新采购。除了这几种传统形式的采购决策之外，在国际产业市场上，系统采购和与之相对应的系统销售日益引起国际市场营销人员的重视。

（1）直接重购。这是指采购人员按惯例再度购买商品。购买者只需根据以往采购货物的满意程度，从认可的供应商中做出选择。直接重购可节省采购代理商重新订货的时间。在这种情况下，原有的供应商应努力使产品和服务保持一定的水平，努力维护与客户的良好关系并尽量简化买卖手续，争取建立稳定的供应关系。

（2）修正重购。这是指购买者对产品规格、价格、发货条件及其他方面加以调整后再行购买。修正重购会使买卖双方有更多的人参与进来，原来被认可的供应商会有危机感，为了不失去客户而改进工作；原来落选的供应商会认为是争取订单的好时机。

（3）全新采购。这是指购买者首次购买某种产品或服务。全新采购的风险较大，成本较高。参与全新采购的决策者较多，需收集的信息也较多，决策所需要的时间比较长。对营销人员来讲，全新采购既是挑战又是机遇。在直接重购和修正重购中，采购代理人的影响最大；而在全新采购过程中，工程技术人员的影响更大。这种情况对供应商而言是最好的竞争机会，应当积极与购买者联系，主动提供产品和市场信息，争取建立供货关系。

除上述三种购买行为，系统采购和系统销售已成为国际产业市场上一种新的营销手段。系统采购最早出现于政府采购武器和通信设施的过程中，政府作为产业购买者愿意从某供应商手中得到所需的全部物品。供应商认识到购买者的这一偏好，将系统销售作为一项营销策略来执行，向购买者提供集生产、存货控制、分销及其他服务于一体的系统销售。对卖方而言，由于有稳定的需求并简化了买卖程序，交易成本大大降低。在大型国际工程项目中，系统销售是一项至关重要的产业营销策略。比如印度尼西亚政府拟通过招标形式在雅加达附近建一座水泥厂。一家美国公司拟定了一份包括选址、设计、雇用建筑队、组装材料和设备以及完工后向印度尼西亚政府移交的建议书。一家日本公司也拟定了一份建议书，除上述内容，还涉及员工培训、向国外出口水泥的计划、投产后在雅加达附近修建公路、在雅加达建新办公大楼等意见。尽管该建议书耗资较高，但最终还是为印度尼西亚政府所接受。其成功之处在于：这家日本公司并没有仅仅将自身看作一家工程设计公司，也没有将建议书简单视为建一座水泥厂，而是以最宽广的视野来看待顾客需求，站在为当地经济发展做贡献的高度提出了真正意义上的系统销售。

四、影响购买行为的主要因素

对影响产业市场购买行为的因素的分析，大体有两种观点：一种观点认为，经济因素是最重要的，买主希望能找到提供最低价格、最优产品、最好服务的供应商；另一种观点认为，购买者的偏好、注意力和对风险的规避等个人因素更为重要。从实际购买过程看，产业市场购买者往往受到经济因素和个人因素的双重影响：当供应商提供的产品差别不大时，购买者会更多地考虑个人因素；当供应商提供的产品差别很大时，购买者将更加注重经济因素。具体来讲，可将影响产业市场购买者的各种因素划分为四类：环境因素、组织因素、人际因素和个人因素。

1. 环境因素

客观环境因素是生产企业自己不能控制的因素。企业采购原材料和设备，首先要考虑当时的环境因素，如国际市场的供求情况、经济前景、利率、汇率、科技发展趋势、政府管制、竞争形势等，并对这些因素做出预测。其中，供求情况包括企业的成品和其准备采购的商品的供求状况；经济前景包括宏观和微观的经济前景，当经济发展前景不佳时，需求趋于萎缩，企业就会减少投资，减少原材料的采购和库存；利率高低直接影响企业愿意购买的数量；汇率的变化会影响企业海外购买的地点和时机；科技发展趋势左右企业的采购态度和时机，即如果新产品不断涌现，经销商在进货时就要考虑产品更新换代的速度和可能；政府管制情况也与企业采购有密切的关系，因为许多国家对商品的进出口有限制或限额，限额也经常变化；竞争形势包括企业成品推销和采购商品两个方面的竞争。这些因素不仅买方要研究，卖方也应注意。

2. 组织因素

产业市场营销人员应尽可能多地了解执行购买职能的采购部门的有关情况，如参与购买决策的人员构成、企业对采购人员的政策和限制、采购的评判标准等，以便有针对性地采取适当的营销措施影响采购决策人员。采购组织近年来有以下发展变化。

（1）采购部门升级。就管理层级而言，采购部门原来的地位较低，随着近年来竞争加剧，采购已被看作公司内部的重要职能之一，特别是一些跨国公司已经将采购部门升级为“战略原料部门”，负责从世界各地采购资源，并以高薪招揽最优秀的采购人员。

（2）集中采购趋势。在事业部制的公司里，采购权通常由各部门分别行使。但近年来公司开始把分散的权力集中起来，统一组织采购，这意味着与产业营销人员发生买卖关系的采购人员的数量有所减少，但级别和层次有所提高。

（3）长期合同关系。产业市场购买者越来越愿意与可信赖的供应商签订长期供货合同，这样可避免市场风险，降低交易费用，并得到稳定的货源保障。

（4）采购绩效评估。为了引导采购人员争取最佳交易条件，越来越多的公司设立了奖励制度，奖励那些在购买行为发生过程中为公司的最大利益尽责尽力并取得卓著绩效的采购人员。

3. 人际因素

执行购买决策职能的采购机构由各类人员构成，这些人的地位不等、职权不同、兴趣各异，购买决策的结果不仅取决于每一个参与者的说服、诱导，更取决于整个采购机构的人际关系。作为产业市场营销人员，谁也无法准确地预知整个采购组织的动态的群体关系。

4. 个人因素

参与采购决策的人会因自身的年龄、收入、文化程度、性格以及对待风险的态度等方面的差异而具有不同的个性特点，在国际产业市场上，不同的国籍又会使各国采购人员的购买行为有较大的区别。产业市场营销人员必须熟悉各国的商业文化与习俗。比如印度人进行商务会谈，总是采用悠闲轻松的非正式方式；日本的商务会谈中，一个重要的礼节是递送商务名片；和马来西亚人进行商业交往时，礼貌非常重要；韩国的酒会与商业关系密切，拒绝酒会邀请被认为是一种冒犯；泰国文化反映在商业活动中，一个重要的特点是讲究谈判的趣味性。

总之，产业市场营销人员要深入体察影响采购过程的环境因素、组织因素、人际因素和个人因素，根据这些因素来调整自己的营销方案，以适应目标市场国的环境。

第3节　国际政府市场购买行为

政府市场是由为了执行政府职能而购进或销售商品的国家行政机构、军事单位以及国家财政支持的各种事业单位（如学校、科研单位、卫生事业单位等）构成的。政府市场在某些特性上与前述的产业市场相近，政府市场是一个非常庞大的市场，各国政府的财政开支常在国民生产总值中占很高的比例。政府的各级采购机构不仅在国内市场购买商品和服务，而且经常在国际市场上进行大规模的采购或销售，从而影响着国际市场的商品供求和价格趋势等。

一、政府市场的购买模式

在许多国家，政府都是商品和服务的主要购买者，政府采购主要表现在购买什么、怎样购买和为什么购买这些方面。

就购买什么而言，所有国家的政府都要购买维持政府正常运转所必需的物品，涉及广泛的商品和服务；同时，政府为行使对经济的宏观管理职能，也参与某些市场交换活动。它所购买的商品或服务不仅涉及消费品市场，而且涉及产业用品市场。

就怎样购买而言，与产业市场的购买行为相似，政府往往设立专门的采购机构，根据正式协定来购买。

就为什么购买而言，与追求利润最大化的企业有所不同，政府采购往往带有减少失业、消除国际收支逆差或发展民族工业的既定目标，这将使政府宁愿购买本国产品而不是进口货。政府会采购国内企业的产品，以保护本国民族工业。比如美国的政府采购有一条非常严格的规定，不管产品是什么品牌，是哪个国家的，其产品必须是美国生产的，否则一律免谈，因为美国政府采购花的是纳税人的钱，这样做是为了解决本国的就业问题。

二、政府市场的特征

与消费者市场、产业市场相比，政府市场的实际购买过程具有明显的特征。

（1）政府购买决策和行为会受到社会公众监督。各级政府机构的开支主要来自税收，因此社会公众有权以各种形式对政府机构的购买活动加以监督，要求政府富有效率、公正、廉洁，通过购买最少的资源实现政府的各项职能。

（2）政府购买的需求受到财政预算的制约。政府购买的规模取决于财政预算的大小，具有较强的刚性，因此国家财政政策也对政府的消费有重大影响。

（3）政府购买目标具有多重性。这是由其社会职能决定的，政府在购买时除了考虑价格等经济因素外，还要追求其他政治性、军事性、社会性目标，如国防用品、军火的采购关系到两国或多国之间政治与外交关系，对某些地区、某些产业的产品的购买具有扶持性等。

（4）政府采购经常要求供应商竞价投标。政府可能选择出价最低者，也可能选择能提供优质产品或信守诺言、按时履约的供应商。比如马来西亚政府决定招标修建新的吉隆坡国际机场，中标的主要是日本的一些公司。通过公开招标，政府选定了拥有“最实用的技术”和“最精确的价格计算”的最优供应商。

（5）政府购买更倾向于照顾本国的公司。这是出于政府保护民族经济的考虑，因而许多跨国企业总是与东道国的供应商联合投标。

三、影响政府购买行为的因素

作为集团购买者，政府的购买行为与产业市场购买行为相同，会受到环境、组织、人际关系和个人特性等因素的影响，但由于政府的购买目的是执行各级政府的职能，因此，政府的购买决策与行为还要受到以下因素的影响。

（1）国际政治局势与经济状况。在国际政治局势趋紧或者出现战争威胁的情况下，政府要增加国防预算，导致军需品采购的增加；当国际市场上某种重要的战略资源短缺或价格大幅上扬时，政府可能会相应地增加购买数量；当世界经济衰退威胁到本国经济时，政府可能实行增加购买国产产品的计划等。另外，政府的采购计划也常常成为对外施加压力以达到政治目的的一种外交手段。

（2）国内经济发展的要求。政府购买与投资也是各国政府干预经济的重要手段之一。政府通过投资或购买来促进本国经济的发展，引导投资的方向或者减轻经济危机的破坏程度等。

（3）政府任期目标。政府的购买活动还受到各种短期或中长期目标的影响。如为了发展落后地区的经济，政府可能在当地投资办厂或采购货物；为了扶持民族工业的发展，政府可能有意识地向本国企业购买产品等。

（4）大众团体及公民的监督。尽管每个国家的政治经济制度不同，但政府机构的采购活动都会受到监督。在某些国家，监督团体主要是国会和预算机构，它们负责审查政府开支，一些大众团体也有监督政府机构的权力，负责监督政府如何支配纳税人缴纳的税款等。

政府购买是作为供应商的企业必须面对的市场组成部分，企业应该建立专门针对政府部门的营销机构，认真了解政府的需求倾向，以便在投标过程中拥有更大的优势。比如新加坡的惠普公司及一些大银行都把政府需求作为一个独立的目标细分市场，并设专职人员负责管理，以便随时根据政府的特殊需求改进自己的营销对策并加以实施，取得良好的营销效果。

案例分析

宝洁的消费者洞察

自 1988 年进入中国市场以来，宝洁已经历了三十余年的发展，其产品跨越九大品类，服务超过 10 亿人次的中国消费者，覆盖了约 90% 的中国家庭。宝洁之所以能够在中国市场始终保持领先地位，核心原因在于其对消费者行为的深刻洞察，并依此驱动产品创新与市场营销。

宝洁在进入中国市场之前，提前两年派遣市场调研团队深入中国进行调查。团队成员与消费者同住，真实体验和观察其生活习惯。虽然这种传统的调研方式为宝洁初期的市场开拓奠定了基础，但随着中国市场的巨大变化和消费者需求的多样化，宝洁意识到，单纯依赖传统的用户访谈和问卷调查已经无法满足当前市场需求。因此，宝洁在过去十几年里不断创新消费者洞察的方式，已经能够通过快、准、全的方式，精准地把握市场的脉搏。

快是指，快速捕捉消费者需求的变化。随着互联网和大数据技术的不断发展，宝洁通过全面的网络数据分析，能够更迅速地捕捉中国消费者的需求变化。宝洁在六年前便开始布局大数据分析平台，通过语义分析和行为数据建模，及时了解消费者的兴趣、偏好和需求动态，做到快速反应。

准是指，精准分析消费者行为和痛点。除了大数据，宝洁还通过“小数据”调查来确保研究的精准性。宝洁投入大量时间进行消费者行为研究，深入挖掘用户的深层次需求和痛点。这种大数据与小数据的结合，使得宝洁能够在保证研究速度的同时，做到对消费者需求的精准把握。只有深入了解消费者的真实需求，品牌才能在竞争激烈的市场中站稳脚跟。

全是指，全面把握消费者的情感和功能需求。在过去几年中，宝洁发现，中国消费者的需求已不仅仅停留在产品的基本功能上，更多的情感需求和体验价值开始成为购买决策的重要因素。宝洁的消费者洞察工作也逐渐从产品的功能性需求，扩展到了消费者的感官体验、情绪价值以及个性化需求的全面研究。这一转变帮助宝洁更好地理解消费者心理，并通过创新满足他们的全面需求。

在此精准洞察的基础上，宝洁不仅能在中国市场推出符合消费者需求的本地化产品，还能够结合全球技术和创新，研发出符合中国市场特色的解决方案。2024 年，宝洁中国创新开放日暨北京创新中心二期启用时，展示了全新升级的“消费者体验中心”。其中，宝洁的“智联家庭研究”（Connected Home Research，CHR）项目展示了如何通过行为学分析和智能技术深入洞察消费者的使用习惯。通过实时观测和交互手段，宝洁能够获取关于消费者使用产品的频率、场景、数量、匹配度等多方面数据，从而为产品研发和品牌营销策略提供重要决策依据。

资料来源：宝洁中国 36 周年，如何“提质”创新?.（2024－08－19）. https://m.163.com/dy/article/J9V8C71O0553657V.html.

问题

1. 结合案例说明宝洁是如何分析消费者需求的。
2. 消费者大数据在品牌的国际市场营销中发挥了什么作用？

思考题

1. 什么是消费者市场？它有哪些特征？
2. 简述消费者的决策过程。
3. 与国际消费者市场相比，国际产业市场有哪些特征？
4. 比较影响国际消费者市场购买行为、国际产业市场购买行为以及国际政府市场购买行为的因素。
5. 简述政府市场购买模式的主要内容。

第5章

国际市场营销管理过程（上）

本章要点

1. 面对复杂多变的国际市场外部环境，企业如何在国际市场营销中实施管理非常重要。

2. 首先应当进行国际市场机会分析积极发现市场机会，通过宏观细分或微观细分的方法锁定有效的细分市场。

3. 根据产品和所处市场的不同特点，选择不同的目标市场营销策略。

4. 选定细分目标市场后准备进入时，应当选择合适的定位方式进行国际市场定位。

企业在国际市场上的成功取决于企业的内部经营管理与外在环境变化相适应的程度，这就要求国际市场营销人员一方面要对国际市场不可控的外部环境进行观察和了解，前面的有关章节已就这一问题做了详细讨论；另一方面要特别重视如何调整、运用企业的可控因素，也就是说，要对企业营销系统的运行过程展开讨论。本章主要研讨企业如何在国际市场营销中实施管理步骤。

第1节　国际市场机会分析

尽管在管理学中对市场营销管理是先进行市场机会分析还是先设定企业目标始终存在争论，但从营销观念的导向看，企业只有发现和找到了有利的市场机会，才能结合自身的资源、技术实力和管理能力制定出具体的经营目标，所以，发现和分析市场机会是企业进行国际市场营销管理过程的首要步骤。

一、市场机会及其划分

所谓市场机会，是指已经出现或即将出现在市场上，但未得到满足或未完全满足的市场需求，也就是消费者对某种商品或服务的潜在需求。这是生产过程和消费过程在时间、空间上的不一致，导致某些消费者的某些消费需求暂时得不到满足而产生的。这种未被满足的需求形成了对企业有利的市场机会，即使未被满足的需求在某一时刻得到了满足，随着市场环境的变化，也会出现新的未被满足的需求，出现新的市场机会。例如，在经济不景气时期，随着购买力的下降，人们对于在线娱乐、网上商城、高性价比产品的需求会大大增加，对于企业而言这是一个重要的市场机会。习近平总书记指出："中国经济的不断发展，中国人民对美好生活的追求，将对来自世界各地更加多样化高品质的产品、技术、服务产生更多需求。"① 所以，哪里有未被满足的需求，哪里就有市场机会。

关于如何看待消费者及其需求，两位管理学者哈梅尔和普拉哈拉德曾用一个图来说明（见图 5－1）。图中，纵轴为消费者的需求，包括消费者能够明确表达的需求和尚不明确的需求；横轴为消费者种类，一类是当前已经得到满足的消费者，另一类是尚未得到满足的消费者。由图 5－1 可看出，消费者明确表达的需求和已经满足的消费者仅仅是全部市场机会的一部分，其余 3/4 都是消费者尚不明确的需求和尚未满足的消费者。显然，这要求企业在努力满足现有消费者及其确切需求的同时，还要不断寻找尚未开发的消费者和不确切的需求。

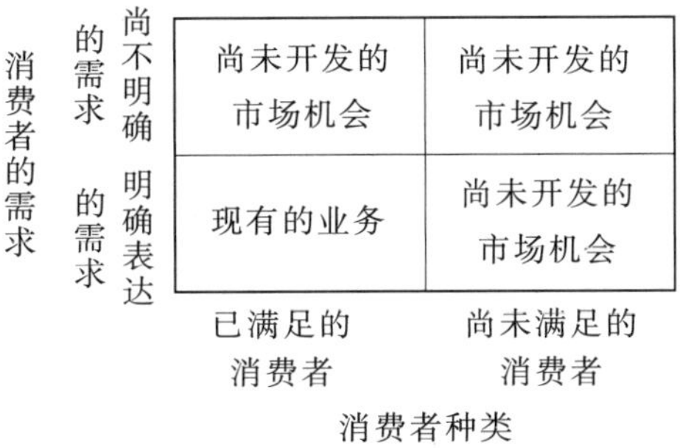

图 5－1　市场机会与消费者需求分析

相对于消费者明确表达的显性需求，认识和开发隐性需求就更为重要，显性需求好比浮出水面的冰山，只是冰山的一角，真正庞大的部分却在水面以下，需要靠创新去挖掘（如图 5－2 所示）。很多产品之所以同质化，就是因为企业都只着眼于显性需求，而有利于企业的市场机会恰恰是那些未被其他营销人员认知的消费者需求。这种对市场机会的分析对于国际市场营销同样适用，只不过由于国际市场更富有竞争性与挑战性，因此要求营销人员更加重视消费者需求的变化，寻找有利于企业进入目标市场的时机。例如，截至 2023 年，中国是世界上碳排放量较大的国家之一，其二氧化碳排放量约占全球二氧化碳排放量的 34%②，但随着国民环保意识的增强，中国对于绿色环保技术的需求也日益高涨，日本企业选择向中国出售洁净

① 习近平：在亚太经合组织工商领导人对话会上的主旨演讲．(2020－11－20)．人民网．

② 2024 年全球及中国碳排放行业排放量、排放结构及碳市场发展运行情况分析．(2024－09－03)．https://www.chyxx.com/industry/1196504.html．

煤技术等，正是对国际市场机会的一种及时的寻找与把握。

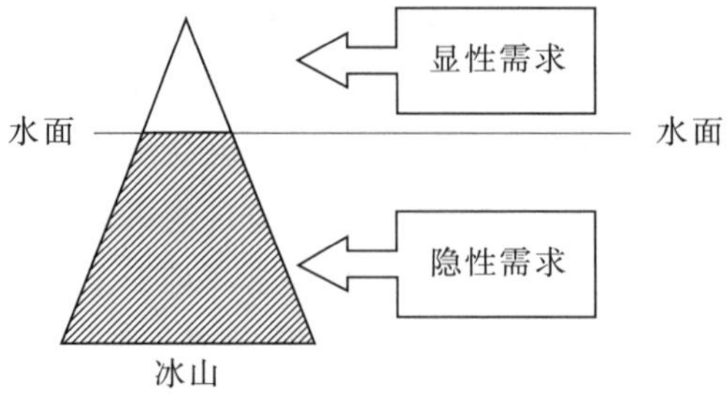

图5-2 显性需求与隐性需求

二、国际市场机会的寻找和发现

综上所述，国际市场机会的寻找和发现应在一个尽可能广阔的范围内进行，企业可以超越现有的顾客，超越现有的产品，甚至超越现有的经营业务，在一个更大的框架内选择进入国际市场的时机。具体来讲，可通过以下几条途径来选择进入国际市场的机会。

（1）从现有的供求差异中寻找国际市场机会。当某种产品或服务在市场上出现供不应求的状况时，就表明可供产品或服务在数量、品种方面存在短缺，反映了消费者的需求尚未得到满足的状况。这种实际存在但由于供不应求等原因而未满足的现实需求对于企业来说就是一种市场机会。比如美国的企业曾经不重视小型车和低价易携带商品的生产和经营，日本人则善于捕捉市场上这种未满足的消费需求，于是这类轻巧小型商品就成为日本企业进入国际市场的目标，从而使日本企业在该领域享有较高的市场占有率。2023年，日本在集成电路陶瓷管壳领域占有全球约70%的市场份额①；日本的DISCO公司在全球硅片切割用刀片市场中也占有重要地位。这些企业以小生意做出了大买卖，以小产品创出了大品牌。

（2）从企业的竞争优势中寻找国际市场机会。企业无论大小，都各有优势与劣势，重要的是企业能够根据自身的人力、财力、物力，扬长避短，量力而行。比如我们熟悉的格兰仕微波炉就是依靠其成本优势在国际市场上大展拳脚的，后来格兰仕空调产品进入国际市场则又是依托了微波炉所积累起来的渠道优势。企业在营销中还可以通过研究竞争对手的弱点来超越对手形成自身的优势。比如日本某企业把竞争对手生产的洗碗机送到实验室，研究各个零部件的成本和操作性能，同时调查对手的生产系统和销售网点，而后在取彼之长的基础上设计出一种比对手更先进的洗碗机，并发展了一个更新、更有效的洗碗机销售网络。

（3）通过对市场信息的分析发现国际市场机会。通过市场调查，及时掌握可靠

① 金属陶瓷封装管壳市场分析：预计2029年将达到289亿元．（2023-04-04）．https://www.qyresearch.com.cn/news/3438/cermet-package-shell.

的市场信息，也是发现营销机会的良策。众安保险是一家基于消费场景设计产品的保险提供商。该公司曾推出一款针对 B2B 市场的互联网保证金产品，该产品名为“众乐宝”。据悉，该产品出现前，电商交易平台为了给买家提供足够的保障，要求所有卖家缴纳一笔“消费保证金”，作为买家维权起诉时进行理赔的押金，缴纳后卖方不得动用该项保证金。一旦卖家违约，将由平台使用保证金代其先行赔付，但该项保证金数额较大，对许多卖家而言是不小的负担。卖家只要购买了“众乐宝”，就可以通过缴纳较少的保险费用，释放这笔保证金。

（4）从市场环境的动态变化中发现国际市场机会。随着市场环境变化，消费者的需求是逐步递升的，对商品的功能会提出越来越高的要求，这就为企业的国际市场营销提供了有利的市场机会。比如早些年手机还属于昂贵的通信设备，但随着通信技术迅猛发展，各种手机频频亮相，且机型越来越时尚，功能越来越齐全，价格越来越亲民，手机走进了千家万户。现如今，手机已不再是一种简单的通信工具，更像是一台兼具通信功能的个人电脑，具有独立的操作系统、运行空间，可由用户自行安装软件、游戏、导航等第三方服务商提供的程序，功能繁多，已成为人们工作和生活的必需品。

（5）创造全新的国际市场机会。在市场营销中，利用市场机会可以占有一定市场，但这毕竟是针对实际存在的需求，比较容易发现和迅速得到满足。在激烈的市场竞争中，企业越来越意识到难以借此获得更多的利益，从而把目光转向对潜在需求的开发。潜在需求是目前不存在的需求，即通过企业的营销努力，开发出新的产品后才形成的需求。例如，在智能手机、虚拟现实（VR）设备、新能源汽车等新技术产品尚未进入市场之前，消费者并未意识到对这些产品的需求，需求出现在产品开发出来以后，这就是索尼公司所说的“生产需求”或“创造需求”的含义。这种创造的需求可以带来全新的国际市场机会，这往往又是通过科学技术创新来实现的，包括新材料、新能源、新技术、新工艺等的运用。需要注意的是，创造全新的国际市场机会，科学技术并不是唯一的法宝，创新的市场营销战略与策略也可以做到。比如，过去几年极为火热的共享经济应用技术就算不上前沿，其更多依靠的是企业整合线下的闲散物品或服务的能力。这种以获得一定报酬为主要目的、基于陌生人且存在物品使用权暂时转移的经济模式，让人们可以享用更多社会资源，各自以不同的方式付出和受益，共同获得经济红利。

通过这些方法，企业不难发现国际市场上有许多机会，但有吸引力的市场机会能否转化为企业的机会，还取决于企业是否具备利用机会和经营相关业务的能力。也就是说，市场机会只提供可能性，要把可能性转变为现实，使市场机会转化为企业机会，就必须对市场机会做可行性论证，注意市场机会与本企业的经营能力的结合。倘若某企业在利用某一市场机会、经营某项业务方面比其潜在的竞争者有更大的优势，能享有更大的差别利益，就说明该企业更有可能把市场机会转化为能给企业带来实际利益的企业机会。

第 2 节 国际市场细分方法

市场细分的概念是由市场营销学家温德尔 · 史密斯（Wendell R. Smith）于 20 世纪 50 年代中期首先提出的。作为选择目标市场的策略，市场细分的思想广泛运用于营销实践过程。随着经济全球化进程中国际投资和贸易活动的开展，国际市场细分也被企业看作国际市场营销管理的一种有效手段。所谓国际市场细分，是指企业按照一定的细分变量，把整个国际市场划分为具有不同营销组合特征的小市场或分市场，这些小市场或分市场均代表着有相似需要和欲望的顾客群体，是可供企业选择的目标市场。企业之所以要对国际市场进行细分，主要有两方面的原因：一是来自企业方面的，由于国际市场是一个地域十分广阔且需求千变万化的大市场，任何国家的企业都不可能满足整个国际市场上所有购买者的所有需求，只能从中选择对自己最有吸引力的部分购买者的部分需求作为自己的目标市场；二是来自购买者方面的，国际市场包含无数的购买者，由于购买者所处的地理位置、经济发展水平和社会文化背景不同，不同的购买者在需要与欲望、动机与行为方面表现出明显的差异，这种消费需求的多样性构成了国际市场细分的客观基础。

一、国际市场宏观细分

国际市场宏观细分是指把国家或地区作为基本单位对国际市场进行划分。国际市场宏观细分大体有三种观点：一是拘泥于国家界限，把一个国家作为一个独立的细分市场；二是按照有关的市场环境变量，把若干类似的国家作为一个单独的细分市场；三是不受国家界限的限制，完全按消费需求的特征来细分国际市场。具体来讲，有以下几种细分标准。

（一）地理位置标准

按地理位置划分国际市场是一种比较常见的方法，比如可把世界市场粗略地划分为西欧市场、东欧市场、北美市场、南美市场、亚太市场、中东市场及非洲市场等。这种细分方式的依据是，处于同一地理区域的国家具有相似的经济文化背景，因而在消费行为和购买动机方面有很大的趋同性，而且按照地理位置划分可以使各子市场界限分明，易于管理。

（二）经济水平标准

某一国家或地区的经济发展水平直接决定消费者的购买能力，所以按经济水平标准划分国际市场也是常用的方法。以反映一国经济发展水平的人均国民生产总值为标准，可将世界市场分为发达国家市场和发展中国家市场。罗斯托从经济成长的角度将世界各国所处的经济发展阶段分为传统社会阶段、起飞前的准备阶段、起飞阶段、成熟阶段、高额群众消费阶段和追求生活质量阶段，不同阶段分别对应不同层次的市场规模。运用经济水平标准划分国际市场是可行的，它的优点是同一个子市场的国家在经济发展水平上比较接近，有利于企业按市场规模和质量来挑选目标市场并制定相应的营销策略。有的企业在这方面获得了成功。比如，欧莱雅公司将其产品分为高、中、低三档，其中，高端定位的品牌有赫莲娜等，主要面向中高消费群体，在经济较为发达且消费能力强的地区有较高的市场份额。中端定位的品牌包括卡诗、美奇丝、欧莱雅专业美发等美发产品，主要在专业理发店渠道销售；以及薇姿和理肤泉等活性健康化妆品，通过药房渠道进行经销，面向对品质有一定要求且注重专业护肤的消费群体。低端定位的品牌有巴黎欧莱雅、美宝莲等，这些产品在专卖店、超市、百货商场等零售终端广泛铺货，价格相对较为亲民，在大众消费市场中较受欢迎。

（三）社会文化标准

社会文化作为一种环境变量会对国际市场营销产生重要影响，因而运用语言、教育、宗教、美学、价值观和社会组织等社会文化因素，可对各国市场进行集群分析，识字率、城市化、语言同质性等因素也就成为重要的国际市场细分变量。如按语言的不同，可把世界各国划分为英语国家、法语国家、阿拉伯语国家等。针对不同细分市场的语言习俗，在产品说明、市场促销等方面采取相应的营销策略。再比如宗教，它通过影响人们的生活方式，间接地作用于企业的市场营销活动，所以可作为重要的市场细分标准。不同宗教的信徒有着不同的价值观和生活方式，因而可以将信仰同一宗教的若干国家划分为一个市场。但使用单一的社会文化标准有时也并不可行，比如法国与菲律宾都信奉天主教，但法国与菲律宾的发展水平不在同一层次上，显然不能使用同一种营销方式，而应以不同的营销策略分别进入两国市场。依照社会文化标准细分国际市场适用于文化性较强的产品和服务的营销。相对于按地理因素细分市场而言，按社会文化标准划分出的市场较为分散，不便于管理，而且由于社会文化因素是软性因素，不同市场的容量较难测定。

上述关于国际市场宏观细分的方法，究竟哪一种更为有效，要依照具体的企业特点和产品性质而定。在选择了某种国际市场宏观细分的标准后，如何按一定的步骤或程序来进行这种细分，可通过下面的例子加以说明。宝洁公司通常会依据市场细分的研究成果来开展产品技术研发工作。例如，从地理区域维度来看，会考虑不同地区人群的发质特点等因素，研发推出诸如具有滋养头发功效、更契合东方人发质需求的产品；从经济水平维度出发，在经济相对欠发达地区，重点推广飘柔等性价比高、价格亲民的产品，而在经济较为发达的地区，则着力推销玉兰油等定位相对中高端的产品。

二、国际市场微观细分

通过国际市场宏观细分，企业可选择某个或某些国家作为目标市场，但这仍是不够的，企业在决定进入某国市场之后，还需对该国市场再做一次细分，这是因为国外消费者受年龄、性别、职业、收入、家庭人口、居住地区、生活方式及购买行为等多种因素的影响，对商品或服务的需求和欲望有较大的差异，客观上会形成具有不同购买特点的消费者群体。通过对某国市场的微观细分，将使企业的最终目标市场更具体、更准确。国际市场微观细分可根据影响消费者需求和欲望的细分变量，分为地理细分、人口细分、心理细分和行为细分。

（一）地理细分

在一般情况下，人们居住的地域影响着他们的购买决策。地理细分是指将市场划分为不同的地理单位，企业可选择一个或几个地理区域开展业务，也可将营销活动覆盖所有地区，但要注意各地区在需求与偏好方面的差异。一般而言，由于地理位置不同，消费者对产品的性能、质量、规格等方面存在明显的需求差异。日本的有些企业就比较重视这方面。比如日本一家汽车公司在进入美国市场时，特别将加利福尼亚州作为一个细分市场，因为该州对汽车尾气的排放量要求比其他州更严格。日本另一家汽车公司还发现，美国西部地区的汽车消费者比东部地区更容易接受设计新颖的汽车，该公司决定在西部增加新潮汽车的销售，而在东部地区仍以传统车型为主，实践证明该公司的营销对策是正确的。又比如房地产公司在北方新建住宅时，会提前考虑供暖问题，而在气候湿润地区建房时，则会考虑通风透气的问题。餐饮企业进入不同地区开拓业务时，也会考虑不同地区居民一般偏好的不同，例如在川渝地区新开的店里都会放置足量的辣椒酱。

（二）人口细分

人口变量是区分顾客群体最常用的基本要素，人口细分是按照年龄、性别、家庭人口、家庭生命周期、收入、职业、受教育程度、宗教和国籍等变量对市场进行划分。人口因素方面的特性对国际市场营销人员来说也非常重要，这不仅因为消费者的需求偏好与人口因素有关系，而且人口因素比其他因素更容易测量。下面说明一些人口变量是如何应用于市场细分的。

1. 年龄和家庭生命周期

消费者的需求和购买特点随年龄的增长而发生变化，国际市场营销人员可以把市场按年龄划分为这样一些年龄组：18～25 岁，26～35 岁，36～45 岁，等等。属于这些年龄组的一般消费者特征可帮助营销经理开发出一个特定的目标市场。2009 年 4 月成立的亲子家庭服务商孩子王就依照年龄将消费者分组。该公司主要致力于为准妈妈及 0～14 岁儿童提供母婴童商品零售、儿童游乐、母婴童服务、金融产品、原创内容及互动活动的全渠道一站式成长服务。为更好地满足不同年龄段会员对商品、服务、互动等多样化与个性化的需求，做到预见性、创造性的满足，该公司对会员进行分类分级，分为孕早期、孕中期、孕晚期、0～6 个月、7～12 个月、1～2 岁、3～4 岁、5～6 岁、7～14 岁，并通过大数据分析，精准有效地向会员推送满足其所处阶段需求的产品信息和适合的互动活动。

2. 性别

按性别来细分市场在服装、美发用品、化妆品和杂志市场中很常见，近年来在其他产品的营销中也会偶尔发现性别细分的机会。比如一家日本汽车制造商欲为职业女性设计一款新型汽车。宝洁公司旗下的吉列品牌将面对的整体市场按性别细分为男士和女士市场，专门为男士设计了锋速 3、超级感应、感应、超滑旋转等系列产品，专门为女士设计了吉利女士专用刀架及刀片、吉列女士超级感应系列等产品。宝洁的主要竞争对手之一联合利华也同样按性别进行市场细分。联合利华在进入中国市场十年后推出新品牌清扬，该品牌成为中国洗发水市场上第一个将男女区分开的品牌。丽江一家酒厂也尝试着通过细分男女市场，来拓展女性专用酒的业务。该公司受古代鲜花酿酒的启发，推出名为玫瑰鲜花酒的产品。该产品以精选优质的可食用花卉混合各类新鲜水果为原料，采用独有的浸渍发酵工艺进行酿制。成品酒口感清甜醇厚、花香浓郁、色泽漂亮通透，面世后获得了广大女性消费者的喜爱。

3. 收入

汽车、游艇、服装、化妆品和旅游产品及服务的营销已长期按收入来细分市场，但如果只按收入来划分市场，并不总能区分出最佳的顾客群体。比如在美国，最经济廉价的轿车并非为真正的穷人所购买，而中高价位的汽车正日益为各个社会阶层的人所接受，所以除了收入因素，心理因素也会影响汽车购买决策。招商银行按收入标准将年收入 50 万元以上的群体划分为高收入群体，再根据心理因素继续细分，将高收入群体进一步细分为价值平衡导向群体、财富获取导向群体、生活品位导向群体三大类。

4. 人口多元细分

国际市场营销活动中，单一因素的人口细分往往是不准确的，因为决定消费者购买行为的不可能只是某一变量，事实上大多数企业运用两种或两种以上的人口变量来细分市场。例如，某家具公司通过市场调研发现，某国的家具市场需求主要受户主年龄、家庭规模、月收入水平这三个因素的影响。该公司按照上述三个变量，把整个家具市场划分为 36 个子市场（见图 5－3）。在图 5－3 中，企业要从这 36 个细分市场中选择有效的目标市场，必须对每一个细分市场进行分析。该家具公司经过综合研究认为，中等收入的新婚夫妇是新潮家具的最佳市场，因此，图中深色的那一块细分市场就成为该公司的目标市场。

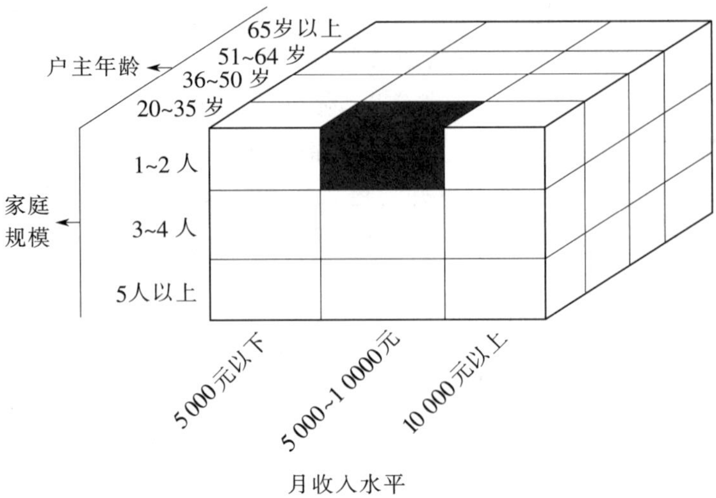

图 5-3　某家具公司市场细分方案

（三）心理细分

某一国家的消费者群体也可以按心理特征来划分，诸如他们的动机、态度、活动、兴趣、观点等。由于消费者所处的社会阶层不同，生活方式不一样，个性特征差异较大，因而每个人的心理表现可能有极大的差别。令营销人员感兴趣的是，心理因素之所以不同于地理因素和人口因素，是因为心理特征是可以通过营销努力加以改变的。

1. 生活方式

国际市场营销人员可根据消费者所从事的活动及其对特定事物的兴趣与看法来了解消费者的生活方式。一种具体有效的测评方式是采用 AIO 划分方法，即根据活动（action，A）、兴趣（interesting，I）、意见（opinion，O）来划分消费者的各类生活方式（见表 5-1）。

表 5-1　生活方式变量

活动（A）	兴趣（I）	意见（O）
工作	家庭	社会问题
休假	美食	政治
娱乐	社区	商业
运动	传播媒介	经济
购物	个人成长	教育
社区活动	消遣	产品
社会活动	时装	文化

资料来源：闵建蜀，等．市场管理．北京：现代出版社，1986：119.

采用 AIO 方法划分生活方式之后，就可以根据特定的消费者群体有针对性地实施营销策略。例如新加坡的唐氏集团下属的三家百货商店分别以三种生活方式的顾客为目标市场：唐氏店把以家庭活动为中心的顾客作为目标顾客；唐氏音响店的目标顾客是追求流行生活方式的高级经理人员；耐克丝店则以追赶潮流的顾客为目标。又如，美国某百货公司是一家以低收入消费者为目标顾客的企业，它深知其顾客采购商品的特点是不买应季商品，专买过季商品，该公司便专门购进和销售过季商品，获得了很好的效益。另外，日本专门为富人服务的伊势丹百货公司、美国以低收入者为目标顾客的折扣商店等，也是按生活方式细分市场的例子。

2. 个性

生活方式变量侧重的是消费者群体，按个性细分市场则是从产品角度进行研究。倘若本企业产品与竞争对手的产品非常近似，而其他因素又不能用来细分市场，那么对消费者按照个性细分并采取有针对性的营销组合策略则能起到一定作用。苹果公司在日本推出新型计算机取得了很大成功，重要的原因是公司有一个清晰的市场细分策略和与之相配套的形象设计方案。苹果公司的目标市场是思维敏捷的年轻人，在将新型计算机推向市场的过程中，公司与东京涩谷区一家追求新潮流的百货商店联手经营，将品牌特征与消费者个性结合起来，这一营销策略为苹果公司占领日本市场发挥了很大作用。

（四）行为细分

根据购买者对产品及其属性的认知、态度、使用及反应将消费者区分为不同群体的方式称为行为细分。在经济越发达、消费者收入越高的国家，这种细分方式就显得越重要。行为细分可从以下几方面进行描述。

1. 时机

根据消费者需要、购买、使用某产品的时机，可以对市场进行细分。这种细分方式常被航空公司用来寻找某一有利的市场机会，比如航空公司出售的同一航线的远期机票一定比当日机票便宜，就是基于航空公司对乘客的甄别，根据乘客对飞行服务的不同需求来制定不同的价格，从而在不同类别的乘客身上实现利益的最大化。(1) 有些乘客愿意花更多的时间在报纸和旅行社之间搜寻机票信息，愿意提前两个星期甚至半年预订机票，航空公司把这些时间成本较低的“闲人”甄别出来，用较低的价格吸引他们，从而创造本来不会发生的营业额。(2) 对于那些不仅临时更改机票而且不愿意等待后续航班的空位、说走就要走的人，航空公司还要增加一笔可观的“罚款”。(3) 还有一些甄别是乘客自己提出的，比如要乘坐头等舱，使自己得到区别对待。对于由商务活动、旅游胜地和大型国际比赛等所激发的乘飞机旅行的需要，各国航空公司均会给予密切关注。比如新加坡“旅游迷”旅行社专门为到异国胜地旅游的游客提供包机服务。

2. 追求的利益

消费者购买商品是为了获得一种利益的满足，但利益满足的表现形式是不一样的，有人追求商品的经济性，有人追求商品的名望，还有人追求商品的耐用性，等等。营销人员可根据购买者从产品中追求的不同利益来划分消费者群体。按利益来划分市场是市场细分理论的一大进展，因为它揭示了消费者为什么要购买某一商品。日本人曾对消费者购买行为的利益动机进行观察，考察他们在选择商品时是由感性因素还是由理性因素决定的。调查的结论是：对于化妆品、运动服、皮包等产品按照感性原则选择的消费者多；对于摄像机、电脑、电视机等产品则偏重于理性选择。比如华歌尔塑身衣在亚洲女性服装市场上很受青睐，但不同国家的女性选择这类衣服的理由又不相同。东京和雅加达的女性追求的是这类服装能体现形体美，而首尔和曼谷的女性购买此类衣物是为了看上去显得更加漂亮。又比如某人在购买一双运动鞋时，不会太考虑外观如何，更多的是考虑其鞋帮的承受能力及鞋底的牢固程度；在购买日常便鞋的时候，将主要考虑鞋是否好看以及是否舒适；在购买一双正式场合穿的鞋时，颜色和款式就变得非常重要，消费者甚至能接受一双穿起来不太舒适但美观漂亮的鞋。再比如牙膏市场细分，美国营销学者曾经对购买牙膏的消费者进行研究，将牙膏市场划分为四类利益细分市场，分别为防蛀洁齿、牙膏口味、包装及经济实惠的价格。根据这种利益细分，中国的牙膏市场基本可分为五种类型：（1）经济型——多为低收入的中老年人，他们认为牙膏大同小异，对品牌无特殊偏好，大多数国产地区性的中小品牌集中在此。（2）防蛀型——购买者多为有孩子的高收入家庭。（3）防治牙周病和牙齿过敏——购买者多为有牙病、吸烟、牙齿敏感的中老年人。（4）美白牙齿型——购买者多为受过高等教育、高收入的年轻人。（5）味觉和包装爱好者——品牌决策者通常是儿童。可见，了解购买者的利益偏好将有助于企业开发新的市场。

3. 使用者状态

使用者状态通常可细分为非使用者、过去使用者、潜在使用者、首次使用者和经常使用者。这种划分有助于了解产品使用者的使用情况，从而采取不同的营销对策。例如戴尔公司就将个人消费产品的用户划分为两大类型：一类是懂电脑的人，针对他们，戴尔主要通过直销的方式，以“实用”和“低价”两个卖点来吸引客户，客户可以在网络上自主完成购买。另一类是第一次购买电脑的顾客，戴尔公司则主要通过那些更为“家常”和非技术气氛浓厚的零售商，如国美、沃尔玛等，与客户进行接触，所设计的产品也更加时髦和重视用户体验。一般来讲，市场占有率高的企业会注重潜在使用者市场，力争使潜在使用者变为首次使用者，进而成为经常使用者；市场占有率低的小企业则设法充分满足现有的经常使用者的需求，在此基础上将重点放在竞争对手的现有顾客上，吸引他们使用自己的产品。

4. 产品使用率

根据消费者对产品的使用量来划分市场，可细分为少量使用者、中量使用者和大量使用者。通常大量使用者占所有使用人数的比例虽小，占全部使用量的比例却很大，因而成为企业营销的重要目标市场。比如某企业曾对美国啤酒市场进行了调查，其中 68％的被访问者不饮用啤酒，少量饮用者和大量饮用者各占 16％。少量饮用者的消费量占总量的 12％，大量饮用者的消费量占总量的 88％，后者是前者的 7 倍多。啤酒公司宁愿吸引一个大量饮用者而不愿吸引几个少量饮用者。调查还发现，大量饮用者具有相似的人口与心理特征，他们大多属于劳动阶层，年龄在 25～30 岁之间，业余时间主要看电视，尤其喜爱体育节目。这些发现将有助于营销人员有针对性地开展啤酒促销活动。这就是所谓的二八法则，常见的经济现象存在着“关键的少数和次要的多数的比约为 2∶8”这样一个规律。二八法则在营销中主要体现为两个方面：一是重点商品；二是重点客户。即企业 80％的销售量是由 20％的重点商品完成的；企业 80％的销售是由 20％的重点客户完成的。例如，根据统计资料，16％的家庭消费了蛋糕总数的 62％，17％的家庭购买了 79％的速溶咖啡，即约 20％的消费者消费了产品总量的 80％左右。根据此法则，推销员要以 80％的精力去对付 20％的重点推销对象（A 类顾客），以 20％的精力去对付 80％的次要推销对象（B 类和 C 类顾客），即在新客户开发中贯彻“确保重点，照顾一般”的原则。再如，移动通信市场往往按照月资费划分用户，中高端即月资费在 200 元以上的用户，通常是新业务最早的尝试者和使用者，也是二八法则中 20％的黄金人群。

5. 品牌忠诚度

根据消费者对品牌的忠诚度可将其分为四类：坚定的忠诚者、不坚定的忠诚者、转移的忠诚者、多变者。四种不同忠诚度的消费者群体在每种商品市场上都会有不同的数量构成。在坚定的忠诚者占很大比重的市场上，其他品牌较难进入；在不坚定的忠诚者和转移的忠诚者占较大比重的市场上，企业应努力分析消费者品牌忠诚转移的原因，以调整营销组合，提高消费者的品牌忠诚度；而对于那些多变者占较大比重的市场，企业应审视原有的品牌定位和目标市场的确定是否准确，并随着市场环境和竞争环境的变化重新对定位加以调整。例如牙膏市场和啤酒市场通常是品牌忠诚度相对较高的市场，在这些市场上要想获得更高的市场份额很困难，市场外的企业要进入这些市场也需经过较长时间的努力。营销人员应经常分析本企业产品的品牌忠诚度，了解对品牌拥有较高忠诚度的顾客的特征，比如高露洁公司发现对本品牌忠诚度较高的购买者多为中等收入群体，家庭人口多且注重身体健康，这就为高露洁公司准确地确定了目标市场。

6. 态度

根据市场上消费者的态度，可将消费者划分为热情、肯定、不关心、否定、敌视五种类型。态度也是消费者行为的一个重要表现方面，比如有人曾将业余休闲市场划分为六个细分市场：消极的以家庭为中心的人、积极的体育爱好者、自我满足的人、积极参与文化活动的人、积极的以家庭为中心的人、积极参与社交活动的人。在服务营销范畴内，艺术表演团体应以积极参与文化活动和积极参与社交活动的两类人为目标市场。又比如，当索芙特决定进入洗发水市场时，当时的市场已经被细分为去屑、滋润、护发、黑发等几个品类，新进入市场的索芙特注定要放弃去屑、滋润、护发、黑发这些已经被众多厂家牢牢占据的四大细分市场，那么洗发水市场到底还能不能再细分出一个品类，细分出的品类是不是消费市场需求的空白点？索芙特洞察到，顾客并不是需要洗发水，而是需要美丽，这是根本性需求。当时直发是一种时尚，于是索芙特就将负离子引入洗发水，以方便的特性满足忙碌的现代人爱美的需求，索芙特负离子洗发水就这样通过“负离子”概念带领索芙特进入细分市场，在洗发水市场开发了一个新的品类，即“去头屑买海飞丝，营养买潘婷，要秀发美丽（直发）就找索芙特”。

必须指出，上述地理、人口、心理、行为四个方面的划分都是从单一变量的角度对市场细分，而实际的国际市场细分过程一般都采用两种以上的细分标准，因为按单一因素划分往往是不可靠的。比如按个性特征划分市场，有的人在事业上是强者，自信并有主见，但在购物时优柔寡断，因而个性细分往往不单独进行，而是与其他变量一并使用。

国际市场细分可运用一系列变量将整个市场划分为若干细分市场，比如某国际航空公司欲招徕未乘坐过飞机的人成为该公司的乘客，这时的细分变量是使用者状态。未乘坐过飞机的人中有的喜欢乘坐飞机，有的对乘坐飞机不感兴趣，有的害怕乘坐飞机，这时的细分变量是态度。在喜欢乘坐飞机的持积极态度的人中，有一部分人收入较高，有能力购买机票，这时的细分变量是收入。这家航空公司决定将目标市场定位于那些未乘坐过飞机，但对乘坐飞机持积极态度且收入较高的人。

又比如某公司曾就亚洲茶叶饮用者对茶叶20种属性的重视程度进行了调查，经过分析后细分为两个市场：袋茶饮用者和散茶饮用者。袋茶饮用者一般比较年轻，追求茶叶冲泡和处理的方便性，不爱自己慢慢地沏茶，对茶叶的新鲜度和芳香度不太重视；而散茶饮用者通常是老年人和传统观念较强的人，追求茶叶的新鲜和芳香，把备茶和沏茶作为一种精神享受。显然，这里的划分是多因素的，公司综合运用人口特征、心理特征、态度和行为等变量细分茶叶市场，新加坡人喜欢喝袋装茶，马来西亚人则更偏爱散茶，这样就便于茶叶公司在两国实施不同的经营策略。

再比如我国护肤品行业就经常从消费水平、人口特征、功能诉求、作用部位四个角度细分市场。（1）消费水平。护肤品公司经常将产品按照价位和目标消费群细分为大众、中档、高档三大类。尼尔森IQ数据显示，2023年的护肤品市场展现了明显的两极分化趋势：一方面是均价超过700元的超高端市场，另一方面是均价不足200元的经济型品牌，两者均呈现出领涨的态势。[①]（2）人口特征。护肤品一般都会按性别分为男士产品和女士产品，近年来面向儿童的产品不断增多。相关报告数据显示，目前中国儿童护肤品市场总额已经超过120亿元。[②]（3）功能诉求。抗衰老、美白和基础护理是护肤品最常见的三大功能。近年来，由于我国人口结构的

---

① 尼尔森IQ荣获Future Marketing未来营销大奖．（2024－06－28）．https://www.toutiao.com/article/7385493532590604851.

② 儿童护肤品行业市场分析及未来发展潜力．（2023－12－01）．https://www.chinairn.com/hyzx/20231201/175150585.shtml.

变化，抗衰老产品在三类功能产品中的占比连年增加。（4）作用部位。护肤品一般包括面部护理产品、身体护理产品、手部护理产品三大类，其中面部护理产品占护肤品的 95%左右，市场容量近千亿元。在实际操作时，为尽可能提高公司营销活动的有效性，适当深化市场细分程度是比较恰当的。

三、国际市场细分的有效性

市场细分是有意义的，细分的方法很多，但并不是所有的细分方法都有效，市场细分也不是越细越好。市场细分必须遵循的一个基本原则是，细分后的各子市场之间要保持明显的差异性，而子市场内部要有一定的同质性。比如在国际市场营销中，尽管可以将食盐购买者按肤色划分为黑皮肤和黄皮肤两类顾客，但肤色差异并不影响食盐购买，不同肤色的人购买的食盐并没有本质区别，这样的市场细分是没有意义的。有效的市场细分应具备五个方面的特征。

（1）可测量性。指用来区别细分市场的各个变量能加以识别，细分之后的市场规模、潜量和大致轮廓能被测量，否则，细分出来的市场因无法界定和度量而难以描述，这样的市场细分是无效的。这就要求企业运用可以测量的标准作为市场细分的依据，比如在研究电视机市场购买者的偏好时，必须能测出有多少人关心价格，有多少人注重质量，还有多少人偏爱电视机的品牌等。有些细分变量，如具有依赖心理的年轻人，在实际中往往是很难测量的，以此为依据细分市场就不一定有意义。又比如在吸烟者市场上，有多少青少年是因为和父母闹矛盾而吸烟的，这一数字是难以掌握的。

（2）可盈利性。指细分出来的市场应具备一定的规模，使企业可实现它的利润目标。如果市场细分规模过小，市场容量过小，细分工作烦琐，成本耗费大，获利小，就不值得细分。比如波音 747 飞机的需求者市场是按商用与军用、运货与载客加以细分的，私人定制波音 747 飞机的可能性是极小的，如果按私人定制的需求特征去细分市场就毫无意义。值得注意的是，细分市场规模大小要根据产品及企业的具体情况而定，同时还要考虑潜在的需求。

（3）可进入性。这是指细分出来的市场应是企业营销活动能够抵达的，即企业通过努力能够使产品进入并对顾客施加影响的市场。它包括三层含义：一是该市场允许外国企业进入；二是有关产品的信息能够通过一定的媒体顺利传递给该市场的众多消费者；三是企业在一定时期内有可能通过一定的分销渠道将产品运送到该市场，否则该市场细分的价值就不大。

（4）可行动性。指企业通过制定有效的营销计划来吸引并服务于细分市场的可行性程度。关键在于企业有没有能力进入该子市场，即企业在资金、技术、人才等方面是否具备进入该市场的条件。比如一家小型国际航空公司虽然识别出六个细分市场，但由于本身规模太小，员工人数不多，根本无力为每个细分市场制订详细系统的营销计划，这样的市场细分对企业来说就没有实际操作的可能性。

（5）稳定性。即按照一定标准划分出来的细分市场必须在一定时期内能够保持相对稳定。只有细分市场具有相对稳定性，企业才能据以制定相应的营销战略和策略；如果市场变化太快，就会给企业带来较大的风险，不能将其作为企业的目标市场，这种市场细分就没有意义。

上述关于国际市场细分的描述都是就消费者市场而言的。除消费者市场细分，国际产业市场也存在细分问题。细分国际产业市场的变量与一些细分国际消费者市场的变量相同，如国家与地区、地形、气候这些地理变量，追求的利益、使用者状态、产品使用率等行为变量。细分消费者市场的许多变量也可用于细分产业市场，但是两类市场毕竟有所不同，一般来讲，产业市场细分受人口因素和心理因素的影响较小，而且产业市场有自己的细分变量，在国际市场营销中，企业通常使用最终用户这一变量来细分国际产业市场。不同的最终用户有不同的需要，追求的利益也不同，因而需要对用户市场进行细分。比如一家橡胶轮胎公司要首先确定自己服务于哪一个行业，不同行业的用户需求是不一样的，普通汽车制造商需要的只是一般等级的轮胎，豪华汽车的制造商对轮胎等级的要求就比较高，而飞机制造商对轮胎安全系数的要求不知要高于农用拖拉机多少倍。又比如某仪器设备公司可根据最终用户将市场细分为政府机构实验室、大学实验室、工厂实验室，不同部门对科学仪器的要求标准是有差异的，政府机构实验室要求产品价格低廉且具有维修合同的保证，大学实验室对维修服务没有特别要求，工厂实验室则要求仪器具有较高的精确性。显然，按最终用户的购买标准细分产业市场是有意义的。

除最终用户，客户规模也是企业细分国际产业市场的一个重要变量。各国通常按规模将客户划分为大、中、小三类，不同类型的客户在产品质量、需求数量和服务满足方式上均有不同要求，因而有进行市场细分的必要。比如一家大型办公家具生产商根据客户规模将客户分为三类：全国性客户、地区性客户、经销商的客户。规模较大的全国性客户由面向全国范围的客户经理和地区经理共同负责；中等规模的地区性客户由地区销售部门负责；规模较小的客户则由特许经销商负责，这样就能分别满足不同规模的客户的需求。

第 3 节　目标市场选择及营销策略

市场细分揭示了企业所面临的细分市场的各种机会，企业在进行国际市场细分之后，要从若干细分市场中选择一个或多个细分市场作为自己的国际目标市场。国际目标市场选择是以国际市场细分为基础的。

一、国际目标市场营销策略

人力、财力、物力悬殊的大中小企业应视不同的外部环境和内部特点，采取不同的目标市场营销策略。

（1）无差异市场营销策略。这是指营销者把整个国际市场都作为目标市场，并针对其共性，用单一的营销策略去开拓市场，即用一种产品或一套标准化的营销方案去吸引尽可能多的购买者。在对国际市场进行细分和调查的研究中，营销者有时会发现，对于某些产品，各国市场需求共性多而差异性不是很明显，比如食盐。这时，就没有必要再对国际市场进行细分，而是可以把整个国际市场都作为目标市场，开展标准化营销。无差异市场营销策略的最大好处是通过大批量生产和标准化的营销活动获取规模经济效应，降低生产和营销成本。例如麦当劳一直以标准化的产品组合、标准化生产和连锁经营，长期占据快餐市场的领先地位。可口可乐也曾以单一的品种、标准的包装和统一的广告宣传长期占据软饮料市场领先地位。此外，由于实施该策略的企业将市场推广费用集中用于一种产品组合，因而有可能强化市场形象，进而树立超强品牌。这种策略对于需求广泛、市场同质性高且能大量生产、大量销售的产品比较合适。当然无差异市场营销策略也有明显的不足，即消费者差异化的需要可能得不到较好满足，企业易受到竞争对手的攻击。这种策略对大多数产品是不适宜的，因为不论在哪种市场上，需求差异都是客观存在的，而无差异市场营销策略只重视共性，忽略了需求差异性的存在，这就潜藏着失去顾客的风险。例如，百事可乐就利用可口可乐长期只生产一种产品的缺陷，成功打入软饮料市场，并很快形成与可口可乐相抗衡的实力，而可口可乐面对激烈的市场竞争也不得不调整其营销策略。又如，美国三大汽车公司过去一直坚信用户偏爱大型轿车，大型轿车市场竞争异常激烈，而对小型汽车的市场潜力却估计不足，后来出现的能源危机使小型汽车的需求者日渐增多，日本生产的小型汽车趁机大量涌入美国市场，使美国汽车公司陷入困境，最后不得不放弃无差异市场营销策略，转而实行差异化市场营销策略。

（2）差异化市场营销策略。这是指企业推出多种产品，采用不同的市场营销组合，以满足细分后各子市场的不同消费需求，如对于不同的产品市场，可采用不同的品牌，制定不同的价格，选择不同的分销渠道，应用不同的广告设计和广告媒体。比如近年来酒业巨头百威就尝试通过差异化营销的方式，扩大市场，提高销售额。在国内啤酒行业竞争格局已基本趋于稳定，啤酒消费趋于饱和的局面下，百威推出金尊啤酒，从酿酒原料入手，效仿酿造威士忌使用单一品种麦芽的方法，放大了自己与其他啤酒的差异化，正如其广告词所说的，“啤酒分为两种，一种是单一品种麦芽，一种是其他”。配合适当的宣传，带有威士忌风味的金尊啤酒成功打开了中高端市场。后续百威又增加了黑啤、纯酿等品类，获得了可观的利润。

国际日化巨头宝洁公司也是此种策略运用得最为成功的企业之一。就洗发水这种产品而言，宝洁按照顾客的不同需要，针对细分后的各个目标市场，推出不同品牌的产品，运用不同的营销组合策略抢占市场。比如想让头发顺滑就用“飘柔”，想去屑可以用“海飞丝”，想给头发增加营养用“潘婷”，想专业美发用“沙宣”，各种产品具有不同功能，品牌传递不同信息，在市场上取得了巨大的成功。采用差异化市场营销策略的最大优点是较好地满足不同客户群的需求，提高了产品的竞争力。但是由于产品品种、销售渠道、广告宣传的扩大化与多样化，市场营销费用也会大幅增加。该策略在推动成本和销售额上升时，市场效益并不具有保障，特别是有些企业过度细分市场，得不偿失。因此企业在市场营销中有时需要进行“反细分”和“扩大顾客的基数”，作为对于差异化市场营销策略的完善和补充。如强生公司把洗发水市场从婴儿产品扩大到成年人产品。

（3）集中市场营销策略。集中市场营销策略是指企业集中所有力量，以一个或少数几个性质相似的子市场作为目标市场，试图在较少的子市场上占有较大的市场份额。该策略特别适合企业资源有限的情况。这种策略也称为“弥隙”策略，即弥补市场空隙。对于中小企业而言，如果硬与大企业抗衡，弊多于利，而避开大企业竞争激烈的市场，选择一两个能够发挥自己技术、资源优势的小市场，往往比较容易成功。此种策略虽然市场覆盖面较小，但企业可以在一个较窄的领域发挥独有的特色；由于目标集中，可以大大节省营销费用、增加盈利；由于生产、销售渠道和促销的专业化，也能够更好地满足特定消费者的需求，从而取得低成本和差异化的优势。需要注意的是，运用此种策略的市场风险较高，如果需求出现了巨大变化，企业将遭受很大损失。

相比较而言，无差异营销与差异化营销是可供大企业选择的目标市场营销策略，而小企业通常适宜选择集中市场营销策略。当然，在实际营销活动中，每一种策略的界限并非绝对的，企业可根据产品、市场和竞争特点的变化，交替使用三种不同的目标市场营销策略。图 5－4 概括了无差异市场营销、差异化市场营销和集中市场营销之间的差别。

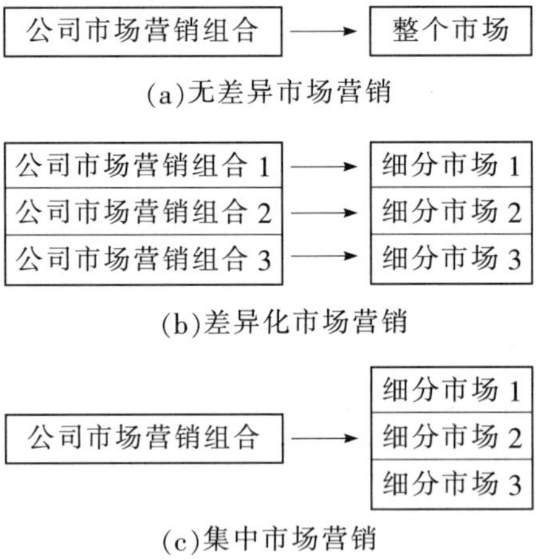

图 5－4　三种不同的目标市场营销策略

二、影响目标市场营销策略选择的因素

上述三种目标市场营销策略各有利弊，企业在选择时需要根据实际情况考虑五方面的因素，即企业的目标与资源、产品同质性、市场同质性、产品所处的生命周

期阶段以及竞争对手的目标市场营销策略等。

（1）企业的目标与资源。首先，一种策略的实施应该符合企业在国际市场上的长期发展目标。其次要考虑企业的人力、物力以及资金等资源是否可以支持该策略的实施。如果企业实力雄厚，可以考虑实行无差异市场营销策略或差异化市场营销策略；反之，最好实行集中市场营销策略。

（2）产品同质性。产品同质性是指产品在性能、特点等方面的差异性很小。对于同质产品或需求上共性较大的产品，如食盐、煤炭、粮食等宜实施无差异市场营销策略；反之，对于异质产品，则应实行差异化市场营销策略或集中市场营销策略。

（3）市场同质性。如果市场上所有顾客在同一时期偏好相同，购买的数量相近，并且对市场营销刺激的反应相同，则可视为同质市场，宜实施无差异市场营销策略；反之，如果市场需求差异较大，则为异质市场，宜采用差异化市场营销策略或集中市场营销策略。

（4）产品所处的生命周期阶段。处在介绍期和成长期的新产品，市场营销的重点是启发和巩固消费者的偏好，此时竞争者较少，最好实施无差异市场营销策略或针对某一特定子市场实施集中市场营销策略；当产品进入成熟期以后，市场竞争激烈，消费者需求日益多样化，可改用差异化市场营销策略以开拓新市场，满足新需求，延长产品生命周期。

（5）竞争对手的目标市场营销策略。一般来说，企业的目标市场营销策略应与竞争对手有所区别，反其道而行之。如果强大的竞争对手实施的是无差异市场营销策略，则企业应实施集中市场营销策略或更深层的差异化市场营销策略；如果企业面临的是较弱的竞争者，必要时可采取与其相同的策略，凭借实力击败竞争对手。

三、目标市场选择模式

关于目标市场选择的具体方法，企业有五种目标市场选择模式可供考虑。图 5－5 是产品-市场矩阵图，它对这五种模式进行了描述。

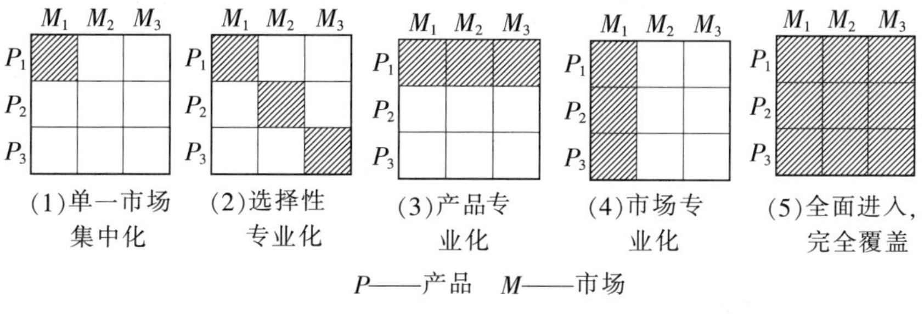

图 5－5　目标市场选择的五种模式

（1）单一市场集中化。企业所选择的目标市场无论从产品还是市场的角度来说，都只集中于一小部分，通过集中营销，企业能更清楚地了解细分市场的需求。

这种经营战略一般适用于规模较小、资源有限的中小企业。企业可以集中资源与优势在很小范围内或市场上专注经营，以形成竞争优势，建立和巩固市场地位，还可通过专业化降低生产与经营成本。比如百事可乐正面挑战可口可乐是没有优势的，于是它采取集中资源突破的单一市场集中化策略。可口可乐集团的市场定位是覆盖所有消费群体，主打产品的经典口味。百事可乐则选择将品牌形象与产品都朝年轻化方向发展，主张“百事新一代”，树立了清晰的品牌个性。但是，集中营销的风险也比其他情况要大，一旦所选择的细分市场出现一蹶不振的情况，企业就会处于很不利的境况，所以许多公司宁愿在多个细分市场上同时开展业务。

（2）选择性专业化。企业可同时为几个细分市场提供相应的产品。此种选择的前提条件是每个细分市场在客观上都具有吸引力，且符合企业的经营目标和生产能力。由于这些细分市场之间很少有或根本没有任何联系，即使某一市场对企业失去了吸引力，也可在其他细分市场上继续进行营销活动，因而这种多元选择优于单一集中化选择，可分散市场风险，但同时意味着较高的市场营销成本。比如，北欧国家的市场对雪上汽车有较大的需求，某汽车制造公司充分利用这一市场机会，按用户类别把市场分为民用、工业用和军用三类，按产品划分为汽油雪上汽车、柴油雪上汽车和电动雪上汽车，这样就形成了九个细分市场。公司考虑到市场需求潜量和本企业的优势，决定既为民用市场生产汽油雪上汽车，又为工业用户生产柴油雪上汽车，还为军用市场生产电动雪上汽车。

（3）产品专业化。企业可同时为几个细分市场提供各种型号的同类产品。通过这种战略，企业可在某一产品领域树立良好的信誉。比如某显微镜生产商为大学实验室、政府机构实验室和工商企业实验室提供显微镜，但如果出现全新的显微技术可取代该公司的现有显微镜，则该公司将面临经营滑坡的危险。

（4）市场专业化。企业为同一类型的顾客群体提供所需的各种类型的产品，可在此类专门购买者中获得良好的市场声誉。比如某实验仪器公司专为大学实验室提供系列产品：显微镜、示波器、化学烧瓶等。其风险在于如果大学实验室因教学实验经费削减而减少了各种实验设施的购买，该公司就会有效益滑坡的危险。

（5）全面进入，完全覆盖。企业为所有的细分市场提供各种产品，满足各类用户的全部需求，这种覆盖全部市场的战略只有实力强的大企业才能做到。比如可口可乐公司在各国饮料市场均持竞争导向。

第4节　国际市场定位

在进行国际市场细分，选定企业要进入的国际目标市场之后，还要根据目标市场的情况进行国际市场定位。阿尔·里斯和杰克·特劳特是定位理论的奠基人。他们认为，定位可以针对一件商品、一项服务、一家公司或机构、一个人，但定位并不是指产品本身，而是指产品在消费者心目中的形象，也就是产品在消费者心中的地位。企业在国际市场上的定位主要是通过塑造产品在市场上的形象来实现。比如，在汽车市场上，奔驰和凯迪拉克定位于尊贵豪华，宝马定位于高性能和驾驶乐趣，沃尔沃定位于安全，等等。

一、市场定位及其国际意义

所谓市场定位，就是企业根据目标市场上同类产品的竞争状况，针对顾客对该类产品某些特征或属性的重视程度，为本企业产品塑造强有力的、与众不同的鲜明个性，并将其形象生动地传递给顾客，求得顾客认同。在当今信息化条件下，顾客往往被大量关于产品和服务的信息包围，在购买过程中，顾客会比较可供选择的产品，并根据不同产品在其心目中的形象来作出购买决策。这就需要企业通过对产品的市场定位来引导顾客做出选择。市场定位的实质是确定本企业及产品在目标市场上的形象，使本企业与其他企业区分开来，使顾客明显感觉和认识到这种差别，使企业在顾客心目中占据特殊的位置。具体来说，市场定位对于企业的意义主要在于以下几个方面。

（1）描述目标市场的针对性。市场定位建立在市场细分与目标市场选择的基础之上，面对经过市场细分选出的目标市场，市场定位就是要有效地表述出目标顾客群体的需求特点，并将其与企业自身的优势相结合。

（2）体现产品的差异性。市场定位本质上就是一个寻求差异化的过程，通过产品的差异化定位来满足顾客的个性化需求，使企业的品牌形象深入消费者心中。宝洁公司在通过市场定位来体现产品差异上具有丰富的经验。以其洗护发产品为例，宝洁的每一种产品都有其独特的概念和市场定位。华住酒店集团是国内第一家多品牌的连锁酒店管理集团，已于纳斯达克成功上市。该集团旗下拥有众多酒店品牌，包括奢华市场的施柏阁大观、宋品，高端市场的美仑国际、禧玥，中端市场的美居、漫心、CitiGO、全季、星程，以及经济型市场的宜必思、汉庭和海友等，在全国为宾客提供从高端到平价、从商务差旅到休闲度假的住宿体验。企业以充分差异化的高端产品和平价产品、差旅产品和休闲产品，满足不同地区、不同阶层需求的同时，自身也获得了巨大收益。

（3）指导营销组合决策。市场定位属于营销战略的层面，市场营销组合策略的实施则需要定位战略的指引。产品、价格、渠道以及促销等手段必须围绕既定的市场定位战略来执行才能更为有效，缺乏明确的市场定位的指导，营销组合的各种手段只能四面出击，形不成合力，不能达到组合拳的效果。

在国际市场营销过程中，定位策略的运用具有重要的意义。相对于本土企业，进入东道国市场的国际企业必须更加有效地与顾客进行沟通，这就需要通过更为准确、合适、明晰的市场定位来实现，迅速在消费者心中形成深刻的产品形象，以引导消费者购买自己的产品。

二、国际市场定位的方式

由于国际市场定位与国内市场定位要达到的目的是相同的，因而其思路也是基本一致的。下面通过几种常用的市场定位方式来剖析有效的国际市场定位形成方式。

1. 首席定位

首席定位即追求自己成为本行业中某一方面的领导者的市场定位。这种定位思路的基础在于消费者的认知规律，在充斥各种广告的信息社会里，消费者会筛选掉大部分信息，而排名第一位的总能吸引消费者，并给其留下深刻印象。因此，这种定位思路的关键就在于争取获得某种属性上的第一，比如市场占有率第一、销售量第一，以及“最先”“最快”“最早”“最好”等。比如，可口可乐是全球最大的软饮料公司，苹果是世界第一智能手机品牌。

2. 加强定位

加强定位就是在消费者心目中加强自己当前形象的定位思路。市场上的领导者毕竟是少数，对于大多数企业来讲，首席定位并不合适，而应该采用强化自身某一鲜明特点的加强定位思路。比如小米依托“为发烧而生”的产品理念，凭借高性价比获得快速发展；京东则依靠自营模式，与阿里巴巴竞争。

3. 补缺定位

补缺定位是指企业在进行市场定位时，着眼于市场上的空白点，避免与实力强劲的竞争对手正面交锋。这种定位的优点是能够使企业迅速地在市场上站稳脚跟，并在消费者心中尽快树立起一定形象，因此为大多数企业所采用。但也应该注意到，市场空白点不仅存在于不成熟的市场当中，在相对成熟的市场上，也同样可以找到尚未充分满足的需求。根据马斯洛的需求层次理论，消费者在层次比较低的需求得到满足以后，就会转向更高一级的需求，随着市场成熟度的提高，消费者的需求层次、品位也相应提高，会不断出现新的个性化需求，形成新的市场机会。在需求层次复杂的国际市场更是如此，国际市场规模庞大，一个很小的空白点可能会带来巨大的市场空间。京东就尝试在电商奢侈品领域有所建树；东江环保、高能环境等公司则因应日益高涨的环保要求，在危废处置行业投资巨大；百草味、三只松鼠剑指休闲零食线上销售，有所斩获。

4. 重新定位

重新定位是指企业改变产品特色，改变目标市场顾客对其原有的印象，使目标顾客对其产品新形象有一个重新认识的过程。由于市场状况不是一成不变的，因此，企业的市场定位也不能僵化，而必须动态地适应市场的发展变化。市场重新定位对于企业适应市场环境、调整市场营销策略是必不可少的。企业产品在市场上的定位即使很恰当，在出现下列情况时也要考虑重新定位：（1）竞争者推出的产品的定位与本企业产品类似，侵占了本企业产品的部分市场，使本企业的市场占有率有所下降；（2）消费者偏好发生变化，从喜爱本企业品牌转向喜爱竞争对手的品牌。企业在进行重新定位之前，需要对重新定位的成本和收益进行估计和衡量，选择有潜力的目标顾客群。百雀羚是国货老品牌，“蓝色小铁盒”香脂膏曾是百雀羚的经典产品，2000 年百雀羚推出了基于这款产品的甘油一号、凡士林霜等改良型产品，但在欧莱雅、玉兰油在中国热销的背景之下，当时的微小创新无法让百雀羚在激烈的市场竞争中立足。2004 年百雀羚下定决心做出改变，将新一轮升级版的产品定位于为年轻女性做草本类的天然护肤品，产品功能专注于保湿。恰逢“天然配方”产品理念盛行，百雀羚新产品定位抓住了这一机遇，获得了成功，2020 年起，全面升级产品策略为“科技新草本”，以现代科技赋能东方草本。

5. 对峙定位

对峙定位是指企业直接针对竞争对手进行对比的定位方式，在产品、服务、宣传、价格等方面与竞争对手展开针锋相对的竞争。比如花旗银行在维萨信用卡的广告中直接把自己和美国运通进行对比。又比如麦当劳与肯德基的竞争，康师傅和统一方便面的竞争。对峙定位是一种强对强的市场定位方法，一般适用于实力较为雄厚的大企业。当市场上已经存在地位稳固的大企业时，这种策略就有一定的风险性。采用这种策略需要具备三个条件：（1）企业与竞争对手总体上实力相近；（2）目标市场具备一定的规模或潜量；（3）这个市场定位能充分发挥企业的资源条件优势和竞争优势。

6. 依附定位

依附定位即通过与其他知名企业或产品建立某种内在联系来进行产品定位。2009 年，初创的哔哩哔哩还叫作 Mikufans，由个人建立，定位是 AcFun 的备用站点，借此定位在早期获得了一定的生存空间。而后由于 AcFun 管理经营事故频发，原本施行依附定位策略的哔哩哔哩得以快速发展，用户数量剧增，2018 年 3 月于纳斯达克成功上市，2021 年 3 月 29 日在香港二次上市。

7. 高级俱乐部

高级俱乐部指企业把自己与行业中公认的最强的几家企业划分为一个档次，借这几家企业来提升自己的地位。企业如果不能取得第一或某种独特的属性，采取这种策略也不失为一种良策。如美国克莱斯勒公司提出了美国三大汽车公司的概念，把自己和通用汽车、福特并列为三大汽车生产商，从而吸引消费者的注意力，收到了良好的效果。

三、国际市场定位依据

根据以上几种定位思路，企业还应该结合自身的实际情况，比如产品的功能与特点、企业的实力和竞争优势等因素选择适合的国际市场定位策略。

（1）依据产品特色定位。依据产品特色定位是指强调产品的一个或几个特点，加深消费者印象的定位策略。这种策略在国际市场上广泛采用，它要求产品必须在某一方面具有比较突出的优势。比如，海神号度假酒店将房间建在海底，游客可以 270 度欣赏海底美景，公司以此吸引喜好神秘海洋的游客。崇山峻岭间的亚马逊生态酒店将房间建在树顶上，最高的房子距离地面有 22 米，这种设计极为独特，像原始的树屋，人们可以在房间里与原始森林亲密接触，感受大自然的静谧，酒店吸引了不少想感受美妙丛林的游客。

（2）依据顾客利益定位。依据顾客利益定位指的是根据产品能够给消费者带来的价值、效用、感受等好处来进行市场定位的一种策略。比如，耐克推出包括跑步、篮球、足球、健身、美式橄榄球、高尔夫等多种类型的运动鞋，品类繁多，数以百计，但公司主推产品依旧紧紧围绕顾客利益，将重心放在顾客最需要的休闲品类上。根据美国运动鞋行业市场调查结果，耐克推出的 Nike Tanjun 系列运动鞋连续登顶最畅销运动鞋排行榜。

（3）依据顾客类型定位。这是指企业针对不同类型顾客的需求和偏好，对产品及其营销组合因素进行改进，使之符合顾客的需求，并以此作为市场定位的诉求点。娃哈哈此前推出的啤儿茶爽便犯了定位不清晰的错误，既不是啤酒也不是茶，口味过于独特，没有获得消费者青睐，难以拓展市场。伊利每益添明确定位于活性乳酸菌饮料市场，针对关注肠胃健康的消费者研发，获得大众的喜爱。

（4）依据竞争定位。依据竞争定位是以市场上的竞争状况为根据的定位策略。这种定位策略通常将竞争对手作为参照，具体包括前面提及的对峙定位、补缺定位、依附定位及高级俱乐部等。

案例分析

OPPO 的差异化市场营销策略

自 2004 年成立以来，OPPO 凭借不断创新的技术和灵活的市场策略，迅速崛起为全球领先的智能手机品牌之一。截至 2024 年 10 月，OPPO 的业务已遍布全球 70 多个国家和地区，零售网点超过 30 万家，自营售后服务门店达到 3 300 余家。海外市场占据了其整体出货量的 60% ，这背后得益于其成功的差异化市场营销策略。

在 OPPO 的全球扩张过程中，最关键的一点就是深刻理解并适应不同市场的需求。海外市场的多元化决定了 OPPO 必须摒弃一刀切的营销策略，而是采取灵活的本地化战略。为了在全球市场中获得竞争优势，OPPO 根据各国不同的市场结构、消费者行为和文化差异，量身定制了各具特色的营销模式。例如，在与中国渠道结构相似的市场，OPPO 采用了与国内类似的“厂商一体化”模式，在某些市场取得了显著成效。然而，在一些具有独特市场特征的地区，OPPO 则主动调整策略以适应当地的消费习惯和商业环境。在欧洲市场，消费者普遍偏好通过运营商购买合约手机，而非直接购买裸机。为了迎合这种消费习惯，OPPO 调整了其营销策略，与当地运营商建立了长期合作关系，而非依赖电商平台销售裸机。这一策略的成功表明，OPPO 能够根据不同地区的市场需求进行灵活调整，确保产品顺利进入并占据市场。

在东南亚市场，OPPO 同样通过深入了解当地消费者的需求，实现了产品的局部化改造和差异化设计。OPPO 团队在进入印度尼西亚市场时，发现尽管当地降雨频繁，但进水并非最常见的手机故障原因。通过分析售后维修数据并与消费者进行交流，OPPO 发现，许多印度尼西亚消费者会在雨天用一次性防水袋保护手机，但这种做法却会影响通话效果。因此，OPPO 对新产品进行了防水优化，确保能够适应当地的天气条件。此外，印度尼西亚市场上，消费者对大折叠屏手机的需求与其他地区略有不同，很多消费者偏好使用手写笔，尤其是在商务场景下，这种需求促使 OPPO 在当地市场推出了配备手写笔和全包手机壳的折叠屏手机，进一步提高了产品的市场吸引力。

2023 年，OPPO 推出的小折叠屏手机 Find N2 Flip 更是凭借差异化设计赢得了东南亚市场的广泛认可。与三星的折叠屏手机相比，Find N2 Flip 采用了竖向大外屏设计，并且通过自主研发的创新铰链工艺，解决了屏幕折痕问题，改善了用户体验。这款手机凭借其独特的设计和实用性，在 2023 年第二季度迅速在印度尼西亚市场获得了 65% 的市场份额，成为该品类的销售冠军，并推动 OPPO 在当年第三季度跃居东南亚市场出货量第一。

展望未来的全球化发展，OPPO 面临一些重要的挑战。在不同的区域市场，OPPO 需要针对性地解决各自的难题。例如，在东南亚市场，OPPO 需要通过提升品牌认知，推动高端产品的普及，实现规模化突破；而在欧洲市场，OPPO 则需重新整合资源，打开销售局面，进一步扩大其区域影响力。

资料来源：从东南亚到欧美：OPPO 的深度本地化与全球化．(2024－10－26). https://news.qq.com/rain/a/20241026A018H200.

问题

1. OPPO 为什么要在不同国家采取差异化营销策略？
2. 结合案例分析，OPPO 是如何成功占据东南亚手机市场份额的。

思考题

1. 企业如何寻找和发现国际市场机会？
2. 有效的国际市场细分标准必须具备哪些特点？为什么？
3. 比较分析国际目标市场三种营销策略各自的特点、优势和不足。
4. 影响国际目标市场策略选择的因素有哪些？
5. 国际市场定位的意义是什么？简述几种常见的国际市场定位方式。

第6章

国际市场营销管理过程（下）

本章要点

1. 企业需要在国际市场定位基础上选择国际市场的进入方式和进入策略，面对多种进入方式和进入策略，企业应当选择最佳的组合。

2. 国际市场营销组合是指对国际市场产品、定价、渠道、促销进行最佳组合，虽然要素与国内营销相同，但国际市场营销涉及转移价格、倾销等新的决策点。

经过国际市场细分之后，企业一旦决定进入某个国家的目标市场，就要在企业的国际市场定位基础上选择进入国际市场的最佳方式和策略。这种选择制约着企业进行国际市场调研的能力、企业产品策略的制定及其在外国市场中定价与分销等其他营销功能的发挥。也就是说，市场进入方式与策略将关系到国际市场营销组合的设计与实施。

第1节　国际市场进入方式和策略

国际企业应该学会如何进入国外市场并提高自身的国际竞争能力，在此过程中，企业还会发现海外市场比国内市场更有吸引力，企业需要一个更广泛的消费需求基础来实现其规模效益。

一、国际市场进入方式

国际市场进入方式是随着国际贸易与投资活动的发展而不断演进的，可划分为两种基本类型，即国内生产国外销售和国外生产国外销售。企业进入国际市场主要通过以下三种方式，分别是出口进入、合同进入、投资进入。每种进入方式又包含从低级到高级的不同形式。

随着对国际市场介入程度的加深，企业在国际市场上资源的投入和收益逐渐增加，相应地，对国际市场的控制潜力和风险程度也逐渐加大。图 6－1 显示了几种常见的进入方式。

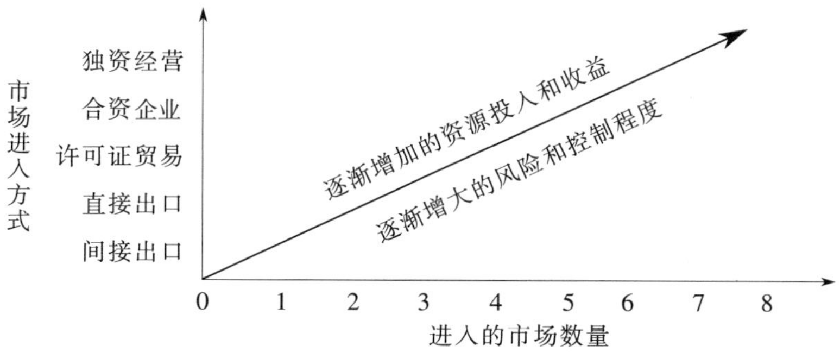

图 6－1　国际市场进入方式

（一）出口进入

出口进入方式是指生产企业把本国生产和加工的产品输往国际市场的方式。采用这种方式，生产地点不变，劳动力、资本也没有进入国际市场。出口进入是企业在进入国际市场的初期经常采用的一种方式，具有低投入、低运营成本、低风险、低控制度、高灵活性等特点。一般来说，企业可以通过出口方式来测试市场，积累国际市场经验，为未来采取其他战略进一步对外拓展市场做好准备。出口进入又可分为间接出口和直接出口两种方式。间接出口依靠本国的中间商，由中间商办理出口业务；直接出口则一般依靠目标市场国的中间商来销售。

1. 间接出口

间接出口是指企业将自己生产的产品通过国内的出口中间商出口，它是一种偶然的、被动的出口，是企业进入国际市场的最初学习过程。间接出口一般不需要改变企业的产品线、组织、投资或任务。采用这种方式的企业本身并没有真正从事国际市场营销活动，而是借用已有的销售渠道，将产品输入国际市场。可选择的出口中间商包括以下四类。

（1）通过国内专业出口中间商出口。这是指企业将产品卖给国内中间商，再由中间商通过各种渠道以自己的名义将产品出口到国际市场。专业出口商主要是指专业的外贸企业，包括专业进出口公司及国际贸易公司等。这类企业在国际市场上建立了相当广泛、稳定的销售渠道，有较为灵敏的国际经济信息网络并拥有大量精通国际商务、外语和法律等方面的专业人才，能够提供全面的出口营销服务，因而成为许多国家生产企业间接出口的重要途径。

（2）委托出口管理公司代理出口。在这种方式下，企业并不是将产品卖给出口管理公司，而是委托它出口，出口交易成功后付给它一定的佣金和管理费用。出口管理公司是一种专门为生产企业提供出口贸易管理服务的公司。公司由出口方面的专家组成，熟悉出口业务，了解国际市场行情。出口管理公司为企业设计出口服务系统，使生产企业以最低的成本实现对销售网络的管理和监督。生产企业只需签订出口供货合同。从寻找客户到商谈有关事宜，从仓储运输到报关，从收款到税务及商务纠纷的解决等整个出口合同的运作全由出口管理公司管理。

（3）与其他企业联合出口。即一些出口企业联合起来，建立出口合作联盟，以集团或行业名义进行出口活动，共同出资组建一个中间商组织来为各企业服务。联合出口组织的成员企业联合组织出口，联合组织运输，联合进行市场调研，在国外设立分支或代理机构，统一制定出口价格，统一签订合同。企业可以通过该中间商及时获得国外市场情报，利用这一机构组织本企业产品的出口。这种方式特别适合生产标准化程度较高的原料、初级产品或中间产品的中小企业。

（4）与其他企业合作出口。即两家企业在出口方面进行合作，一家生产企业利用自己的出口力量及海外的分销资源为另一家生产企业出口产品，前者称为“负重者”，后者称为“乘坐者”。这种情况通常是较大型企业在海外市场已建有良好的市场分销渠道，而营销能力没有充分利用，把其他企业的产品和自己的产品一起外销，不仅可以增加企业的收入，还可以利用“乘坐者”的非竞争性产品来丰富自己的产品种类，方便海外顾客，增强吸引力，利用乘坐企业的产品来增强企业自身的整体竞争力，或交叉填补淡旺季的时间差。

间接出口的优势在于费用低、风险小且业务简单，因为企业不需要增加专门的出口业务机构，不需要向国际市场派遣专门的销售人员，而且利用中间商媒介从事国际市场营销活动，可减少出口企业因国际市场营销经验不足而导致失误的可能性。对于一些刚刚迈入国际市场大门的企业，通过间接出口可大大加快企业产品进入国外市场的速度。但是，也要看到该方式潜在的不利因素，比如它对企业国际市场营销控制能力的限制，难以向国内厂商及时准确地反馈市场信息，国外经销商或代理商对市场开发力度不够，不利于树立企业和产品品牌，利润空间比较小等。由于这些方面的局限性，间接出口被视为企业刚刚涉足国际市场的一种过渡方式，一旦国际市场营销实力有了较大增长，企业便会选择对自己更为有利的直接出口方式。

2. 直接出口

直接出口是指企业不通过本国中间商而直接将产品销往国外市场的一种出口形式。通过直接出口，企业可对产品进入的国外市场进行选择，企业对国际市场营销活动也有较大的控制权，并可获得准确快速的国际市场信息反馈，对不断变化的市场条件做出灵活的反应，还有助于更好地保持商标、专利及其他无形资产价值。但这种方式也意味着企业要承担全部的范围广阔的出口业务，包括选择适合本企业的国外经销商或代理商；对所选定的中间商进行激励、检查和监督；确定为目标市场所提供的产品范围；为这些产品品种分别制定价格和促销策略；办理有关的国际运输、保险及金融业务。显然，与间接出口相比，直接出口需要的投资大、风险多、费用高，但潜在的报酬也是可观的。直接出口可采取以下几种方式。

（1）建立国内出口部。由企业自己设立的这一部门负责经营全部或部分出口业务，起初可能是小规模处理出口业务的销售机构，随着出口规模扩大，逐步成为一个与出口业务相关的综合部门，承担起信息收集、广告推销、商务谈判及财务处理等多项具体事务性工作，整体上负责企业的国际市场拓展。

（2）设立国内独立出口销售公司。出口销售公司在法律上是独立于生产企业的法人公司，国内独立出口销售公司的设立便于有效地考核出口部门业绩，并利用其资源从事企业外部业务。

（3）设立国外销售机构。设立国外销售机构包括向国外市场派出销售人员或者在国外设立跨国销售分支机构或销售公司，以便企业更好地控制国外市场。国外销售子公司的设立还可以成为出口企业的窗口，这些公司通常有法人资格，是独立的当地公司，具备正规的组织形式和一定的财务能力，可直接为母公司服务。出口企业的国外公司不仅可以担负产品的外销业务，而且可以负责储存、促销、提供服务和维修、信息收集、市场调研等多项营销活动，甚至成为出口企业的产品展示中心和顾客服务中心，将国际市场营销活动控制在更加有效的范围内。

（4）寻求国外的代理商或经销商。代理与经销的根本区别在于是否对商品拥有所有权。国外经销商是先向出口企业购买产品并拥有所有权，而后通过自己的分销渠道将产品销售出去，使用经销商出口产品可降低企业的经营风险。国外代理商则主要代表出口企业在当地市场销售产品，有独家代理、一般代理与总代理三种形式，代理商对产品没有所有权，依据实现的交易额按比例提取佣金，因而不承担销售风险。

上述四种直接出口方式中，随着直接出口规模的扩大，又以国外销售分公司或子公司以及国外经销商或代理商两种渠道更为重要。这两种渠道的共同特征是国内厂商通过国外的中介与最终购买者建立联系，实际上是将目标市场国家的销售渠道看成直接出口渠道的延伸。直接出口一般适用于有一定国际市场营销经验且出口规模较大或销售量大且市场集中的企业。正如间接出口存在某些方面的明显劣势一样，直接出口也存在一定的缺点，比如目标市场国若采用关税和非关税壁垒，将给出口企业造成很大困难；再有，对于性能比较复杂、售后服务要求高的产品，采用直接出口的潜力是有限的。

（二）合同进入

合同进入方式是指从事国际市场营销的生产企业与目标市场国的法人通过签订协议，将自己的无形资产使用权授予目标市场国法人组织，允许其制造、经营本企业产品或提供服务、设备、技术支持等，以进入国际市场，取得对目标市场国企业的某种控制权，从而获取收益。合同进入区别于出口进入的关键在于：它已不是单纯地出口有形产品，而是以知识和技能转移为主要形式，如许可证贸易、合同生产、特许经营、管理合同等形式。这些方式的使用使企业在进入国际市场时能够依据具体的条件选择最有利于自己的灵活方式，降低风险，最大限度地获取利润。

1. 许可证贸易

许可证贸易作为一种进入国际市场的有效方式，明显有别于包括间接出口和直接出口在内的出口进入模式。后者是产品实体的转移，而前者是通过转移无形资产或产权来实现进入国际市场的目的。在许可证贸易中，许可方即国际市场营销企业，可把某种有价值的工业产权，如图纸、专利、品牌、注册商标或专有技术等，以收取使用费的形式让渡给被许可方。对于许可方来讲，采用这种方式可迅速进入国际市场，不必投入大量资金，还有效地克服了向国外市场出口时遇到的进口壁垒，诸如高关税和配额等限制。对于被许可方来讲，有利于直接取得生产的专门技术、产品的品牌或商标而无须从头做起。作为报偿，被许可方同意在自己的国家生产和销售某一产品，比如美泰公司是美国著名的玩具生产商，如果某厂商获准使用美泰这一品牌生产玩具，就意味着其产品在美国和其他国家市场都可以顺利地销售出去。

由于许可证贸易对交易双方都有利，因而它已成为国际市场营销中一种常见的生产和销售方式，但这一形式对作为许可方的国际市场营销企业来讲，也存在某些令人担忧之处。首先，许可方对许可证贸易持保留态度，是因为与其他一些进入方式相比，许可证贸易获得的纯收益较低。在一般的协议中都规定被许可方要支付一定数额的技术使用费用，支付方式包括一次性支付固定数额的款项，或按照销售额固定比例进行支付，如年度销售额的 5%，不同行业、不同企业选择的技术使用费用支付方式不同[①]，而许可方却认为本企业转让最宝贵的技术秘密或无形资产所得到的收益太少。其次，许可证贸易使许可方对被许可方难以实施有力的监督和影响，导致国际市场营销企业对目标市场国营销活动的控制能力较弱。再次，许可证贸易使许可方无形中培养了潜在竞争对手，因为许可证协议是有时间限制的，有效期满后，被许可方很可能已成为该产品生产的内行，继续生产或经营该产品且不再向许可方支付报酬。比如许多美国企业通过许可证贸易在日本市场上开展营销活动，把最好的研究与开发技术给了日本，仅收取一定的技术使用费用，若干年后，美国企业发现在国际市场上自己已不是日本企业的对手了。

2. 合同生产

合同生产是介于许可证贸易和对外直接投资之间的一种方式，它是指企业为了开拓对象国市场，与当地企业签订订货合同，要求对方按照合同规定的质量、数量、时间等条件生产本企业所需的产品或零部件，并交由本企业，用本企业的品牌来销售。在合同生产的过程中，企业还可能会向对象国生产企业提供技术支持或制造设备。例如，耐克公司就选择专注于研发、设计和营销等环节，而将制造环节进行外包，与东南亚的工厂签订合同，由它们负责运动鞋与服装的生产制造。采用这种方式对于企业来说有许多优势：国际企业无须投入生产所需的各种资源和成本，

---

① 世界知识产权组织（WIPO）. 交换价值-谈判技术使用许可协议：培训手册（2010）.

可以更好地专注于整个价值链中自身的优势环节；可以充分利用目标国的生产能力、资源优势等（如廉价的劳动力）；有利于减少关税、运输成本等，迅速进入市场，降低风险。但是，由于企业要提供技术援助和管理支持，也有可能培养出未来的竞争对手，且由于企业失去对生产过程的掌控，可能导致产品质量问题。

3. 特许经营

国际特许经营指的是进入国际市场的企业作为特许人将工业产权，包括专利、商标、企业标识、技术诀窍、经营理念、管理方法等，特许给对象国独立的公司或个人使用，受许方必须按照特许经营协议规定的程序、规则从事经营活动，并向特许方支付初始费用和销售提成。特许方要给予受许方实际的、连续的生产和管理方面的帮助和支持。

特许经营方式使双方建立了一种互利的合作关系。对于特许方来说，它是企业实现商业资本海外扩张的一种比较好的形式，可以在节省大量资本投入的条件下，免去企业独立开创国际市场的成本和风险，有利于快速扩大销售组织、渗透国外市场、推广企业品牌、扩大国际影响。对于受许方来讲，特许经营也使其在缺少必要的经验和足够的资本的情况下，利用外部支持，发挥自身优势，获得了开展自己事业的机会。著名的美国快餐企业麦当劳和肯德基在国际市场上的快速扩张都源于成功的特许经营。肯德基在全球市场上门店数目约为麦当劳的3/4[①②]，全美快餐业仅排名第十四，但它在中国市场上的发展竟丝毫不逊于“老大”麦当劳[③]，这得益于其在中国较早且较大规模地运用了特许经营这种方式。不过，这种方式也有其局限性。首先，国际特许经营一般只适用于零售业、餐饮业、服务业等相对容易生产和经营且标准化程度高的行业，而对资本密集型、技术密集型行业很难奏效；其次，国际特许方的利润受到限制，控制能力也比较弱，特许方很难保证受许方按合同规定的标准来提供商品和服务，很难在各个市场上保持一致的品质和形象，尤其是当受许方的数目较多时。此外，这种方式容易将受许方培养成日后的竞争对手，因此有些企业往往把它作为一种过渡方式，待条件成熟时，再向直接投资方式转变。

4. 管理合同

管理合同是指企业与某个外国企业签订合同，在合同期内负责该外国企业的部分或全部的管理任务，收取管理费用，获得相应的报酬。管理合同的特点是只管理不投资，只是管理技术的转让。转让方不拥有接受方的所有权，仅拥有接受方的控制权和经营权，并以此获取报酬。支付报酬的形式可以是按利润提成，也可以是按具体的服务支付规定的费用或者按照约定支付。例如希尔顿酒店、香格里拉酒店等

---

① 麦当劳官网．https://www.mcdonalds.com.cn/index/McD/about/company.

② 肯德基全球门店数突破30 000家．(2024-03-15)．https://www.eeo.com.cn/2024/0315/644517.shtml.

③ Ranked: The Top 50 Fast-Food Chains in America. (2023-08-01). https://www.qsrmagazine.com/operations/fast-food/ranked-the-top-50-fast-food-chains-in-america/.

承担了世界上众多国家的高级酒店的管理工作。但这种模式不能使企业在国外目标市场上树立本企业的形象，不能为自己的产品确立长期的市场位置，反而培植了潜在竞争对手，而且要占用企业的管理人才。

5. 交钥匙工程

交钥匙工程指企业通过与外国企业签订合同完成某一大型项目，然后将项目交付给对方的方式进入国际市场。交钥匙工程实际上是向其他国家出口工艺技术的一种方法，是一种高度专业化的出口。交钥匙工程的优点在于为企业的产品和技术资源找到出路，使企业的资源价值得到实现，使企业获得高额的经济回报。与直接投资相比，它可以降低在东道国面临的政治和经济风险。其缺点一是企业不能持续获利，项目完工后，交易也随之结束，承担交钥匙项目的企业在项目所在国并没有长期利益；二是为外国企业建造交钥匙工程的公司可能为自己制造竞争对手；三是如果企业的工艺技术是企业竞争优势来源，则出售这种技术无异于向竞争对手转让自己的竞争优势。

（三）投资进入

投资进入方式是指生产企业将资本连同企业的管理、技术、销售、财务以及其他技能转移到目标国家或地区，建立受本企业控制的分公司或子公司，在当地组织生产并在目标市场国销售，从而进入国际市场的方式。投资进入既可以是设立独资企业，也可以是设立合资企业，与前两种方式不同的是它是一种股份制的联合。

1. 合资企业

若某一国际企业想在目标市场国组织生产和销售，又不打算在当地寻找厂商作为许可证贸易的对象，那么和当地投资者合办企业，共同享有所有权和管理权，共同参与经营管理，共同承担风险，按比例分配利润就是一种比较好的形式。在合资企业中，既可以由外国投资者购买当地企业的股份或财产，也可以是当地企业购买外国投资者的股份或财产，还可以是由外国企业和当地企业共同组建一家新的合资企业。合资企业形式不同于进出口贸易，也不同于许可证贸易。进出口贸易确立了买卖双方的临时性交易关系，随着交易完成，双方的买卖关系自然结束；合资企业则确定了合资双方或多方是同舟共济的伙伴关系，是相对固定、长期的经济合作关系。许可证贸易尽管有专有工业产权和其他技术权利的转让，但被许可方仍独立经营，这是一种非股权的合作经营；合资企业所涉及的工业产权或其他权利可作价入股，合资一方只拥有部分股权，因而对企业只拥有部分控制权和管理权。

采用合资企业形式进入国际市场，往往是出于政治或经济方面的考虑。从政治的角度看，有的东道国政府禁止或不欢迎国外企业独资进入，合资企业就是投资进入目标市场国的唯一形式，而且当地合作者与本国政府打交道方面也有着外方难以比拟的优势。合资形式可起到一种政治缓冲的作用，帮助跨国公司减少政治风险。从经济的角度看，国际企业为了在目标市场国获得本企业所缺乏的原材料，或者利用当地廉价的劳动力，从而得到生产成本较低的制成品，合资企业不失为一种弥补各种资源不足的较好形式。比如美国的家用电器生产厂商在墨西哥开办合资企业，生产成本较低的家用电器，在美国或其他地区进行销售。合资企业形式还有助于跨国公司利用当地合资方的现有关系、营销技术和分销渠道，及时获得当地商业和市场营销方面的信息，使产品更快地进入目标市场。此外，合资企业可享受东道国政府对外资企业的优惠政策，相对减轻跨国公司的投资负担。

合资企业形式尽管有特殊的吸引力，但相对而言也有不利之处。第一，可能导致跨国公司与当地合作企业在收益分配、投资、市场营销及其他方面产生分歧，比如合资一方希望将收入用于再投资，但另一方希望以分红形式取走部分收入；第二，跨国公司与当地合作企业的营销目标容易发生背离，当地合作企业从东道国利益出发，仅仅对本国市场感兴趣，而跨国公司要以全球为基础实现最优化经营，合资企业形式可能会阻碍跨国公司在世界范围内实施某一特殊的市场营销策略；第三，当地合作企业已有的产品组合与营销策略同跨国公司的产品与营销方法可能不吻合，且由于合资双方社会文化背景的差异，这方面的冲突和矛盾几乎是不可避免的，这也会影响企业的国际市场营销绩效。比如联合利华在进入中国市场之前，市场咨询公司给出的建议是：尽量与中国当地的厂商合资，利用它们的营销网络打开市场。1986年联合利华初入中国市场后耗费十余年在中国寻找合适的合作伙伴。1995年，与上海制皂厂合资成立上海制皂有限公司，其后又陆续与国内资本合办数家企业，至1999年在中国的合资企业数量已增至14家，但合资效果极不理想，为减轻内部各公司间的内耗，避免无序竞争，联合利华推动中国区各家合资企业进行重组，将业务划分为三大板块：家庭及个人护理用品、食品饮料以及冰激凌。同时，公司退出了部分非主营业务领域，重点突出主业。联合利华大量起用中国本土的经理人员，以适应我国的经济环境。截至2024年底，联合利华在中国区域累计投资30亿美元，雇佣超过7 000名员工，90%的管理团队成员由本地招募和培训，在中国设立多个研发中心与生产基地。①

2. 独资经营

区别于合资企业的另一种投资进入方式是独资经营，独资经营是指国际企业在国外单独直接投资兴办并独自经营管理企业，独立承担风险，自负盈亏。独资意味着100%地拥有所有权。独资经营要求企业对国外的市场营销负全部责任，因而是唯一的可使企业对外国市场营销管理享有充分自主决策的市场进入方式。由于这种方式可更加灵活、有效地进行多国经营业务的协调，并且避免了合资企业形式所带来的与东道国合作企业之间的冲突，使子公司的目标与母公司保持一致，融为一体，因而对大型跨国公司的国际市场开拓有一定的吸引力。这种方式的不足之处表现在：企业投入的资金多，风险大，东道国政府和公众可能不欢迎外来独资企业，不能得到当地合作者的帮助等。独资经营可采取两种基本形式，即收购原有企业和创建新企业。

---

① 联合利华官网，https://www.unilever.com.cn/our-company/.

（1）收购原有企业。收购原有企业是指国际企业购买东道国的现有企业，是一种收购进入方式。这种投资进入方式的优点是：第一，有利于迅速进入市场。收购方式不需要经过一个建厂的过程，即可获取现有的机器设备、技术和管理人员等生产要素。一般来讲，原企业可能拥有具有一定知名度的产品，有自己的分销渠道，有一定的市场份额，这些现成的商标、品牌、渠道与市场份额等优势可为收购者所利用，对国际企业迅速占领市场十分有利。第二，收购方式有利于企业多样化经营。倘若被收购企业的产品种类与国际企业原有产品品种有一定的差异，收购有利于企业跨越原有产品组合范围，实行多样化经营。比如美国AT&T公司就是通过收购方式，才迅速进入电子计算机行业。第三，收购原有企业还有利于直接利用原有企业的管理制度、管理组织和管理人员，直接吸收先进管理经验。比如日本企业以收购方式对美国进行投资，其目的之一是学习美国的先进管理技术与经验，提高跨国公司的管理水平。

除上述优势，收购方式也存在某些缺陷：第一，收购过程中的价值评估困难。不同国家有不同的会计准则，被收购企业对关键商业秘密也会加以保密，像商品品牌、声誉这样的无形资产更是难以准确度量，这些都大大增加了价值评估的困难。第二，对被收购企业难以实施整合和管理。收购结束后，对被收购企业的管理要按照跨国公司的需要进行某种调整或改变，但这会遇到很多问题，比如跨国公司缺乏对被收购企业原有产品种类的管理经验，可能会导致经营不善；又比如由于不熟悉被收购企业的生产工序和技术设备，对其资产运营过程也不能完全加以控制；此外，原有企业一般都与其顾客、供应商和内部员工保持某些传统的契约关系，跨国公司若改变这些原有关系，可能会付出公共关系上的很大代价。第三，收购的企业要承担被收购企业的财务、管理和其他方面的全部责任。如果被收购企业有恶劣的劳资关系问题、沉重的退休金负担或者潜在的环保责任，收购企业就需要支出一大笔资金来解决这些问题。

（2）创建新企业。独资经营的另一种形式是创建新企业。国际市场营销实践表明，利用兼并收购方式尽管能快速进入目标国家市场，但能否很好地按照投资方的政策和意图来开展营销活动是一个令人担心的问题，再加上其他一些方面的考虑，使收购企业方式有很大的风险。在条件许可的情况下，投资者宁愿自己投资新建企业，这样可将独资企业从一开始就纳入跨国公司的战略目标轨道。跨国公司对独资企业的完全控制使母公司与子公司在经营目标上达成一致。比如日本彩色电视机出口美国受到美国政府的干预时，由于索尼公司在美国圣迭戈建立了一家有相当规模的工厂，因此在日本其他电视机生产厂家在美国市场处于困境的情形下，索尼公司却逃脱了进口配额和附加税的限制。创建新企业与收购原有企业两种投资方式的优缺点正好相反，从实际情况看，国际企业往往视不同时期、不同国家的市场特点，交替使用这两种投资进入方式。

除上述三种进入方式，战略联盟也是近年来形成的一种进入方式。国际战略联盟是指两个或两个以上的跨国公司出于对整个世界市场的预期和本公司总体经营战略目标的考虑而建立的相互协作、互为补充的合作关系。国际企业之间的合作可以采取交换产品专利权、共享生产设施、联合资助研究项目和利用现有的分销网络等多种形式。成员之间取长补短，资源互补，迅速开拓新市场，获得新技术，共同分担风险，谋求战略性的竞争优势。国际战略联盟具有以下特点：第一，合作形式具有较大的灵活性和随意性，既可以互相参股，也可以是非股权的松散式合作，有时各方只需表明共同的战略目标以及各自的权利和义务。正是由于这种灵活性，联盟成员之间的合作关系可以随时因外部技术和市场的变化进行调整。第二，形成新型的竞合关系，在联盟中竞争与合作共存，并相互渗透。第三，战略联盟实行全方位合作和组织结构的创新，合作各方要实现优势互补、资源共享，就要对价值链进行整合，推动组织结构的创新。第四，着眼于长期的战略性合作。战略联盟的方式与结果不是对短期变化做出应急反应，而是着眼于优化企业未来竞争环境的长远谋划。这种合作还可以共享技术、信息、知识等新型要素，更适合现代技术研发产业化和国际化的需要，其行为是战略性的。比如德国汽车公司与日本松下公司结成跨国联盟，共同开发、制造和经营自动驾驶汽车，其目标在于分摊产品开发成本，迅速并有效地进入各自在世界市场的营销网络。第五，战略联盟能够减少单个公司所承担的风险。例如，波音公司与日本的富士、三菱和川崎三家公司建立战略联盟，合作生产波音 777 客机，以减轻财务风险并利用该联盟销售新飞机给日本航空公司和全日空航空公司。这一点对于企业进入一个刚开放的市场或者有很大不确定性和不稳定性的市场尤为重要。

以上几种进入国际目标市场的方式各有利弊，企业要分析所进入国家的目标市场竞争状况、市场环境、所进入市场的顾客需求满足程度和企业自身的经济实力等因素，对各种进入方式的特点进行比较，权衡利弊得失，最后确定进入国际目标市场的最佳方式。比如 TCL 进军海外市场，分别采取了不同的方式：直接在越南投资建厂，由越南进入东南亚市场；成功收购施耐德，由德国进入欧盟市场；全资收购美国高威达公司，进入美国市场；与法国汤姆逊公司合资经营，进入全球市场。又比如沃尔玛进入海外市场：以收购的方式进入加拿大、德国、英国、韩国、波多黎各等国；以合资的方式进入墨西哥、巴西、中国等国市场；以独资的方式进入阿根廷市场，取得了较大的成功。此外，企业还需要根据国际市场环境的变化和自身的发展，不断调整进入国际市场的方式。

二、国际市场进入策略

在当今国际市场上，几乎每一个产业和行业的市场都或多或少地被某些企业占领着，就连高科技产业也不例外。由此提出的一个问题是：当跨国公司准备进入已被其他企业占领的某一国际市场时，应采取怎样的营销策略？已被其他企业占领的市场按市场竞争激烈程度和顾客需求满足程度，可具体划分为四种类型，每一种类型的市场都有相应的进入策略（见图 6－2）。

图6-2 进入已被其他企业占领的市场策略

对于第Ⅰ类市场，只有一个最先进入者和少数几个竞争者，顾客需求也未被很好满足。这种市场通常处于新开发不久的扩张阶段，潜在需求量大，新兴的高科技产业通常表现为这种态势。有能力进入该市场的企业可采取追随策略，尾随先期进入的竞争对手，以获取一定的市场份额。企业既可通过模仿竞争对手的产品与营销策略的方式进入市场，也可开发新产品，以一种新的营销组合方式进入市场。

第Ⅱ类市场通常存在于营销水平不高的发展中国家。这类市场的特点是，众多竞争企业集中在少数几个大宗市场上，导致大市场上竞争过度，较小细分市场上的消费需求却没有得到充分满足。这时企业的进入策略就应该集中于满足这些小的细分市场的需求。比如美国宝洁公司在准备进入已被几个大的竞争对手牢牢占领的市场时，并没有采取模仿竞争对手的产品策略，也不把注意力集中在某一单独细分市场上，而是针对需求尚未得到有效满足的较小细分市场连续推出新产品，通过不断的市场渗透，从竞争对手那里吸引了一批品牌忠诚者，随着市场份额的逐渐扩大，在竞争性市场上确立了自己的优势地位。

第Ⅲ类市场往往是存在已久的饱和市场，拥有为数众多的竞争者，各个细分市场的需求已被充分满足。比如一些传统产业的成熟产品就属于这一类型。欲进入此类市场的企业必须采取创新策略。创新策略可具体分为部分创新与整体创新。前者是通过改进市场上的现有产品进入市场；后者是使用新材料、新技术和新工艺开发出更新换代产品从而进入市场。

第Ⅳ类市场通常比较狭小，消费需求只限于某一顾客群体，少数几家企业就能满足其市场需求，这是一种情况。另一种情况是这类市场属于垄断市场，虽然市场规模大，但只允许有限的几家企业去经营。企业在这种情况下应采取避开策略，到其他产业或行业市场去寻找投资机会。

企业在确定了进入市场的策略后，还要为每个准备进入的市场制定单独的营销组合策略，对各种可控因素如产品、价格、分销渠道、广告、促销等进行合理设计，以便有步骤、高效率地进入已被其他企业占领的市场。

第2节 国际市场营销组合决策

国际市场营销组合决策是指企业可以控制的国际市场营销策略的综合运用，包括对国际市场产品设计、定价、分销、人员推销及广告等促销手段进行最佳组合，是在国内市场营销组合基础上提出的新概念。进入国际市场的企业在国际市场营销组合的制定上可以有两种选择。一种是选择某一标准化营销组合，在几个国外市场制定相同的产品、价格、渠道与促销策略。通过营销组合要素的标准化使营销成本降至最低限度，但它不能及时对不同市场的不同变化做出反应。另一种选择是制定适应性营销组合策略，国际企业要根据各目标市场的条件，调整其营销组合要素，如表6-1所示。这当然意味着较高的营销成本，但同时也能更好地满足目标市场的特定需求，从而获得更大的市场份额和更高的利润率。对两种组合策略的比较如表6-2所示。从国际市场营销的实践活动看，世界上著名的成功公司几乎都具有产品稳定、货真价实、距离便利、体验独特和服务承诺等共同属性，这基本上与营销的4P要求相吻合，不过，最出色的公司也只是在五个属性中的一个有绝对优势，在其他四个属性上保持平均水平。这使得每一家公司面临着选择：把哪一个属性做得最出色，把哪一个属性做得优秀，把哪三个属性做成平均水平，这是一个取舍的过程。犹如优秀的拳击手虽然能打出令人眼花缭乱的组合拳，但要取胜，关键在于其中的重拳——突出营销组合的特色和重点，如戴尔电脑的特色是易接近性，星巴克的特色是体验独特，沃尔玛的特色是天天低价。著名的凉鞋品牌——巴西的哈瓦那（Havaianas）能畅销国际高端市场，最重要的原因就在于它出色的工艺设计及产品的优良品质。

表6-1　国际化过程中需要调整的营销组合要素

营销组合要素	调整的重要性（得分）
促销方式	80.0
价格策略	67.0
直接销售	60.0
广告策略	57.0
赞助	49.0
包装	38.5
营销观念	36.0
分销渠道	34.6
品牌广告主题词	33.0
品牌定位	31.3
产品特性	27.5
目标市场品牌名称	27.0
品牌标识	11.5
商标的口号	9.5

表 6-2　标准化营销组合与适应性营销组合的比较

项目	适应性营销组合——特斯拉	标准化营销组合——通用汽车
产品	汽车	汽车
适改	在出口国实行本土化生产、降低生产成本；针对出口国用户对汽车性能进行改善，如增加续航等	沿用本国设计，出口时不进行对应适改
促销	数字化营销、本地化推广	宣传途径较单一，全球统一营销
渠道	线下直营+线上销售	线下经销商
结果	成功	销售额逐年下滑

下面分别讨论进入国际市场的企业所采取的产品、价格、渠道、促销决策的调整与改善。

一、产品决策

欲进入国际市场的企业在产品问题上首先要考虑能否在国外市场上销售与国内市场相同的产品。如果不能，就要随环境的改变对进入国外市场的产品做适应性调整，出口产品与国际环境的相互关系如图 6-3 所示。

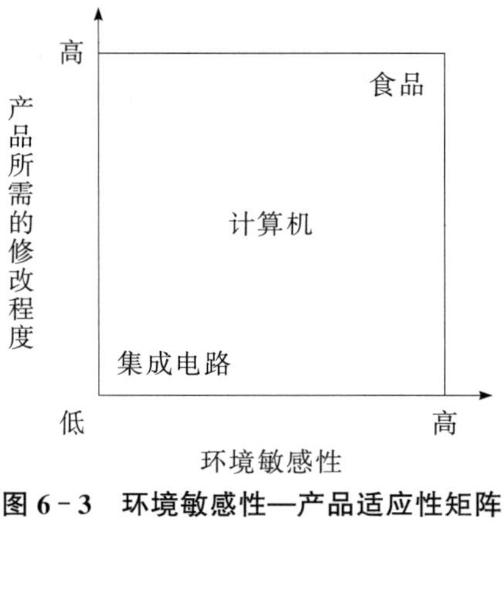

图 6-3　环境敏感性—产品适应性矩阵

（一）直接延伸

这一决策意味着对产品不做改动，直接引入国外市场，把未经改变的国内产品销售到其他国家市场，这对企业来讲有很多好处。企业可使用同样的原材料、机器设备和工艺流程生产更多的产品，不需要增加额外的更换生产工具的费用。企业在国外销售统一的标准化产品，还可以节省一笔在外国市场进行产品调研的费用，节约额外的研发支出，相同的营销服务也不需要企业对促销活动做出调整，从而大大降低企业的营销成本。因此，直接延伸策略可以延长产品生命周期，实现制造过程以及营销过程的规模效益，如果使用得当，它是一种最经济、最便捷的国际市场扩展方式。直接延伸的理论依据是国际产品生命周期理论，该理论认为产品在市场上会经历包括介绍期、成长期、成熟期和衰退期的周期性变化。许多产品在许多国家都有这种变化，但同一产品的生命周期在不同国家间是不同步的。比如某产品在美国市场接近生命周期的尾声时，在许多其他国家的市场上可能还只处于产品生命周期的介绍、成长或成熟阶段，这就为处于产品生命周期上游阶段的某国企业向下游国家推销同一产品提供了可能。当然，有相同需求的国际消费者的存在也是实行直接延伸决策的前提条件。比如某跨国汽车制造商分别在巴西、墨西哥和法国设立分厂，一般情况下，总公司不会为这三家分厂购买三种不同的轴承，而是购买统一规格的同种产品。国际市场营销实践表明，直接延伸在某些产品上是可行的，比如在照相机、家用电器、机床等产品上获得了成功，但这种策略的适用范围相对较窄，毕竟世界各国需求差异是普遍存在的，因此，需要对外国消费者是否需要相同的国内产品做出切实的分析和判断。

（二）产品调整

尽管将国内标准化产品外销国际市场的情况相当多，如可口可乐，但在更多情况下，对外销产品按当地条件和偏好进行一定程度的适应性调整还是必要的。例如海尔投放到中东市场的冰箱，虽然在核心技术方面与国内产品没有多大区别，但它重点考虑了该地区家庭人口多、气温高、开冰箱次数多的需求特点，对冰箱容量、温控技术等做了调整与改进，收到了很好的市场效果。从调整的动机来看，产品调整可分为强迫性调整和任意性调整。前者是指由于外国市场的某些强制性因素迫使企业必须对其外销产品进行改进，否则就无法进入某国市场。这些因素中最重要的因素来自各国政府，各国政府对进入本国市场的外国产品均有不同程度的限制，这些限制常被称为贸易的非关税壁垒。比如对汽车尾气的排放标准、食品中的色素和增甜剂含量、洗衣粉中的磷酸盐成分以及包装食品中防腐剂的含量等，各国政府均有不同的规定。这属于国际市场营销活动中不可控制的环境力量。除强迫性调整，另一种是企业自己决定是否改变其产品的任意性调整，这种调整对企业更有吸引力，但实施难度更大，因为是否调整、如何调整以及调整到什么程度，将视各企业对目标市场需求特点的了解程度、企业营销能力的强弱而定，没有现成的、硬性的指导原则，在进入国际市场的过程中，它将比强制性调整具有更为重要的意义。

任意性调整的原因可以是多方面的，如：

（1）不同国家的收入水平差异导致各国消费者不可能购买相同的产品。比如小米为在相较于中国收入水平偏低的印度拓展市场，推出一系列低价产品，相较于国内调低了内存与处理器配置。2024 年为庆祝进入印度市场 10 周年，小米在印度推出了全新的 RedmiA4 5G 手机，首发价格 10 000 卢比（约折合人民币 850 元），以低廉价格和强大性能吸引印度消费者。①

① 小米手机进入印度市场 10 周年：Redmi A4 5G 发布，全球首发高通骁龙 4s Gen2.（2024－10－27）. https://finance.sina.com.cn/tech/digi/2024－10－16/doc-incsukkv6703413.shtml.

（2）由各国文化差异决定的消费者偏好不同也是产品改进的一个重要原因。比如金宝汤公司除销售美国配方的汤料，还研制出意大利配方的番茄汁、英国风味的番茄汁等。又比如雀巢公司之所以能在世界速溶咖啡市场居于领先地位，是因为该公司开发出十几种口味的雀巢咖啡，不同口味的配方都是在不同国家进行反复测试后确定的。

（3）不同国家的教育水平和技术复杂程度也是改进产品的重要因素。富裕国家的消费者生活在一个高度发达和工业化的社会，受过较正规的教育。在贫困落后的发展中国家，普通消费者无法接受较高水平的教育。发达国家与不发达国家的消费者通常不可能使用技术复杂程度相同的某一产品。

无论是强迫性调整还是任意性调整，都是根据不同地区、国家甚至不同城市的特点来提供与之相适应的经过改进的产品。麦当劳有一个世界性的主菜单，但同时也根据所在地的经济水平、饮食偏好等因素，提供适合当地人口味的食物品种。

（三）产品创新

直接延伸与产品调整并非产品决策的全部选择，在两种办法都行不通的国家和地区，企业还可以有第三种考虑，即创造一种新产品以适应某国市场的需求。当然，所创造的新产品也是与企业的传统产品相联系的。企业在进入新市场的同时开发新产品，将使企业面临许多困难并付出较大的代价，不仅需要较长时间和大量的人力、物力投入，而且对企业的研发能力有较高的要求，产品创新过程还会受到许多不可控因素的影响。因此为国外市场推出创新产品，通常是在对现有产品进行改进后仍不能满足目标市场需求，且目标市场规模足够大，发展前景良好，企业又有能力开发新产品的前提下采取的策略。

二、价格决策

价格是市场营销组合中最直接影响企业收入的因素。国际市场营销中的价格制定要比国内营销更复杂，但在大多数情况下，企业研究出口价格还是从国内价格开始的。伴随着商品或服务的跨国界交易，企业的国外销售价格通常会面临价格升级、转移价格、倾销等问题。

（一）价格升级

在出口贸易中，厂商与最终消费者之间的实际距离要比国内市场大得多。距离远意味着需要更多的运输与保险服务，需要更长的销售渠道和更多的中间商，还要支付进口关税和面对汇率变化。所有这些都会使国外市场最终消费者的购买价格远高于国内市场价格，这种由于外销成本的逐渐增加所形成的出口价格逐步上涨的现象称为价格升级。价格升级是指在产品出厂价基础上，加上运费，关税以及进口商、批发商和零售商的利润，而使价格不断上涨。一旦发生价格升级，出口企业就很难或不可能在国外市场制定比国内市场更低的价格。如果价格升级较严重，会导致出口企业在国外市场丧失竞争能力。为了克服价格升级带来的影响，企业可考虑较常用的几项策略。

（1）通过降低出厂价，降低所有加价的乘数作用，以抵消部分关税和运输费用，但这有可能被进口国视为倾销，进而征收反倾销税，并非总能行得通。

（2）可以改变商品形式，将未装配的零部件运到进口国，因为散件或半成品的关税通常比较低，而且能降低物流费用，这样可利用当地通常较廉价的劳动力进行组装，使关税降低，并有可能降低最终产品的总成本。

（3）缩短分销渠道也是控制价格升级的一个办法。缩短分销渠道可在一定程度上减少中间商的加价从而降低流通费用，而且可以减少整体税负，因为许多国家对进入分销渠道的货物要征收增值税，商品每经过一次买卖就要征收一次，企业为减少纳税，也可以做出缩短分销渠道的选择。值得注意的是，缩短分销渠道并不是在任何情况下都能节省成本，也不是分销渠道越短越好，因为某些中间商在市场中可能具有特殊的功能和作用，这时就要对取消这些中间商后自己所要付出的代价进行具体分析，或对取消中间商前后的成本进行比较，从而做出最优的决策。

（4）直接在国外投资建厂，可减少买卖与运输环节，降低关税和汇率变动的风险，从而减少价格升级的影响。比如大众汽车公司外销产品的主要目标市场是美国，但由于德国的高工资、不断增加的运输成本和不利的美元对欧元的汇率变化，该公司在美国市场丧失了优势地位。后来大众汽车公司直接在美国投资，意在提高每辆车成本中直接以美元支付的比例，以利于在美国市场上进行价格竞争。日本的本田公司也把一部分生产环节转移到美国，通过降低出口成本保持一定的市场竞争力。

（5）充分利用国外贸易区降低成本。某些国家为促进国际贸易，建立了一些自由贸易区或自由港、保税区。产品进入这些区域时不必征税，只有当产品离开这些区域正式进入其所在国时才征收所有的关税。

（二）转移价格

转移价格是指跨国公司内部贸易所采取的价格。它是跨国公司内部总公司与子公司、子公司与子公司之间在商品和服务交换中，为了达到最大限度地减轻税负、增强公司竞争能力、减少或规避风险等目的而运用的特殊的定价策略。这种跨国公司内部商品交易的转移价格是一个复杂的技术性和法律问题，通常有低于正常交易价格和高于正常交易价格两种形式。企业以较低价格向国外分公司出售产品的情形，通常发生在高关税国家，较低的转移价格可以减轻高关税的影响，使企业在高关税情况下仍具有竞争力，企业通过压低转移价格，减小征税基础，从而达到减少关税负担的目的。制定较低的转移价格还因为某些国家的所得税税率较低，低价可以使收入提高。此外，较低的转移价格还可以帮助国外分公司进入一个竞争激烈的市场。另一种情形是转移价格高于正常交易价格，这一方面是因为企业在国外的公司所得税税率太高，通过提高转移价格，可以少缴所得税，而将利润转移到低所得税国家；另一方面是因为进口国限制股利或红利的汇回，当国外分公司所在国政府限制该公司将利润汇回本国时，在没有其他办法把利润汇出的情况下，跨国公司就可能使用向其分公司收取较高转移价格的办法将利润抽回。

（三）倾销

关于倾销的一种解释是，如果产品在国际市场上以低于生产成本的价格销售，即可认为是倾销；另一种解释是，某产品在国外市场的售价低于国内市场价格。尽管在概念上有争议，但倾销的典型做法是在国内市场保持价格稳定，在国外市场压低价格。这种价格对出口企业来讲可以实现利润最大化，低价当然也会受到消费者或用户的欢迎，但会招致进口国同行业竞争者的强烈反对。所以，在当地没有同类产品生产商的情况下，倾销可以作为一种营销策略来使用，倘若同行业竞争企业向所在国政府提起申诉，并经调查核实，外国政府会以征收反倾销税的形式对出口企业实施制裁，这样，原来的出口定价策略就会遭受挫折。

三、渠道决策

在国际市场营销活动中，国际企业应首先从整体渠道的角度来看待产品从最初供应到最终消费的运动，这一角度将产品自供应商到达最终购买者所经历的过程视为一个有机整体，它强调产品能否顺利有效地送达最终市场取决于全体渠道成员的协调努力。因此营销者不仅要关注产品离开国内生产厂家后的流转，而且要注意产品进入国外市场以后的运转情况。这种整体渠道应包括相互衔接的三个主要环节。第一个环节是跨国公司的国际市场营销总部，跨国公司可能在不同国家采取各种不同的进入方式，这就需要建立一个国际市场营销总部，以处理各种事务，负责包括渠道在内的国际市场营销组合的业务发展。第二个环节是国家之间的渠道，产品由国内市场到国际市场一般要经过出口国的出口商和进口国的进口商这一分销渠道，产品通过该环节由出口国进入进口国。第三个环节是外国国内渠道，是指商品进入外国市场以后在到达消费者或使用者之前所经历的分销过程，通常包括外国批发商和外国零售商两个环节。图 6－4 显示了供应商和最终购买者之间的三个主要环节。

图 6－4　国际市场营销的整体渠道概念

进入国际市场的企业在进行渠道决策时还应对一些主要的影响因素给予足够的重视。这些影响因素可以归结为 11C，即顾客特点（customer）、文化（culture）、竞争状况（competition）、企业目标（corporation）、产品特征（commodity）、资本（capital）、成本（cost）、覆盖率（coverage）、控制（control）、连续性（continuity）以及沟通（communication）。渠道状况在不同的国家有很大的差异，企业必须适应目标市场国的实际状况，并根据这些实际状况进行合适的渠道决策。国际企业要在目标国市场推销其产品，需要通过批发商、零售商所组成的销售网络，中间商还常常会经营竞争对手的产品，在营销信息的共享方面与本国可能也有很大差距。比如，美国的零售市场是被沃尔玛等几家大型零售连锁企业控制的，市场集中度很高，而在印度，则是数百万个中小零售商的天下，其中很多是杂货店和露天市场，市场标价高但有很大的讨价还价的空间，且由于经济和文化的原因，超级市场等大型零售业态还不能很快发展起来，这就意味着企业要进入印度市场，在渠道方面会面临更多的问题，要做更为细致的建设和管理工作。

国际市场渠道的设计包括对渠道长度和渠道宽度的决策。渠道的长度是指分销渠道所包含的层次。在产品从生产者转移到消费者的过程中，任何一个对产品拥有所有权或负有销售责任的机构，就叫作一个渠道层次。多层次的分销渠道称为长渠道，反之则为短渠道。渠道的宽度是指渠道的每个层次所使用中间商数目的多少。企业可以根据实际情况选择由多个批发商、零售商来进行销售的密集分销策略，也可以选择在某一地区由精心挑选出的少数中间商进行销售的选择分销策略，还可以选择在某一地区仅通过一家中间商进行销售的独家分销策略。值得一提的是，随着竞争的不断加剧以及信息技术与电子商务的发展，企业对营销渠道更加重视，渠道的整合和创新可能对提高企业竞争能力有更大的贡献。党的二十届三中全会指出："打造贸易强国制度支撑和政策支持体系，加快内外贸一体化改革，积极应对贸易数字化、绿色化趋势""创新发展数字贸易，推进跨境电商综合试验区建设。"①近几年热火朝天的跨境电商就是通过将云计算、大数据、人工智能等新兴技术引入跨境出口交易中，降低了信息沟通成本，减少了商品流通环节，提高了商品流通渠道的整体效率，从而提供更加高效、安全、便于操作的交易服务。此外，相较于传统贸易受制于时间和人工，跨境电商的智能客服提升了服务体验，数字平台轻量化了服务入口，云计算技术则协助商家提炼交易数据中的有效信息，帮助商家提升服务效率和服务质量。2023 年我国跨境电子商务进出口规模达 2.38 万亿元。②在未来，随着智能仓储、智能物流、智能结算等技术的不断完善，跨境电商将迎来进一步的发展。

四、促销决策

国际促销是国际市场营销组合中的一项基本要素。从现代国际市场营销的观点来看，企业从事国际促销活动，不是简单地向国外客户推销商品或服务，而是以满

---

① 中共中央关于进一步全面深化改革　推进中国式现代化的决定．北京：人民出版社，2024.

② 海关总署：2023 年我国跨境电商进出口 2.38 万亿元　增长 15.6%．(2024-01-12)．https://economy.gmw.cn/2024-01/12/content_37086028.htm.

足国外消费者的需要为前提。国际促销的手段与国内是相同的，有广告、人员推销、营业推广和公共关系四种，但在具体应用方面有所不同，有的甚至有较大的差异。

（一）广告

在国际市场上，广告手段的作用原理与国内市场并没有本质区别，但在处于不同发展阶段的国家，广告信息传递的特点却不相同。比如在发达国家的市场上，可供消费者选择的商品种类很多，广告所要表达的是一种说服性信息，即劝说消费者购买某一特定的产品；在发展中国家市场上，广告宣传可能只是一项纯粹的信息传递活动，不需要突出产品的特殊品质。发达国家与发展中国家的广告费用支出也有很大差异，美国花在广告上的开支可能是若干国家广告费用之和。其他广告开支较高的国家有日本、英国、德国、加拿大和法国。广告媒体的选择随市场的不同也有较大的差异，电视广告、广播广告、印刷品广告、特制品广告、互联网广告以及户外广告在不同国家占有不同的比例，广告媒体的选择与一国的经济发展水平、国民受教育程度等因素有很大关系。

影响国际广告促销活动的重要因素之一是各个国家在广告方面都制定了相应的规章制度。大多数国家的政府对国外广告宣传都有不同程度的控制，主要表现在以下几个方面。(1) 对广告时间的限制。比如，早在2011年我国的国家广播电影电视总局就发出过通知，要求影视剧中间插播广告需限制时长。各播出机构需自查自纠，监管机构将对重点地区、重点播出机构进行抽查。(2) 对广告产品的限制。例如有的国家禁止药品广告，西欧国家对香烟和酒类广告控制得比较严格。(3) 对广告宣传内容的限制。例如在法国禁止播出含有政治、宗教、暴力、恐怖及色情等内容的广告。(4) 对广告用语的规定。例如《中华人民共和国广告法》规定广告中不得使用“国家级”“最高级”“最佳”等用语。(5) 对广告宣传方式的限制。如有些国家规定，在广告中不准采用攻击其他产品的宣传方式，禁止做比较广告等。上述限制对国际企业来讲属于不可控的环境力量，企业的广告策略要根据这些限制做出适应性调整。比如美国一家玩具制造企业的欧洲子公司开发出一种适合儿童玩的仿真军事玩具产品，其广告促销要使用两个不同的版本，一种是对大多数欧洲国家使用的一般广告版本，另一种是对禁止做带有军事和暴力主题广告的国家使用的专门广告版本，在宣传内容上要做调整，玩具枪支要被取代，玩具坦克要被吉普车替换，等等。

除政府限制，影响国际促销的另一个重要因素是文化差异，在文化方面又以语言对促销的影响最为显著。生活在不同社会文化背景下的消费者，对一些词句往往有不同的理解，从而造成选择广告用词难度很大。在广告主题的表达中，翻译往往是最大的困难。比如苹果手机iPhone16宣传语“The all-new chip that empowers Apple Intelligence. And you.”中国网站翻译为“第二代3纳米芯片，强大高效又智能”，二者表意存在一些差异。又比如可口可乐最初进入中国时品牌名直译为

"蝌蝌啃蜡"，古怪的名字导致销售状况不理想。因翻译不当而引起误解和歧义的案例在国际市场营销实践中不胜枚举。了解目标市场国的文化差异，在广告促销中有针对性地投其所好、避其所忌，对于增强广告效果、促进产品销售大有裨益。

伴随国际经济一体化趋势的增强，国际市场营销活动日益带有全球性质，全球性的市场营销需要全球性的广告宣传，全球广告决策对于跨国公司全球促销行动显得愈发重要。与国际经济一体化相对应的是技术的变革，随着网络经济、人工智能的发展，利用人工智能洞察用户需求、通过社交媒体等网络渠道进行产品精准推荐已经逐步成为产品广告投放的主要渠道；在国际市场营销过程中可以借助人工智能解析洞察市场需求以及市场中潜在的风险与机遇，国际企业在国际市场中如何正确使用人工智能等新兴技术进行促销决策成为新的难题。

（二）人员推销

广告传递的信息具有公共性。与广告的非个人性内容相反，人员推销是通过个人接触来传递信息的，它能起到广告起不到的作用，在建立和保持良好的人际关系方面具有广告所没有的优势，尤其是对于工业品而言，更是一种高效的促销方式。从人员推销的特点来看，它基本上是一种国内促销手段，因为语言、伦理以及宗教等方面的差异，跨国人员推销往往会遇到文化上的障碍。但人员推销在国外的作用有时比国内更大，有以下几方面的原因：（1）在一个经济发展水平和教育水平较低的国家，较低的电视普及率和识字率使得电视广告和印刷广告难以收到好的效果，人员推销显得相对重要。（2）在政府对广告施加种种限制的情况下，或者在缺乏其他广告媒体的条件下，人员推销可以起到重要的补充作用。发展中国家工资普遍偏低，人员推销是一种成本较低的促销形式。

国际市场的人员推销与国内市场在有些方面是相同的，比如对于消费品市场，人员推销一般意味着向中间商如批发商和零售商推销，而不是直接向最终消费者推销；对于产业用品市场，人员推销则意味着销售给最终用户。国际市场营销人员的管理原则与国内市场是相似的，包括推销员的招募、挑选、培训、激励、报酬、监督和评估等，但在具体内容上又有所不同。

招募与挑选推销员会遇到所在国具体条件的限制，这些限制包括该国教育的发达程度，公众对推销员工作的态度，以及语言、宗教等差异。由于国际企业的分公司对所在国市场比较熟悉，推销员的招募和挑选应由分公司主要负责。推销员的培训通常是按国别市场进行的，但跨国公司的总部在人员培训方面可施加一定的影响，因为总部往往更了解各种培训计划和技术的有效程度。在有些情况下，推销员也可选派到总部进行培训。具体而有效的激励手段和报酬形式取决于目标市场国当地人的价值观和态度，因为分公司熟悉当地的营销环境，激励和报酬形式的选择可由分公司负责决策。同样，适当的监督和评估行为规范也部分地取决于当地市场的特点，也应由分公司来控制执行，企业总部给予原则上的指导。

（三）营业推广

营业推广是除广告、人员推销、公共关系以外的全部促销手段的总称，它包括各种各样的推销活动，这些推销手段已在世界范围内越来越广泛地使用，许多国际企业在海外市场上的成功在很大程度上要归因于成功的营业推广活动。营业推广主要有赠送、陈列、展销会、展览会、折价销售、有奖销售等多种形式，是一种刺激消费者和经销商购买的短期促销措施。比如国外贸易博览会就是向外国介绍和出售产品的一种很有效的形式，这些博览会吸引了大量的潜在购买者和影响购买决策的人。营业推广的具体形式要结合不同国家的国情特点，比如发展中国家消费者可任意支配的收入要相对少一些，那么奖励、免费样品等推广形式在这些国家会更为有效。同广告促销一样，营业推广的手段也要受到政府法规的限制，在某国市场上有效的某种刺激手段，在另一个国家的市场上可能是被政府明令禁止的。如有些国家和地区禁止发放免费促销品，有些国家和地区对折扣数量加以限制等。

（四）公共关系

企业形象是关系到企业营销成功的一个重要因素。企业在任何一个目标市场上的销售量都与企业的公共形象和被接受的程度密切相关，这意味着良好的企业形象对企业在市场上的营销成功有所帮助，企业形象欠佳会成为挡在购买者面前的一个阻力。如果说前者的作用还不太明显的话，那么后者则可以看得清清楚楚，在企业的公共形象受到损害时，其产品的市场接受程度会有所下降，严重时甚至会遭到拒绝和抵制。企业形象的好坏又取决于企业公共关系工作的成败，例如耐克公司在20世纪90年代就因使用童工，形象大损，销售下降，股价大跌。为解决问题，耐克公司采取了积极行动承担社会责任：支付赔款，改善劳动环境，并打开工厂大门接受社会监督，最终赢得了社会的认可，恢复了公司形象，产品销售量也随之上升。与前三种方式相比，公共关系这种促销方式并不是以销售者为主导来传递信息，而是通过公共宣传、新闻报道等方式来传递信息，比较容易取信于人，也比较容易接触到那些倾向于回避广告、人员推销或营业推广的潜在消费者。在国际市场营销中，通过公共关系可以宣传跨国公司及其子公司是其所在国的良好成员，以提高国际企业在东道国的形象。例如，阿里巴巴发起“针心针意”大型暖冬公益行动，鼓励平台商家、消费者和其他生态伙伴一起参与到公益行动之中，为30 000多名贫困孩子编织温暖，送出祝福。腾讯公益平台联合多家社会公益机构，借助数字化工具连接社会力量，为广东地区困境儿童提供多层次的精准帮扶和专业服务，启动“粤伴童行”系列公益项目。① 跨国公司公共关系活动的开展应包括公司内部和公司外部两方面的信息沟通。跨国公司内部的信息沟通可以创造合理的内部文化环境，它

---

① 广东启动“粤伴童行”系列公益项目——数字技术助力 关爱精准触达．(2024－12－31)．https://www.mca.gov.cn/n152/n166/c1662004999980002993/content.html.

为跨国公司内部促销奠定了一个好的基础。在外部，跨国公司要以有效的公共关系活动树立全球性的公司形象。具体的公共关系活动要通过强化公司标志、密切与顾客的关系及有关的宣传报道来进行，以达到吸引需求、增加销量的目的。跨国公司的公共关系活动既可自行开展，如一些大公司在世界各地的子公司都配备了专职的公关人员，在力所不及的情况下，也可以借助代理商完成。

案例分析

海尔的国际化发展之路

2024年9月6日，2024德国柏林国际消费电子展正式拉开帷幕。海尔作为中国企业代表参展，展出海尔、Candy、Hoover、卡萨帝四大品牌的领先产品，旗下众多新型科技产品亮相世界，展现了中国家电企业引领世界的实力。

在20世纪八九十年代，海尔依靠卓越的产品品质获得了国内消费者的一度认可，而随着市场发展，“砸冰箱”砸出来的品质还需要让海外市场看见，实现品牌的国际化布局。1999年，海尔在美国的南卡罗来纳州投资建立了生产工厂，一年后，第一台美国制造的海尔冰箱下线；这是海尔国际化进程的重要一步，开启了中国品牌在国外生产销售的先河。2001年，海尔集团并购意大利迈尼盖蒂公司所属一家冰箱厂，这是中国白色家电企业首次实现跨国并购，继美国海尔之后，海尔在欧洲也实现了设计、制造、营销“三位一体”的本土化经营；同年，海尔在巴基斯坦建立全球第二个海外工业园。2006年，海尔与日本三洋株式会社在日本大阪签署合约，双方合作成立合资公司——海尔三洋株式会社。2011年，海尔与日本三洋电机株式会社正式签署协议，收购三洋电机多项业务，并在日本和东南亚形成两个研发中心、四个制造基地和六个区域的本土化市场营销架构①。2016年，海尔集团收购通用电气家电业务，保留了其品牌的自主运营权，并延续其产品经营模式。2019年，青岛海尔完成收购意大利品牌Candy S p A公司的交割，Candy公司正式成为青岛海尔的全资子公司……海尔的海外市场版图正在逐年扩张，构建了海尔的全球化战略布局。

海尔之所以能够在海外吸引众多消费者，离不开产品研发时对海外市场消费需求的精确洞察。中西方饮食方式、生活习惯存在极大差别，比如国内习惯为多喝热水，而欧洲地区喜喝冷水，国内滞销的制冰机在欧洲成为家中必备家电。海尔并未将国内畅销的产品设计直接投放国外市场，而是针对国外市场需求，精准研发。2000年，海尔在意大利布鲁吉里奥设立了在欧洲的第一个研发中心，2011年，德国纽伦堡研发中心成立。海外的研发机构不仅能够有效吸收当地的新兴科技，还能够有助于发掘海外市场用户需求，实现用户导向的产品设计。在欧洲，空调拥有率较低的原因之一是安装费用较高，海尔空调升级推出了“易安装”功能，大量节约安装成本；在中东地区，当地用户穿着以长袍居多，海尔研发了能轻松洗护长袍的洗衣机；在泰国，由于当地用户有经常换洗

① 发展历程-海尔集团官网．https://www.haier.com/about-haier/history/?spm=net.home_pc.header_128848_20200630.4.

空调被的洗护需求，海尔特推出超大筒径洗衣机[①]；针对欧洲人对咖啡的喜爱，海尔对咖啡机不断升级迭代，力求符合欧洲家用厨房需求……海尔一边布局中国企业国际化发展，一边追求实现企业在海外地区本土化，根据市场需求进行改造创新，使得海尔产品在海外受到消费者长期青睐。

海尔的国际化营销也为其赢得了一大批顾客。社交媒体已经替代传统的线下广告成为品牌营销新模式，2020 年 3 月，海尔日本联合 UNIDOL 女团获奖团队与 TikTok 携手推出“新生活，新起点”挑战赛，吸引了大批年轻消费者的目光，该挑战赛上线首日曝光量突破 1 000 万，有力地扩大了品牌知名度。借助 TikTok 的数字平台、社交媒体的属性，海尔在全球多个国家推出了一系列品牌打卡活动，还联动众多明星共同为品牌宣传。除此之外，海尔还赞助多场国际体育运动赛事，如中国网球公开赛、“罗兰-加洛斯”法网等[②]，向世界各地宣传海尔的品牌力量。

问题

1. 海尔在进入国际市场时运用了哪些策略？
2. 海尔的国际市场营销组合决策有哪些？

思考题

1. 国际企业主要的出口形式有哪些？各自的特点是什么？
2. 比较独资经营与合资经营的优劣势。
3. 分析说明进入国际市场的企业可以采取哪几种产品决策。
4. 简述国际市场营销的整体渠道概念。
5. 分析国际促销活动与国内促销活动的区别和联系。

---

① 冲进欧洲、融入欧洲，海尔凭什么征服海外市场．(2024－09－06)．https://www.haier.com/press-events/news/20240910_249434.shtml.

② 海尔成亚洲顶级赛事 2024 中网独家家电合作伙伴．(2024－09－10)．https://www.haier.com/about_haier/xinwen/20240910_251111.shtml

第7章
国际大市场营销

本章要点

1. 大市场营销由传统市场营销发展而来，其策略在传统 4P 理论基础上新增了政治权力策略、公共关系策略。

2. 新的营销观念对市场营销组合理论进行扩展，在原有理论基础上创造性地提出 4C，4E，4R 等新理论。

顺应不断变化的经济和市场环境，市场营销的相关理论也在不断发展变化，特别是在经济全球化逐步推进和跨国营销活动广泛开展的条件下，新的营销理论的出现也就更加着眼于国际市场营销发展的客观需要，如大市场营销理论、整合营销理论、关系营销理论等。这些理论从不同的角度提出了新的营销理念，并在新的理念的指导下，对经典的 4P 营销组合进行了拓展。本章将对大市场营销观念和营销组合的拓展理论等做简单介绍。

第 1 节　大市场营销观念

大市场营销策略是针对贸易保护主义下的封闭性国际市场提出的。在这种封闭性市场中，依赖于政府部门的支持，一批固定的供应者、竞争对手、经销商和顾客组成了一种既得利益集团，出于政治上的偏袒或社会文化方面的某些偏见，通过制定歧视性法律规定和设置有形的贸易壁垒及无形的非贸易壁垒，来阻止那些相同或更好的外国厂商的产品进入本国市场。在这种现实条件下，企业如果只是消极被动地顺应外部环境，就无法进入国际市场，因而企业必须突破市场营销环境的某些不可控因素，变被动营销为主动营销，使外部环境朝有利于企业的方向发展。在具体的营销手段上，企业要善于利用政府的权力，同时要搞好公共关系。在传统的市场营销组合的基础上，市场营销学权威菲利普·科特勒增加了政治权力、公共关系两项新的内容，产生了大市场营销策略。菲利普·科特勒提出的大市场营销概念是在继承传统营销思想的基础上对营销组合理论的一种发展。这一理论上的创新赋予企业的营销活动特别是国际市场营销活动更多的主动性与创造精神，因而是一场营销思想的革命。

一、传统营销组合理论的局限

市场营销的核心是交换，交换的法则是等价、自愿，是价值规律的自发作用，交换中的竞争仅仅反映经济关系，是按照纯粹的市场法则进行的。传统营销理论中的竞争观念是一种古典经济学的思想，这种竞争观念是自亚当 · 斯密开始就建立并完善起来的。在这一竞争观念的指导下，西方企业营销活动的指导思想是把企业看作外界环境变化的接受者，企业通过调整可控因素，即产品、价格、渠道和促销的组合，来适应外界不可控制的宏观环境的变化，满足目标市场需求，从而参与市场竞争。在大市场营销观念产生之前，人们对这种传统的市场营销观念深信不疑。传统市场营销组合是这样表述的：如果企业生产出适当的产品，制定适当的价格，利用适当的分销渠道，并辅之以适当的促销活动，便能取得营销活动的成功。营销组合的这一结论应有一个前提，即企业的营销活动应是在市场竞争得以充分自由展开的条件下进行的，如果市场上存在着明显的进入壁垒或进入后的经营障碍，竞争无法开展，这时企业仅仅依靠 4P 组合是难以取得营销活动的成功的。尤其是从 20 世纪 80 年代开始，市场营销环境发生了重大的变化，越来越多的国家采取了贸易保护主义政策，制定有利于本国的法律条款或实施其他限制性手段，给企业国际市场营销活动带来了越来越大的障碍。因此如何突破贸易壁垒，顺利进入目标市场国，就成为新时期企业国际市场营销活动的关键所在。为了更深入地理解传统营销组合的局限性，有必要从深层次的市场结构角度剖析市场进入障碍。

从市场构成来看，参与市场交换的既可以是个人，也可以是某种组织。某一地区内或某一领域内的市场在其产生、发展的过程中，会形成一种相对固定的买卖关系。这种固定关系一方面可以降低市场交易费用，减少交易中的不确定性，降低交易风险；另一方面使市场具有某种封闭性，形成一定的进入障碍。此外，这种固定关系一旦受控于某一组织，便会形成一种更加稳定的利益分配格局，使得进入该市场的限制更难以突破。就组织自身来讲，可以是外在的，也可以是自我形成的；可以是政治组织、经济组织，或者是其他社会文化组织。比如日本国内市场受日本政府这一政治组织的控制，国际石油市场受控于欧佩克这种经济组织。在各种组织中，以体现国家利益的政治组织的控制能力为最强，它已不是一种价值法则而是一种权力。由权力来协调内部利益分配的市场，带有很强的封闭性或半封闭性，外部企业若进入该市场，首先要得到某一组织的认可，这单纯凭借营销组合是很难奏效的。即使依赖某种经济手段进入了该市场，也会遇到贸易政策和法律约束方面的限制，难以取得满意的营销绩效，在国际市场营销活动中尤其如此。

除上述利益因素的排他性，由文化因素决定的消费偏好也是影响市场可实现程度的重要因素。此外，地区习俗、地理条件或气候条件等因素的差异性，也可能使某种商品或服务进入某地区后，单凭 4P 组合的营销策略收效甚微。比如即使某美国企业通过有效的营销策略将产品打入日本市场，由于日本的传统文化具有强烈的排他性，当地消费者可能不会按古典经济学的理性人假设去选择美国的商品或服务。例如，太平洋某岛屿上的人不穿鞋子，之所以不愿穿鞋，是因为害怕生脚病，这是气候原因，倘若能生产出穿后不生脚病的鞋子，则潜在市场是很大的，但据此制定出有效的 4P 策略，还会遇到人们不愿穿鞋这一生活习惯的阻碍，只有说服人们改变习惯，认识到穿鞋的好处，才能把潜在的市场变为现实的市场。

二、大市场营销的意义

1984 年，菲利普·科特勒在美国西北大学凯洛格管理学院研究生院校友会上提出了大市场营销概念。它是指企业为了成功进入特定市场，并在那里从事业务经营，在策略上必须综合协调地使用经济的、心理的、政治的和公共关系的手段，冲破各种贸易壁垒和公众舆论方面的障碍，使企业在市场上取得有关方面的支持和合作，使外部环境朝有利于企业自身的方向转化，而不是仅仅服从和顺应外部宏观环境。该理论认为：进入市场的主要障碍并非都来自顾客和最终用户，当进入市场的通路被封住时，公司必须找到“守门人”，并且善于运用政治权力和公共关系的手段进行干预。也就是说，在实行贸易保护主义的国际环境下，除了正常市场营销的 4P 组合（产品、价格、渠道、促销）外，企业的市场营销战略还必须加上两个 P，即政治权力（political power）和公共关系（public relations）。后来，科特勒又将之发展成为 10P 组合理论，即在 6P 组合的基础上加上新的战略层面的 4P 组合，即市场研究（probing）、市场细分（partitioning）、目标优选（prioritizing）、产品定位（positioning）。不久，科特勒在上述 10P 组合的基础上再加上了第 11 个 P，即人（people），意指理解人和向人们提供服务，这个 P 贯穿市场营销活动的全过程，它是成功实施前面 10P 组合的保证。大市场营销组合理论将市场营销组合从战术营销转向战略营销，意义重大，被称为市场营销学的第二次革命。

从营销理论自身来看，大市场营销概念是对传统营销理论的一次扬弃，是营销思想的一次革命。传统的营销组合理论对待外部环境的看法还停留在一个较低的层次上，即只是尽量组合起企业的可控变量来适应外界不可控的因素的变化，以达到满足目标市场需求的目的。这种以适应为特征的观念显然不能适应日益激烈的市场竞争。大市场营销的 6P 组合突破了被动的适应性。大市场营销观把原来属于不可控的政治、法律及社会文化等因素部分地纳入企业可控因素之中，企业不仅要适应环境，而且要利用、改变甚至创新环境，既要满足消费者的需求，又要引导和创造市场需要，这是大市场营销思想的精髓。

大市场营销的意义不仅仅局限于营销理论本身，还应从更广阔的国际竞争的角度去理解。它不仅仅是企业营销思想的革命，更是企业竞争思想的发展。伴随企业规模的扩大和各国市场的相互开放，企业的国际化经营已是一种趋势。习近平指出，“搞保护主义如同把自己关进黑屋子，看似躲过了风吹雨打，但也隔绝了阳光和空气”①，“开放是人类文明进步的重要动力，是世界繁荣发展的必由之路”②。企业的国际化经营不仅表现为企业在国外市场会遇到强有力的竞争对手的挑战，而且表现为国内企业同样会受到来自国外市场的竞争压力，这是当代市场竞争的一大特点。与之相伴的国际贸易保护主义也在不断强化，政府对经济活动的干预使得企业国际市场营销活动的难度也越来越大。企业已不能像在过去的自由贸易背景下，运用产品、价格、渠道和促销等决策来开展营销活动，而是要试图改变目标市场顾客旧的消费习惯，培养他们对本企业产品的偏好；要研究来自各方面的阻力，如当地市场的原有供应者、竞争者、经销商、顾客、政府、工会、银行及其他团体组织等，制定战略争取他们的支持，至少使他们由反对立场转变为中立立场。所以，诸如政治游说、公共关系等活动也是构成企业价值链的关键环节，是企业整体经营活动的重要组成部分。大市场营销所蕴含的竞争思想对企业的国际化经营具有现实的指导意义。在新的竞争形势下，企业管理人员应具有更开阔的思想和更敏锐的眼光。国际市场营销人员不仅要从经济角度考虑竞争，还要懂得竞争中的政治、法律、社会和心理等因素，因而对国际市场营销人员提出了更高的要求。

第2节　大市场营销策略

大市场营销可以说是在传统营销组合基础上将市场营销环境朝有利于自身的方向加以“诱导”，可分为“推”的策略与“拉”的策略。“推”的策略是利用政治权力这一工具，取得有影响力的政府部门和立法机构的支持；“拉”的策略是开展公共关系活动，利用新闻媒体、公益事业、慈善事业捐款等方式，赢得顾客和社会大众的支持，树立良好的信誉和形象。下面对大市场营销与传统市场营销进行比较，并对大市场营销策略加以介绍。

一、大市场营销与传统市场营销的比较

通过上一节的介绍，我们了解了大市场营销是在传统市场营销基础上发展起来的。由于观念上的创新，大市场营销在营销目标、涉及方面、营销手段、诱导方式、投入时间、投资成本以及参与人员等方面均有所不同。

（1）营销目标。传统市场营销的目标在于明确目标消费者并比竞争对手更好地满足消费者的需求，即市场需求已经存在。大市场营销除了满足这部分需求之外，还要致力于开发新的需求。为了进入某一新的市场，企业需要打破政治权力障碍，

---

① 习近平谈治国理政：第二卷．北京：外文出版社，2017：481.

② 习近平在第五届中国国际进口博览会开幕式上的致辞（全文）．(2022-11-04)．新华网．

对消费者进行宣传、教育和启发，影响目标顾客的消费习惯。

（2）涉及方面。在传统市场营销过程中，企业的营销通常会涉及消费者、经销商、传播媒介等有关方面。在进行大市场营销活动过程中，除了上述一般介入者，企业可能还需要与政府部门、公共利益团体、工会、宗教组织、相关国际组织等打交道，争取他们的支持或至少使他们不成为阻力，其复杂性远高于传统市场营销。

（3）营销手段。传统市场营销是在进行有效的营销调研之后，运用产品、价格、渠道以及促销的 4P 营销组合手段来实现营销目标。大市场营销除了运用这些一般的手段，还要用好政治权力和公共关系这两种手段。

（4）诱导方式。在传统市场营销中，对于有关各方的诱导主要是官方和非官方的积极诱导，通过自由交易所产生的市场“拉”力来带动销售。而当营销对象提出超出合理范围的要求时，大市场营销除了采取积极的诱导，必要时也采取消极的诱导方式，比如在权力障碍出现时，需要通过政治威胁等“推”力，配合利益“拉”力达到最终目的。

（5）投入时间。大市场营销涉及方面更为广泛，手段更为复杂，营销工作难度更大，所需打开的“大门”更多，不可控因素增加。如果产品是公众不熟悉的新产品，还需要做大量工作来对目标市场进行指导消费的教育，营销过程所投入的时间往往要长于传统市场营销。

（6）投资成本。进行大市场营销活动，要投入更多的时间，同时，为了得到相关各方的支持，相比传统市场营销，也必然要有更大的投资成本，所以大市场营销所投入的成本要大于传统市场营销。

（7）参与人员。传统市场营销主要是由负责产品、价格、渠道和促销等工作的营销人员推进展开的。要做好大市场营销工作，仅靠上述人员是远远不够的，还需要企业高层、律师、从事公共关系和公共事务的专业人员共同参与。

为了更为清晰、简洁地描述传统市场营销和大市场营销的差别，将以上因素的比较用表格的形式显示出来，如表 7－1 所示。应该说明的是，并不是大市场营销观念比传统市场营销理论更为超前，企业就一定要采用大市场营销策略。由于大市场营销目标高、涉及面广、营销手段和诱导方式复杂、时间和成本投入大、参与人员多，企业必须根据市场的规模和潜力以及自身资源状况、竞争优势和综合实力来判断是否以及如何进行大市场营销。

表 7－1　传统市场营销与大市场营销的比较

项目	传统市场营销	大市场营销
营销目标	满足消费者需求	满足消费者需求，或开发新的需求，改变消费习惯，争取进入新市场
涉及方面	消费者、经销商、传播媒介等	除一般介入者，还可能包括政府部门、公共利益团体、工会、宗教组织、相关国际组织等

续表

项目	传统市场营销	大市场营销
营销手段	营销调研、4P 营销组合手段	除一般手段，还要运用政治权力和公共关系
诱导方式	积极的诱导	积极的诱导（包括官方的和非官方的）和消极的诱导（威胁）
投入时间	短	长
投资成本	低	高得多
参与人员	营销人员	营销人员加上公司高层、律师、从事公共关系和公共事务的专业人员

二、政治权力策略

科特勒认为，权力对大市场营销者来说是至关重要的。所谓权力，是指某一渠道成员能支配另一渠道成员的能力，即 A 方能使 B 方去做原来不想做的事情的能力。当企业欲进入某一目标市场时，所遇到的障碍主要不是来自顾客，而是来自某种权力，是这种权力把进入该国市场的“大门”封闭了。政治权力策略的目标就是企业必须找到“守门人”，并通过游说、谈判、提供有针对性的刺激因素等多种方式，对其施加影响和运用权力来转变他们的态度，以取得封闭市场各方面的支持，消除障碍，胁迫或诱使其重新打开大门。如改变歧视性法律规定、改变垄断协定、改变社会与文化偏见、改变拒绝合作的态度等。各国之间的外交活动往往与商务活动紧密地联系在一起，如今国家元首或政府首脑出访时，经常带一个贸易或商务代表团随行，除了因为双边会谈或多边会谈中会有不少关于商务谈判的问题之外，一个重要原因是使企业家有机会接触那些握有实权的能够打开“大门”或掌握“钥匙”的人，以期得到具有影响力的政府官员和立法部门的支持。

动用政治权力对市场营销活动施加影响和作用是可能的，因为无论是什么样的政治体制，都有掌握一定行政权力的代表者，他们是某一地区或部门利益的“守门人”。政策的制定过程是一个权力和利益冲突与调和的过程，这就给一国政府和企业留下了向另一国政府施加影响的余地，可组成各种利益集团，奔走于政府有关部门，向决策部门的“守门人”解释立场，阐述看法，争取决策者的支持，通过有效的“院外活动”，使贸易政策的制定有利于本集团。比如美国在制定本国贸易政策时，总统及其下属行政系统同国会经常发生矛盾冲突，总统的某些贸易主张往往不能在国会通过，而国会支持的某项贸易法案也常常被总统否决，双方经常有立场上的分歧。不仅如此，在国会内部，议员为了获得政治支持和竞选经费，也依赖于某一利益集团。由于各自代表着不同的利益集团，议员之间也会发生冲突，国会也不是步调一致的整体。这种由利益差异导致的意见分歧为政治权力发挥作用提供了前提。在政治游说之前，首先应确定各方面的态度和立场，分清谁是反对者，谁是同盟者，谁是中立者。政治权力策略的目的是战胜反对者，团结同盟者，争取中立者。可采用的具体办法是：通过胁迫或补偿损失的方法，尽可能使反对者保持中立；将分散的支持者组合在一起，结成联盟力量；以施加影响或酬谢等方式，将中立者转化为同盟者。比如在美国，有人出于利益上和政治上的目的，直接利用手中权力，或者通过间接游说权力所有者的办法，在最惠国待遇问题上实施不利或有利于中美商务关系的权力影响。国际市场营销人员应善于对那些拥有决策权的“守门人”进行分化瓦解，寻求有利的权力影响并消除不利的权力影响。

在政治权力与市场营销的关系中，国际企业利用本国政府游说或胁迫对方国家政府采取更为开放的政策，往往是一种更为有效的大市场营销策略。比如美国摩托罗拉公司通过华盛顿当局对日本施加压力，通过对电信设备的重新设计，以适应日本方面的严格要求，终于打进了日本市场。

日本一些大企业不仅通过本国政府向对方国家施压，而且利用对方国家政府决策层中的矛盾，使贸易政策的制定最终对日本产生有利的影响。比如日本政府通过各种方式游说印度政府支持日本企业进入印度市场，如劝说印度政府放松对进口日本产品的禁令，或要求印度政府放宽进口限额，或征收正常关税，并以购进更多的印度产品和服务作为交换条件，从而使索尼、松下、东芝等日本公司的电子产品进入了印度市场。

三、公共关系策略

如果说政治权力策略是一种“推”的策略，那么公共关系则是一种“拉”的策略。“推”的策略带有某种强制性，“拉”的策略则主要采取诱导方式。所谓公共关系，是指企业利用各种传播媒介，通过为公共事业捐款和赞助文化教育事业等多种方式，树立企业及其产品的良好形象。这里的公共关系是广义的，对象包括政府部门、各个利益集团以及一般公众。对于由文化因素决定的消费偏好，公共关系是一种较好的营销诱导方式，可以用这一方式来影响文化意识，从而诱导参与者产生有利于本企业的消费倾向变化。比如前文中太平洋岛屿上的人不愿穿鞋子的案例，除了需要游说岛上的主管人和改变立法等政治手段外，还需配合公共关系手段，如试穿、免费医治脚病等来说服岛上居民，改变他们的消费偏好，使在该岛卖鞋的活动取得成功。又比如，卡夫亨氏（中国）开启“酱心同行”公益捐赠项目，向困难群体无偿捐赠了总价值达 260 余万元的中西式酱料和调味品，这一举动吸引了众多不同背景的社会群体的关注，扩大了其社会影响力，为其进一步扩展在我国的食品饮料市场有极大帮助。再比如泰国 2023 年大米出口量达 800 万吨①，在世界大米市场

---

① 泰国 2023 年大米出口达 876 万吨！远超既定目标．(2024－02－02)．https://baijiahao.baidu.com/s?id=1789790789435082303&wfr=spider&for=pc.

上有绝对优势，除自然条件的优势，与该国政府的支持不无关系。泰国各级政府官员，无论是农业、商业、外交还是驻外官员，都时时关注大米信息及其宣传促销工作。再比如近几年联合利华一直在推行以改善健康卫生状况与提升幸福感、减少环境破坏、改善居民生计为主要目标的可持续行动计划。这一计划在帮助联合利华实现其社会公益价值的同时，也吸引了认同这一计划的消费者，切实提高了联合利华的销量。

公共关系策略如果能与政治权力策略相互渗透，压力与诱导并重，“推”与“拉”相结合，将会使企业在国际市场营销活动中处于更加主动的地位。20世纪80年代可口可乐被迫退出印度市场时，百事可乐意欲进入这一巨大的市场，但遇到的问题超出了4P范围。百事可乐除寻求美国政府与印度政府的直接沟通外，还计划与印度一家商业集团组成合资企业，使该企业能够摆脱印度国内软饮料公司的反对和反跨国公司立法机构成员的反对，争取获得印度政府的支持。百事可乐深知欲获得政府的支持，关键在于提供一系列政府难以拒绝的条件。它提出资助印度出口农作物，以弥补进口软饮料浓缩液的成本；许诺集中一定力量在农村地区销售产品，促进印度城乡经济的共同发展；还进一步提出向印度转让食品加工、包装和防水等技术。显然，百事可乐面对的是6P组合问题，是在4P组合基础上加上政治权力和公共关系。百事可乐组合运用各种策略，以期赢得印度政府和公众的支持，从而进入印度市场，实现大市场营销的目标。

第3节　市场营销组合理论的扩展

大市场营销策略是在4P的基础上增加政治权力与公共关系两种策略，并没有对4P的基本框架进行修正。在整合营销与关系营销这两种新思想的影响之下，新的营销观念开始对4P提出挑战。罗伯特·劳特朋提出的4C理论和唐·舒尔茨提出的4R理论在营销学界产生了很大的影响。整合营销的基本思想应该包括企业内部整合营销和企业外部整合营销两个方面。企业应该首先实现各种营销手段、营销部门与其他职能部门之间的内部整合，然后以此为基础在更广的范围进行价值链上企业、供应商、分销商和顾客之间的外部整合。这两种理论分别从不同的着眼点出发，力求用新的理念来弥补4P理论，在新的层面指导企业的营销活动。

一、整合营销与4C策略

整合营销是20世纪90年代在欧美逐渐兴起的一种市场营销理念，这种理念是站在消费者的立场上，以满足消费者的需求为导向，并从消费者的角度出发整合企业内外部资源，包括企业内部各部门的协同和制造商与经销商思想上的统一，二者共同面对市场，协调使用各种营销手段，针对目标市场进行整合营销。在这种理念背景下，美国市场营销专家罗伯特·劳特朋提出用新的 4C 策略来代替原来的 4P 策略。

4C 策略以消费者为核心，重新反思营销活动诸要素，着眼于消费者的需要和欲望，考虑消费者愿意支付的价格，致力于为消费者提供便利，并与其进行有效的双向沟通。4C 策略是对 4P 理论的深化和拓展，有利于企业更加积极主动地适应市场环境的变化。其主要内容包括：

（1）顾客（customer）。整合营销观点认为，顾客是一切经营活动的核心，企业要更加重视顾客而非自己的产品。这体现在两个方面：第一，创造顾客比开发产品更为重要；第二，对消费者的需求和欲望的满足比产品功能更为重要。在国际市场营销中，由于各国经济、社会文化、政治法律不同，国际市场的顾客需求较之国内市场体现出更大的差异性，因此，进行国际市场营销的企业必须更加重视消费者的需求和欲望，把注意力从产品转向目标市场的需求，进行产品调整或新产品开发并以此为导向开展创新性营销活动。

（2）成本（cost）。4C 理论将传统营销组合中的定价因素加以延伸，转换为顾客在整个购买过程中愿意支付的成本或价格。它不仅指货币支付，还包括购物的时间、体力、精力耗费以及风险的承担。近年来出现的一种新的定价思维可以说是这种观念的体现。这种思维将通常的“成本＋适当利润＝适当价格”的定价方法转换成“顾客愿意接受的价格－适当的利润＝成本上限”。这种新的定价模式将消费者愿意接受的价格作为定价的决定性因素，并根据该价格所对应的成本来组织生产和销售。企业要想获得更高的利润，就必须想方设法降低成本，推动生产技术、营销手段达到新的更高的水平。部分企业通过扩张企业规模、拓展公司业务来降低成本。比如永辉超市投资数亿元，入股湘村股份和闽威实业两家农产品企业，打造生鲜供应链，以削减成本。同样有企业尝试通过轻资产运营模式削减成本。比如 2020 年苏宁和蔚来达成战略合作，打造集销售、体验、交互为一体的汽车智慧零售体验店，整合资源、开放各自渠道以减轻成本压力。还有一些企业通过技术革新实现降本增效，比如亚马逊借助人工智能分析消费者数据，进而优化库存管理，降低企业营运成本。

（3）便利（convenience）。整合营销的顾客导向强调给顾客提供便利比营销渠道更为重要。在营销过程中，应该尽可能给顾客创造便利条件，全方位方便顾客购物，为顾客提供优质服务，使顾客获得全身心的满足。它贯穿于整个营销活动，包括：售前顾客能方便地接收产品信息，如产品性能、质量、使用方法、使用效果等；顾客购买顺利方便，比如到达方便、挑选方便、停车方便、支付方便以及送货服务等；提供方便快捷的售后服务、信息反馈、问题处理等。现代工具如电话、传真、电脑、互联网、航空、信用卡等的普及使用也给企业更好地为消费者提供便利创造了条件。比如，新零售典型代表盒马鲜生就通过线上线下的高度融合为消费者提供了随时随地、遍及不同场景的便利消费。它运用大数据、智能物联网等技术，与源头供应商直接合作，构建起完善的供应链、仓储和物流体系。通过用户线上App选购，商家线下实体店取货，骑手半小时送达的服务，让消费者足不出户就能享受到新鲜食材烹饪的美味，完美地解决了消费者“最后一公里”的问题，使购物更加便利。

（4）沟通（communication）。4C中的沟通是对传统营销组合中促销的转换和发展。传统的促销是以企业为主体，通过一定的媒体或工具对消费者进行灌输，消费者被动地接受，企业缺乏与消费者的直接沟通。沟通的提出则强调企业应重视与顾客的双向联系，企业与消费者应该进行经常性的信息交流，及时进行信息反馈，企业不能只是单向促销，而应建立一种供求双方双向互动的沟通体系和基于共同利益的产销关系。目前已有多家企业尝试借助增强现实（AR）和虚拟现实（VR）技术加强与用户的沟通。比如，伽蓝集团旗下化妆品品牌美素（MAYSU）尝试参与京东主办的AR试妆活动，在得到用户好评的同时，也取得了不俗的销售转化与连带提升效果。

二、关系营销与4R策略

在新的市场形势下，越来越多的企业意识到，寻求与顾客建立一种长期稳定的战略合作伙伴关系是提高企业竞争力和实现双赢的有效保障。企业应该通过与顾客建立持久的互动关系，来提高顾客的忠诚度；与供应商、分销商、经销商建立长期稳定的合作关系，保证企业连续性的战略发展；与政府和公众建立良好的社会关系，改善企业的营销环境，这就是关系营销的思想。同时，信息技术等现代工具的普及利用也有效地降低了关系营销这种相对柔性的营销理念的实施成本，催生了以竞争为核心，通过关联、反应和关系，提出如何建立关系、长期拥有顾客、保证长期利益的4R理论，对关系营销的思想加以落实。

4R理论的主要内容包括：

（1）关联（relevance）。4R理论要求企业与顾客之间建立某种关联。在竞争性市场中，顾客具有动态性。顾客忠诚度是变化的，他们会转向其他企业。要提高顾客的忠诚度，赢得长期稳定的市场，重要的营销策略是通过某些有效的方式在业务、需求等方面与顾客建立关联，形成一种互助、互求、互需的关系。通过这种关联减少顾客的流失，提高顾客忠诚度，减少顾客流失，获取一个长期稳定的市场。

（2）反应（response）。这里的反应是指企业应该加快市场反应速度。所谓反应，首先应该了解顾客的意见。在今天相互影响的市场中，对经营者来说最现实的问题不在于如何控制、制定和实施计划，而在于如何站在顾客的角度及时地倾听顾客的希望、渴望和需求，及时答复和迅速做出反应，满足顾客的需求。

（3）关系（relation）。关系营销的观点认为，如今抢占市场的关键已转向与顾客建立长期稳固的关系。在企业与顾客的关系发生了根本性变化的市场环境中，交易变成了责任，顾客变成了朋友，管理营销组合变成了管理和顾客的互动关系，有效的双向沟通是建立这种关系的重要手段。

（4）回报（return）。回报兼容了成本和双赢两方面内容，是营销的源泉。对企业来说，市场营销的真正价值在于其为企业带来短期或长期的收入和利润。

4R 理论的最大特点就是以关系营销为核心，以竞争为导向，根据不断成熟的市场和日趋激烈的竞争形势，着眼于企业与客户的互动与双赢。不仅要积极地适应客户的需求，而且要主动地创造需求，运用优化和系统的思想去整合营销，通过关联、关系、反应和回报的形式与客户建立长期、稳定、独特的关系。应该说，4R 营销理论是在 4P 和 4C 营销理论基础上的进一步创新和发展，是在新的层次上对营销框架的高度概括。《哈佛商业评论》的一份研究报告指出，重复购买的顾客可以为公司带来 25%～85%的利润，固定客户数每增长 5%，企业利润则增加 25%。4R 策略的实施方式不拘一格，各企业应根据产品特点、自身实力和资源状况加以选择。有些企业通过调整营销计划来建立与顾客的长期关系，比如汇丰银行、花旗银行通过其信用卡与航空公司开发了“里程项目”计划，当累计的飞行里程达到一定标准之后，共同奖励那些经常乘坐飞机的顾客。有些企业则设立很高的顾客满意目标，如果顾客对企业的产品或服务不满意，企业承诺给予顾客合理的补偿，以此来建立顾客关系。比如，京东商城通过七天无理由退货的承诺来开拓市场，稳固与顾客的关系。

三、网络营销与 4E 理论

目前以互联网为代表的数字媒体对营销环境产生了广泛深远的影响，使人们的购买行为发生了前所未有的变化。例如，网络搜索已经成为许多消费者购买过程中不可或缺的一环，它使消费者可以获得更多的产品信息，并对最后的购买决策产生关键的影响。此外，数字媒体还赋予消费者更多的话语权，他们可以随时在互联网上发表对产品和品牌的意见。互联网的发展使整个营销思想也在发生转变，在这样的趋势下，出现了更具时代特征的 4E 理论，其主要内容包括：

（1）从产品到体验（product→experience）。技术上的日新月异使得产品的市场优势能够维持的时间越来越短，这就要求营销人员必须把营销的重点从原先关注产品转移到关注全面的顾客消费体验上来。需要深入观察和分析顾客购买过程，识别出影响顾客做出购买决定和形成消费体验的关键环节，从而制定相应的措施，不断提升顾客的体验，提高品牌在顾客心目中的地位。比如，宜家从消费者体验出发推出体验中心，让顾客全方位体验到宜家所倡导的品质生活方式，享受到更便捷、更智能化的购物体验。

（2）从地点到无处不在（place→everywhere）。过去交易和购买发生的地点主要是商店终端，由于数字媒体的出现，现在的购买行为可以在通信网络所覆盖的任何地点发生，这为营销者提供了更多的市场机会。机遇同时也意味着挑战，以手机为例，现在手机正逐渐成为消费者的钱包，许多营销者希望把品牌推广信息精准地投放到手机上。手机是一种极其私人化的媒介，推广信息要做到有效就必须使消费者乐于接受，这就要求信息足够有趣或者能给消费者带来一定的好处。比如，拼多多会通过折扣、抽奖等方式给予消费者优惠。

（3）从价格到交换（price→exchange）。现在数字媒体让消费者越来越有能力识别和判断产品的内在价值，因此营销者需要认识到，品牌现在应主要通过产品内在价值打动顾客，而价值是因人而异的。例如，帮助非洲艾滋病妇女和儿童患者的慈善组织橙色宝贝（Orange Babies）在募捐时对募捐箱进行了特别的设计，当捐献者把钱投入募捐箱时，箱子上小孩的哭脸就变成了笑脸，这实际上是对捐献价值的一种即时提示。后来的统计显示，这种募捐箱比普通募捐箱募得了更多的款项。

（4）从促销到布道（promotion→evangelism）。随着人们物质生活的日益丰富、互联网的日益普及，人们的价值观日趋多元化，具有相同爱好的人可以方便地在网络上互动交流。面对今天的消费者，营销者最好抛弃过去那种直线式的推销和说服模式，转而向品牌注入激情，通过有吸引力的创意，让人们主动参与和分享。在这方面苹果公司是一个典范。从苹果电脑（iMac）到苹果手机（iPhone）再到苹果平板电脑（iPad），苹果推出的产品始终在追求超乎顾客想象的创新，同时对营销的每个环节精心策划，目的就是营造出一种神秘感，引起消费者的关注，最终催生出一批又一批狂热的苹果粉丝，他们会主动向周围的人宣传苹果的品牌与产品。

这里需要说明的一个问题是，进行国际市场营销活动的企业面对的是更加复杂和千差万别的环境，新的营销理念对于相对落后的国家和地区不一定适用，也不一定能够顺利实施，因此企业应该充分认识到4P，4C，4R和4E的内涵及关系，它们不是简单的取代关系，更不是互相对立的，而是营销观念在融合碰撞中的不断深入和不断拓展。企业应以这些理论来拓宽视野，加深对营销活动国际化的认识，同时不能忘记4P这种在未来一段时期内仍然具有基础地位的简洁、方便且能有效指导营销实践的营销组合框架。在充分考虑本企业状况、国际经济环境和东道国市场特点的前提下，把四者结合起来将有助于企业在国际市场营销中取得更好的实践效果。

案例分析

美的全球化发展之路

2024年9月17日，美的集团在港股市场二次上市，正式成为“A+H”股上市公司，首次公开募股共发行5.66亿股，净募资额为306.68亿港元，成为近三年港股市场最大IPO①，为公司深入推进全球化发展奠定了新的里程碑。美的成立于1968年，经过几十

① 美的集团二次上市，成港股近三年最大IPO.（2024-09-07）. https://baijiahao.baidu.com/s?id=1810438487063332381&wfr=spider&for=pc.

年的发展与布局，已经成为涵盖多个家电品类的全球电器行业巨头，2023 年营业总收入达 3 737 亿元，连续多年入选《财富》世界五百强企业。

美的集团的国际化布局可以追溯到 21 世纪初期。2007 年，美的在越南投资建设第一家海外工厂，2008—2013 年，与开利集团合作成立多家海外合资公司，进军非洲、拉丁美洲等多地市场。2015—2016 年，美的相继收购意大利中央空调品牌 Clivet 与日本东芝家电，进一步布局海外市场。依靠海外建厂、跨国收购的全球化战略，美的在海外布局形成了东芝、美的、Comfee 三个全品类品牌，以及开利、Eureka 等多个细分品类专业品牌，2023 年，美的集团海外市场收入为 1 509 亿元，同比增长 5.79% ，占总营业收入的 40.4% 。

借助政策提供的发展机遇是美的拓宽全球市场的重要举措。随着“一带一路”倡议的实施，我国企业能够依托“一带一路”共建国家较为开放的政策，加快了全球化的步伐，开拓全球化市场，实现中国企业“走出去”。2016 年，美的收购德国机器人巨头库卡，在世界范围内引起极大轰动，为进一步打造智能家居、实现科技转型提供了技术保障。美的集团还借助“一带一路”的契机，在印度、泰国等国开设多家工厂，进一步释放产能，拥抱全球市场。以泰国为例，美的空调泰国工厂是美的集团海外首个 5G 工厂，坐落于泰国春武里府，占地面积约 20.8 万平方米，整体规划年产能 400 万台套以上。① 于 2022 年 11 月启动生产，从投产到实现 100 万套下线仅用了不足 1 年时间。而针对产品出口时与国外标准不一致的问题，基于《标准联通共建“一带一路”行动计划（2018—2020 年）》等一系列政府政策背景，美的集团积极携手马来西亚标准与工业研究院（SIRIM），针对东盟国家居民饮食习惯，聚焦消费者需求，将技术创新成果转化为先进标准，制定了 SIRIM 65 行业标准规范，为产品出口提供了保障，创立了中国民企走向世界的新典范。② 近年来，美的凭借着低耗、环保、安全的产品特色，以空调为主的家电产品已经畅销全球；集团在全球共建立 33 个研发中心，40 个主要制造基地，全面构建全球市场布局。

2023 年 5 月，美的宣布与曼城足球俱乐部续约全球官方合作伙伴，开启双方第四个合作周期；曼城足球俱乐部在全球范围内享有盛誉，拥有广泛的球迷群体。2023 年 8 月，美的还签约了曼城俱乐部球员埃尔林·哈兰德成为全球品牌代言人，拍摄一系列宣传素材，将体育赛事与家居家电相融合，在全球范围内借助足球赛事的影响力塑造美的智能家居的良好形象，为全球化市场开拓助力。公共事业方面，美的集团助力乡村振兴，开展一系列公益科技研学活动，发起多项公益计划；在海外，美的集团联合当地公益组织，推出多项社区公益活动，在社会公众心中树立良好的企业形象。在中国，美的集团建立企业形象的方式还包括持续多年赞助央视春节联欢晚会，从社会文化的角度引导消费者偏好，进而提升产品销量与营业收入。通过积极开展国际大市场营销，美的集团以全球视野引领企业发展，在国内外市场大放异彩。

---

① 中国家电加速度“出海”，美的空调泰国工厂 100 万套正式下线．（2023－10－18）．https://tech.gmw.cn/2023－10/18/content_36902272.htm.

② 这个冰箱标准成马来西亚行业标准！湖南自贸试验区对外标准合作首个成功案例．（2024－08－04）．https://mp.weixin.qq.com/s/uLPwKo_rMYoPE0opiTmpBQt.

问题

1. 美的运用了哪些营销策略?
2. 美的能走向世界的主要原因是什么?

思考题

1. 比较大市场营销与传统市场营销的区别。
2. 大市场营销中政治权力策略的主要内容是什么?
3. 简述整合营销和4C策略的主要内容。
4. 分析4C，4R，4E与传统的4P营销组合的关系，以及企业如何在国际市场营销活动中灵活运用。

第8章
国际市场产品策略

本章要点

1. 国际市场营销首先要形成产品整体概念，再根据产品设计不同的产品组合策略、标准化与差异化策略以及沟通组合策略。

2. 国际市场营销中产品生命周期及其对应的策略比传统市场营销中更加复杂，为了延长产品生命周期，新产品的开发显得尤为重要。

任何企业在参与国际竞争时，都必然会对自己的产品、价格、渠道和促销进行有机的组合，以实现国际范围内的利润最大化。其中，国际市场产品策略在国际市场营销组合中处于核心地位，对于企业市场营销的成败关系重大，而且决定了价格策略、渠道策略和促销策略。在世界市场日益统一的今天，每一个企业都应该努力提高产品的质量，优化产品线的组合，从而更好地适应市场需求的变化，取得国际竞争优势。

第1节　国际产品整体概念

传统的产品概念通常偏重于产品的有形实体，而忽视了产品的本质和内涵。这种狭隘的产品观念直接影响了企业的国际市场营销活动，限制了企业的产品开发能力。

现代市场营销学认为，产品是指为留意、获取、使用或消费以满足某种需求和欲望而提供给市场的一切东西。这一概念极大地拓展了产品的范围，既包括各种有形产品，如计算机、建筑物，又包括各种无形产品，如理发、音乐会，还囊括了各种观念、思想，如禁止吸毒、环保意识等。

一、国际产品整体概念

在国际市场营销中，产品整体概念包括三个层次：核心产品、形式产品和延伸产品。

（1）核心产品。核心产品是企业为顾客所提供的最基本的效用和利益，是对顾客基本需要的满足。核心产品是顾客购买商品时真正追求的东西，是产品的使用价值。例如，顾客购买空调，是为了获得空调的降温功能。航空业产品整体概念的核心产品是快捷，其次才谈得上安全、经济、餐饮服务的附加价值。酒店业整体概念的核心产品是睡眠，其次是形式产品客房，最后是延伸产品服务。由此可见，核心产品引发并决定了顾客的购买行为，是产品整体概念中最基本、最主要的部分。

（2）形式产品。企业的设计人员还需将核心产品转化为各种具体的形式，这是整体产品的第二层次。形式产品是核心产品的物质载体，是产品的基本形式，是企业向市场提供的实体服务的可识别形象表现。如果形式产品是实体物品，则它在市场上通常表现为产品的质量水平、外观特色、式样、品牌名称和包装等。消费者通常接触到的都是各种形式产品，如自行车、图书、酒店等。产品的基本效用必须通过这些具体的形式加以实现。需要指出的是，形式产品的重要性与日俱增，甚至超越了产品的基本价值。例如，现在手表的基本功能已从计时转化为配饰，而手表的周边价值，如外形设计、防水功能、材质选择等，也跃升为真正打动消费者的原因。

（3）延伸产品。延伸产品又称为附加产品，是指顾客购买形式产品时获得的全部附加服务和利益，包括提供信贷、免费送货、质量保证、安装、售后服务等。延伸产品的概念源于对市场需求的深入认识。因为购买者的目的是满足某种需求，所以他们希望得到与满足该需求有关的一切。学者西奥多·莱维特曾经指出，新的竞争不是发生在各个工厂生产什么产品上，而是发生在其产品能提供的附加价值（如包装、服务、广告、顾客咨询、融资、送货、仓储及具有其他价值的形式）上。比如，苹果公司在设计、出售手机等电子产品时，不仅是为顾客提供一款智能化电子设备，同时还提供了优质的多产品生态服务系统、配套的独特操作系统与内置应用、全球统一的售后服务等一系列附加服务。苹果正是通过向顾客提供最有价值的产品和服务，提升了顾客总价值，从而创造出新的竞争优势，加强了顾客黏性。这种战略可表述为：以高水平服务创造高价值，由于高水平的服务允许高价格，从而产生高利润，高利润反过来进一步支持高水平服务，如图 8－1 所示。而其他电子产品厂商采取了截然不同的做法，即采取低成本、低价格的策略。类似地，三只松鼠通过延伸产品获得了成功，它在保障核心产品品质过硬的同时，还非常注重延展产品，如附送的湿巾、夹子和果壳袋，这些物件可以提升消费者的消费体验，此外，消费者有时还会获赠钥匙扣、玩偶贴等小物件，这些物件又可以成为提示物，提醒消费者下次继续购买。消费者需求得到更好的满足，公司也大大受益于消费者的重复购买。随着技术更新不断提速，同类商品间核心产品和形式产品的差异越来越小，而延伸产品的重要性却在不断凸显。企业若想持久地维系顾客并不断赢得新的忠诚顾客，就必须尽可能地为顾客提供更好的附加服务和利益。

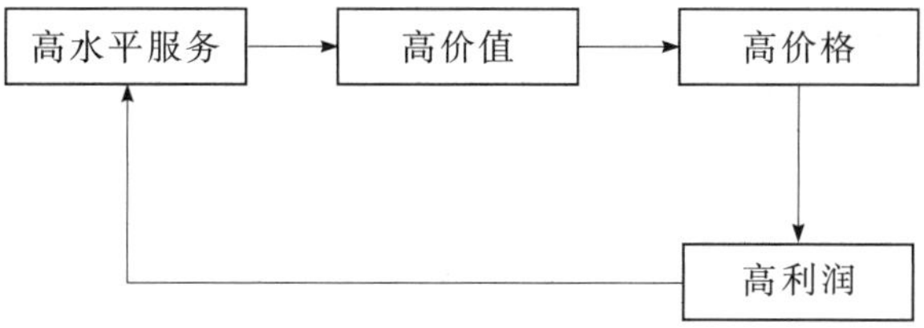

图 8－1　附加价值营销模式

二、产品整体概念与国际市场营销

产品整体概念全面系统地论述了现代竞争中产品的内涵，对任何参与国际竞争的企业来说都具有重要的指导意义。

（1）产品整体概念的提出是建立在以消费者为核心的现代市场营销观念基础上的。在国际市场营销活动中，需求呈现不规则性、多层次性等特征。这就要求企业抓住消费者的核心利益，从各个层次去满足消费者的需求。随着市场经济的不断发展，消费者的需求逐步多样化和个性化，他们购买产品时，追求的已不仅局限于单纯的使用需要，而且要求获得一种心理上的满足，追求自我价值的实现。因此，企业要尽己所能提供在核心产品基础上的一切功能性和非功能性产品，让消费者获得全面的满足。

（2）产品整体概念有利于企业的国际市场定位。一个准确的市场定位对于参与国际市场营销活动的企业来讲是非常重要的，通过对整体产品的塑造，在一个或多个层次上确定产品的定位，是企业进行国际市场定位的先决条件。随着科学技术的发展，产品的技术含量越来越高，但消费者并不一定能全面地认识到产品之间的技术差距，这时他们会从其他因素上判断产品的优劣，这就要求企业不能盲目地注重技术方面的发展，而忽略顾客的认知能力。例如，国内许多消费者在购买家电产品时，常根据产品的包装来判断质量的可靠性。对于营销人员来说，设计出来的产品应该能充分体现出消费者购物时所关心的因素，这样才能有效地吸引目标顾客，为产品确定有利的市场地位。

（3）产品整体概念为企业突出产品的差异化提供了依据。在产品日益丰富的国际市场上，差异化已经成为企业获取竞争优势的重要来源之一。根据产品整体概念，企业可以从某个不同的层次上实现产品的差异化，比如提供不同的核心利益、改变产品的形式，以及提升产品附加价值等。

第 2 节　国际市场产品策略

产品是营销的根本，如果将营销比作“毛”，那么产品就是“皮”，皮之不存，毛将焉附？因此，制定合适的产品策略是成功营销的必要保证。在国际市场营销中，产品策略相对国内市场营销更为复杂，需要企业从更多方面加以考虑。

一、国际市场产品组合策略

所谓国际市场产品组合，是指企业在国际范围内生产经营的全部产品的结构，包括企业所有的产品线和产品项目。产品线是指满足同类需求而规格、款式、档次存在差别的一组密切相关的产品项目。例如日本的佳能公司主要生产个人产品、办公设备和工业设备，包括照相机及镜头、打印机、传真机、扫描仪、广播器材、医疗器材及半导体生产设备等。通信和计算机产品是日本电气公司（NEC）的基本产品组合。美国宝洁公司主要生产宠物食品、清洁剂和个人护理用品。宝洁中国公司负责大中华区的消费品业务，主要包括护肤品、护发用品、肥皂、清洁剂、护齿用品和纸制品 6 条主要产品线。

企业的产品组合包括四个因素，即产品组合的宽度、长度、深度和相关性。（1）产品组合的宽度是指企业产品线的数目。数目多者为宽，少者为窄。（2）产品组合的长度是指企业产品线中包括的产品项目的数量。（3）产品组合的深度是指产品线中每种产品花色品种、规格的数量。（4）产品组合的相关性是指各种产品线在最终用途、生产条件、营销渠道及其他方面相互联系的程度。例如，某家用电器集团生产电视机、冰箱、音响、洗衣机、空调 5 种产品，而电视机又包括普通电视机和超薄电视机，两种电视机的款型共有 19 种，则该集团的产品组合的宽度为 5，长度为 2，深度为 19。该集团生产的都是家用电器类产品，相关性较强。

研究产品组合的宽度、长度、深度和相关性对国际市场营销具有重要意义。（1）扩大产品组合的宽度，扩展企业的经营领域，实行差异性的多元化经营，可以充分发挥企业特长，使企业的资源、技术得到充分利用，提高经营效益，分散企业投资风险。（2）企业加强产品组合的深度，可以占领同类产品更多的细分市场，满足更广泛的消费者的不同需求和爱好。（3）企业加强产品组合的相关性，可提高企业在某一特定地区市场上的声誉。

国际企业要把产品打入国际市场，在竞争中求得生存与发展，必须分析、评价并调整现有产品组合，实现产品结构的最优化。企业调整产品组合的方式有两种：（1）产品线改进方式，增加或剔除某些产品项目，改变产品组合的深度。（2）产品线增减方式，增加或减少产品线，调整产品组合的宽度。

企业在调整产品组合，实现产品组合的最优化时，应充分考虑到各产品线的销售额对利润的贡献，并与竞争对手的产品组合策略进行比较。一般来说，企业调整产品组合时，有以下策略可供选择。

（一）扩大产品组合策略

扩大产品组合策略有两种情况，即开拓产品组合的宽度和加强产品组合的深度。产品组合的宽度是指企业的产品线数目；深度是指企业产品组合的产品线中产品项目的数目。开拓产品组合的宽度就是增加企业产品线的数目；加强产品组合的深度就是要在现有产品线中增加产品项目的个数。当企业在国际市场上的销售额和盈利率开始下降时，就应该考虑增加产品线或产品项目的数量，开发有潜力的产品线或产品项目，弥补原有产品的不足，保持企业在国际市场上的竞争力。在日用消费品行业，宝洁和联合利华公认为一对欢喜冤家。对于洗发水产品线，无论是产品深度还是市场占有率，联合利华与宝洁都存在一定的差距，去屑品牌的缺失更成为联合利华洗发水产品线的一大不足。2007 年 3 月，在中国蛰伏 20 多年的联合利华终于推出全新去屑品牌“清扬”系列。清扬一上市就赢得了消费者的一片赞扬，而其“男士专用去屑”对性别区分的细分策略也成为洗发水市场的首创。清扬的横空出世是联合利华加强其洗发水产品组合深度的产品策略，它成功地打破了宝洁的子品牌海飞丝在去屑市场的垄断地位，极大地提升了联合利华的市场竞争力。又比如，亚马逊在最初创立时，只是一家网络书店，但时至今日，亚马逊可以为消费者提供数百万种独特的全新及二手商品，如图书、影视、音乐、游戏、电子和电脑产品、家居园艺用品、玩具、婴幼儿用品、食品、服饰、鞋类、珠宝、健康和个人护理用品、体育及户外用品、汽车及工业产品等。

扩大产品组合可以使企业充分利用自己的人、财、物资源。企业在一定时期的资源状况是稳定的，随着经验的积累、技术的发展和原有市场的饱和，企业就会形成剩余的生产能力，开发新的生产线可以充分利用剩余生产能力。扩大产品组合还可降低企业的系统风险，避免因某一产品市场不景气而给企业带来灭顶之灾，增强企业的抗风险能力。

（二）缩减产品组合策略

当国际市场疲软或原料能源供应紧张时，企业往往会缩减自己的产品线，放弃某些产品项目，这就是缩减产品组合策略。缩减产品组合策略要在客观分析的基础上，综合考虑产品的市场潜力和发展前景来决定产品线的取舍。缩减产品组合策略不是要真正退出市场，而是通过缩短战线、加强优势来保持企业在国际市场上的竞争地位，这是一种以退为进的策略。

缩减产品组合策略，可以使企业集中技术、财力扶持优势产品线，提高产品竞争能力，获得较高的投资利润率；可以减少资源占用，优化投资结构，加速资金周转；有利于企业生产的专业化，使企业向市场纵深发展，在特定市场赢得利益和信誉，避免滞销产品破坏企业形象；保持企业蓬勃发展的势头。

（三）产品线延伸策略

各种产品都有特定的市场定位。产品线延伸策略就是指企业全部或部分地改变企业原有产品线的市场定位。产品线延伸策略有向下延伸、向上延伸和双向延伸三种。

1. 向下延伸策略

向下延伸策略指企业把高档定位的产品线向下延伸，增加低档产品项目。比如，华为推出荣耀系列产品线，以其高性价比对标小米，主攻中低端市场，以较低价格吸引更多年轻用户群体，成为华为拉动销量增长的引擎。企业实行向下延伸策略通常是出于以下目的：（1）利用高档名牌产品的声誉，吸引购买力水平较低的顾客，促进他们购买企业产品线中的大众产品，这样可以充分利用企业的品牌形象，满足各层次消费者的购买需求，提高市场占有率。（2）拓展企业的销售市场，实现更高的利润。（3）弥补企业产品线的空白，使企业产品系列化，不出现断档。

企业执行向下延伸策略，必须充分考虑市场反应，如果向下延伸策略不仅不能打开低档产品市场，还可能会破坏高档产品的市场形象，则企业应该放弃向下延伸策略。如果一定要向低档产品市场发展，也应该重新创立低档产品品牌，塑造新品牌的形象，而不能使用高档产品线的品牌。

2. 向上延伸策略

向上延伸策略指企业把低档定位的产品线向上延伸，加入高档产品项目。企业实行向上延伸策略，通常是考虑到如下原因：（1）高档产品市场潜力大，利润率高。（2）企业已经具有进入高档定位的实力。（3）低档产品市场已经饱和，企业只能在高档产品市场获得发展空间。比如，日本松下、荷兰飞利浦、德国博朗等国际白色家电巨头都在尝试向上延展，设计智能化、高端化产品以获得更多回报。

一旦企业的向上延伸策略成功，就可以获得丰厚的利润。但要将低档品牌重新包装为高档品牌是相当困难的，有时还会影响产品的声誉。因此，企业实行向上延伸策略，必须辅之以适当的市场营销计划，重塑产品形象。

3. 双向延伸策略

双向延伸策略即定位于中档市场的企业朝高档市场和低档市场两个方向同时延伸，全面进入市场。当企业在中档市场获得巨大的成功时，往往会采取这种策略。例如，苹果公司在 iPhone 系列机型的基础上，推出了更高端的 iPhone Pro 系列，针对较高收入人群与专业用户；同时面向低端市场推出 iPhone SE 系列，售价低于其他系列产品，吸引价格敏感型消费者。

（四）产品线现代化策略

产品线现代化策略就是用现代化的科学技术改造企业的生产过程，实现生产的现代化。在某种情况下，虽然产品组合的宽度、长度、深度都非常适应市场的需求，但产品线的生产形式可能已经过时，这时企业就要实行产品线现代化策略，提高企业的生产水平，这一点在国际竞争中尤为重要。实行产品线现代化策略有两种方式。

（1）休克型改造方式，在短期内投入巨额资金，对企业的生产过程进行全面技术改造，甚至不惜短期停止作业。这样做可以紧跟国际技术水平，减少竞争对手数目。

（2）渐进型改造方式，逐步实行企业的技术改进。这样做可以减少资金的占用，也不需要停产进行改造，但竞争对手可能很快就会察觉，并立即采取措施与之对抗。企业必须综合考虑自己的资源状况、竞争能力和形势，权衡利弊，慎重决策。

二、国际市场营销中产品—沟通组合策略

当产品打入国际市场时，面对新的营销环境，产品策略可能需要进行一定的调整，这种调整一般需要与营销沟通结合起来，以达到预期的效果。产品—沟通组合策略可分成五种类型，如表 8－1 所示。

表 8－1　国际市场营销中产品—沟通组合策略

<table>
<tr><td colspan="2" rowspan="2"></td><td colspan="3">产品</td></tr>
<tr><td>不改变</td><td>改变</td><td>发展新产品</td></tr>
<tr><td rowspan="2">沟通</td><td>不改变</td><td>1. 直接延伸</td><td>3. 调整产品</td><td rowspan="2">5. 产品创新</td></tr>
<tr><td>改变</td><td>2. 调整沟通方式</td><td>4. 双重调整</td></tr>
</table>

1. 直接延伸

直接延伸指企业对产品不作任何改变，直接推向国际市场，并在国际市场上采用统一的促销方式。许多著名的全球性大公司青睐这种产品策略。采用标准化策略的好处是产品和广告都是标准化的，可以树立良好的、统一的产品形象。但是有些公司采用直接延伸产品策略却遭到了失败。比如，亚马逊进入中国市场后，非但没有逐渐本土化，反而一步步向着所谓的全球统一标准转变，导致公司在中国的市场份额大幅下跌。

2. 调整沟通方式

国际市场上的需求状况千差万别，有时对同一种产品也会出现多样化的需求。比如自行车在我国是基本交通工具，而在美国则成为满足休闲娱乐需求的产品。因此，企业向国际市场推出同一产品，就可以根据不同目标市场的消费者对产品的不同需求，采用适应国际消费者需求特征的方式进行宣传、沟通，这样才能达到好的销售效果。例如，法国一家企业研制出一种具有松弛肌肉和解热镇痛功效的新药，药品成分并不复杂，也不是具有奇效的贵重药品，但由于在进入国际市场时采取了不同的促销方式，使这一新药的销路大开。针对法国人爱饮酒的特点，在法国突出宣传这种药可帮助酒后恢复体力；针对美国人最怕感冒，强调这种药可用于医治感冒头痛；针对芬兰滑雪运动盛行，强调这种药有助于消除疲劳；针对意大利胃病患者较多，宣传这种药的止痛功效。结果，不同促销方式使这种成分简单的药品畅销许多国家。通常保健品、饮品及药品等类别产品可采用这种产品策略，因为这类产品的功效绝非只有一种，可根据各国消费者的不同需求特征进行适宜的宣传，以适

应不同消费者的偏好。同时，不同国家存在较大的文化差异，也需要一定程度的差异化的营销沟通。如绝对伏特加（Absolut Vodka），其全球广告系列最为著名。该平面广告系列以绝对伏特加的酒瓶作为广告主体，根据不同国家的文化差异推出不同的平面广告设计。

3. 调整产品

根据国际目标市场顾客的不同需求，对国内现有产品进行部分改进，沟通策略可保持不变。有些产品对国际消费者来说，其用途、功效等基本相同，但由于消费习惯、使用条件有差异，所以企业必须对产品稍做改进，以适应各国市场的需要。产品的改变涉及式样、功能、包装、品牌及服务等，如埃克森美孚公司的产品—沟通策略是，改变汽油的配方以适应不同国家的气候状况，同时不做改变地延伸其基本的宣传诉求"让老虎进入你的油箱"。又如肯德基推出差异化产品以适应当地需求，在中国推出老北京鸡肉卷、盖浇饭、豆浆、油条等符合中国人口味的产品。再如日本丰田公司在美国汽车市场的营销曾经历三个阶段。1955年丰田公司将丰田宝贝（Toyopet）打入美国市场，结果大败而归，原因是质量存在缺陷，设计不合理，外观难看，车灯甚至暗得达不到加利福尼亚州的行车标准。1959年，丰田公司对丰田宝贝做了大规模改进，改名为丰田皇冠（Crown），质量大幅提高，但当年只卖了288辆。后来丰田公司根据美国人的身材特点、心理特点、经济状况、年龄分布对购车动机、购买方式、购买偏好、购车标准和道路等级等进行了全面调查，得出了两大结论：（1）美国人喜欢车内腿部的活动空间大，转弯灵活，容易操纵，但又希望花费少、耐用、维修方便。（2）汽车在美国作为身份地位象征的传统倾向正在不断削弱，作为一种必要的交通工具的趋势正在形成。丰田公司根据这两大结论，设计出了美国化的日本车——卡罗拉，一举占领美国市场。2023年丰田在美国售出224.8万辆汽车[①]，占据较大市场份额，美国已成为丰田全球最大单一市场。

4. 双重调整

对进入国际市场的产品和沟通方式应根据国际市场的需求特点做相应的改变，既改变产品的某些方面又改变沟通策略。比如 Glow Recipe 推出的西瓜睡眠面膜大受欢迎，一方面是因为公司针对消费者偏好对产品进行调整，在把包装做得尽可能漂亮的同时，又选用一种非常漂亮的粉色凝胶状物质作为面膜的主材；另一方面则是因为 Glow Recipe 及时调整了与顾客的沟通方式，比如重新设计了向顾客发送的产品邮件，希望获得更多的在线关注，还在社交媒体上发布精心设计的睡眠面膜图片或视频，来吸引粉丝的追捧。

5. 产品创新

国际市场的产品创新策略是指企业针对目标市场研究和开发新产品，并加以专

---

① 丰田官网·2023年销售、生产和出口结果（1月至12月）.（2024-01-30）. https://global.toyota/en/company/profile/production-sales-figures/202312.html.

门的沟通宣传。新产品开发成功的概率本就很低，再加上国际市场上不可控因素很多，企业更应谨慎决策。这一策略投入较大，风险较高，一旦成功会取得可观的收益。产品创新策略的关键在于对目标市场的需求有深刻的了解，以达到量身定做的效果。比如，星巴克针对中国人的饮食传统和口味偏好，在中国市场推出中式茶饮品及粽子、月饼等季节性产品，很快就获得了中国消费者的青睐。星巴克还推出云南臻选咖啡系列，以吸引更多中国消费者，把自己的咖啡文化渗透到中国市场。

第 3 节　国际市场产品生命周期策略

产品生命周期是企业制定产品决策的重要依据。研究产品生命周期可以使企业更好地把握本企业产品在国际市场上的发展趋势，能够使企业在动态的市场环境中求得生存与发展，占据有利的市场地位。

一、产品生命周期理论

消费者需求和现代生产技术总是处于连续的动态变化中，这一特点决定了任何产品在市场上的销售情况和获利能力都会随着时间的推移而发生变化。产品会从诞生走向成长、成熟，直至衰退。所谓产品生命周期，就是指产品从进入市场到最后被淘汰的全过程。产品生命周期指的是产品的市场生命周期，而非产品的使用寿命。它包括四方面的含义：(1) 任何产品的生命都是有限的；(2) 产品在销售时会经历不同的发展阶段，每一阶段都具有不同的特点；(3) 在产品生命周期的不同阶段，利润是不同的；(4) 在产品生命周期的不同阶段，企业需要制定相应的营销、财务、制造、采购和人事策略。

一般产品的生命周期都可以分为四个阶段，即介绍期、成长期、成熟期和衰退期（见图 8－2）。

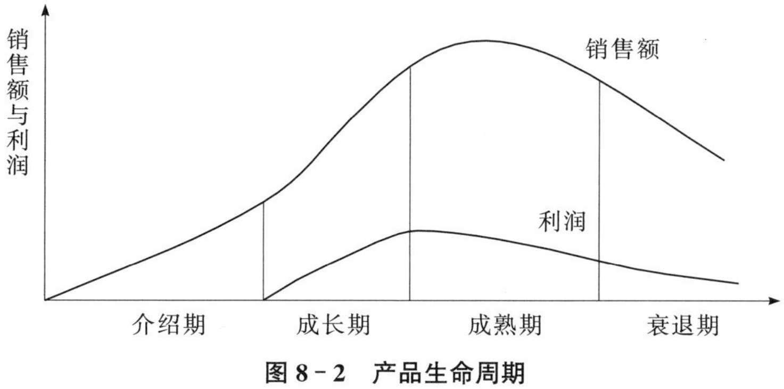

图 8－2　产品生命周期

(1) 介绍期。介绍期又称为引入期，是指一种新产品刚刚引入市场。在这一阶段，产品销售增长缓慢，企业基本上无利可图，甚至还会亏损。这是由于顾客对产品还不了解，产品销售量有限，而促销投入大，致使单位成本较高，同时企业在生产过程中可能存在一些技术上的问题，无法有效地降低生产成本。

（2）成长期。在这一阶段新产品逐渐为市场所接受，企业的顾客群不断扩大，产品的销售额迅速增加，利润额也不断上升。这是由于企业积累了一定的生产经验，获得了一定的规模效益，同时，竞争对手看到有利可图，纷纷进入市场，使同类产品供给量增加，价格随之下降，企业利润增长速度逐步减慢，最后达到生命周期利润的最高点。

（3）成熟期。产品进入成熟期时，市场需求已经趋于饱和，市场潜力下降，产品的市场销售额从显著上升变为缓慢下降。在这一阶段，竞争逐渐加剧，产品售价降低，促销费用增加，企业利润下降。

（4）衰退期。当技术进步推动新产品或替代产品走向市场时，老产品的销售额将迅速下降，利润逐渐趋于零。

据尼尔森公司分析，典型的新产品的生命周期一般为3年，而且有日益缩短的趋势。实际上，各种产品生命周期的曲线是有差异的，有的产品一进入市场就快速成长，迅速跳过介绍期；有的产品则可能越过成长期直接进入成熟期；还有的产品可能经历了成熟期以后，进入第二个快速成长期。像可口可乐、佳能等品牌则经久不衰，似乎永远没有衰退期。可口可乐在世界饮料史上已经存在很长时间了，究竟有什么魔力可以使其产品生命周期如此之长呢？它的生命周期如此之长，不是因为产品真的有什么特别之处，而是因为持续的营销创新。可口可乐的配方一直未变，其核心功能未变，一直在变的是它的附加、延伸部分，它与体育结下了不解之缘，几乎每次奥运会都是可口可乐最活跃的时期，也是其销量最大的时期。

二、产品生命周期理论与营销策略

产品生命周期反映了产品从进入市场到退出市场的全过程。在不同阶段，产品的销售额、利润额、价格、促销以及面临的竞争都有不同的特点，这就要求企业在制定营销策略时，必须考虑到这些特点，认真分析各阶段的关键因素，保证各种营销工具形成最佳组合。

（一）介绍期的特点与营销策略

产品处于介绍期时，顾客对新产品还不太了解，不愿意改变原有的消费模式。企业尚未建立理想的营销渠道和高效率的营销模式，价格政策也不完善；而产品推销费用巨大，产品单位成本高。在此阶段，企业利润较少并常常出现亏损。但此时市场竞争对手少，企业若建立有效的营销系统，围绕价格、促销、渠道等营销变量制定有效的营销策略，就可使产品迅速地渡过介绍期进入成长期。企业为了尽量缩短介绍期的时间，可以采取四种营销策略。

（1）快速掠取策略。这种策略采用高价格、高促销费用来推出新产品，以尽快占领市场。企业实行高价格是为了在每一单位销售额中获取最大的利润，高促销费用是为了迅速打开并占领市场。采用快速掠取策略的市场环境是，大多数潜在消费者还不了解该新产品，而了解该新产品的人又急于求购，并且愿意高价购买；企业面临潜在竞争对手的威胁，需要使消费者尽快建立对自己品牌的偏好。

（2）缓慢掠取策略。企业实行高价格、低促销费用的策略，以迅速打入市场，获得最高的利润。实行该策略的市场环境是：产品市场规模较小，竞争威胁不大，市场上大多数用户对该产品没有过多疑虑，顾客能够接受较高的价格。

（3）快速渗透策略。快速渗透策略旨在以低价格、高促销费用迅速地获得较高的市场占有率。企业在市场容量大、消费者对产品不熟悉、市场价格弹性大、潜在竞争激烈、成本随规模扩大而急剧下降时，可以采取该策略。

（4）缓慢渗透策略。以低价格、低促销费用推出新产品的策略即缓慢渗透策略。实行该策略的市场前提是：市场容量较大，新产品特点易被顾客理解，顾客对价格敏感，有相当多的潜在竞争对手准备加入竞争。

产品介绍期是产品成长的关键阶段，只有顺利地渡过该阶段，才能进入产品的成长期，逐步扭亏为盈，实现企业的利润目标和发展目标。

（二）成长期的特点与营销策略

新产品经过介绍期后，顾客对该产品已经熟悉，销售量开始迅速增长，这表明产品已经进入了成长期。成长期的市场特点是：销售量激增，企业利润迅速增长，在这一阶段利润达到最大；企业产品已经定型，技术工艺和关键设备均比较成熟，建立了比较理想的营销渠道；随着生产的规模化，生产成本开始降低；新的竞争对手逐步进入市场，随着竞争的加剧，新的产品开始出现，市场开始细分，销售渠道增加；企业为维持市场继续成长，需要保持或开始增加促销费用，但由于销量增加，平均促销费用有所下降。

在产品处于成长期时，企业市场营销策略的核心是尽可能地延长产品成长期的时间。从国际企业的营销变量组合来说，企业可从产品、渠道、促销、价格四个方面努力延长产品成长期。

（1）改善产品品质，增加产品新的功能，改变产品款式等。对产品进行改进，可以提高产品的竞争能力，满足顾客更广泛的需求，吸引更多的顾客。

（2）寻找新的细分市场。通过市场细分，找到新的尚未满足的细分市场，根据其需要组织生产，迅速进入新的细分市场。

（3）促销决策应从以建立产品知名度为中心转移到以树立产品形象为中心上来，主要目标是建立品牌偏好，争取新的顾客。

（4）建立灵活的价格策略。在适当的时机降低价格，以吸引更多的顾客前来购买。

（三）成熟期的特点与营销策略

产品的销售增长率到达某一点后，会趋于下降，这时产品即进入成熟期。成熟期的市场特点是：产品销售量增长缓慢，逐步达到最高峰，然后就开始下降。此时，企业的利润也开始下滑，市场竞争非常激烈，各种品牌、款式的同类产品不断出现。

成熟期也可分为三个阶段：第一阶段是成长中的成熟期，此时，各销售渠道基本饱和，只有少量的新顾客进入市场，销售增长率已经开始下降；第二阶段是稳定的成熟期，这一时期，市场已经饱和，消费总量呈平稳状态；第三阶段是衰退中的成熟期，这个阶段消费者转而购买其他产品，企业的销售额急剧下降。

在产品的成熟期，企业有三种战略可供选择。

1. 市场改良

市场改良即通过发现产品的新用途或改变推销方法来实现销售额的稳定和扩大。市场改良可从三个方面来进行：(1) 寻找新的细分市场，把产品引入尚未使用过这种产品的市场，重点要发现产品的新用途，将产品应用于其他领域，以延长产品的成熟期。(2) 刺激现有顾客，增加使用频率。(3) 寻找产品新的定位，找到有潜在需求的顾客。

2. 产品改变

产品改变即通过产品自身的改良来满足顾客的不同需求，吸引有不同需求的顾客。根据产品整体概念，产品任何一个层次的改良都可视为再推出，如提高质量、增加产品款式、提供新服务等。产品改变具体来说有四种方法：(1) 提高产品质量。据调查，人们还是把质量当作购物的第一决定因素。提高产品质量，可增强企业产品在市场上的竞争力。比如，淘宝应用大数据分析技术，对页面布局进行优化，为不同顾客提供不同的个性化页面。(2) 扩大产品的使用功能，主要是增加产品的新特性，尤其是提高产品的效能、安全性和方便性。例如，在高级轿车中增加泊车辅助系统或自动泊车系统，降低驾驶难度，提高安全性。(3) 改进产品款式。随着人们审美观念的变化和审美水平的提高，改进产品的款式，增加产品美感，能够吸引更多的消费者。国际企业要认真研究国际市场顾客的审美观念，力求通过款式上的“美、新、奇”来吸引更多的顾客。(4) 改进服务。改进服务包括提高服务水平、增加服务项目、延长服务时间和增加服务网点四方面内容，良好的服务可以促进消费者的购买，提高企业的国际竞争实力。

3. 市场营销组合改良

市场营销组合改良即通过改变定价、销售渠道及推广方式来延长产品的成熟期。其中，降价是企业吸引顾客的“杀手锏”，通过降低价格，企业往往能够吸引不少顾客。企业通过扩大销售渠道、增加销售网点、调整广告媒体等服务手段可达到同样的目的，而且这些手段竞争对手难以模仿。

（四）衰退期的特点与营销策略

产品在成熟期的末期销售量只是缓慢地下降，一旦销售量急剧下降，就表明产品进入了产品生命周期的衰退期。产品衰退期的市场特点是：产品销售量急剧下降；经过激烈竞争，价格已经降到最低水平，多数企业无利可图，被迫退出市场等。

对于仍留在市场上的企业来说，它们一般会逐步减少产品的附加服务，削减促销预算，维持最低水平的经营。这些企业可以采取的策略有：

（1）继续策略。企业继续沿用过去的策略，仍按照原来的细分市场，使用相同的销售渠道，把销售维持在较低的水平上，在适当的时机再完全退出市场。有时，继续销售某些无利润或低利润产品是为了保持品牌在消费者心目中的形象。

（2）集中策略。企业把资源集中在最有利的细分市场、最有效的销售渠道和最易销售的品种及款式上，这样既有利于企业缩短产品线，又能使企业获得最高的资本利润率。

（3）榨取策略。企业大幅降低促销水平，尽量减少销售和推销费用，以增加目前的利润，这种策略通常是企业全面退出的前奏。

（4）放弃策略。当继续经营产品确实无利可图时，企业应当立即停产；同时，要积极谨慎地开发新产品，打入新的细分市场。

三、国际市场营销中的产品生命周期

当企业从国内市场走向国际市场时，其产品便呈现出国际产品生命周期。由于国际市场十分广阔，各国的生产水平和消费习惯存在很大的差异，这就导致产品在各国市场上的生命周期有所差异。产品可能在某国市场正迅速成长，而在别国市场却出现饱和衰退迹象。一般来说，国际产品生命周期主要是指最初出口国的产品在市场上的生命周期。韦尔斯曾总结说，许多产品经过这样一个贸易周期，在该周期中美国开始是出口国，然后失去它的出口市场，最后可能变成这种产品的进口国。

国际产品生命周期通常包括以下四个阶段。

第一阶段：出口垄断阶段。在这一阶段，出口国在该产品的技术方面处于领先地位，产品的生产主要集中在国内，国际市场上没有竞争对手。虽然这时产品尚未定型，技术尚不完善，但生产技术已成为阻碍其他国家产品进入该市场的壁垒，出口国维持着优势垄断地位。

第二阶段：仿制阶段。随着产品销路的打开，其他技术先进的国家研究并学会了产品的制造技术，开始在国内仿制该产品，由此产品生命周期进入第二阶段。

第三阶段：竞争阶段。随着其他国家生产技术的提高和市场规模的扩大，其他国家产品的生产成本开始降低，竞争能力逐步增强，并开始与最初出口国的产品展开竞争，试图在国际市场上挤掉最初出口国的产品。但是在最初出口国国内，由于各种贸易壁垒的保护作用，其他国家的产品还很难进入。

第四阶段：淘汰阶段。在这一阶段，其他国家的产品打入最初出口国，使得最初出口国的产品在国内市场和国际市场同时走向衰退，其他国家的后发优势使得其产品的竞争力大大超过了最初出口国，最初出口国的产品失去竞争优势，逐步退出市场，进入淘汰阶段。该产品的生命周期在最初出口国结束时，在其他国家还处在产品生命周期的第二阶段或第三阶段。

四、产品生命周期理论在国际市场营销中的运用

产品生命周期理论具有重大的实践指导意义，国际企业的营销人员可以将产品生命周期理论应用于以下几个方面。

（1）选择目标市场。企业可以通过分析各国同类产品的生命周期阶段，来判断该进入哪一国市场。企业一般应选择产品处在介绍期、成长期、成熟期早期的国际市场，对于处在成熟期的国际市场要慎重决策、考虑周全，对于处于衰退期的目标市场则应采取放弃策略。

（2）决定营销组合。产品所处的生命周期阶段不同，企业的营销组合就应有所变化。根据各国同类产品的生命周期，企业可以分别为各国制定不同的市场营销组合策略。

（3）调整国际市场的产品销售结构。由于各国产品的生命周期阶段不同，各国的产品需求量就有所差异。企业应根据各国市场的实际需求调整产品的供应结构，避免技术落后，实现利润最大化。

产品生命周期理论对国际市场营销具有重要影响，那么企业应怎样判断自己产品在国际市场的生命周期呢？一般来说，判断产品生命周期的方法有两种：定性法和定量法。

（1）定性法包括特征对照和类比两种方法。特征对照法是将新上市产品与企业以前在市场上销售的同类产品的生命周期相对比，来判断新产品的生命周期阶段。类比方法是将新上市产品与其他企业已经在市场上销售的类似产品的生命周期来对比，以判断新产品所处的生命周期阶段。特征对照法在企业已有产品上市时比较适用，而在没有同类产品相对照时，企业就可选择其他企业的同类产品进行比较，但要注意两种产品的类似性，若两种产品差异太大，类比就没有意义了。

（2）定量法包括产品普及率比值法和销售增长率比值法两种。产品普及率比值法是通过产品饱和普及率与当时的实际普及率相比较来判定产品的生命周期。销售增长率比值法是用产品销售增长率的数据制定定量标准划分产品生命周期的各个阶段。其具体的计算公式为：

$$R=\frac{X_t-X_{t-1}}{X_{t-1}}$$

式中，R 为销售增长率；X_t 为本期销售量；X_{t-1} 为上期销售量。

若 $R>10\%$，产品处在成长期；若 $1\%<R\leqslant10\%$，产品处在成熟期；若 $R\leqslant1\%$，产品处于衰退期。

应该说，定性法和定量法都有其片面性。企业最好能够同时使用这两种方法，这样得出的结论才更为客观和科学，具有较高的可信性。

此外，值得注意的是，企业的国际市场营销行为也影响着产品在一国的生命周期。我国的 A 级汽车市场的变化便是一个典型的案例。以我国汽车行业的发展变化为例，在 21 世纪前，南北大众与东风汽车集团占据了我国汽车市场的半壁江山，两大巨头旗下的捷达、桑塔纳和富康等车型畅销 20 余年，市场保有率极高，各车型的生命周期都较长。后来，日韩汽车厂商进入我国的汽车市场，通过对畅销车型的快速更新以及配套的热点营销手段，大大缩短了各种产品的生命周期，单一品牌车型市场保有量普遍不高。可以说，正是日韩厂商在中国市场的这种急促频繁的营销行为缩短了中国市场上汽车的平均生命周期。现在，无人驾驶、新能源驱动等方兴未艾，数字化、网络化、智能化等理念成了汽车行业宣传营销的新主题。可以预见，一旦有厂商在节能、新能源、智能化、车联网等方面取得重要突破，随之而来的企业营销活动极可能加速一大批汽车产品的衰退。

第 4 节　国际新产品开发策略

一、新产品的概念和新产品开发的风险

根据产品生命周期理论，任何产品都会经历由兴到衰的过程。随着消费者需求和品位的不断变化、技术的日新月异、产品周期的不断缩短，以及国内外公司竞争的加剧，企业产品的淘汰率不断提高。企业为了维持长期生存与发展，必须及时地推出新产品。党的二十届三中全会指出，“强化企业科技创新主体地位，建立培育壮大科技领军企业机制”①。在国际市场上，只有那些能够及时开发新产品的企业才能立于不败之地。现代市场营销理论认为，企业的产品只要在功能或形态上发生改变，与原产品之间产生差异，即可视为新产品。

关于对新产品的认识，有两种概念。一种是技术导向型的新产品概念，认为“新产品是运用新技术、新材料，或具有新功能、新结构、新利益的产品”。还有一种是营销导向型的新产品概念，认为“只要改变了消费者对产品的认知，就是新产品”，因为无论新产品具备多少技术创新，或可能给消费者带来多大的利益，产品创新只有被目标消费者识别才有价值，否则，只能是“怀才不遇”的新产品。传统

① 中共中央关于进一步全面深化改革　推进中国式现代化的决定．北京：人民出版社，2024.

的技术导向型的新产品概念阻碍了产品创新，使得人们认为，产品创新是一项技术工作而不是营销工作，是技术部门的事，与营销人员无关，以致很多业务员把没有适销对路的产品作为推卸责任的借口。

新产品一般可分为以下几类：（1）全新产品，即运用最新的科学技术生产出的整体创新的产品。（2）革新产品，即改变产品部分特性的产品。（3）变异产品，即对产品外观、形态、款式做出调整的新产品。（4）新品牌产品，即在原有产品基础上更改品牌名称的新产品。（5）引进的外来产品。对国际企业而言，除了可以自己开发新产品，还可以通过兼并、购买拥有新产品的企业，购买新产品的专利权、特许权，与其他企业合作开发等方式获得新产品。

虽然开发新产品对国际企业的生存和发展具有重大意义，但企业在开发新产品时面临巨大的风险。新产品开发的风险是不可避免的，通常表现在如下四个方面。

（1）市场容量估计错误。由于市场需求和市场环境的变化，企业的市场预测往往会出现误差，出现高估市场规模的情况，而实际上，市场容量有限，企业无法获得足够的利润回报，甚至难以收回投资。

（2）技术革新程度不够。囿于企业的技术水平或是企业对技术革新程度的认识不足，企业研制的新产品可能与消费者的预期存在差距，那么这种新产品就是失败的。

（3）资金风险。新产品开发是一项耗资巨大的工程，开发费用过高会使企业资金不足，最终使新产品夭折。

（4）国际政治风险。国际政治风云变幻，具有不稳定性，这对新产品开发也有很大的影响。企业为某国市场开发的新产品可能因政治事件或该国政府的限制而无法进入该国市场。

二、影响新产品开发成功的因素和新产品开发策略

营销专家经过长期研究发现，新产品开发成功的第一要素是产品必须具有强大的优势，如高质量、新特点、高使用价值等；第二要素是企业在开发之前就已经很好地确定了产品概念；其他一些要素是技术与营销的协同性、开发过程中的高标准以及市场的吸引力等。国际企业营销人员必须深入把握这些要素，提高新产品开发的成功率。这里我们着重分析产品本身和市场对新产品开发的影响。

（一）产品因素

（1）相对优势，即新产品相对于原有产品的优越程度。新产品的相对优势越大，新产品被接受的速度就越快，市场扩展越容易成功。

（2）适应性，即新产品越适应国外市场的价值观、消费习惯和偏好，其普及速度就越快。

（3）简易性，即新产品的功能和使用方法容易被消费者掌握的程度。新产品的

用法越简单，消费者越容易接受。

（4）可分性，即为了适应不同目标市场的购买力水平和消费习惯，新产品可以拆开重组的灵活性。调查表明，新产品的可分性越强，市场接受也越快。

（5）易传播性，即新产品的性质或优点是否容易被人们观察和描述，是否容易示范。如果企业可以比较容易地把一种新产品介绍给潜在顾客，这种产品就容易扩散。

（二）市场因素

（1）顾客的消费观念。如果顾客消费观念开放，容易接受新产品，产品就容易推广；若目标顾客消费观念保守，则新产品就难以被他们接受。

（2）顾客的消费水平。顾客的消费水平将直接决定他们采用新产品的能力。消费水平高的市场比较容易接受新产品。

（3）市场竞争状况。在市场竞争不激烈、市场供应品种少的情况下，消费者的选择少，被迫接受新产品的可能性较大。

市场特征影响新产品投放的成败，对于欢迎新产品的市场和消费者来说，如果国际企业没有能够及时地推出新产品，也将迅速地被消费者遗忘，并让位于不断推陈出新的竞争对手。以手机产品为例，曾经的行业巨头摩托罗拉 2005 年凭借以 V3 为代表的 RAZR 系列手机获得数十亿美元的利润，然而由于未能及时推出迎合市场的新机型，其在全球手机市场的占有率迅速由 2006 年的 22.2%下跌至 2008 年的 12%，2011 年谷歌以约 125 亿美元收购了摩托罗拉移动。有超过百年发展历史的诺基亚由于未能及时推出有竞争力的智能手机，其市场份额不断被三星和苹果等品牌手机蚕食。2014 年 11 月，诺基亚发布了“Nokia N1”平板电脑，搭载使用安卓操作系统。然而诺基亚先机尽失，想东山再起已绝非易事。

（三）新产品开发策略

国际市场营销学理论认为，国际企业通常可以采取以下几种策略来开发新产品。

（1）优质策略。即在较高层次上开发新产品，做到起点高、性能好、包装美观。

（2）时效策略。即针对市场需要，尽快地开发出新产品，抓住稍纵即逝的市场机会。

（3）组合策略。即将两种或两种以上的产品功能融进一种产品，使产品的功能向纵横两方面延伸，增加产品的附加价值和吸引力，如智能手机在传统通信功能基础上结合办公、娱乐、导航等一系列功能。

（4）统一策略。信息技术的发展和交通条件的改善拉近了人们之间的距离，国际市场的同质性也在增加，企业可以针对这种趋势，开发出同一种新产品，满足国际市场的不同需求。

（5）价值策略。企业可以开发价值效用大于老产品的新产品，满足顾客效用最大化的需要。

（6）美感策略。企业开发新产品时，在保证物美价廉的基础上，迎合消费者的审美情趣，生产出具有美感的新产品。企业在采取这种策略时，要注意不同市场审美观点和审美习惯的差异。

值得一提的是，我国本土中小企业由于没有强大的研发和推广实力，只有采取“试错法”开发更多的产品交给市场去检验，虽然新品可能并不成功或周期很短，但货架上总有新品上市，从而建立了“快速设计体系”这一产品开发策略，形成与跨国公司百年产品的“经典设计体系”不同的丰富的产品系列和独特的新产品开发理念。我国本土中小企业善于快速模仿创新。当我国企业以极快的速度推出新产品时，那些经典产品极有可能会被不断翻新的新品淹没。例如，在义乌批发市场上，一款产品刚刚上市，便有多款更新的产品问世替代它。在竞争较为激烈的市场条件下，这种新品研发体系可以帮助企业更好地摸准市场需求的脉搏，保持较高的市场敏感度。

三、国际市场新产品开发程序

国际市场新产品的开发是个程序性的过程，一般要经过八个步骤，即产品构思、构思筛选、产品概念形成与测试、初拟营销规划、商业分析、新产品研制、市场试销和商业化。

（一）产品构思

构思就是为满足一种新需求而提出的设想，把比较现实的有代表性的种种设想加以分析、综合，形成系统的新产品概念。产品构思是提出新产品创意的基础。在产品构思阶段，企业营销主管的任务就是积极寻找新设想，鼓励企业员工提出新设想，并将各种设想予以综合，最终形成适合企业使用的产品构思。比如干奶片、果汁饮料、壁球，或许最初来自这样一些创意：牛奶是喝的，能否让消费者吃牛奶？水果是吃的，能否让消费者喝水果？能否一个人打乒乓球？这些最初的构思最终都形成了某种产品。

1. 新产品构思的来源

顾客、企业的子公司、竞争对手、科学家和企业的高层管理人员都可以是新产品构思的来源。

（1）顾客。顾客的需求是新产品构思的起点，企业应当通过市场调查了解消费者需求来构思新产品。相当一部分企业认为，顾客是其新产品创意的最佳来源。比如，海尔推出了定制服务，针对顾客的个性化要求设计产品，持续更新产品，提升顾客体验。

（2）企业的子公司。企业在各国市场的子公司经常与该国顾客打交道，它们知道国际市场顾客的真正需求，同时它们也了解竞争对手产品的优势和劣势。例如海尔通过其美国子公司，发现了当地市场对小型冰箱的需求缺口。在其他家电制造商忽视这一领域时，海尔迅速推出价廉物美的小型冰箱，成功进入北美市场。这一创新不仅帮助海尔站稳脚跟，还进一步扩大了其在美国市场的产品线和品牌影响力。

（3）竞争对手。通过分析竞争对手的成功和失败之处，企业往往可以获得创意，这对企业开发新产品具有很大的指导意义。例如，早在 1969 年，瑞士一家公司便研制出了世界上首只石英电子手表，但并未投产，日本的西铁城公司对此表示了极大的关注和兴趣，迅速研制出电子手表并投入市场试销，结果深受消费者欢迎，由此，西铁城独领世界电子手表市场新潮流达 20 年之久。

（4）科学家。随着科学技术的发展，新产品创意中的技术含量越来越高，科学家理所当然地成为新产品创意的主要来源之一。美国太空项目的研究间接引出了许多具有商业实用价值的新产品，如从电脑模拟程序到手表。科学家对材料学的研究成了产品包装革命的基础。

（5）企业的高层管理人员。企业的高层管理人员可以超然于企业和市场来考察新产品，因此，新产品开发人员可以从企业的高层管理人员那里获得新产品构思。比如，风靡全球的苹果智能手机就是源于乔布斯及其领导下的设计团队对简约主义的极致追求。早在 1994 年，IBM 就曾投放过一款名为“IBM SIMON”的产品，该产品配备有使用手写笔的触摸屏。而后智能手机又有所发展，但这部分产品均以企业用户为目标，以嵌入商务软件的形式提供，产品不受普通消费者欢迎。2007 年，苹果公司的 iPhone 配备了几乎所有操作都以触摸屏完成的用户界面、基本与个人电脑等同的浏览器、电子邮箱等功能，在第一款智能手机出现十几年后，这款风格简约、操作方便的 iPhone 掀起了智能手机热潮。

随着数字技术的发展，产品构思、创意的来源已经逐渐不限于人们的思考，生成式人工智能的出现为产品设计提供了新来源，如何更好地将人工智能与产品创新相结合成为数字时代企业创新所面临的挑战。

2. 新产品构思方法

国际市场营销人员寻找新产品构思的主要方法有以下几种。

（1）产品属性排列法。企业可将现有产品的属性一一列举出来，然后寻求改进每一种属性的方法，在此基础上形成新产品的创意。

（2）强行关系法。列举出若干不同的产品，然后考虑每种产品之间的关系，产生一种新的产品创意。

（3）多角分析法。先将产品的重要因素抽象出来，然后具体地分析每一种特性，再形成新的创意。

（4）聚会法。召集企业员工和若干专家聚会讨论新产品的创意。聚会前，企业要准备好提纲并给每位与会人员充分准备的时间，会上每位代表都应畅所欲言，充分交流思想，经过层层讨论最后形成创意。

（5）顾客问题分析法。这种方法首先调查顾客使用产品时发现的问题和产品有待改进的地方，然后将这些意见进行提炼加工，形成新产品创意。

（二）构思筛选

企业获得足够多的构思之后，要对构思进行评估，选出那些符合本企业发展目标和长远利益及与企业资源相协调的创意，从而保证新产品开发的成功。

企业通常根据以下标准来对构思进行筛选：（1）市场成功的条件，包括产品潜在市场的大小、市场的竞争程度及企业获利的大小。（2）企业内部条件，即企业资源、技术水平与管理能力是否适应该新产品。（3）销售条件，即企业的销售人员、销售渠道是否有足够的能力推销该新产品。（4）企业的利润目标和销售增长率水平。

企业在筛选构思时，要注意避免两种过失：（1）误漏某种良好的产品构思。造成这种结果的原因，一是思想太保守；二是没有统一的评价标准。例如，复印机刚出现时，施乐抓住了这一机会，柯达和IBM则没有认识到其广阔的市场前景。（2）采纳了某种错误的产品构思，将产品投入市场，导致失败。这种失败又可分为三种，即产品彻底失败，销售额太低，连成本都无法收回；产品部分失败，没有利润，但可收回开发成本；产品相对失败，即产品产生的利润低于企业的正常水平。

（三）产品概念形成与测试

产品概念是从消费者角度出发对构思的详细描述。新产品构思经过筛选后应发展为更为具体、更为明确的产品概念。形成产品概念，要经过产品设计和测试两个步骤。产品设计的基本任务是将产品构思发展成几种产品设计方案，以文字、图形、模型等方式描绘出比较明确的产品概念。产品概念测试就是将产品设计展示于一群目标顾客面前，以观察他们的反应。它的基本任务是对每一个具体方案加以评价。现在许多公司经常通过3D打印技术为产品制作立体模型，或者通过模拟现实的方法来进行概念测试。经过产品概念测试，企业不仅可以得到比较清晰的产品概念，还可了解新产品概念的潜在价值，使产品概念趋于完善。

（四）初拟营销规划

企业形成产品概念后，应将产品概念文字化，形成营销规划草案。营销规划通常由三部分组成：第一部分描述目标市场的规模、结构、行为，新产品在目标市场上的定位，头几年的销售额、市场占有率、利润目标等；第二部分阐述新产品的预期价格、分销策略以及第一年的市场营销预算；第三部分阐述长期销售额和目标利润以及不同时期的市场营销组合。

（五）商业分析

商业分析实际上是对新产品在各国市场上相容性的分析。在进行这种相容性分析时，国际市场营销人员应考虑以下问题：

（1）目标市场国的市场规模有多大？需求持续的时间为多久？企业将达到什么样的利润水平？

（2）导入新产品对企业整体销售额、成本和利润会产生什么影响？

（3）企业现有的资源、技术与能力能否完成新产品项目？

（4）是否需要进行固定资产更新？

（5）新产品与旧产品的相关性如何？

（6）新产品项目的资金是否有保障？若使用借贷资本，其资金成本是多少？

（7）国际市场的变化对新产品开发有何影响？

新产品开发的商业分析实际上是新产品开发的经济效益分析。这包括两个步骤：销售额估计和成本估算。销售额估计可以采用新产品系数法，计算公式为：

$$R = AB\frac{CDE}{X}$$

式中，R 为新产品系数；A 为技术上成功的概率（$0 \leqslant A \leqslant 1$）；$B$ 为市场成功率（$0 \leqslant B \leqslant 1$）；$C$ 为预期的年销售量；D 为预期的价格；E 为产品生命周期；X 为固定成本总额。

A 和 B 的具体数值一般由企业根据企业的技术开发能力，参照市场上类似产品的发展历史并考虑各种市场因素、竞争因素确定。A 和 B 的乘积实际上是产品开发的风险概率；CDE/X 实际上就是销售收入为初始投资的多少倍。新产品系数越大，企业盈利的可能性就越大。

估计新产品的销售额时，必须考虑新产品的市场购买频率，即这种产品是一次性购买的产品、偶尔购买的产品还是经常购买的产品。新产品的销售额经历介绍期、成长期、成熟期以后，会随着潜在顾客数量的减少而下降到零。估计销售额时应计算最初购买和重复购买两个部分，预测的销售额等于重复购买销售额与首次购买销售额之和。企业估计国际市场上的重复购买销售额时，必须考虑产品的使用时间和当时的国际经济形势。预测完销售额之后，企业就可以推算出产品成本和企业利润。研究与开发部门、生产部门、市场营销部门和财务部门应共同讨论、估计成本，推算出利润。

（六）新产品研制

经过商业分析，若新产品确实有利可图，研究与开发部门或技术工艺部门就可以把新产品概念转化为产品，进入试制阶段。在这一阶段，还要进行包装和品牌设计。进行新产品研制的目的主要是验证产品概念能否成为技术上和商业上可行的产品，如果不能，就应停止该产品的市场开发。

新产品应该具有新产品概念所规定的各项功能和特征，并要进行严格的测试与检查，包括功能测试和消费者测试。功能测试检测新产品是否安全可靠，性能质量是否符合国际产品标准等。

如果产品符合下列要求就可以认为该产品是成功的：(1) 符合目标市场国的产品标准，消费者认为产品具备产品概念中所列举的各项主要指标。(2) 可以安全地发挥功能。(3) 符合企业的成本预算。

（七）市场试销

经过功能测试与消费者测试，对于符合要求的产品，应投放到具有代表性的小范围市场上进行试销，其目的在于了解消费者和经销商对于经营、使用和再购买这种新产品的实际情况以及市场大小，再酌情采取适当对策。

进行新产品市场试销，必须做到：(1) 确定试销的范围和细分市场。进行试销的市场应是企业目标市场的组成部分，具有它的一切特征。(2) 确定试销时间。试销时间的长短一般应根据该产品的重置购买率来决定，对于经常购买的产品，试销的时间应当长一些。(3) 确定试销中所需了解的资料。(4) 确定试销所需的费用开支。

市场试销的规模取决于两个方面：一是投资费用、风险的大小；二是市场试销费用和时间。投资大、风险高的产品，试销的规模应大一些；反之，就可小一些。所需市场试销费用多、时间长的新产品，市场试销规模应小一些；反之，市场试销的规模就应大一些。

试销结果与相应措施如表8-2所示。

表8-2　试销结果与相应措施

试买率	再买率*	相应措施
高	高	进行大批量生产和销售
高	低	重新设计或放弃生产
低	高	增加广告、加强促销
低	低	放弃生产

* 包括经亲友介绍而购买的消费者。

（八）商业化

经试销成功的新产品，就可批量投入市场。在决定向国际市场推出新产品时，企业应做出下列决策。

(1) 投放时间。在产品尚未完全适合市场和顾客的消费习惯、营销网络尚未健全或者顾客对产品的需求尚未足够大时匆忙地推出产品，一般会遭受挫折。对于用来替代企业其他产品的新产品，应在老产品库存较少的情况下上市；对于季节性需要的新产品，应在市场需求最旺盛的季节投入市场；对于竞争性产品较多的新产品，应抢在竞争对手之前把产品推向市场。

(2) 投放地点。企业一般应在某国的某地区市场上开展促销活动，获得一定的市场份额之后，再向该国其他地区市场扩张，实力雄厚的公司也可选择整个国际市场投入新产品。企业评价投放地点的标准有：市场潜力、企业在该市场的营销能力、该地区对其他市场的影响力度、竞争对手在该地区的状况等。

（3）市场营销组合。企业应对各国市场的营销活动分配预算，决定各种营销组合，规定各种促销活动的先后顺序，使新产品迅速打开国际市场，其中，营销策略的创新尤为重要。例如，企业可以运用现场演示的方式减少消费者对于新产品的抵触情绪和陌生感；通过意见领袖等公众推崇的人物推介新产品，以起到带头消费和示范消费的作用；通过全方位的宣传和人为控制的适当紧俏的市场供给状态，引发市场更强烈的购买欲望；利用消费者个人的关系网络进行营销，拉近买卖双方的距离，比如，2020 年 12 月在港股上市的泡泡玛特（POP MART），依托盲盒营销，利用消费者的猎奇心理吸引消费者重复购买，同时社交媒体的繁荣为盲盒营销的爆发提供了肥沃的土壤，众多年轻人在社交媒体上的分享，迅速助推其利润猛增。

案例分析

泡泡玛特的产品策略

2024 年 7 月，第 33 届夏季奥林匹克运动会在巴黎拉开帷幕。而在赛场外能看见众多中国品牌的身影，它们正借助奥运会这一国际赛事开拓海外市场。泡泡玛特于巴黎奥运会举行期间宣布其位于法国巴黎卢浮宫的旗舰店正式开业，成为首个成功进驻卢浮宫的中国潮玩品牌。

泡泡玛特在 2020 年港股上市后，一度经历了长期的业绩下滑、股价下滑，2024 年终于迎来转折，业绩出现大幅增长：2024 年三季度整体收入（未经审核）同比增长 120%~125%。其中中国内地收入同比增长 55%~60%，中国港澳台及海外收入同比增长 440%~445%[①]。泡泡玛特的业绩飞升离不开海外市场的贡献。泡泡玛特官网显示，集团从 2018 年开始全球化布局，目前已入驻韩国、日本、新加坡等 23 个海外国家及地区，在美国、英国、加拿大、新西兰等国家开设了多家线下门店。其海外市场扩张首先从邻近国家日韩开始，后来转向东南亚市场，并逐渐向欧美地区扩张，泡泡玛特已经成为名副其实的国际化潮玩品牌。

泡泡玛特的雏形起源于 2010 年“格子铺”的流行，其创始人王宁在北京开了一家潮流文创零售店，2015 年转型为泡泡玛特潮玩店，而后签约了 Molly 开始专门售卖“盲盒”。盲盒是指在同一系列包装内装有同一种设计风格或者新材料设计的玩具娃娃或卡通手办的盒子，内容大多是动漫 IP（Intellectual Property）或是影视作品的周边，也有一些设计师的个人创作。这种产品的特别之处在于外包装不会给消费者提示信息，仅仅展示整套系列的预览图，在打开盲盒的包装之前，里面物品的样貌是未知的，只有当消费者打开时才会知晓答案。盲盒是泡泡玛特售卖的最主要潮玩产品形式，近几年其营业

① 老外也爱玩盲盒？泡泡玛特打造百亿生意．（2024－10－25）．https://news.qq.com/rain/a/20241025A096QM00.

额的大幅增长也离不开“盲盒文化”的盛行。

“盲盒文化”并不能完全概括泡泡玛特的成功之道，其旗下产品经久不衰的另一原因在于丰富的产品设计。除去其最经典的Molly系列外，泡泡玛特以极高的频率不断推出各类IP盲盒，如哈利·波特、迪士尼、小猪佩奇等。官网显示，泡泡玛特合作艺术家包括Molly等23位，合作品牌包括迪士尼等22个。除泡泡玛特长期合作艺术家推出的产品外，国内近年掀起的跨界联名热潮同样是泡泡玛特推出新产品、扩大品牌知名度的方式，合作的品牌类别覆盖了各个领域，跨越了其自身品牌领域的局限性，比如与饮品品牌瑞幸咖啡联名推出一系列周边、与运动品牌安踏联名推出极具设计感的运动服饰、与美妆品牌曼秀雷敦联名推出系列产品等，每款联名产品均销量火爆。种类与影响力是潮玩品牌产品的根本，但泡泡玛特在IP上增加了无数种极限可能的创意，设计能力与生产能力都明显区别于其他潮玩品牌，这也是其品牌核心竞争力所在。

泡泡玛特已经走出中国的核心市场，大举进军国外市场，其中在东南亚地区取得了不俗的成绩。2023年9月，泡泡玛特在曼谷开设泰国首店，包括Labubu在内的IP开始在泰国流行。2024年7月，受到名人带货效应的影响，加之产品背后故事的理念符合青年追求，泰国掀起了“Labubu热”，在青年群体中形成了一种独特的文化符号，泰国旅游局还授予Labubu“神奇泰国体验官”的称号①。一众产品在泰国的爆火迅速提升了泡泡玛特的营业收入，并加速其海外版图的扩张。同时，市场的扩张还伴随着产品设计的疯狂涌现，由于海外市场需求与偏好和国内存在较大差别，泡泡玛特在国外开设新店时，会随之推出一系列独家产品，并针对当地市场需求进行产品设计。泡泡玛特在英国伦敦的线下门店开业时，同步特别推出一系列限定收藏手办，并邀请艺术家进行现场创作，进一步增加了产品的多元性，吸引众多消费者前去抢购，打造了独特的文化氛围，取得了巨大成功。

问题

1. 泡泡玛特采取了怎样的产品开发策略？
2. 影响泡泡玛特进行产品营销的因素有哪些？

思考题

1. 简述国际产品整体概念。
2. 试述国际产品差异化策略与国际产品标准化策略的不同含义。
3. 如何用产品生命周期理论来解释企业的跨国投资与经营行为？
4. 国际新产品开发可能存在的风险有哪些？

① 泡泡玛特IP全球影响力跃升 LABUBU获授“神奇泰国体验官”．(2024-07-02)．https://xueqiu.com/6614271861/295917944.

第9章
国际市场品牌策略

本章要点

1. 品牌是商品与商品的区别性标志，国际品牌不仅有文化含义，还包含丰富的经济内容。

2. 国际市场品牌决策包括品牌化决策、品牌归属决策、品牌选择决策等。

3. 品牌延伸是实现品牌无形资产转移的有效途径，它包括跨类延伸和线内延伸。

4. 在国际市场的复杂环境中，企业可以从经营和法律的层面对品牌进行多重保护。

品牌最初作为商品与商品的区别性标志，只是一种简单的识别符号，但随着社会经济的发展，人们对品牌的认识也在不断加深。对于现代企业来讲，品牌资产已成为企业最重要的一项无形资产。对于国家发展来讲，品牌已然成为国家竞争力的综合体现。习近平总书记高度重视品牌建设，强调要“推动中国制造向中国创造转变、中国速度向中国质量转变、中国产品向中国品牌转变”①，“因地制宜发展新质生产力，打造更多叫得响的品牌”②。从国际市场营销角度讲，知名品牌和世界名牌意味着产品在世界市场上的地位和国际市场占有率。因此，国际市场品牌决策应成为重要的国际市场营销策略。

第1节　品牌与国际品牌

一、品牌的含义

什么是品牌？目前国内外学者尚无一个统一的表述。美国市场营销学会

① 中共中央文献研究室．习近平关于科技创新论述摘编．北京：中央文献出版社，2016：4.

② 习近平在湖北考察时强调鼓足干劲奋发进取久久为功善作善成奋力谱写中国式现代化湖北篇章．(2024－11－06)．新华网．

（AMA）对品牌的基本定义是：品牌是一种名称、术语、标记、符号或设计，或者是它们的组合运用，其目的是借以辨认某个销售者或某群销售者的产品及服务，并使之与竞争对手的产品和服务区别开来。其中，这些品牌的名称、术语、标记、符号或设计，或者它们的组合称为品牌元素。

依据品牌的基本含义，可把国际品牌解释为：在世界范围内使用某个名称、术语、符号、设计或以上这一切的组合，旨在表示某一卖主的商品或服务，使它们与竞争对手区别开来。成功的国际品牌在世界范围内具有较高的知名度、美誉度和良好的市场表现，为各国消费者所喜爱，如电脑品牌联想、戴尔、惠普；软饮料品牌可口可乐、百事可乐等。

二、国际品牌的整体含义

品牌是个概括性名词，包括品牌名称、品牌标志、商标和其他要素。品牌名称是指品牌中可以用语言称呼的部分，如海尔、可口可乐、万宝路等。品牌名称是品牌的文字符号，具有专用性，好的品牌名称是企业传播产品和品牌形象的良好基础。品牌标志或许不能用语言称呼，但可以使用被人识别的符号、图像、图案或与众不同的颜色等以及它们的组合。例如每一台使用英特尔处理器的计算机上都会在醒目处标志“Intel Inside”，当用户买到这样的计算机时，就会觉得获得了性能和速度的保证；国际快餐连锁集团麦当劳，则以其金色双拱门的 M 形标志享誉全球，引发人们对安宁和快乐的向往。商标是经政府有关部门注册登记的品牌，品牌一经商标化，企业就有专有使用权，其他企业不得仿效使用。所有的商标都是品牌，但并非所有的品牌都是商标，品牌与商标的区别在于是否经过法律手续被政府认可。

国际品牌实际上代表着卖者对交付给买者的产品特征、利益和服务的一贯性承诺，它包含一系列复杂的内容。国际品牌的整体含义可以分为六个层次。

（1）属性。一个品牌首先给人带来特定的属性。例如奔驰意味着昂贵、工艺精湛、马力强大、转卖价值高、速度快等。公司可以采取一种或几种属性为汽车做广告。多年来奔驰的广告一直强调它是“世界上工艺最佳的汽车”。提到“沃尔沃”，人们首先想到的就是“安全”，这被认为是沃尔沃汽车的第一属性。

（2）利益。品牌虽然代表着产品属性，但顾客购买的并不是属性而是利益，属性需要转化为功能性或情感性的利益。例如，昂贵的属性体现了情感性利益，“这辆车让我感觉到自己很重要，并受人尊重”；耐久的属性体现了功能性利益，“多年内我不需要再买一辆新车”；制作精良的属性既体现了功能性利益，又体现了情感性利益，“一旦出事，我很安全”。

（3）价值。品牌体现了生产者赋予其产品的某些价值。在品牌同质化日益严重的今天，企业要建立有竞争力的品牌，必须为产品创造超越使用价值的独特价值。这种价值不仅仅体现在为消费者提供产品、为消费者解决实际问题上，更体现在满足其精神需求、降低消费者的风险等方面。奔驰汽车代表着高绩效、安全，更是财富与地位的象征。品牌营销人员应当分辨出对这些价值感兴趣的消费群体。

（4）文化。品牌象征着一定的文化，比如奔驰汽车就代表着组织严密、高效率和高质量的德国文化。

（5）个性。品牌本身也反映产品的一定个性。奔驰汽车可能会让人想到严谨的老板、凶猛的狮子或庄严的建筑。

（6）使用者特点。品牌暗示着购买或使用产品的消费者类型，比如奔驰汽车的驾驶者大多是有一定资历、阅历且较为成熟的职业经理人。

当品牌具备以上六个方面的含义时，称为深度品牌，而品牌最持久的含义是其价值、文化和个性，它们构成了品牌的实质。奔驰就是一个深度品牌，因为我们能从六个方面理解它，它代表了高技术、杰出表现和成功等，其公司必须在其品牌策略中反映出这些价值含义，如果它以“奔驰”的名称推出一种廉价的小汽车，那将是一个错误，因为这会严重削弱公司多年来苦心经营的品牌价值和个性。

对于不同档次的产品，品牌的作用是不同的。同样是有品牌的产品，对于低端产品，品牌只是个简单的识别符号，它不具备概括力。对于中端产品，品牌已经具有初步的代表作用，消费者宁愿多付一点钱。在高端产品中，品牌已是产品的代表者，具有高度代表作用，也就是说，品牌承诺已可以等同于产品承诺，不需要另外的说服，而且消费者乐意为品牌多付钱，按不同的品牌付钱。

品牌在不同档次产品中的作用如图 9－1 所示。

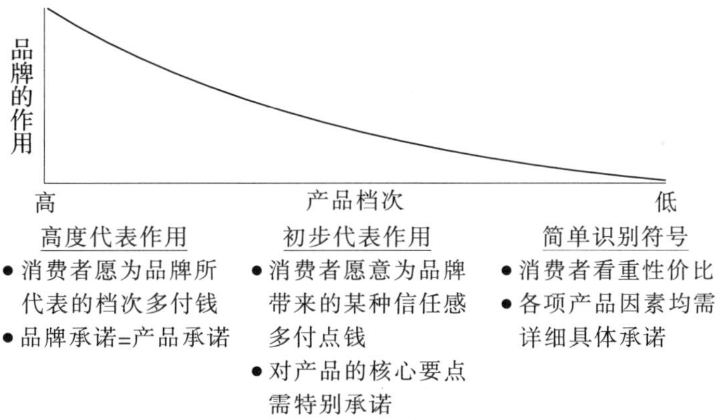

图 9－1　品牌在不同档次产品中的作用

另外，即使在同一档次的产品中，品牌对不同类别的产品的影响力也是不同的。例如，买一个靠垫，消费者可能认为品牌不重要，而买电脑、手机，品牌就比较重要。在有些产品中品牌是非常重要的，比如牙膏、瓶装饮料等，因为这些产品的同质化程度非常高，让消费者产生选择性购买行为只有实施个性化的品牌策略。所有这些都说明品牌是一个包含丰富经济内容的概念，如果只把品牌当成一个名称或符号，那就低估了品牌的意义。

第2节　品牌价值

品牌之所以有魅力，是因为品牌是有价值的。品牌价值（brand value）是对品牌的量化分析，是企业品牌竞争力的集中表现。在同类商品市场上，一个品牌的竞争力表现为开拓市场、占领市场的能力，将品牌在市场上表现出来的竞争力用一种单位来衡量，就有了品牌价值的含义。

一、品牌价值的含义

品牌价值是对品牌作为一种资产和一种权益的价值量化，是通过专业评估测算出来的某一品牌的全部有形资产和无形资产价值的总和，是品牌资产的货币表现。

品牌价值包括品牌的外延和品牌的内涵。品牌的外延是指品牌的外在消费价值，例如某品牌质量有保障，有良好的售后服务，这样的品牌值得信赖，则意味着该品牌已经完成了外在消费价值的积累，这是品牌经营之本。品牌的内涵即产品的独特功能、被消费者认知的程度、产品所包含的价值和带给人们的利益构成的要素等，倘若某品牌可以很好地满足消费者精神上的需求，能够最大限度地塑造品牌忠诚，则意味着该品牌已经兼具了内在的精神指向价值，这是品牌经营的长胜之道。比如可口可乐公司曾“口出狂言”，称假如可口可乐公司的所有工厂突然着了大火，在一夜之间化为灰烬，可口可乐王国也能很快重建，这种自信来自可口可乐公司的品牌价值。正是在这个意义上，广告专家莱利·莱特有句名言，拥有市场将比拥有工厂更重要，拥有市场的唯一办法是拥有占市场主导地位的品牌。之所以说拥有市场比拥有工厂更重要，是因为产品是工厂生产的东西，品牌是消费者购买的东西；产品可被竞争者模仿，品牌却是独一无二的；产品极易过时落伍，成功的品牌却能经久不衰。

表9-1显示了2024年全球最具价值的前十大品牌。

表9-1　2024年全球最具价值的前十大品牌

排名	品牌	品牌归属地	价值（亿美元）
1	苹果（Apple）	美国	5 166
2	微软（Microsoft）	美国	3 404
3	谷歌（Google）	美国	3 334
4	亚马逊（Amazon）	美国	3 089
5	三星（Samsung Group）	韩国	994
6	沃尔玛（Walmart）	美国	968
7	抖音（TikTok）	中国	842

续表

排名	品牌	品牌归属地	价值（亿美元）
8	脸书（Facebook）	美国	757
9	德国电信（Deutsche Telekom）	德国	733
10	中国工商银行（ICBC）	中国	718

资料来源：英国品牌价值咨询公司 Brand Finance 发布的《2024 年全球品牌价值 500 强》。

二、品牌价值的构成

关于品牌价值的构成，存在着三度理论和五度理论等不同的解释。所谓三度理论，是指品牌价值由品牌知名度、品牌美誉度、品牌忠诚度等几个要素构成。五度理论是按照品牌专家大卫·A. 艾克的观点，认为品牌的构成要素包括品牌知名度、品牌美誉度、品牌忠诚度、品牌认知度、品牌联想度。

（一）品牌知名度

品牌知名度是指品牌被公众知晓、了解的程度，包括品牌识别和品牌记忆。它表明品牌为多少或多大比例的消费者所知晓，反映的是顾客关系的广度。品牌知名度是评价品牌社会影响大小的指标。品牌知名度的大小是相对而言的，名牌就是相对高知名度的品牌。

品牌知名度一般分为四个层次：无知名度、提示知名度、未提示知名度和顶端知名度。从品牌管理的角度，一般考虑后三个层次。它们呈金字塔形，越往上越难实现。

品牌知名度的价值在于：有助于人们产生品牌联想；使人们因熟悉而产生好感；暗示了企业的某种承诺；有助于成为选购对象；能够弱化竞争品牌的影响。

（二）品牌美誉度

品牌美誉度是指某品牌获得公众信任、支持和赞许的程度。如果说品牌知名度是一个量的指标，那么品牌美誉度就是一个质的指标，它反映某品牌社会影响的好坏。

品牌美誉度的资产价值主要体现在口碑效应上，即通过人们的口头称赞，一传十、十传百，引发源源不断的销售。调查显示，由消费者口碑所引起的购买次数 3 倍于由广告所引起的购买次数；口碑信息的影响力是广播广告的 2 倍、人员推销的 4 倍、报纸和杂志广告的 7 倍。品牌的美誉度越高，口碑效应就越明显，品牌价值也就越高。品牌提高一个层次，它所带来的利润就将提高一个层次。品牌知名度可以靠广告在短期内达到，而品牌美誉度却是品牌建设的一个长期工程，如当年的三株品牌，广告何其猛烈，但仅仅因为一场官司便轰然倒塌。所以，促销是短期行为，树立品牌形象则是长期的建设。

（三）品牌忠诚度

在现实生活中，可以发现一种有趣的购买现象，那就是相当一部分消费者在品牌选择上呈现高度的一致性，即在一段时间甚至很长时间内重复选择一个或少数几个品牌，很少将其选择范围扩大到其他品牌。这种消费者在一段时间甚至在很长时间内重复选择某一品牌并形成重复购买的倾向，称为品牌忠诚。品牌忠诚度是顾客对品牌感情的度量，反映出一名顾客转向另一个品牌的可能程度，是企业重要的竞争优势。品牌营销理论认为，如果没有消费者的忠诚，品牌不过是一个几乎没有价值的商标或用于区别的符号。品牌忠诚度有五个层级：无忠诚度者、习惯购买者、满意购买者、情感购买者、忠诚购买者。

研究发现，吸引一个新消费者的花费是留住一个已有的消费者的 4～6 倍；从品牌忠诚者获得的利润是非忠诚者的 9 倍之多。所以，品牌忠诚度是一项战略性资产，如果进行恰当的经营开发，它会给品牌创造更多的价值。

（四）品牌认知度

品牌认知度是消费者对某一品牌在品质上的整体印象，消费者对品牌内在品质的认知有助于对品牌的购买，提高品牌销售收入。它的内涵包括：功能、特点、可信赖度、耐用度、服务度、效用评价、商品品质和外观。它是品牌差异定位、高价策略和品牌延伸的基础。例如，天梭手表的客户对于天梭手表的认知为：蓝宝石水晶镜面玻璃、全耐磨钢制材料、精确运转的瑞士机芯等真正的瑞士手表所包含的元素，而其较高的性价比也体现天梭“以银质的价格提供金质的品质”的品牌文化。

（五）品牌联想度

品牌联想是消费者想到某一品牌时能记起的与品牌相关联的信息，如产品特点、使用场合、品牌个性等。这些联想往往可以让消费者产生强烈的情感联系，为消费者提供购买的理由。品牌联想大致可以分为三个层次：品牌属性联想、品牌利益联想、品牌态度。

（1）品牌属性联想。品牌属性联想是指对于产品或服务特色的联想，比如消费者认为产品和服务是什么。根据与产品或服务的关联程度，我们可以把属性分为与产品有关的属性和与产品无关的属性。与产品有关的属性联想是指产品的物理构成或服务要求，它们决定着产品性能的本质和等级。与产品无关的属性联想并不直接影响产品的性能，但可能影响购买或消费过程，比如产品颜色和包装、产品的制造厂家或国家、产品出售场所、哪些人认同该品牌等。

（2）品牌利益联想。品牌利益联想是指消费者感知的某一品牌产品或服务属性能给他带来的价值和意义。品牌利益联想又可分为功能利益联想、象征利益联想和经验利益联想。功能利益是指产品或服务内在固有的可以提供给消费者的利益，这种利益一般与产品相关属性匹配，是消费者购买该产品最基本的动机，比如购买冰箱，就是为了食物保鲜与储存。象征利益是指产品或服务能提供给消费者的相对外在的利益，它一般与产品无关属性匹配，尤其是使用者状况。象征利益联想满足消费者的社交需求、自尊需求等一些较高层次的需求。例如消费者往往将欧米茄与成功、地位联系起来。经验利益是指消费者消费产品或服务后的感受，它既与产品相关属性相匹配，又与产品无关属性相匹配，这些利益能使消费者获得感官愉悦或者某种刺激。例如消费者看到宝马标志就会想到驾驶的乐趣。

（3）品牌态度。品牌态度是最高层次也是最抽象的品牌联想。它是指消费者对品牌的总体评价和选择，品牌态度通常建立在品牌属性和品牌利益上。比如，消费者对旅馆的态度建立在它的位置方便、房间舒适、外观设计、服务质量、娱乐设施、食品质量、安全可靠和收费价格上。品牌态度有一定的幅度，从厌恶到喜欢就有好几个层次。值得一提的是，品牌态度是难以改变的，一旦形成，在短期内将难以改变。美好、积极的品牌联想意味着品牌被接受、认可、喜爱、有竞争力与成功。总体来说，品牌联想的价值包括以下几个方面：帮助处理信息，产生差异化，提供购买理由，促进品牌延伸等。

（六）品牌其他专有资产

与品牌有关的各项资产称为品牌其他专有资产，包括商标、专利、品牌专有技术、知识产权、品牌所有者拥有的客户资源、管理制度、企业文化、企业形象等。这些都是企业品牌资产的构成要素，都会影响企业的品牌价值。全球化迅猛发展的今天，很多跨国公司都推崇“无国界化”和“外包”，不断在世界各地寻求低成本的制造基地，将非核心业务剥离出去。瑞士传统手表企业斯沃琪集团却“不为潮流所动”，始终保持着本企业对于钟表生产的纵向整合，从大批娴熟的工匠到丰富的手表类型、大部分的零部件和机芯制造，这种“原产地”精神使其拥有了西铁城等日本手表品牌不具备的品牌专有资产，也成为该品牌受到喜爱的理由。

三、品牌价值的提升

品牌价值的提升是以产品自身质量为基础，依靠广告等各种促销方式和手段，达到提高品牌价值之目的。具体包括以下内容。

（1）精心选定名称。美国埃克森美孚石油公司曾耗资140万美元、历时6年对55个国家进行调查，最后在1万件草案中选定“埃克森”这一誉满全球的品牌名称；日本索尼公司前董事长曾说：“我们最大的资产是SONY这四个字母，而不是我们的建筑物或工程师或工作场所。”

（2）创新品牌。品牌创新的基础是完整、高新、务实。完整，即企业应围绕核心产品建立完整的品牌体系，形成系列化品牌；高新，即要求企业必须围绕核心技术设计高品质的相关产品，品牌的竞争要本着高水平、高质量的现代化理念展开；务实，即要求企业要扎扎实实地实施品牌策略。进入21世纪，在新掌舵人的带领下，拥有箭牌口香糖的箭牌公司进行了一系列品牌创新活动，如开发功能型口香糖、无糖口香糖等。由于箭牌新产品的推出，原本被认为已经饱和的美国口香糖市场销售增长率达两位数，而箭牌公司的无糖口香糖市场份额更是超过50%。毋庸置疑，为品牌注入新的活力永远是品牌价值提升的首选。

（3）提升形象设计。万宝路香烟最初以女性为主要诉求对象，形象设计效果较差，随后，著名广告人李奥·贝纳选定用牛仔充当广告的主角，使万宝路迅速提升为世界名牌。又如，普拉达推出尼龙腰包、方跟乐福鞋和卡通印花服装等产品，以提升品牌形象，迎合年轻消费者的喜好，这一品牌形象提升的策略使公司在经历了连续3年销售额和利润下滑后，成功扭转局势，所有地区和产品种类的销售额均实现了增长。

（4）实施联合策略。品牌价值的提升同样可以通过与其他品牌联手，迅速提升自己的品牌形象，创造更多的附加值。知名的国际大企业往往善于利用其在各自行业中的强大品牌号召力和市场优势，与其他行业的领导者进行品牌联手，以期在更大的市场深度和广度上进行扩展，强化自己的品牌形象。由于这种联手往往是基于合作双方或多方的品牌共赢，因此也较容易得到来自合作伙伴和市场的积极反馈。比如，2024年8月，瑞幸咖啡与游戏《黑神话：悟空》联名，推出腾云美式咖啡、联名杯套等产品，将游戏中的元素与咖啡相结合，精准切中年轻人群。

（5）采用集中性营销策略。比如，阿里巴巴集团于每年11月11日举办"双十一"购物狂欢节活动。活动期间平台联合商家为消费者提供丰厚的优惠，消费者受优惠条件的诱惑也会在活动期间大掏腰包、疯狂购物。据统计，2014年该活动交易额即达到571亿元，2023年增至11 386亿元①。

（6）提供可靠的质量保证。比如，日本制造曾因质量好和效率高闻名于世，大批有关日本企业的管理手册和经商建议类书籍问世，日本制造企业也由此获得了巨额回报，广受世界各国消费者欢迎。但2018年初，日本众多制造业巨头纷纷曝出造假丑闻，以质量闻名的日本品牌也开始受到质疑。

（7）实施广告策略。创名牌不能毕其功于一役，要依靠大量的资金投入和时间的积累，以及企业内外部不同资源的整合及系列化、多元化、地域化等。广告策略可避开对产品的直接宣传，采取与新闻和社会热点相结合，促使媒体不断采编和报道有利于本公司形象的各方面信息，综合利用新闻广告和公益活动进行品牌传播。比如，2018年2月，152年奇景"蓝月亮"到来的同一天，洗衣液品牌蓝月亮就顺势做了一波文案宣传，广受关注。2024年巴黎奥运会期间，伊利、霸王茶姬等品牌结合奥运热点宣传品牌，迅速扩大品牌影响力与知名度。

---

① 星图数据发布2023年双十一全网销售战报：双十一大促期间交易总额达11 386亿元．（2023-11-13）．https://baijiahao.baidu.com/s?id=1782436819868290465&wfr=spider&for=pc.

（8）对成熟品牌实施品牌延伸策略。品牌延伸策略包括副品牌策略和多品牌策略，是利用消费者对现有成熟品牌的信赖和忠诚，推动其他品牌产品的销售。从海尔的实践看，副品牌策略是对统一品牌策略的有效补充。海尔把 0.5 公斤的小洗衣机叫“即时洗”，电视机叫“探路者”，美容加湿器叫“小梦露”，对海尔冰箱选用“小王子”“帅王子”“小小王子”等副品牌，避免产生“海尔就是冰箱”的思维定式，有效地引导消费者突破原有思维定式，接受和认可新产品，并把对主品牌的信赖、忠诚转移到新产品上，提升了海尔的品牌价值。

（9）全球定位，因地制宜。大多数国际品牌除强调独特的风格形象和定位外，也十分注重地域性的经营。例如曾多年位居全球品牌价值之冠的可口可乐就极力模糊其美国公司的形象，以进军中东及其他第三世界国家市场。麦当劳和肯德基除汉堡包和薯条，还在不同地区推出当地特有的餐点，以博取各地消费者的好感。

（10）提升终端操作的体验性。当代消费者往往需要在购买前先尝试或体验再决定是否购买。在产品的展示区中，可通过各种手段让消费者体验产品，使消费者留下好的感受，以达成交易。让客户满意的体验不仅可以增加客户对品牌的信任并提升购买欲望，同时也是营造亲密的品牌-客户关系、彰显品牌优质服务的较好方式。如苹果公司在各地建立体验店，让消费者在购买前以最直接的方式充分体验各类产品；家居用品生产商特百惠公司向参与者示范特百惠产品的使用方法，向顾客传达产品的高附加值。

第 3 节　国际市场品牌决策

从事国际市场营销的企业将一种产品打入国际市场时会面临这样的问题：用什么样的品牌进入国际市场？是使用同一品牌还是在不同目标市场国使用不同的品牌？是否需要在目标市场国注册自己的品牌？企业的国际市场品牌决策包括品牌化决策、品牌归属决策以及品牌选择决策。

一、品牌化决策

一般来讲，从事国际市场营销的企业给其产品起适当的名字，正确地设计品牌，并向当地政府申请注册商标，这些活动可以增加产品的价值。国际企业在考虑出口产品是否使用品牌时，还要根据具体的产品特点来决定。

下列产品通常采用非品牌化决策：（1）未经加工的原材料产品，如原油、矿石等；（2）高度同质化的产品，如钢材、煤炭等；（3）消费者已习惯不用品牌的产品，如大米、面粉、食用油等；（4）某些生产比较简单、选择性小，顾客无须加以辨别的产品；（5）临时性一次出售的产品。

在国际市场上，关于产品是否使用品牌的问题有复杂化的趋势。一方面，随着经济发展和生活水平的提高，许多原来没有品牌的农副产品纷纷贴上商标，进入超级市场；另一方面，在本身具有较高声誉的大型超级市场、巨型连锁店里，某些产品不再使用生产者的品牌，而使用零售商的自有品牌。自有品牌、简单包装的产品能大幅降低成本，帮助企业获得价格优势，而超级市场可以凭借自己的信誉担保产品质量，因此该类产品颇受消费者喜爱。

在决定产品的品牌化后，品牌命名就成为一个关键问题。国际市场营销更要有与其产品的国际化相适应的品牌名称。国际驰名品牌尽管最终要靠优质的产品和良好的服务来塑造，但也离不开成功的品牌设计策略。国际品牌的设计要遵循以下几个原则。

（1）合法性。品牌要符合当地政府的法律规范。

（2）简明性。简明的品牌便于企业进行宣传，有利于企业减少宣传成本，便于顾客识别、认读和记忆。例如“999”商标，以重叠的吉祥数字为品牌；某奶粉的品牌“KLIM”，为英语“牛奶”（milk）的反写，既好读又好记。

（3）独特性。品牌的设计要力求独特，避免一般化，应易于顾客识别，不与其他品牌相混淆。如某眼镜的品牌为“OIC”（Oh，I see），给消费者一种新鲜独特的感觉。“脑白金”的主要成分就是褪黑素，又名松果体素，如果直接叫复方褪黑素或者松果体素，令人费解且难以传播，命名为“脑白金”，不但一叫就响，易于传播，而且让人联想到这种保健品的作用部位就是大脑，就像白金一样珍贵。

（4）提示性。品牌名称应向顾客提示产品所具有的某种效应。宝洁公司投入中国市场的洗发护发品中，“飘柔”品牌的销路特别好，“飘柔”即为“头发飘逸柔顺”之意，恰当地提示了产品的特性，深受中国消费者喜爱。

（5）适应性。国际品牌一定要符合当地市场的文化习俗，美国化妆品公司Revlon的中文名字“露华浓”出自李白名句“云想衣裳花想容，春风拂槛露华浓”，源于中国古典文学，且符合品牌形象。此外，奔驰、可口可乐的品牌翻译也是契合我国文化习俗的典范。

（6）稳定性。品牌要保持相对稳定，频繁更换品牌，企业花费大，顾客也记不住企业的品牌。像可口可乐的英文商标，100多年都没有变化，成了美国文化的一部分。

从国际市场产品品牌的发展趋势看，可以发现这样一个特点，即没有任何特定含义但发音上口的品牌名称居多，并采取不翻译的策略，主要以标志、符号、图案、色彩给顾客留下印象。欧美国家对品牌名称有严格规定，不可采用专用名词，因而伏特加品牌“Skyy Vodka”不能用“Sky”这个单词作品牌名称。LG的改名说明了一个品牌名称国际化的重要性。LG以前叫“乐喜金星”（Lucky Goldstar），是其旗下化学品品牌“Lucky”和电子品牌“Goldstar”的组合。但是“乐喜金星”这个品牌名称在欧美和亚洲国家都非常不容易记忆和识别，显得档次也不高，对集团的海外营销很不利。集团便把原来的“乐喜金星”简化成为“LG”，品牌标识也换成了一张用LG字母组成的亲切笑脸，LG的换名花费约为3.2亿美元，但是变脸后的 LG 在欧美和亚洲的接受度都非常高，而且绝大多数欧美消费者认为“LG”比原来的标识更加现代、时尚，一改他们认为韩国产品档次比较低的看法。

二、品牌归属决策

从品牌所有的角度，企业是使用自有品牌还是中间商品牌，是品牌归属决策要考虑的内容。从事国际市场营销的企业既可以在国际市场上直接使用本企业的品牌，也可以将产品卖给中间商，使用中间商品牌，还可以采取两者相结合的方式。企业在做出决策时有三种策略可供选择。

1. 制造商品牌

国际企业采用自己的品牌，例如，索尼、松下、通用汽车等公司生产的所有产品，实际上用的都是制造商自己的品牌。

2. 中间商品牌

国际企业把产品批发给中间商，中间商使用自己的品牌销售产品，称为中间商品牌或经销商品牌。过去的制造企业一般都是自己决定产品的设计、质量水平和特色，并尽可能使用自己的品牌，但近年来中间商品牌日益增多，如英国的玛莎百货，店内只出售“圣米高”自有品牌商品。又如美国麦克斯公司销售的大量成衣，都采用特许品牌如皮尔・卡丹、乔尼・卡森等。在西方国家，中间商品牌已成为制造商品牌的强有力竞争对手，大有取而代之的趋势。在我国的品牌中，绝大部分仍是生产者品牌，中间商品牌尚处于萌芽阶段。2006 年，中国动向公司买断意大利运动服饰品牌卡帕在中国内地及澳门地区的所有权。2008 年，中国香港 YGM 贸易公司收购英国品牌雅格狮丹亚洲区控制权。两家公司通过将原代理的品牌收归已有的方式实现自身的品牌化。2016 年成立的网易严选则通过结合应用一线品牌制造商直供和去制造商品牌两个策略，构筑自身的品牌影响，这为我国其他企业实现品牌化提供了一个可借鉴的范例。

3. 混合品牌

混合品牌策略即一部分产品使用制造商品牌，一部分产品使用中间商品牌。国际企业是使用制造商品牌，还是使用中间商品牌，主要取决于制造商与中间商的实力对比。一般来说，实力雄厚的大企业都是推出自己的品牌，努力创造自己的无形财富；实力较弱的企业则常使用中间商的品牌。企业若希望使用自有品牌，必须考虑以下问题：（1）企业是否愿意为推广自己的品牌支付昂贵的广告费用；（2）企业产品的销售渠道采取何种方式，若企业主要通过大型零售商来销售，则往往要使用中间商品牌；（3）中间商是否愿意、是否有能力销售制造商品牌的商品；（4）自有品牌是否有竞争力。

三、品牌选择决策

国际企业采用何种品牌策略，主要考虑企业产品是使用一个或几个品牌，还是分别使用不同的品牌。可供企业选择的品牌策略如下。

1. 全球统一品牌策略

全球统一品牌策略指的是企业生产的各种产品都使用同一品牌，或以一定品牌为基础，把它与各种相关文字结合，形成一个品牌系列。例如索尼、雀巢、三菱、飞利浦、华为、中美史克等都运用这种策略。统一品牌一般用于价格和目标市场大致相同的产品。该品牌策略有以下优点：（1）可以建立品牌信誉，树立企业在国际市场上的威望，建立顾客的品牌忠诚。（2）有利于新产品的推广上市，新产品可以得到成功品牌的带动。（3）广告具有规模效益，可以运用各种广告媒体，集中宣传品牌形象。

统一品牌策略也有“一荣未必俱荣，一损必然俱损”的局限性，若产品质量参差不齐，统一品牌策略就会毁于个别产品。因此使用统一品牌，必须具备两个条件：该品牌在市场上已有一定信誉；同一品牌下的产品具有相同的质量水平。

2. 多品牌策略

多品牌策略即国际企业对不同的产品采用不同的品牌的策略。多品牌策略可分为个别品牌策略和分类品牌策略。个别品牌策略是指企业的不同产品分别采用不同的品牌。例如宝洁公司的众多洗发水产品在不同的细分市场中都具有极高的市场占有率，就得益于其丰富、清晰的品牌诉求：海飞丝主攻去屑，潘婷专长营养，飘柔强调柔顺，沙宣彰显专业，伊卡璐专研草本。分类品牌策略是指根据产品的不同分类归属分配品牌，即一类产品使用一个品牌，一般适用于经营的各类产品差异较大的情况。同样以宝洁公司为例，其在中国销售产品时，杀虫剂用的是“雷达”品牌，鞋油用的是“红鸟”品牌。多品牌策略的优点是：（1）企业可以在国际市场更加深入开拓细分市场，满足不同顾客的需求。（2）不会因某一品牌信誉下降而连累企业其他品牌。（3）为新产品寻求最佳品牌提供了条件，有利于新产品和优质产品的推广。比如，2018 年在香港上市的小米集团，早期专注于手机市场，并以“为发烧而生”的设计理念进行宣传推广，长期致力于提高产品的性价比，2023 年，小米手机出货量约 1.4 亿部[①]。公司旗下的手机产品获得消费者认可后，公司将经营业务拓展到智能家居领域，并推出米家系列产品。受益于小米手机高性价比的形象，米家产品大受欢迎。

当然，多品牌策略也有缺点：（1）产品之间横向联系少，不容易形成企业的统

---

① 小米 2023 出货量达 1.464 亿台：稳居国产手机全球第一！.（2024 - 01 - 31）. https://baijiahao.baidu.com/s?id=1789579038587474176&wfr=spider&for=pc.

一形象，很难让消费者形成对企业的认可、信赖和忠诚。（2）多品牌的建设需要分别促销，投入的人力、财力和物力比统一品牌策略要多得多。（3）如果品牌关系模糊、界限不清、定位重叠或品牌数量过多，多品牌策略不但无益，各个品牌间反而会争抢资源、稀释份额、混淆市场，形成规模不经济。我国家电企业科龙公司曾拥有多个“金字招牌”，如科龙、容声、华宝和康拜恩，然而其品牌间差异模糊、市场重叠、互相损害，如科龙既是公司品牌，又是空调、冰箱、小家电品牌，且同冰箱品牌容声在定位上差异甚小，最终科龙难逃被海信收购的结局。

3. 双品牌策略

双品牌策略又称母子品牌策略，是采用“主品牌＋副品牌”的模式，以一个成功品牌为主品牌展示系列产品的社会影响力，而给不同产品分别起一个生动活泼、富有魅力的名字作为副品牌来凸显各个产品的不同个性形象的品牌决策。如阿迪达斯（adidas）旗下有三大系列，分别对应三个子品牌和品牌标志，其中运动表现系列（adidas performance）对应三条纹标志，运动传统系列（adidas originals）对应三叶草标志，运动时尚系列（adidas neo）对应圆球形标志。

此种策略的好处很多：（1）采用双品牌策略的产品能尽享主品牌的影响力，可以最大限度地利用已有的品牌资产，又不额外增加广告费用。（2）更好地体现产品的个性特征。主品牌的内涵一般较单一，不可能把每个产品的个性充分展示出来。主副品牌搭配则相得益彰，使品牌更丰富、更富立体感。如海尔系列冰箱中功能先进、体形俏的叫“帅王子”，高雅华丽且用彩画门体的叫“画王子”，体积小而精致的叫“小王子”，分体式冰箱称为“双王子”，具有快速制冷功能的叫“冰王子”，结合－7℃软冷冻技术和昼夜变频技术的叫“太空王子”，采用宇航绝热层材料的变频冰箱叫“飞天王子”等。（3）预留新的发展空间。主品牌一旦确定就不宜随意改动，副品牌则可以随着时间、地点和产品特征的不同做出相应的变化。如长虹空调确定品牌策略时，先后取过“雨后森林”“绿仙子”“花仙子”等副品牌名称。（4）可以有效壮大企业之势。副品牌不断进入消费者视野，不仅会加深消费者对主品牌的印象，而且使其有创新快、活力足等新鲜感觉，提升主品牌的可信赖感和美誉度，拥有该品牌的企业自然也会在消费者心目中有规模大、实力强之印象。

使用双品牌策略需要注意的是：（1）副品牌所表现的产品策略必须符合主品牌的特质。（2）副品牌的命名一定要恰如其分，必须与目标市场相吻合，否则消费者难以对副品牌留下准确印象。（3）副品牌在一定时期内的数量必须适当，不可过多、过滥，否则消费者很难辨别各种副品牌产品之间的差别，也就失去了副品牌应有的意义。

4. 签注式品牌策略

签注式品牌策略即指除了标有品牌之外，产品还附加母公司商标或标识的一种品牌策略。如宝洁的“汰渍”牌洗衣粉包装袋背面标注“P&G”商标，通用汽车公司生产的别克车后附加“GM”标识。这样一来，商标名称、公司名称和产品名称就结合在一起了。又如，我国调味品行业巨头海天味业旗下有酱油、蚝油、醋、调味酱、鸡精、味精、油类、小调味品八大系列产品，其中仅调味酱系列就有黄豆酱、私房豆豉酱、海鲜酱、招牌拌饭酱等多种品类，各类产品进入不同细分市场竞争，又都通过在品名上标注“海天”来共享公司在调味品行业强大的号召力。

5. 公司品牌策略

公司品牌策略即将公司名称注册为其产品品牌名称的策略。如可口可乐公司的“Coca－Cola”品牌，索尼公司的“SONY”品牌，飞利浦公司的“Philips”品牌，联想公司的“Lenovo”品牌。

这种策略的好处在于：（1）增加企业品牌资产的价值。通过产品品牌的支持，企业品牌得到了广泛的社会传播，无形中提高了自身的公众形象，从而达到保值增值的效果。（2）增强消费者的购买信心。用公司核心价值来包装产品，可以增强消费者的信心，减少购买的困惑。（3）每一种产品都会向消费者传达双重信息，既强调了产品特征也突出了公司形象。但是，该品牌策略也有其内在缺陷。因为一旦企业产品不被消费者认同，就可能影响到企业的品牌形象，还有可能牵连其他产品。产品品牌的过度扩张容易模糊企业的市场定位，过分透支企业品牌的价值，可能导致公司品牌的“空心化”。比如三九集团曾闯入啤酒市场，推出“999”牌啤酒，消费者感觉“喝999啤酒时总会有股999胃药的味道在里面”。又比如在饮料行业呼风唤雨的娃哈哈曾尝试拓展童装业务，市场表现不能让人满意。类似的还有推出香水的国内酒业巨头泸州老窖和销售防晒霜的肯德基，虽然吸引了第一批好奇的顾客，但都没能有更大的发展。

6. 联合品牌策略

联合品牌策略指的是两个或多个企业的品牌通过相互联合形成一种独特的品牌。如索尼和爱立信联合开发的索爱品牌手机，中粮集团与富邑集团联合推出的麦克斯系列葡萄酒，东方明珠与奇虎360推出的联合品牌BesTV360等。通过品牌联合，一个品牌可以借助另一个品牌来丰富品牌内涵，实现品牌认知，引发品牌联想，创造更高的品牌价值。目前联合品牌策略越来越受到跨国公司的青睐。比如，英特尔公司曾推动“Intel Inside”的多厂商合作计划，通过品牌联合的方式，借助下游电脑生产商的力量，树立自身品牌高品质、高性能的形象。又比如，加拿大的速冻食品公司McCain与南非I&J公司合作，推出联合品牌的产品，以打开南非市场。

采取联合品牌策略，具有如下优点：（1）有利于实现联合品牌的共赢。联合双方对联合品牌的支持使联合品牌可以更好地刺激消费需求。（2）有利于实现优势互补。品牌联合可以形成合力，实现品牌互补，创造新的竞争优势，开拓新市场。（3）有利于降低品牌营销费用，节省投资。（4）有利于开拓区域市场。产品在国际市场上销售，由于政府保护、风俗习惯等因素，一些区域市场不利于外国品牌的进入，通过联合当地的品牌，外国品牌较易得到当地消费者的认可，从而迅速进入当地市场。但是，这种策略也存在一些不足之处：一是如果联合品牌产品经营不善，会对原有的两个品牌产生负面影响；二是联合的两个品牌可能在市场定位上存在较大差距，在这种情况下，如何整合联合品牌产品就是一个问题。

7. 公司品牌隐身策略

与公司品牌策略相反，彰显产品品牌名、刻意隐藏公司品牌名的策略称为公司品牌隐身策略。如拥有万宝路香烟、米勒啤酒两大品牌的菲利普・莫里斯公司，其公司名称并未出现在产品品牌中，在公司品牌隐身策略下，万宝路和米勒各在其品牌名下发展出系列子品牌，构筑起强大的品牌资源。

这种策略的好处在于：（1）当产品品牌与公司品牌在特质、风格或者消费群体方面存在较大差异，特别是当子品牌定位于行业中的高档产品而公司品牌定位于中低档时，公司品牌的隐身可以切断同子品牌的联系，使消费者将注意力集中在子品牌上。如蒙牛推出的高档液态奶特仑苏，无论从广告还是包装，都淡化了同蒙牛的联系；又如宝洁旗下的 SK-Ⅱ产品中亦无宝洁的任何痕迹，因为宝洁大众化的形象会降低该子品牌的精品形象。（2）企业不必担心其他子品牌档次的降低而对高档子品牌的信誉产生较大影响，大可引入折扣品牌来和日益增多的商店品牌、个体品牌竞争，以保护自己的高价位品牌。例如菲利普・莫里斯公司引入 Basic 折扣香烟来保护万宝路的溢价定位，但 Basic 品牌与万宝路并未产生任何联系，对其旗舰品牌的声誉并未产生稀释作用。

这种策略也存在一定的弊端：（1）不能充分利用公司品牌的影响力有效地推广子品牌，而需要另辟蹊径、另占资源进行品牌推广。（2）容易造成消费者只认识子品牌，不知其公司品牌的现象，公司品牌难以借用子品牌的影响力实现进一步发展。例如奥拓轿车因经济适用、性价比高、低耗能等特点而获得了较好的口碑，但生产企业长安铃木没能适时推出公司品牌，导致消费者极为熟悉奥拓的同时，却对长安铃木缺乏足够的了解，因而，公司后续推出的骁途、羚羊、天语等系列产品在进入市场后，没能受益于奥拓的高性价比，销量并不高。2018 年 9 月，长安汽车与铃木正式达成协议，长安汽车收购铃木所持有的全部长安铃木股权，至此，铃木汽车正式退出中国市场。

第 4 节　品牌延伸

一、品牌延伸的含义

菲利普・科特勒认为，品牌延伸（brand extension）是指“把一个现有的品牌名称使用到一个新类别的产品上”。有的营销学词典对品牌延伸是这样解释的：品牌延伸是指将已被市场接受的品牌延伸使用到公司的其他品牌上，目的是改变原有品牌（产品）的形象。但这种策略必须和其他营销策略配合使用才能具有较好的效果。总之，品牌延伸是指一个现有的成功品牌被使用到新产品或新市场上的一种策略。这里的新产品不仅包括新的产品类别，而且包括产品线延伸后新的产品品种，如图9-2所示。

	新市场	原市场
新产品品种	品牌延伸	品牌延伸
新产品大类	品牌延伸	品牌延伸
原有产品	品牌延伸	—

图9-2　品牌延伸与产品、市场的关系

品牌延伸的方式有很多种。可以将原有品牌直接应用到新产品或新市场上，如海天味业将原品牌"海天"直接应用到蚝油、醋、调味酱、鸡精、味精、油类、小调味品等系列产品上；也可以采用副品牌策略，将原有品牌部分地应用于新的产品或新的市场，比如华为荣耀、海尔小王子、伊利安慕希等；还可以是特许经营式的品牌延伸，肯德基、麦当劳、迪士尼等是此类延伸的典范。

品牌延伸是实现品牌无形资产转移的有效途径。品牌延伸一方面在新产品上实现了原品牌资产的转移；另一方面又以新产品形象延续了原品牌寿命。这是因为已经成功的品牌在市场上有了较高的知名度，新产品可以借助原有品牌的声誉消除消费者接受新产品时的抵触心理，将消费者对原有产品的好感和信赖转移到新产品上，使新产品尽快为市场接受，获得一个较高的市场销售起点。品牌延伸成功，不但能使新产品的入市成本大大降低，而且能丰富和强化原有品牌的内涵，增加品牌这一无形资产的经济价值，使品牌价值与市场空间都得到提升。

品牌延伸策略虽然有加快新产品定位、降低品牌推广费用和增强核心品牌形象等诸多优势，但也存在一定的市场风险。首先，品牌延伸有可能损害原有品牌形象。这是因为当某一类产品在市场上取得领导地位后，这一品牌就成为强势品牌，它在消费者心目中就有了特殊的形象定位，甚至成为该类产品的代名词，在将这一强势品牌进行延伸后，消费者就会把原强势品牌的心理定位转移到延伸品牌上，这样一来，就无形中削弱了原强势品牌的优势，原强势品牌所代表的形象可能会被弱化。其次，品牌延伸有悖消费心理。一个品牌取得成功的过程，就是消费者对企业所塑造的这一品牌的特定功用、质量等特性产生心理定位的过程，企业把强势品牌延伸到和原市场不相容或者毫不相干的产品上时，就有悖消费者的心理定位。当一个品牌名称代表两种甚至更多的有差异的产品时，必然会导致消费者对产品认知的飘忽不定。最后，品牌延伸可能会产生牵连效应。将强势品牌名冠于别的产品上，如果原强势品牌产品和延伸品牌产品中的任何一个出现问题，就会影响另一个在消费者心目中的形象，导致消费者对整个品牌的全盘否定。新产品虽然可以形成企业新的利润增长点，但同时也会因管理跨度的增加、企业力量的分散而成为风险点。另外，如果企业对新产品的投资决策失误，会使企业投资无法收回，影响其他产品的资金运转，从而使企业陷入困境。

所以，有人把品牌延伸比作一根橡皮筋，多延伸一个品种，就少一分弹性。倘若利用不好，不但影响新产品的推广，还可能殃及主品牌下的所有产品。比如我国巨人集团转入保健饮品市场，放弃了巨人汉卡这一主打产品，丧失了巨人品牌原有的竞争力，最后折戟沉沙，不得不宣布破产。又比如皮尔・卡丹将产品延伸至男装、女装、鞋、袜子、皮具、香水、工装，甚至是巧克力、地毯、家具、饭店等领域。结果，由于对品质和品牌管理能力的失控，品牌个性丧失，不光是在品牌延伸方面没有获取一点好处，主品牌皮尔・卡丹同样受到重大打击，销量大幅下降。类似地，奢侈品行业巨头普拉达集团尝试向中低端市场延伸，引入更多低价产品以吸引更多年轻消费群体，同样对公司原有的品牌力造成了较大冲击。

因此，企业在制定品牌策略时，必须对品牌延伸做出明确全面的规划。尤其是国际品牌的延伸，因为各个国家和地区的市场有不同的环境背景，在延伸过程中遇到的阻碍更多，更要慎重考虑。例如欧莱雅集团虽然拥有众多全球女性青睐的系列品牌，但其主张根据品牌身份、品位、生活形态构建品牌金字塔，通过分类渠道严格区隔不同等级的品牌，以强化各品牌的差异性和独特价值，防止品牌间的负面影响，如属于活性健康化妆品类的薇姿、理肤泉两个品牌仅通过药房或其他专门渠道销售（见表 9-2）。

表 9-2　欧莱雅（中国）品牌结构

品牌定位	品牌	销售渠道
高档化妆品	兰蔻、赫莲娜、碧欧泉	高档百货商店、免税店等
大众化妆品	巴黎欧莱雅、美宝莲、卡尼尔、小护士	专柜、超市
专业产品	卡诗、欧莱雅美发产品	发廊
活性健康护肤品	薇姿、理肤泉	药房、其他专门渠道

二、品牌延伸的分类

根据新产品和原产品的相互关系，可以把品牌延伸分为跨类延伸和线内延伸两大类。

（一）跨类延伸

跨类延伸又称类延伸，指的是原品牌延伸到不同于原有品牌产品类别的品牌延伸。跨类延伸又分为非连续性延伸和连续性延伸两种。非连续性延伸是指品牌延伸超出了产品之间技术或物理的局限，覆盖完全不相关的产品类别。如雅马哈是摩托车品牌，也是钢琴品牌。连续性延伸是指企业借助技术上的相关性在近类产品之间进行延伸。如理光、佳能利用其卓越的光电技术在照相机、复印机、传真机等产品上进行延伸。又如LG电子和华润集团的品牌延伸，如图9-3和图9-4所示。

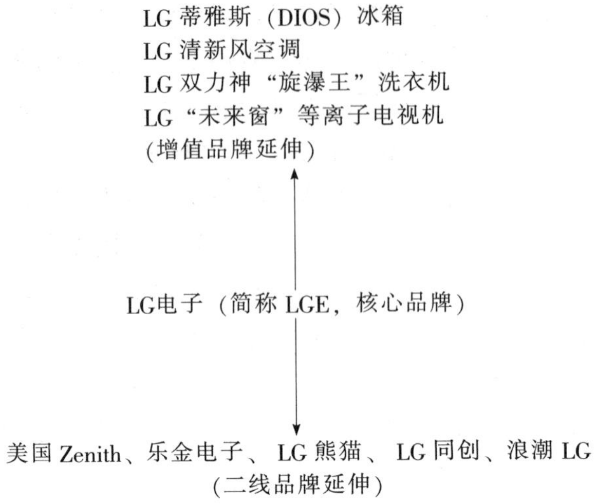

图9-3　LG电子的品牌延伸

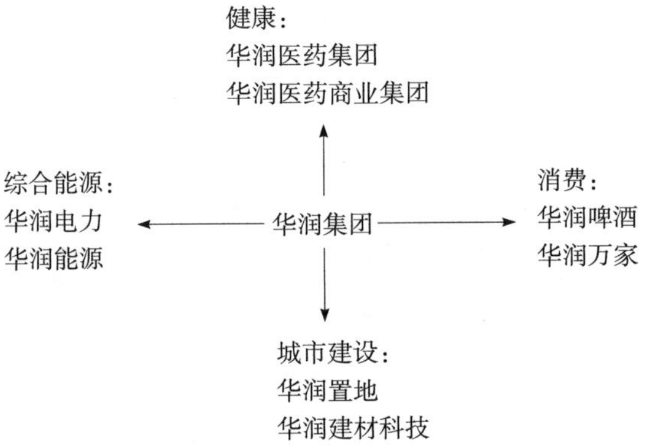

图9-4　华润集团的品牌延伸

品牌的跨类延伸实质就是利用某一成功品牌从现有产品扩大到其他类型产品，以已成功品牌的影响力推出新产品快速启动市场的行为。其实施需具备三个基本条件：（1）原有品牌在该行业已处于领先地位。否则企业跨行业运作，很容易面临主业倒退而新业又难以突破的尴尬局面。例如经营互联网视频和影视制作发行的乐视，在主业尚未处于行业领先地位时，便开始跨界发展，同时进军智能终端、电子商务、互联网智能电动汽车等多个领域。虽然一开始声势浩大，但最后因为负债等诸多问题停牌整顿。（2）符合原有核心价值。例如皮尔·卡丹食品、普拉达推出中低端产品、定位于“男人的世界”的金利来推出女士皮具以及茅台推出茅台啤酒等，都因与原有品牌核心价值相背离而收效甚微。（3）产品具备一定的关联性。当然，如果延伸产品与原有产品的核心价值一致，只要产品属性互不抵触，也可能成功延伸。如海尔以冰箱起家，其在家电业、移动通信业的延伸较好地遵循了产品的关联性原则，但其涉足医药领域，与原有产品的属性相抵触，最终造成了品牌稀释。

（二）线内延伸

除了跨类延伸，品牌延伸还有线内延伸。所谓线内延伸，是指主品牌延伸的是与原产品同属一个类别的产品，但定位于不同的细分市场。如不同口味、成分、型号、尺寸的新产品使用同一个品牌，为了以示不同，可能在包装的颜色、容器的大小等方面有所区别，有时也用次品牌。线内延伸还可分为升级换代式品牌延伸、水平延伸和垂直延伸。

升级换代式品牌延伸很常见，例如微软公司先后推出操作系统 Windows 98，Windows XP，Windows Vista，Windows 7，Windows 11 等，就属于这类品牌延伸。水平延伸是指产品在同一市场档次的不同市场面之间的延伸，如高露洁牙膏包括高露洁草本牙膏、高露洁增白牙膏、高露洁清爽牙膏等。垂直延伸是指现有产品的品牌向更高档次或更低档次延伸，以获得更大的市场覆盖面。

垂直延伸又可以分为向上延伸、向下延伸和双向延伸三种。向上延伸即品牌高档化策略，指企业在品牌延伸过程中，提升产品档次，使产品朝中高档方向延伸。这种策略实行中有一定困难，因为消费者已经对原有品牌形成思维定式，企业要提升形象有较大难度。比如美国牛仔服品牌李维斯曾试图进入高档时装领域，最终失败。但 LG 集团的品牌升级与品牌再造策略取得了很大成功，其推出的专业级显示器 38WK95C 和 27UK850 都大受欢迎，“坚持产品创新”与“拒绝价格战”成为 LG 品牌形象改变的最重要支持力量。又比如丰田延伸出雷克萨斯，当年日本丰田汽车进入美国高档轿车市场时，没有继续使用 TOYOTA，而是建立一个崭新的独立品牌雷克萨斯（LEXUS），以尽量避免 TOYOTA 给雷克萨斯带来低档化印象，最终成就了一个可以与宝马、奔驰、保时捷、凯迪拉克相媲美的高档轿车品牌。

向下延伸称为品牌低档化策略。该策略是指企业在品牌延伸过程中，增加产品线中中低档产品系列。品牌低档化比品牌高档化要容易，其营销成本低廉、操作简单，但向下延伸给企业带来的可能只是短期利益，给品牌带来的风险要比向上延伸大得多。因为将强势品牌用在质量、档次悬殊的产品上，可能会降低原有品牌的优势，甚至产生灾难性后果。在笔业颇有名气的派克曾尝试推出价格低廉的产品，不仅没能得到消费者的认可，原主营的高端产品也受到了较大的负面冲击。宝马也曾为了和日本的丰田、本田竞争，推出了价格较低、内部空间较小的 3 系车型，同样没有赢得更多顾客的青睐。当然，品牌向下延伸也有成功的案例。苹果公司推出更便宜的 iPhone 5C，较为顺利地打开了收入水平偏低的印度市场。联想推出性价比较高的 R 系列、X 系列等产品，大大提升了 ThinkPad 的市场占有率。

双向延伸即同时朝产品线的上下两个方向延伸，一方面增加高档产品，另一方面增加低档产品，扩大市场范围，为不同层次的消费者提供服务。比如日本精工公司在 20 世纪 70 年代后期采用这种策略在激烈的钟表业市场竞争中取得了成功。当时的国际手表市场逐渐向高精度、低价格的电子手表市场靠拢。精工以“脉冲星”为品牌推出了系列低价表，向下渗透进入低档产品市场，同时它还收购了一家瑞士公司，向上渗透高价和豪华型手表，其中一款售价高达 5 000 美元的超薄型手表进入了顶级高档手表市场。

总之，由于不同企业所处的市场环境和品牌现状各不相同，企业资源和总体品牌发展战略思路各有差异，国际企业可以选择的品牌延伸策略也有多种不同的模式。

第 5 节　国际品牌的保护

所谓品牌保护，就是对品牌的所有者、合法使用人实行资格保护措施，以防范侵害和侵权行为。具体来讲，品牌保护包括品牌的经营保护、品牌的法律保护和社会力量对品牌的保护三个部分。

品牌保护是一个非常宽泛的概念，所有构成品牌识别的要素都应该属于品牌保护的范围。它包括受到商标法保护的商标名称、图形及其组合，也包括没有在商标管理部门登记注册的品牌名称和品牌标识，以及构成这些品牌名称和标识的各种要素。

一、品牌的经营保护

品牌的经营保护是企业应该主动采取的一种品牌保护策略。品牌的经营保护主要包括以下内容。

（1）技术手段的保护。市场调查表明，从未被假冒或仿制过的名牌产品几乎凤毛麟角，从国外品牌可口可乐、IBM，到国内品牌茅台、五粮液，稍有名气的商标都有被假冒的经历。解决这个问题，企业要强化防伪意识，采用先进的防伪技术，以确保企业的品牌名称和商标名称不受侵害。

（2）提前注册，及时续展。商标必须依法注册，才能得到法律的保护。通过注册获得商标权特别是商标专用权是寻求法律保护的前提和基本保证。过去我国企业商标注册不及时而被国内外其他企业或个人抢注的事件屡屡发生，企业只得改名换姓或者花重金买回属于自己的商标，为再创声誉付出高昂的代价。比如国内著名刊物《读者》，原名《读者文摘》，由于外国先注册了商标，被迫改名为《读者》。

值得注意的是，商标注册审批程序复杂，审批时间较长，企业应尽早注册、提前注册。同时，企业还必须注意到商标的时效性，即商标权超出法律规定的有效期限，就不再受法律的保护，这就要求企业在规定的期限内及时进行商标续展注册。因为一旦企业的商标有效期限已过，就意味着该企业丧失了原商标专用权，如还继续使用这一商标，不但是冒充注册商标的违法行为，还有可能侵害别人的商标专用权，因为你不续展，别人如果注册了这个商标，你再使用就是侵权。

（3）全方位注册。为了防止竞争对手恶意模仿或抄袭自己的品牌，企业应将纵向注册和横向注册、国内注册和国际注册、传统注册和网上注册相结合，注重防御性商标的注册。如娃哈哈集团在注册了“娃哈哈”商标之后，又注册了“娃娃哈”“哈哈娃”“哈娃哈”“娃哈娃”等其他商标。柯达公司在注册品牌“kodak”后，也注册了“lodak”“kedak”“codak”“kodic”等防御性商标。露露集团将“露露”商标在国内40个类别注册后，又在多个国家进行了注册，并注册了网络实名。

（4）申请原产地保护。申请原产地保护是品牌保护特别是农产品品牌保护的一条有效途径。我国企业申请原产地保护的意识正在逐步提升。我国名优特产丰富，在世界经济一体化的今天，利用好原产地保护这一法律制度，是提高产品特别是农产品国际竞争力的重要举措。

（5）慎重使用商标使用许可策略。许可证贸易已成为国际贸易中发展较快的贸易形式，通过商标的使用许可，将本企业的商标授权其他企业有偿使用，是企业提升无形资产使用效益的一条重要途径。但是，在实施商标使用许可策略时，必须注意保证品牌形象的连续性和一致性，避免由于商标使用许可的过度滥用，导致品牌形象下降而影响企业的长远发展。

（6）注意品牌延伸的限度。品牌延伸能使企业充分利用品牌资产，众多国际知名品牌都是通过品牌延伸实现了品牌资产和企业规模的扩张。如“吉列”品牌，在消费者心目中已经成了男性剃须刀的代名词，事实上，吉列不仅仅生产剃须刀，它的定位是一系列男性使用的相关产品，包括香皂、泡沫刮胡膏、沐浴液等。青岛啤酒在外地的子公司不使用其主品牌，而使用原先的地方品牌，只是在包装上标明是“青岛啤酒系列”产品，希望以青岛啤酒的工艺技术提升所并购地方品牌的形象，同时也是为了保护青岛啤酒这一主品牌。但品牌延伸也是有限度的，过度拉伸品牌线有可能造成品牌线的断裂。如娃哈哈在成功推出营养口服液后，又先后推出了八宝粥、纯净水、感冒药及童装，其结果是感冒药在市场上只存在了不到一年就悄然退出市场。

（7）慎重使用降价策略。在市场竞争中，价格策略是一种常见且有效的策略，品牌之间的竞相杀价会令消费者产生两种不同的心理：一是观望，即产生不合理的价格预期，期待价格进一步下降；二是被欺骗，因怀疑价格的真实性而影响其购买决策。因此，企业在使用降价策略时，首先要考虑商品的需求弹性，如果商品需求缺乏弹性，薄利多销的理论是不成立的。其次要考虑企业品牌的定位，如果企业将品牌定位于高端产品，就应尽量避免采取降价策略，以防止降低产品档次和形象。最后，竞争对手采取降价策略并不意味着本企业一定要追随，如果竞争对手的低价对本企业产品影响较大，可以考虑采用竞争性品牌策略，即原有品牌价位不变，推出一种相同产品的低价位品牌，以低价策略抗衡竞争产品。

二、品牌的法律保护

品牌的法律保护研究的是如何利用法律武器保护品牌资产不受他人的侵害。在品牌保护中，通过法律手段为品牌发展营造一个良好的环境也是非常重要的。

（一）品牌名称的司法保护

当品牌名称与商标名称合二为一时，品牌名称和商标名称的保护相对简单，即通过商标法就可以达到对品牌和商标有效保护的目的。但是，许多时候品牌名称与商标名称不一致，此时商标法只对商标名称施以保护，而品牌名称的保护只能通过其他途径。这样，企业要想有效地保护品牌名称，就必须采取一些方法和途径。具体来说主要包括：

第一，事前保护。企业的品牌名称和标识要想取得主动和事前的有效保护，一条最重要的途径就是实现品牌名称向商标名称的过渡。现代意义上的商标是作为工业产权出现的，商标是企业的一种无形资产。按照商标法的规定，只有注册商标才能受到商标法和有关法规的保护，未注册商标是不受商标法保护的。因此，将品牌名称，特别是那些已经成为名牌的品牌名称转换为具有法律意义的商标名称和标识，对于有效地保护品牌名称无疑是一条捷径。“天津大发”商标案就有值得吸取的深刻教训。20 世纪 80 年代，天津汽车工业公司与日本大发汽车株式会社签订了由日方提供技术、中方组织生产的引进微型面包车的技术合同。合作期间，天津方面不但充分吸收了日方的先进技术，还进行了多项技术改造，再加上强有力的广告促销，使“天津大发”成为国人喜爱的汽车，销量逐年提高，市场供不应求。日方为了控制“天津大发”在中国的市场，不动声色地将“天津大发”在中国进行了商标注册，由此导致合同期满后，天津方面再无资格继续使用“天津大发”商标。该公司只好忍痛放弃“天津大发”商标，以新商标“华利”以及后来的“夏利”作为商标重新注册。

第二，事中和事后保护。如果企业品牌名称已经被侵犯，对品牌名称就只能进行事中和事后的保护了。事后保护的基本含义是，当一个企业所拥有的具有独特意义的特有名称或标识被侵权时，按照反不正当竞争法和著作权法的有关规定，企业可以从法律的角度寻求对其具有资产性的名称进行合理的保护。例如，《中华人民共和国反不正当竞争法》第二章第六条就明确指出，擅自使用与他人有一定影响的商品名称、包装、装潢等相同或者近似的标识，或其他足以引人误认为是他人商品或者与他人存在特定联系的混淆行为，被视为不正当竞争行为。

（二）商标的法律保护

《中华人民共和国商标法》（简称《商标法》）对商标保护制定了详尽的条款，企业只要按照《商标法》的要求正确地使用和管理商标，就可以得到《商标法》的有力保护。具体需要注意的事项包括：

第一，及时进行商标注册并正确使用注册标记。《商标法》对商标权的保护包括商标的专用权、禁止权、使用许可权和继承权等一系列权利，当侵权行为发生时，企业应及时利用法律武器保护自己的合法权益。

第二，严格遵守商标法律规范。法律对商标权的保护是以商标注册人遵守商标法律规范，履行法定义务为条件的。如果商标权人不依法行使权利或者违反商标管理的有关规定，就会导致商标权的丧失。

第三，注意提出商标异议和争议。为了维护自己的商标专用权，企业应随时注意是否有同一种商品或者类似商品使用与自己注册商标相同或者近似的商标。如有发现，应及时向商标管理部门提出异议，请求予以撤销。

第四，防止其他形式的商标侵权现象发生。这里所指的主要是怎样在国际上积极注册，以防止企业品牌被不法企业抢注。据统计，现在约有上千个中国品牌被抢注，“同仁堂”在日本被抢注，“青岛啤酒”在美国被抢注。面对这种严峻的局面，企业应当提高域名注册意识，积极申请域名注册，以保护自己的合法权益。同时，我国也致力于加强国际法治建设，保护企业在国际贸易中的合法权益。党的二十届三中全会指出“完善涉外法律法规体系和法治实施体系”是完善中国特色社会主义法治体系的重要部分。①

（三）品牌其他构成要素的法律保护

品牌的构成要素非常复杂，除了品牌名称、品牌标识和商标外，还有一些要素对于品牌形象的形成也是非常重要的。例如，品牌的定位主题语、品牌代言人甚至品牌的标准色等。有些品牌的广告宣传语已经成为品牌形象极其重要的组成部分，消费者对于品牌的识别在很大程度上要依赖或者借助于这些品牌的广告宣传。例如，华为 2024 年发布三折叠手机华为 Mate XT，其广告语“三折叠，怎么折，都有面”在网络迅速火爆，对于消费者正确识别和认知品牌及其产品具有非常重要的作用，已经成为品牌形象的重要组成部分，企业理应对其进行有效的保护。

三、社会力量对品牌的保护

对品牌的保护除了依靠法律手段和企业经营手段外，还需要调动包括政府、媒体、社会团体等多方面的社会力量。

(1）政府对品牌的保护首先体现为在立法、政策和规划上积极提倡鼓励和推动品牌保护。改革开放以来，我国政府先后制定了《反不正当竞争法》《产品质量法》《消费者权益保护法》等法律法规，加大了品牌保护的力度。知识产权保护问题已经受到各国政府的普遍重视，要使我国的名优品牌在国际市场上占有一席之地，首先要解决销售地的法律保护特别是工业产权中的商标法律保护问题。此外，政府还可以通过引导和组织企业开展创名牌活动，总结名优企业创名牌的经验，通过推动名牌战略来实施品牌保护。在这一过程中，地方政府切不可以保护市场为名，对国外产品和外地产品进入本地市场设置壁垒，设置壁垒不是明智之举。这种保护实际

---

① 中共中央关于进一步全面深化改革　推进中国式现代化的决定．北京：人民出版社，2024.

上是在保护落后，是保不出名牌的。

（2）媒体对品牌的保护。有人形象地把媒介传播称为操纵品牌的无形之手。近年来的“3・15”消费者权益保护日，全国各种大小媒体齐心协力共同曝光假冒伪劣产品，传媒已成为品牌健康发展的防火墙。

（3）社会团体对品牌的保护。许多社会团体是与打假活动有密切关系的，它们应该积极参与监督、打击假冒伪劣产品，保护品牌及人民群众的既得利益和合法权益。

消费者是假冒伪劣商品的最大受害者。2018 年，长春长生生物制药企业人用狂犬病疫苗出现问题。同年 11 月，深交所启动对长生生物重大违法退市机制。对于假冒伪劣产品，作为代表消费者根本利益的社会团体，消费者协会对品牌的保护起着重要作用。

此外，行业协会是一个行业内独立经营单位自愿组成的自律性行业管理组织，也应通过自身的功能作用来实施对品牌的保护。首先，行业协会下的品牌保护委员会是品牌保护的专门机构，对品牌保护的法律条款和行业品牌的背景都很熟悉，可以通过行业协会增强本行业企业的法律意识，尤其是对商标的域外注册予以有效的指导，帮助企业拓展国际品牌。其次，品牌保护委员会介于企业和政府之间，可通过自身的纽带作用整合政府力量，与市场监督、法院等行政司法力量互通信息，配合政府进行打假，这比企业的单打独斗要有效得多。最后，行业协会可以对本行业所有品牌进行监督，保证品牌良好信誉，积极地向消费者宣传本行业产品，让消费者更多地了解品牌，增强对品牌的识别能力，间接地起到品牌保护的作用。

案例分析

瑞幸咖啡的品牌营销策略

2024 年 7 月，瑞幸咖啡第 2 万家门店在北京中关村正式开业，而在 13 个月之前，即 2023 年 6 月，瑞幸咖啡第 1 万家门店在厦门开业。短短一年多的时间，瑞幸咖啡全国门店数量扩张一万家，同时营收业绩也迅速增长，财报显示，2024 年第三季度净营收 101.8 亿元人民币，同比增长 41.4% ①，究其原因，离不开其成功的品牌营销策略。

2023 年 9 月 4 日，瑞幸咖啡与贵州茅台推出的“酱香拿铁”横空出世，一经上市就获得了诸多消费者的青睐，全国各地瑞幸咖啡店门口排起长龙，只为购买这款跨界联动的咖啡饮品。该款咖啡上市次日，瑞幸咖啡发文称，“酱香拿铁”新品刷新单品纪录，单品首日销量突破 542 万杯，首日销售额突破 1 亿元。小红书、抖音等社交媒体平台上，博主纷纷打卡新品咖啡并分享品尝体验，热度居高不下。这并非瑞幸第一次取得成功的跨界联名，2022 年 4 月，瑞幸咖啡就与椰树联合推出“椰云拿铁”，上架一周，销量破 495 万杯，总销售额超 8 100 万元。除此之外，瑞幸还以极高频率与其他各类品牌

---

① 瑞幸咖啡：第三季度净营收 101.8 亿元 .（2024 - 10 - 30）. https://finance.eastmoney.com/a/202410303223241746.html.

或 IP 形象联名推出系列产品，如与黄油小熊联名推出小黄油拿铁，与《黑神话：悟空》联名推出腾云美式，与线条小狗、《猫和老鼠》、Loopy 等 IP 推出联名产品等。瑞幸与其他品牌联名的策略极大地提升了品牌关注度与成交量，实现了瑞幸咖啡与联名合作品牌方的共赢，有利于刺激新的消费需求、开拓新市场。

在品牌塑造方面，瑞幸英文名"luckin coffee"，契合英文"luck"的幸运之意，品牌名称符合中华文化中对好运、祥瑞的追求与向往，结合品牌标识蓝色的鹿，构成富有辨识度的品牌特色，加深消费者心中的品牌形象。2019 年，瑞幸推出"小鹿茶"品牌，为独立运营模式，不同于瑞幸咖啡，小鹿茶主要营业产品为茶饮品，旗下产品也赢得了诸多消费者的青睐。2020 年，瑞幸咖啡陷入财务造假风波，小鹿茶的发展也陷入停滞，2021 年后，众多城市小鹿茶门店改名为瑞幸咖啡，销售瑞幸咖啡旗下饮品，2024 年，小鹿茶几乎已经淡出大众视线。

作为饮品界知名品牌，瑞幸咖啡仿冒品时有出现。2022 年，有消费者表示在泰国喝到了瑞幸咖啡，但随即被官方打假，泰国仿冒品牌与正品仅品牌标识不同，极大地误导了国外消费者。2025 年 3 月 10 日，泰国知识产权和国际贸易中央法庭公告宣布判决了有关审理中国瑞幸咖啡公司控告泰国皇家 50R 集团（50R Group）侵犯商标版权案件的最后审判，经过三年艰难拉锯战，中国瑞幸咖啡胜诉。① 国内《商标法》的完善并不能防止国内商标在国外被盗用的问题，国际上关于商标保护的法律还有待完善，国内知名品牌在国外被抢先注册的情况时有发生。在国际化经营过程中如何保护商标注册的合法权益是我国企业开拓海外市场时需要严肃对待的难题。

在国内咖啡饮品市场中瑞幸已经取得巨大成就，但其海外布局仍处于初步阶段，2023 年，瑞幸国际化第一站选择了新加坡，并在当地开设数十家门店，积极开拓海外市场。

问题

1. 瑞幸咖啡的品牌策略有哪些？
2. 结合案例，请谈谈如何进行品牌保护。

思考题

1. 简述国际品牌的整体含义。
2. 国际产品品牌价值的提升主要有哪些方式和手段？
3. 举例说明国际企业可选择的品牌策略。
4. "品牌向下延伸策略给品牌带来的风险要比向上延伸大得多"，你如何理解这句话？请分析比较国际企业品牌向下延伸和向上延伸的潜在风险。

---

① 瑞幸泰国 3 年商标战终胜诉：中国品牌首破"抢注链"，4 600 万赔偿创纪录．(2025-03-12). https://post.smzdm.com/p/a0z6299r/.

第 10 章

国际市场价格策略

本章要点

1. 随着产品跨越国界，其就会受到成本、竞争、供求、进出口条件、法规等多方面因素的影响，因此国际市场价格的影响因素和构成比国内市场更加复杂。

2. 由于国际市场营销活动的特殊性，价格升级、国际转移定价、倾销等国际市场价格形成中一些特有的方式值得格外关注。

3. 由于定价目标不同，如增加利润、扩大市场份额、稳定价格水平等，国际市场定价的方法与策略也各有不同，企业应当根据实际情况灵活应用。

价格历来是最重要的竞争手段和市场因素。价格杠杆的支点处在人们经济行为深处的物质利益之上，因而价格策略成为市场营销策略体系中的主要支柱之一。在国际市场营销活动中，价格构成和企业定价行为的影响因素复杂多样，对国际市场价格策略的研究和探索具有非常重大的理论和现实意义。在本章中，我们有必要从国际市场价格的特点和构成谈起。

第 1 节　国际市场价格的影响因素与构成

国际市场价格具有一般意义上的价格的一切特点，但它所包含的内容要比国内市场价格丰富得多。这主要是由于一旦产品或服务跨越国界，就会受到成本、竞争、供求、进出口条件及法规等多方面因素的影响。

一、影响国际市场价格的主要因素

(一)成本变化

作为市场经济中的个体企业，其目标是追求自身利益的最大化，成本便理所当然地成为企业正常定价的下限。

在国际市场中，产品或服务的成本构成内涵更为重要。无论是内销产品还是外销产品，其生产成本都是既定因素，主要包括原材料及辅料的消耗、劳动用工费用、能源及动力耗费、包装费用、管理费用、产品设计及改进费用等。

作为国际市场营销人员，更应该主要研究影响产品国际市场价格的特殊因素。

1. 流通费用

产品跨越国界，往往意味着物流环节的增加和物流过程的延长，装卸、仓储保管、运输、加工等各个环节都会使产品成本有所上升，上升的幅度因路途的远近和对运输速度的要求不同而异。比如国际运输成本常常要大于国内，可占货物价值的10%～15%。虽然国际航运业的竞争越来越激烈，但是各类中介性的国际运输机构仍然保持着较高的利润率，这些必然转嫁到产品价格之中。党的二十届三中全会指出，构建高水平社会主义市场经济体制措施包括“完善流通体制，加快发展物联网，健全一体衔接的流通规则和标准，降低全社会物流成本”。①

国际市场营销中的产品经常以其稀缺性成为跨国流通的依据。比如，甲国的地方特产可能在乙国成为抢手的产品，而这种产品在甲国国内则随处可见，极为便宜。在这种情况下，长距离的高额运输费用甚至可能成为该产品在乙国市场价格的主要构成部分。

2. 关税及各种进出口费用

关税也是国际市场营销独有的重要问题之一。各国出于自身利益的需要，对进口产品一般都要征收一定数量的关税。

不同国家针对不同的进口商品，制定的关税税率也不相同。一个总的原则是国内市场短缺，又不会影响本国相关产业发展的进口商品，关税税率较低；反之，如果进口产品与国内企业的产品竞争激烈，则征收高额关税，有时税率会超过100%。这样，关税就必然成为国际市场营销人员在制定价格时不可忽视的问题。

值得注意的是，随着国际市场竞争的日益激烈、跨国公司内部贸易的兴起以及国际贸易双（多）边制度约束的增多，20 世纪 80 年代以来，绿色壁垒、技术壁垒、反倾销和知识产权保护等非关税壁垒措施日益代替关税成为新贸易保护主义的主要表现形式。习近平总书记指出，“西方国家等强化贸易保护主义，除反倾销、反补贴等传统手段之外，在市场准入环节对技术性贸易壁垒、劳工标准、绿色壁垒等方面的要求越来越苛刻”②。它们在维护民族利益、保护资源与环境的旗帜下，行贸易保护之实。同关税壁垒相比，非关税壁垒具有名义上的合理性、形式上的隐蔽性、手段上的欺骗性和战略上的进攻性等特点。

---

① 中共中央关于进一步全面深化改革　推进中国式现代化的决定．北京：人民出版社，2024.

② 习近平：在省部级主要领导干部学习贯彻党的十八届五中全会精神专题研讨班上的讲话（2016 年 1 月 18 日）．人民日报，2016－05－10.

3. 风险成本

国际市场营销活动比国内市场营销活动面临更大的风险。这种风险主要来自环境的不确定性。(1) 产品实体的运输距离远、运输时间长、经历环节多，因而运输的风险极大。比如，海运中存在着风浪、火灾、变质、失窃等多种风险。(2) 国际汇率的剧烈波动也构成了极大的风险，如果企业对汇价的走势判断不明或未做好预防风险的措施，极有可能遭受巨大的损失。各国之间货币价值的相对变动对企业的国际市场营销行为有极为深刻复杂的影响。比如，东道国发生了恶性通货膨胀，其货币大幅贬值，企业如按既定的东道国货币计价的价格出售产品，有可能血本无归；如按既定的本国货币计价的价格出售产品，则很可能缺乏市场竞争能力。因而，市场营销人员应该根据具体情况，制定灵活可行的国际市场价格。(3) 各种国际政治动荡和地区军事冲突的频繁发生更是企业不可抗的外部风险。

以上种种风险迫使企业必须采取相应的规避风险的措施。比如，针对可能发生的风险，选择信誉好、质量高的中介机构；到保险公司投保；在外汇期货市场上进行各种调研和分析等。这些以规避风险为目的的行为必然会增加企业产品的成本。

（二）供求状况

价格的最终决定是一个均衡的结果，这种均衡是指供求双方力量对比的平衡状态，是双方相互斗争的结果。在国际市场上，由于供求双方缺乏共同的利益，所以这种斗争便更为明朗化、激烈化、公开化，对价格的影响也更为明显。

从供给的角度看，一方面企业应充分考虑到自身的生产能力、运输能力和销售能力，尤其是要考虑到各种资源的制约和具有“瓶颈”特点的约束条件。供给能力不同的企业，其定价目标和相应的价格策略必然不同。另一方面营销人员应充分了解整个行业的供给情况，尤其是东道国国内有关产品和其他外国厂商在当地的供应情况。

从需求的角度看，主要考察两个问题：一是各国消费者对本企业产品的购买欲望；二是各国消费者的购买力。总体来说，就是要研究国外消费者在不同价格水平下对本企业产品的接受程度。不同收入水平国家的消费者有着不同的需求，相同或相近收入水平国家的消费者同样存在不同的需求。应该看到，经济、政治、文化、风俗、传统、民族、心理等方面的因素都在不同程度地发挥作用。

当然，产品本身的特点也是影响价格策略的主要因素。这一点与国内市场营销很相似。产品性质不同，市场需求量对于价格的敏感程度也不同。产品的需求弹性可简单分为富有弹性和缺乏弹性两种情况。富有弹性的产品，价格的变动会引起需求量更大幅度的变动，在国际市场上一些耐用消费品就大致如此，如电脑、汽车、手机、电视机、冰箱之类；缺乏弹性的产品，价格的变动不会引起需求量的大幅变动，如日常用品或稀缺性产品。由不同产品性质导致的不同需求特点可以作为企业营销人员制定价格策略的依据之一，也就是说，需求弹性大时，可以制定低价刺激销售，从而扩大市场份额，增加总体收入；需求缺乏弹性时，价格就不应成为主要促销手段，而应保持稳定价格，以树立产品形象，通过其他促销手段来增加收入。应该指出，由于国际市场情况千变万化，根据产品性质来机械地确定产品需求弹性是片面的。同样的产品，在不同的时期、不同的国家和地区，需求弹性是不同的，比如手机，在有些国家的需求极富弹性，而在另一些国家却可能缺乏弹性。

（三）竞争状态

不同国家和地区市场竞争的激烈程度不同，对定价行为的影响也不相同。总体上说，竞争对价格的影响可以分为直接影响和间接影响。在国际市场上，商品的竞争形式有价格竞争和非价格竞争两类。价格竞争即通过降低价格来扩大产品市场占有率。在这种情况下，一般会引起对手的竞相降价，加大竞争的激烈程度，而激烈的竞争形势反过来又会引发更残酷的非价格竞争。非价格竞争主要指通过改进产品设计、提高产品质量、畅通分销渠道、提供良好的服务等方式参与市场竞争。这种形式的竞争更有利于企业充分发挥自身资源的优势和特长，属于较高级的竞争形式。

国际市场营销人员不仅要考虑同种商品之间的竞争关系，而且要考虑市场上许多具有消费替代关系的产品和服务。如海运价格与空运价格之间、肥皂与洗衣粉之间等。这些产品之间存在着隐形的竞争关系，这些关系纵横交错，充分体现了现代国际市场全方位、立体式的竞争特点。

当然，归根到底，竞争因素对价格的影响取决于市场竞争的激烈程度，以上诸因素只不过是从不同方面改变竞争形式和特点。按照一般理论原则，市场竞争形式可分为完全竞争、垄断竞争、寡头垄断和完全垄断四种。

(1) 完全竞争。完全竞争市场上存在着众多的销售方和购买方，它们都只能是价格的接受者。完全竞争市场上信息完全，不存在进入和退出壁垒，资源可以自由流动。处在完全竞争市场上的企业，只能遵循一定的“游戏规则”，很少可以自行决定产品的价格，而且其个体经济行为对市场价格的影响也是极其微弱的。应该说，纯粹意义上的完全竞争情况在现实生活中是很难存在的，但许多市场在不同程度上具有类似的特征，如国际大米市场、橄榄油市场、黄金市场等。另外，期货市场无疑最具有完全竞争的特点。

(2) 垄断竞争。这种竞争状态比较接近于现实经济生活的真实状态，国际市场往往处于这样一种既存在垄断又存在竞争、既非完全垄断又非完全竞争的状态。由于产品差异的存在（不是指不同产品的差异，而是指同类产品由于质量、性能、品牌、销售、服务等方面的不同而形成的差异），各企业的产品都会或多或少地对一定的目标市场形成垄断，同时又必须参与激烈的国际竞争。国际服装市场和食品市场就是十分典型的垄断竞争市场。企业可以凭借自身的特点和优势，在广告宣传、分销渠道、促销手段、售后服务等方面的配合之下，部分地决定产品价格；同时，由于市场上存在着众多相似产品的竞争，企业为产品制定的价格也不能过于偏离市场的一般价格水平。比如，我国的丝绸产品出口便面临此类问题。

（3）高度垄断。由于完全垄断同完全竞争一样在现实生活中较少出现，所以我们把寡头垄断和完全垄断统称为高度垄断。当产品的价格主要由少数厂商或政府决定时，便是高度垄断市场。应该说在国际市场上这种状况也十分普遍。形成垄断的原因基本有两种：一是独特的资源优势，如以稀缺的矿产、专利技术等为依托的产品；二是政府规定，如邮政、通信、铁路交通的价格。另外，有些国家实行糖酒专卖，甚至食盐和布匹均统一定价。在现代国际市场上，由于经济的开放程度进一步提高，垄断价格对价值观念的偏离逐渐缩小，但偏离依旧存在。

（四）政府干预

国际市场营销人员必须充分考虑各国政府依据自身利益而出台的各种经济政策和法规。政府干预市场价格的政策是多方面的：从内容上说，有宏观和微观之分；从形式上说，有法规和命令之分。进行国际市场营销的企业一般要受到本国政府和外国政府的双重干预和影响，而且这种影响一般是刚性的，对企业而言属于硬性规定和不可抗力。面对这种情况，企业通常只有一种选择——适应。

政府干预企业定价的形式一般可以分为以下几种。

（1）公开市场竞争。这是一种最符合市场经济规范的方式，政府或其他代理公司直接在市场上进行买卖，以其雄厚的资金实力操纵某产品的市场价格。当市场价格偏高时，政府大量抛售；当市场价格偏低时，政府大量购进，通过改变市场供求态势来影响产品的价格。很多国家的政府对粮、棉等产品的市场都采用这种方式进行控制。

（2）限定价格。为了稳定物价，抑制通货膨胀，保持本国经济正常运转，政府经常会公布特定商品的最高限价。粮食、汽油、医药产品等民生必需品经常遇到这种情况。遇到严重的通货膨胀时，政府甚至会颁布公开冻结物价的法令。

为了保护本国市场，限制外来商品的竞争，防止倾销，一国政府还会对某些商品征收重税或限定最低售价。

为了平稳市场，有些国家政府还出台限制价格波动幅度的政策，规定在特定时期内价格涨落不允许超过一定幅度，否则要向政府提出申请。

（3）价格补贴。一国政府为了扩大出口，增强本国产品在国外市场上的竞争力，经常会对出口产品给予直接或间接的补贴，间接补贴指为出口产品的生产提供便利条件或低价原料。政府补贴的存在使得国际市场上的价格竞争更为激烈。

国际市场上，价格作为最敏感有效的经济杠杆，其影响因素复杂微妙，需要营销人员综合分析应用。

（五）企业目标

企业所进行的经营活动都是围绕企业的目标进行的，其目的在于对实现企业的目标有所帮助，定价活动也是如此。企业的目标可能是生存，可能是扩大市场份额，也可能是获取利润，在不同的目标指引下，价格策略也会有所区别。在国际市场营销中，企业的目标可能更复杂。国际市场和国内市场的目标可能有所不同，在每个对象国的经营目标也可能有所区别，这些都会对国际市场价格造成影响。关于企业的定价目标，我们将在本章第 3 节详细讨论，在此不再赘述。

（六）其他营销组合因素

企业的国际市场营销组合作为一个有机的整体，本身就存在相互作用，产品、品牌、渠道、促销等因素会对国际市场价格在不同侧面形成不同程度的影响。

（1）产品因素。对于不同的产品类别，企业的定价方法也不尽相同。产品是工业品还是消费品，是必需品还是选购品、特殊品，是标准化产品还是差异化产品，对产品的定价有很大的影响。例如，生活必需品一般价格较低，而奢侈品的价格可能远高于其价值。此外，产品特色是否对消费者有强烈的吸引力、产品的生命周期状况、产品需求的季节性等，都是定价过程中需要考虑的因素。

（2）品牌因素。品牌应该说是整体产品的一个组成部分，但是由于其在营销中的地位和作用越来越重要，因此有必要单独加以分析。首先，品牌价值会在定价过程中得以体现，名牌产品的价格一般都相对较高便是这个原因。其次，企业还可以利用不同的价格策略来达到品牌定位向上或向下延伸的效果。比如，企业可以通过较高的定价来树立自己的高端品牌形象；还可以通过调低市场价格来使品牌向下延伸，占领更广阔的市场。比如一个即将开始求职的大学高年级学生小雷来到一家服装专卖店准备购买一套西装。他在一本杂志上看到过某品牌西装的广告，但商店里该品牌西装的标价 2 000 元让小雷瞠目结舌。售货员解释说，该品牌服装的质量好，很多部位是手工缝制的。为了进行比较，小雷又试穿了一套没有做过广告，价格为 300 元的西装。售货员一再强调品牌西装在杂志上刊登过的广告内容：该品牌西装最适合求职者，其经典的设计使它物有所值。于是，小雷决定买下这套西装。小雷之所以购买了这套品牌西装，是因为他对产品的认知价值超过了 2 000 元的价格。

（3）渠道因素。渠道因素也会影响企业在国际市场上的价格制定。很明显，不同的渠道状况可能在流通过程中产生不同的成本。在不同的国家渠道的状况，包括环节、成本、利润率等的差异也很大，这种不同的渠道状况或者变化的渠道策略都会在定价过程中反映出来。

（4）促销因素。企业采取不同的促销策略，可能会对定价产生不同的影响。比如，企业增加广告促销活动，可以提高消费者对产品的认知，但也相应地增加了成本，有可能导致价格上涨。此外，广告沟通中对于价格的诉求，以及是否标明统一的零售价格，对定价策略也会有影响。其他促销组合策略也一样会影响成本，进而影响价格，比如折扣、赠送礼品等。

二、国际市场价格的构成

国际市场营销人员必须熟悉并掌握国际贸易中的实务操作，就价格问题来说，跨国贸易活动更具复杂性。由于买卖双方在不同的价格条件下所承担的义务和责任不同，因此商品报价具有明显的差异。显而易见，当买方承担的费用多、风险大时，价格较低；当卖方承担的费用多、风险大时，价格则要高一些。

在国际市场营销中不同的报价是有客观规律可循的，关键在于商品从生产者到别国消费者之间各种费用的不同划分。这些费用主要包括：

（1）生产成本。生产成本即产品的出厂价格，由原材料、人工、动力、管理、折旧等费用构成，再加上生产企业的利税，构成国际市场营销的定价基础。

（2）代理商佣金。如果企业不是直接出口产品，则要经过代理商这一环节。不同的时间、地点、产品项目和代理条件的佣金计算方式各有差别。为了激励代理商增加对本企业的产品销售，企业营销人员可以采用高折扣或累进计酬等办法。

（3）出口税费。出口国政府原则上会对出境商品征收一些税费。现实中，出口税费政策往往是宏观经济调控的重要手段。一般而言，政府出于国际市场竞争形势的需要，会出台税收扶持政策，如减税、退税、免税等，从而拉动国内经济迅速增长；出于国内环境保护、生态建设的需要，对某些高污染、高能耗的商品会征收较高的税费。例如2018年特朗普政府对中国商品加征301关税，中国制定相应反制措施，截至2023年，加征关税商品占中国自美总进口的73.3%。[①]

（4）海运费。海运一直是全球贸易中最主要的运输方式，尤其是跨洲贸易，基本上采用海运的方式。海运费主要有包船运输费和班轮费两种，其计算方法十分复杂，包含的各种杂费很多，营销人员必须仔细计算。

（5）海上保险费。由于商品物流距离长、环节多，容易产生各种自然的损坏和人为的损失，因而必须做好风险防范和转移工作。从国际通行的惯例来看，通常采用“加一成”投保，即按照商品价格（一般指CIF价格）再加上10%投保。

保险费＝商品价格×110%×保险费率

（6）银行费用。国际商品交换中，各种费用的转移一般是由银行来进行的，银行要收取一定的服务费用。有时，涉及双方信用的问题，银行还要提供担保、承兑信用证等服务，由此产生的费用以及银行借款的利息必然反映在商品价格之中。

（7）进口关税。商品到达目的国，该国政府一般要征收一定的关税。不同的国家对不同商品设定的关税税率也不同，为了保护国内市场，许多国家对某些产品征收高额关税。有些时候关税成为商品最终价格的很大组成部分。

（8）进口国内部费用。商品进入一国海关之后，还要发生很多费用，如运输费、储存费、中间商佣金、加工费、陈列费、财务费、管理费等，伴随这些费用的发生，商品才能进入目标市场，到达消费者手中。

以上各环节的费用分别由卖方和买方承担，其划分不同，就产生了在国际市场中

① 中方关税”反制”会否加速进口替代．（2024－11－12）．https://news.qq.com/rain/a/20241112A04Y3600.

的不同报价。国际通行的报价方式有十几种，下面以最常用的 FOB（装运港船上交货）和 CIF（目的港成本加保险费加运费）两种价格来明确费用划分（见表 10－1）。

表 10－1　国际市场通行的两种报价方式

项目	FOB	CIF
交货点	船上	船上
交货方式	象征性	象征性
风险转移	船舷为界	船舷为界
租船	买方	卖方
运费	买方	卖方
保险费	买方	卖方

不难看出，从卖方营销人员的角度来看，在 FOB 下商品的成本不含租船、运费、保险等费用，只需考虑国内生产成本、关税、国内流通费用、利润等项目；CIF 要比 FOB 条件下多考虑国外运费、保险费等。

第 2 节　国际市场价格形成的特点

相比国内市场价格，国际市场价格在形成过程中还有自身的一些特点，这些特殊情况在国内市场营销中是不会出现的，只有在国际市场营销活动中才需考虑，并且由于其特殊性，进行国际市场营销的企业应对这些关系到企业成败的因素给予足够的重视。

一、价格升级

同一种产品的价格在出口国与进口国之间可能存在很大的差异，进口国的价格往往大大高于出口国的价格，这一现象称为价格升级。我们不能把这一现象简单地归结为从事国际市场营销的企业为了牟取暴利，主动提高售价的结果。有些企业看到了这一诱人价差，也想跻身国际市场。但事实是，个别产品的巨大利润空间只是偶然的，多数价格升级的形成原因是将商品从一国出口到另一国所产生的附加成本。这种成本的附加主要从产品的国际市场价格构成中得以体现。在上一节讨论的国际市场价格构成中，关税、运输保险费用、国际渠道费用、银行信用证费用等都是国际市场营销中价格升级的诱因。这里举一个简单的例子，如表 10－2 所示。此外，汇率波动的影响也不可小觑，比如 2023 年由于人民币兑欧元的相对贬值，比亚迪在欧洲市场的售价变得更具竞争力，也加速扩展其新能源汽车的出口市场份额。

表10-2　价格升级的因素分析　　单位：美元

项目	国内市场	国外市场
出厂价	100.00	100.00
对当地市场批发商的运费、保险费用	6.00	—
对出口商的运费、保险、证明等费用	—	22.00
进口关税（到岸价格的15%）	—	18.30
从进口港至进口商的手续费和运费	—	1.00
进口商毛利（成本的12%）	—	17.60
批发商毛利（成本的10%）	10.60	16.40
零售商毛利（成本的35%）	40.80	63.10
税（5%）	7.90	12.20
零售价格	165.30	250.60

价格升级现象是国际企业定价时遇到的主要问题之一，价格升级不仅不能带来额外利润，而且可能降低产品在目标市场国的竞争力。国际企业为了在国际市场上赢得竞争，就应当采取适当的对策尽量降低价格升级的幅度，从而提高对国外市场最终价格的控制力。

1. 降低商品生产过程中的成本

如果能通过降低商品生产成本来降低出厂价，就能有效地抑制价格提升的幅度，从而降低所有加价的乘数作用，这是解决价格升级的重要途径。例如，LG的全球集中采购部负责公司所有业务所需的各种原料等的采购，因此能以规模效应有效降低公司采购成本。采购成本的下降成为LG安然渡过经济危机、抵御持续降价促销的坚实基础。又比如奥克斯的低成本优势。奥克斯90%的零部件自己生产，而同类企业自己生产的零部件一般不超过50%，相当一部分企业甚至绝大部分零部件都来自外部采购，自己仅是组装。空调的主要配件共有60余种，每种配件成本通过自制比外购低1元，就是60余元，如果产量达到200万台，就是1.2亿元。90%以上配套件的成本都不同程度地下降之后，奥克斯整机的成本自然也就下降了。要做到这一点，除了加强生产作业环节管理外，企业还可以尝试减少导致高昂成本的某些产品功能或适当降低整体产品品质，以此来降低产品出厂价格。事实上，由于需求层次不同，在发达国家市场销售的产品的一些品质与功能，在发展中国家则可能是可有可无的。比如洗衣机的自动漂白剂分配器、变温装置、定时响铃装置等在美国市场是必要的，但在次发达国家或不发达国家市场上的洗衣机未必要具备上述功能。通过减少某些功能来降低成本可能是一种明智之举。

2. 产品形式调整

在国际市场营销中，有时通过产品形式的调整可以有效地降低关税。产品形式的调整主要包括以下方式：（1）对产品进行重新分类。不同类别的产品往往面临不同的税率，当某种产品的分类情况模棱两可时，企业应力争将产品归入低税率类别。（2）修改产品。有时一国依据产品的不同标准来征收进口关税。比如，对于不同面料的鞋，美国政府制定的进口关税税率就有所区别，这时，按照较低税率标准来修改产品，就可以减轻关税负担。(3) 改变商品形式。比如改出口成品为出口零部件或半成品，然后在进口国进行组装或深加工。这样做一来可以利用零部件和半成品较低的税率政策；二来可以利用当地的一些资源优势，比如低廉的劳动力成本；还可以提高运输集约程度，降低运输成本。

3. 缩短分销渠道

国际市场营销意味着增加环节，每增加一个分销环节就会增加一定的渠道费用。国际企业需权衡减少流通环节所节省的费用与对销售造成的影响，尽量在不破坏渠道通畅的前提下，通过精简环节来控制好市场价格。

4. 对外直接投资

从事国际市场营销的企业也可以通过对外直接投资的方式来降低价格升级的影响。对外直接投资对于降低成本有几点好处：(1) 可以绕过成品的关税壁垒，进入目标市场国；(2) 可以减少买卖与运输环节，减小价格升级幅度；(3) 可以充分利用东道国的资源条件，比如在发展中国家建厂，通过当地低廉的劳动力成本降低价格升级幅度；(4) 可以在一定程度上抵消外汇风险，通过增加东道国货币支付的比例降低外汇波动的影响。但要注意的是，对外直接投资是一种战略性行为，此种控制价格升级的方式也是一种长效机制，在短期内，由于初始投入较高，成本不会立即明显下降，有时反而会上升。

5. 充分利用国外贸易区

某些国家为促进国际贸易建立了一些所谓的国外贸易区、自由贸易区或自由港，在我国则称为保税区。根据《中华人民共和国海关法》，保税是对货物而言的，一般所说的保税货物，是指经海关批准未办理纳税手续进境，在境内储存、加工、装配后复运出境的货物。而保税区则是指海关监管的特定区域，产品进入这些区域时不必征税，只有当产品离开这些区域正式进入其所在国时才征收所有的关税，即所谓的“境内关外”。国际企业可以将未装配的零部件运至进口国的自由贸易区，在经海关批准未办理纳税手续进境的情况下，在境内储存、加工、装配，减轻关税负担，减少资金占用，降低总成本，增强对产品终端价格的控制能力。

除以上几种方法，企业还可以通过其他手段来降低成本的波动，比如在预期上游货物涨价或预期本币对外币贬值的情况下，对影响生产的关键原材料或部件加大采购增加储备，以缓解日后采购成本上扬的冲击。企业也可以在期货或外汇市场上进行套期保值以规避价格或汇率波动风险。

二、国际转移定价

国际转移价格是指跨国经营的企业在母子公司之间、各子公司之间使用的一种内部交易价格，这种价格形成机制较少受供求关系的影响。国际转移定价的方式主要有以下三种：（1）基于成本的转移定价。即以公司的标准成本资料或实际成本为准，作为转移定价的依据。（2）基于市场的转移定价。即以外部公开市场的竞争性价格水平为准，根据公司定价目标进行相应调整。（3）协商型转移定价。即由公司内部交易双方或者由公司高层管理人员根据交易双方的利益和公司的定价目标决定。

作为跨国公司内部的一种定价机制，国际转移定价在以下三方面有利于企业国际市场营销活动的开展。

1. 规避关税

关税是国际市场价格的组成部分，为了增加收益，许多跨国经营的企业都会采用转移价格的方法来规避关税。跨国公司可以利用转移价格，通过低税国子公司以高转移价格向高税国子公司进口，或以低转移价格从高税国子公司出口，把利润从高税国子公司转移到低税国子公司，从而降低整个跨国公司的纳税总额。

情况一：荷兰某公司要向澳大利亚出口某种产品，澳大利亚海关采用从价计税法，该商品关税税率为30%。如果该商品价格为1万元，则需缴纳关税3 000元，该荷兰公司在两地的子公司内部从事这项交易，定价仅为6 000元，则缴纳关税1 800元，少缴纳关税1 200元。这种规避关税的办法有时不一定在跨国公司内部，在关系较密切的互有需求的两个公司之间也可以使用。

情况二：伴随经济全球化的发展，出现了许多地区性经济组织，在这些组织内部有许多优惠政策，如欧盟成员国之间贸易活动的关税减免政策。在这种情况下，如果日本一家公司要出口商品到德国，则要缴纳较高关税，这时日本公司可以先把该产品的半成品以极低的价格卖给其在法国的子公司，在法国完成生产，使产品的大部分价值增值发生在法国，再将产品出口至德国，这样一来就可少缴纳一些关税。

2. 规避所得税

世界各国各地区的所得税征收办法不同，税率也相差较大，这就给跨国公司提供了合理规避所得税的可能。

情况一：A国的所得税税率高于B国，某跨国企业在两地设有子公司，当该企业的商品和服务由A国转移到B国时，价格低于正常水平；当由B国转移到A国时，价格高于正常水平，这样，B国子公司的利润额增加，A国子公司的利润额减少，使得总公司的所得税纳税额降低。

情况二：A国公司与B国公司长期有进出口业务往来，假设要做一笔某产品从A国出口至B国的生意，双方可以共同控股在某免税地或避税港C国设立一个公司。A国公司以近乎成本的低价出口至C国公司，B国公司再以近乎最终售价的高价从C国公司进口。这样，A，B两国公司均因为利润小而缴纳少量所得税，C国公司可由当地优惠政策免税，商品甚至只需做账面上的所有权转移，实体则并不经过C国，而由A国直运B国。

3. 规避风险

跨国经营的风险要远远大于国内经营，除了自然风险和市场风险之外，还有政治风险、军事风险、汇率波动风险、外汇管制风险等。

当某国政局不稳或有发生军事冲突的可能时，跨国公司要利用转移定价抽走该国资金，其做法是增加在该国子公司的成本，减少其利润。比如，对该子公司收取高额专利使用费、技术指导费、劳务费；以高价向该子公司销售商品或服务；以低价购买其产品或服务。这样一来就等于抽掉了公司在该国的资金，从而规避了风险。

需要注意的是，国际转移定价往往受到两方面条件的制约。(1) 外部环境，即东道国反避税政策的制约。各国为反避税采取了一系列应对措施，如转账会受到税务机构的调查，有形财产转移必须通过海关，许多发达国家还制定了专门的反避税法规。这些都会给跨国企业实施转移价格带来实际的困难，也引发了社会对避税公司道德的质疑。(2) 公司内部环境。如母子公司的目标冲突、与合作伙伴的矛盾，都增加了转移定价的管理难度。

三、倾销

从事国际市场营销的企业在定价时还可能会遇到倾销问题，这也是国际市场定价的特点之一。根据 1994 年《关税与贸易总协定》第 6 条的规定，如产品自一国出口至另一国的出口价格低于在正常贸易过程中出口国供国内消费者消费的同类产品的可比价格，即以低于正常价值的价格进入另一国，则被视为倾销。由于倾销会给目标市场国的同类产业构成实质性的损害，各国可以采取反倾销手段来维护本国利益。在当前关税壁垒的作用越来越弱的情况下，反倾销这种非关税手段就成为贸易保护最得力的武器之一。

倾销价格的形成往往与价格的制定方法有关。如果企业采用变动成本法定价，可能会忽略倾销的因素，造成实际价格低于正常价值。变动成本法 (variable costing) 也称边际成本法 (marginal costing)，是指在计算产品成本和盈亏平衡成本时，只包括在生产过程中消耗的直接材料、直接人工和变动生产成本，而把固定生产成本看作为了给企业提供生产经营条件而发生的成本，同产品的实际生产没有直接联系。对于采用变动成本法来定价的公司来说，在确定出口价格时，一般只考虑出口产品的边际成本，把出口销售作为额外的收入，扣除变动成本后的收益都是对总利润的贡献。这种方法一般适用于固定成本较高且生产能力过剩的企业，如钢铁、化工企业等。因此，这些公司可能会在进口国推出最具竞争力的价格，以低于本国市场价格的净价在出口国销售。尽管这种做法符合经济法则和市场逻辑，但损害到进口国的国内产业，可能招致进口国的反倾销调查，被施以反倾销措施。

如果出口企业所在国的市场经济地位没有得到完全认可，根据 WTO 的相关规则，反倾销案发起国的调查当局如果认定被调查商品的出口国为非市场经济国家，就要以另外一个市场经济国家作为替代国，引用与出口国经济发展水平大致相当的市场经济替代国的生产成本等数据，计算所谓的正常价值，进而确定倾销幅度，接着就要对倾销产品征收高额的反倾销税，将出口国产品逐出市场。中国在《加入WTO议定书》第15条中承诺，在其他WTO成员对中国产品进行反倾销调查时，如果中国企业不符合相关WTO成员的法定条件，中国企业在15年内将不会拥有市场经济地位。事实上，“非市场经济国家”已经给我国企业的国际化带来了较为严重的歧视性反倾销、限制并购、歧视性干预等政治风险。2013年6月4日欧盟公布对中国光伏产品反倾销调查初裁结果，决定从6月6日起对涉案中国光伏产品征收11.8%的临时反倾销税。受此影响，中国有80%以上的多晶硅企业被迫停产，企业工人待岗。此外，2021年12月8日，欧盟委员会发布公告，对原产于中国的铝转换箔产品作出反倾销肯定性终裁，决定对中国涉案产品征收15.4%～28.5%的反倾销税。2024年12月，欧盟成员国投票通过了欧盟委员会提交的终裁草案，拟于2025年1月对原产于中国的二氧化钛征收反倾销税。

从出口获利来看，高价渗透（价格高，市场占有率低）也许能比低价“密集”（价格低，市场占有率高）获得更高的利润，且高价渗透的定价策略能回避反倾销。因此，出口企业在获得一定竞争优势的条件下，采取高质高价策略向中高端市场挺进，是一种避免反倾销的有效方法。

第3节　国际市场定价目标

定价目标即市场营销人员希望通过制定一定的价格水平和价格策略所应达到的目标。这些目标通常是与企业组织的整体经营目标一致的，是企业目标体系中最重要的组成部分。

定价目标的基础在于企业的市场定位策略。在不同时期、不同条件下，企业想达到的目标是不同的，从其定价行为中可以看出企业的经营重点所在。价格定位较高，可能是为了增加利润或塑造企业高端的形象；价格定位较低，可能是为了扩大市场占有率或加快新产品扩散；价格定位适中，可能是想与同行业竞争者保持平衡。

一般而言，企业在国际市场中定价可选择的目标有：增加利润、巩固和扩大市场份额、实现投资收益率、稳定价格水平、面对或回避竞争等。

一、增加利润

国际市场中的企业组织通常是以追求利润最大化为目标的。在这个意义上，甚至可以说其他的所有目标都是利润目标的衍生物，都是为了使长期总体利润最大而必备的条件和为此做出的选择。利润最大化应着眼于长期利润和总体利润，因而企业未必一定要实行高价策略。利润用简单的公式表示为：

利润＝价格×销售量－总成本

企业必须充分考虑价格造成的销量变化和对成本的影响，甚至要以牺牲某段时间内某产品项目的利润为代价。

利润最大化有时指的是最大预期利润而不是最大可能利润，因为高利润意味着高投入和高风险。由于投资条件的限制，或者为了避免过大的风险，越来越多的企业倾向于以适当的预期利润作为定价目标。企业的预期利润也会因时间和国际市场条件的不同而不同。在风险大的情况下预期利润水平应该更高。国际市场上风云变幻，风险远大于国内市场，因而企业的预期利润水平应该更高一些。有些国家市场上的不可控因素多于其他国家，那么在该国的预期利润水平也应该更高。

企业以预期利润水平作为定价的目标具有易于管理的好处。首先，在价格定位上，可以采用在成本基础上按预期利润加成的方法，易于计算。其次，便于按照环节的不同控制中间商的价格。另外，企业对国际市场的熟悉程度一般要低于国内市场，有些国际商品交易没有先例可循，很难获得准确实用的参考资料，因而企业的定价难以准确把握。采用预期利润水平为定价目标能够有效地解决这一问题。

二、巩固和扩大市场份额

市场份额是指企业产品在某一总体市场上同类产品的销售量（额）之中所占的比例。保持和增加市场份额通常是企业经营成败的关键。国际市场营销人员面临的问题是：是否应该以市场份额作为定价目标？是应该保持市场份额还是应该增加市场份额？

一般而言，这是由企业的经营资源状况和产品生命周期的不同阶段决定的。介绍期和成长期的产品一般要努力增加市场份额；而市场已饱和的产品应以保持市场份额为主要目标。市场份额的大小直接反映出企业在行业中的竞争地位，是划分企业等级的主要依据之一。在市场需求比较稳定的情况下，市场份额大的企业由于规模经济的作用，单位成本较低，利润较高，价格回旋余地很大，在竞争中处于优势地位，因而为了扩大自己的份额，许多企业都采用低价策略。国内企业界流行一种观点，即夺取市场份额第一是营销最重要的策略，为此，许多企业甚至以低于成本的价格去夺取市场份额，目的是打垮竞争对手。严格来讲，这不是一个正确的策略，拥有市场份额并不等于顾客会再次购买你的产品。从常规意义上讲，一个企业在某个行业的产品市场占有率即市场份额越大，则意味着该企业的竞争力越强，企业利润自然也会相对高于市场份额小的竞争对手，然而实际上，市场份额与利润之间的这种线性关系十分脆弱，市场份额大并不意味着利润就高。在国际市场上，市场份额的过度扩大会引来不必要的麻烦。许多国家都颁布了反垄断法规。如美国规定某些行业，如果一个企业的市场份额大于20%，就不允许再扩大。在异国市场上，过高的市场份额更容易招致强烈的民族情绪和排外情绪。如我国出口到欧美的某些轻工产品在当地市场上销售增长过快，迅速占有较大的市场份额，导致当地的厂商以我国产品低价倾销为借口，要求政府限制我国产品的进口数量或者征收高额的反倾销税。因而，许多跨国企业都会与东道国政府达成某种协议，或者采用自我表现控制的方法，以防止过快的增长引来政府的干预。

三、实现投资收益率

投资收益率指投资所获得的毛利与投资总额之比。任何一项经济活动都必须占用一定的资金，尤其是当商品进行跨国交换时，经常占用大量的资金，因而具有较高的机会成本。企业的投资总是以一定的收益率为目标的，底线一般是银行的利率。如果投资收益率小于银行利率，显然投资失败。能否完成收益率目标经常是资产所有者最关心的问题，因而必然影响企业的定价。

以投资收益率作为目标，究其根本依然是利润的问题，投资收益率一般是某一经济项目上马之前或某一经济行为实施之前的预期，具有很大的主观性。目标收益率定得过高，会使价格升高，影响产品竞争力；目标收益率过低，会使价格过低，影响企业收益。因而企业必须充分考虑当时的市场情况和竞争态势，以投资收益率为定价基础在一定的幅度内浮动价格。

四、稳定价格水平

国际市场上的可变因素远多于国内市场，有些行业的需求更是经常变化，如果企业的定价随市场行情而动，必将波动频繁，造成生产、销售上的极不稳定和管理上的混乱。长此以往，企业产品形象必定大受损害；消费者面对频繁变动的价格必然会对企业产品产生不信任感，对企业产品质量产生怀疑，对企业失去信心，企业与中间商合作的难度也会增大。因而，价格的稳定应成为企业定价行为的重要目标之一。

在国际市场上总是先由行业中实力最雄厚的企业或市场占有率最高的企业制定指导性的商品价格，该价格被其他企业奉为领袖价格，使自己企业产品的价格水平与之保持一定的比例。许多大的生产者结成国际卡特尔（如石油输出国组织），利用供给上的优势实行领袖价格制，以减少价格波动和相互竞争带来的损失。为了避免他国政府的干预和消费者的不满，这些大集团对制定垄断价格也是较为克制的。小企业由于市场份额太小，难以实施独特的价格策略，只有采用追随的方式，因而国际市场上某类商品的价格水平是可以在一定时期或范围内保持相对稳定的。

五、面对或回避竞争

国际市场的稳定并不是永恒不变的，企业必须时刻面对动荡多变的市场环境，应对复杂剧烈的竞争。许多企业的定价目标主要是与生存环境保持平衡，求得一定的利润和市场占有率，企业必须密切关注生产同类产品的竞争者的价格变动，与之保持相应的均衡，根据竞争对手的产品价格或市场领导者的产品价格变动来调整自身的价格水平，以适应市场竞争的需要。

企业在确定以竞争为定价依据之前，营销人员要仔细研究竞争对手的产品、定价、营销组合以及其他市场营销活动资料，做到知己知彼。企业可以根据对市场有决定性影响的竞争者的价格，分析本企业产品在规格、档次、质量特性以及服务上与对方的差异，制定价格。采用此种做法的企业，在市场上其他因素发生变化的情况下，只要竞争者价格不变，也维持价格不变，在竞争者改变价格时，就会相应调整价格。

许多企业采取直面竞争的态度，这与它们采取的“迎头市场定位”策略是一致的，如百事可乐就是以这种方式挑战可口可乐，终于在国际市场上获得了不可小觑的地位。

有的企业定价时采用回避竞争的方式，这些企业在目标市场定位上一般选择避强定位策略，它们故意使自己产品的定价远离强劲对手的价格。如价格大大高于对手而在产品特性和服务上打造优势，或价格远远低于对手，以牺牲产品的某些效用为代价降低成本。总之，这类企业表现出一种双方不在同一档次的姿态，回避正面的竞争。应该指出，回避竞争的本质也是一种竞争，是适应竞争形势的一种特殊方式。

综上所述，企业的定价目标是整体经营思想的反映，也必然要与营销目标相一致。不同的定价目标有时甚至会成为决定企业成败的重要因素。许多学者都指出，在国际市场上，美国企业和日本企业的定价目标存在许多不同。美国企业定价一般以利润为目标，比如经济不景气时，需求减少，美国人自然会想到削减产量，同时为了维持原来的利润率，就会提高产品价格，这是一种美国式的思维定式。日本企业的首要定价目标一般是巩固和扩大市场份额，它们在市场需求减少时绝不会采用提价的方式，而会降低产品价格。日本人认为降价有利于刺激需求，扩大销量，通过规模经济效益来降低生产和经营成本，以此弥补降价的损失。日本电气公司（NEC）的总裁在公司进军美国市场时曾告诫员工，占有市场是第一位的，不要过多考虑利润的问题，更不要幻想一下子发财。事实表明，日美企业在各个领域的竞争很多以日本企业胜利而告终，虽然其中的原因十分复杂，但定价目标的不同不能不说是重要因素之一。又如，老干妈辣椒酱在进入国外市场时，采取高价优质的策略，这在帮助其打开当地市场的同时，也为其在国际市场上树立起优质的品牌形象，有助于进一步拓展国际市场。所以，企业的国际市场定价策略要想成功，须建立在合理的定价目标基础之上，还有赖于具体的定价方法和策略。

第 4 节　国际市场定价方法与策略

在确定定价目标以后，企业下一步要进行的就是根据定价目标选择适当的定价方法，并根据实际情况采用灵活的定价策略与技巧。

一、国际市场定价方法

国际市场营销中的定价方法与国内市场营销有许多相似之处，主要包括成本导向定价法、需求导向定价法和竞争导向定价法。

（一）成本导向定价法

成本导向定价法是从成本出发考虑问题，其基本模式就是以成本为基础，加上适当的利润。其优点在于便于核算且易于实施，保证企业在不亏损的情况下获得收益，但它所定的价格经常是企业一厢情愿的产物，还需接受国际市场的检验。因而，在实际操作中，往往需要根据企业的阶段性目标、市场需求的突变、竞争格局的变化以及政府法规的调整做相应的改变。

下面介绍几种常见的成本导向定价法。

1. 成本加成法

成本加成法指在产品生产成本上加一个固定比率的利润额，形成产品的价格。

在应用成本加成法定价时，经常要考虑到税率问题。税费的计算基础一般是销售额（反映在单个商品上即为价格）。成本加成法的定价公式为：

价格＝成本×(100%＋税率＋利润率)

所加成的比率（包括税率和利润率）在长期的业务活动中总是被有意或无意地调整。在不同行业、不同国家和地区、不同产品、不同市场供求状况下，加成率各不相同。经常会出现批发商加成率高于制造商，零售商加成率高于批发商的情况。总体上说，使用这种方法，一般要求商品市场需求较为稳定，供求力量对比均衡，市场波动小，生产方面没有过多的资源制约。

2. 边际定价法

这里的边际指的是边际贡献，即产品收益在弥补可变成本之后，对补偿固定成本和增加利润所做的贡献，只要边际贡献大于零，企业就有利可图，此时的产品定价边界点即为可变成本。公式为：

$$P=VC+M$$

式中，VC 为单位可变成本；M 为单位边际贡献。

这种定价方法被业内称为智慧型定价，是一种比较保守稳妥的方法。当出现比较典型的买方市场时，尤其适用。企业如果面对强有力的竞争对手，有时也会以此为手段，这就需要营销人员有明辨形势的能力和当机立断的判断力。

3. 盈亏平衡法

这是一种在理论上最有说服力的定价方法，其关键在于确定企业的保本点。公式为：

$$保本价格=\frac{固定成本}{销售量}+单位可变成本$$

$$保本销售量=\frac{固定成本}{价格-单位可变成本}$$

上面两个公式客观地表达了价格与保本销售量之间的关系。因为价格和市场需求量存在一定的内在关系，企业某一定价水平必然有相应的需求水平。如果该需求水平（一般为预计）大于同一价格的保本销售量，则企业有利可图，二者差额越大说明企业生产经营活动的回旋余地越大，亏损风险越小；反之，说明该定价会导致企业亏损。

（二）需求导向定价法

需求导向定价法的出发点是市场需求，即以市场需求的规模作为定价的基础。

1. 市场价值倒推法

这种方法是指营销各环节的定价以现行市场价格（消费者可接受的市场价格）为基础，层层倒推。

如某产品价格为 100 元，消费者可以接受。当地零售商利润率为 15%，批发中间商利润率为 5%，则

$$零售商进价=\frac{100}{1+15\%}=87(元)$$

$$批发商进价=\frac{87}{1+5\%}=83(元)$$

如果该产品仅经过以上两个环节，那么企业的出厂价应为 83 元。

这种方法对市场需求的适应性强，具有很高的销售方面的实效性，有利于企业控制营销渠道，保证商品流通的顺畅，但是对企业生产能力、资源状况和成本费用等方面考虑不够，营销人员应随时与生产部门、采购部门保持密切联系。

2. 理解价值定价法

这种方法也是从市场需求出发，根据顾客对商品价值的理解来定价。营销人员必须考虑顾客的消费心理。比如，有些产品在一些国家和地区一贯被认为是比较高档、意义重大的产品，因而尽管成本较低，定价却可以高一些；某些名牌产品由于

市场形象良好，定价也可以较高。

由于国际市场上消费者的价值观念极为复杂，所以营销人员必须研究商品在顾客心目中的价值标准，即研究消费者在评判商品“值不值”的问题时，其意识层次中首要的标准是什么。是产品的品牌、性能、质量、外观，还是企业的服务水平、购物环境、产品的文化价值？然后，企业必须通过整套的营销组合手段去影响消费者，使其形成一定的价值观念。

当然，虽然这种方法重在研究消费者的消费需求，但企业依然要加强对销量、投资、成本、利润等方面的把握，综合考虑各种因素，确定适当的价格水平。

3. 需求差异定价法

这种方法是指针对不同的购买需求差异，营销人员为相同或相似的产品确定不同的价格。这种差异一般并不来自产品本身和生产成本，而主要来自顾客需求的不同。

（1）在国际市场上，各国的自然规律和文化环境不同，造成了各国消费者不同的生活水平和消费状态，产生各不相同的消费习惯、消费心理、消费水平和消费倾向，因而在国际市场上，营销人员应根据差异制定相应的价格对策。

（2）许多产品的消费具有周期性，比如，季节性产品具有周期生产的特点。又如，在旅游风景区销售的商品，市场需求更具淡旺季的明显波动，营销人员可以根据市场需求的波动情况，采用不同的定价策略，旺季时可提高价格，淡季时可以采用降价的方式刺激需求。

（3）即使在同一时间、同一市场上，不同消费者的需求也是存在差异的。对收入水平较高的消费群体，定价可以高一些；对收入水平较低的消费群体，定价可以低一些。有些服装在普通摊位上标价百元左右无人问津，在专卖店标价上千元却购者如潮的事情时有发生。另外，企业与客户进行销售业务往来时的费用和风险也是不同的，所以对不同的批发商、零售商和客户的定价当然要有所不同。对批量大的客户定价可低于批量小的客户；对购买频率高的客户定价可低于不常购买的客户；对长期关系稳定的客户定价可低于业务往来少的客户；对采用经销方式的客户定价可低于代销的客户。

企业为满足消费者不同心理和不同层次的需求，可对同一产品的效用和功能进行不同的宣传和定位，从而采取不同的定价策略。比如，钢笔在文具店里出售是一种书写工具，在礼品店里出售却是礼物，后者定价显然可以高于前者。又如，世界上许多著名的食品公司对自己的产品总是从不同的角度进行促销，经常会提出一些“××甜饼、××巧克力是送给最心爱的人的礼物”的创意。礼品装自然要比普通装售价高出许多，产品的品质却完全相同。

（三）竞争导向定价法

竞争导向定价法的出发点是以市场供求变化为背景，根据竞争对手的价格来决定自身产品的定价。这种定价方法是企业适应外部环境、谋求生存和发展的手段。

根据不同的经营目标和各方力量的对比情况，可能有以下几种情形。

如果企业是以击败对手为目的，那么首先要求企业在实力上具有绝对的优势。此时营销人员可以在充分调查研究对手价格策略的基础上，将本企业同档次的商品价格定位于对手的价格附近，并且一定要低于对手，二者之间的差距应具有足够的吸引力，以争夺对方的市场，达到壮大自己、击败对手的目的。

如果企业并不具有绝对的优势，只想在竞争中保持一种均势状态，那么企业产品的定价要与竞争对手基本上保持一致。企业可以根据双方产品在质量、性能、外观、服务上的差异使定价略有不同，但这种差额应是合理的，即双方产品的性价比应大致相等，当对手价格变化时，本企业产品的价格应做相应的调整。

如果企业在竞争中处于劣势，对手的实力过于强大，企业想以回避竞争为目的来定价，那么营销人员应注意使企业产品的定价尽量远离对手。比如，可以加大成本投入，重点开发产品的某些特性，使之强于对手，产品的价格也高于对手，这样一来，使消费者感觉本企业的产品与竞争对手的产品不在同一档次上，甚至不是同一种产品，即尽量打破二者之间的可比性。另外，企业也可以以牺牲产品的某种功能为代价，大幅降低成本，而把价格定得远远低于对手，只满足部分消费者的需求。这两种回避竞争的方法一般都为小企业所使用，其实质是缩小自己的目标市场。

竞争导向的定价方法还存在于投标定价之中。投标定价即买方在报刊上登广告或发出函件，说明需采购的商品的品种、数量、规格等要求，邀请卖方在规定期限内投标。卖方如果想做这笔生意，就要在规定期限内填写标单，写明可供应商品的名称、品种、规格、价格、数量、交货日期等，密封送给招标人。买方在规定的时间开标，选择报价最低、最有利的卖方成交。这种价格是供货企业根据对竞争者的报价估计的，而不是按照供货企业自己的成本费用或市场需求来制定的，供货企业的目的在于赢得合同，所以它的报价应低于竞争对手的报价，因而是一种竞争导向的定价方法。

二、新产品定价策略

国际市场营销人员一旦准备在其他国家和地区推广自己的产品，首先要面对新产品定价策略问题。所谓新产品，是指对当地市场而言的新产品，即首次投放的产品。从定价水平而言，可以分为撇脂策略和渗透策略；从促销水平而言，可分为快速策略和缓慢策略。也就是说，新产品定价策略可以产生四种组合（见图 10－1）。

	高价	低价
高促销费用	快速撇脂	快速渗透
低促销费用	缓慢撇脂	缓慢渗透

图 10－1　新产品定价策略组合

（1）快速撇脂策略。企业新产品投入国外市场的定价水平远高于成本，单位产品的利润率高；同时企业也要采取强有力的促销手段来增加销售，以求在短期内获得较高利润。如果企业产品具有较强的优势或特点，同时也存在较多的潜在竞争对手，那么宜采取这一策略。快速撇脂策略有利于企业迅速收回成本，树立企业形象，但是风险较大，费用较高。撇脂政策适用于对价格相对不敏感，但对产品的认知价值有要求的市场。比如，撇脂定价运用在图书销售上，可首先推出精装本，而后推出平装本，以叩开更多对价格敏感的市场。又如，苹果公司的第一款 iPod 零售价高达 399 美元，但是有很多热爱时尚的“苹果迷”既有钱又愿意花钱，纷纷购买，其撇脂定价取得了成功。然而，从根本上看，撇脂定价是一种追求短期利润最大化的定价策略，若操作不当，则会影响企业的长期发展。因此，在实践中，特别是在消费者日益成熟、购买行为日趋理性的今天，采用这一定价策略必须谨慎。

（2）缓慢撇脂策略。企业以较高的价格进入市场，同时并不采用过强的促销手段。采用这种方式的企业一般产品优势明显，并且具有其他竞争对手短期内无法模仿的特性，如专利产品、高技术产品等。

（3）快速渗透策略。企业以较低的价格水平进入市场，而且促销力度很强。这种促销手段的主要目的在于抢占市场，提高占有率，让消费者尽快接受本企业的产品。当存在生产的规模经济性或者面对竞争者的进入企图时，采用以牺牲短期利润换取销售规模的渗透定价是合适的。这种策略不失为一种好办法，但是采用这种策略的企业一般投资收益率较低，要有一系列的后续手段（比如推出系列产品），在站稳脚跟之后以图发展。比如，美国西南航空公司只提供经济舱（没有头等舱），并且采取尽可能低的价格以使客流量最大，公司在高客流量的线路上提供比一般机票低 20 美元的单程票，目的是说服那些定期往返于诸如达拉斯与休斯敦两城之间的乘客乘坐该公司的飞机，同时吸引旅行者选择飞机而不是汽车，渗透定价在西南航空公司运用得十分成功。

（4）缓慢渗透策略。企业进入国际市场的价格水平较低，促销费用也较低。采用这种策略的企业一般规模经济效应明显，成本较低，具有物美价廉的形象，大批小规模生产者无法进入市场。例如，戴尔和盖特韦公司（Gateway）通过低成本的邮购渠道控制成本，销售性价比较高的电脑产品。它们的电脑销售量直线上升，而此时通过零售店销售的竞争对手产品根本无法和它们的价格相比。沃尔玛和其他折扣零售商也采用了渗透定价策略，它们以低价格来换取高销售量，高销售量导致更低的成本，这反过来又使折扣商能够保持低价。

三、折扣定价策略

在国际市场营销活动中，为了鼓励客户大量采购或在淡季进货，卖方一般会在价格上给予一定的优惠，按某种比例减让商品的价格。

（1）现金折扣。这是一种根据买方付款期限不同而提出的折扣。买方付款越快，折扣率越高，买方如能当时付款或提前预付则可获得最高的折扣。采用此方式的企业是为了尽快收回资金，加速流转，降低风险。在国际惯例中，有一些固定的表示法，如“1.5/30，n/60”，表示的是该项交易应该在 2 个月（60 天）内结算完毕，如果买方能在 1 个月（30 天）内付款，可以获得 1.5%的价格减让。

（2）数量折扣。这是一种最为常见的折扣方式，即对大量购买的顾客给予低价，一般可分为一次性数量折扣和累计性数量折扣。所谓一次性数量折扣，是指买方一次购买的数量越多，单价越低；累计性数量折扣是指在一定时期内，买方累计购买量越大，单价越低。一般在同等数量下，前者折扣率要大于后者。

（3）季节折扣。这种折扣是为了稳定生产和销售而采用的策略。许多商品的销售具有明显的季节性，如一般旅游用品的夏季销售要大于冬季；而滑雪用品的冬季销售要大于夏季。卖方会在销售淡季对买方提供优惠的价格，如百事可乐的冬季进价要优惠于夏季进价。

（4）职能折扣。有时卖方需要买方承担一定的业务职能，如商品装卸、运输、储存、包装、加工等，买方在不同环节上承担的责任不同，折扣当然也不同。如果经销商能主动为产品进行一系列的促销活动，比如广告宣传、设置专柜、橱窗展示、加派现场促销员等，那么可获得更低的进价。

四、心理定价策略

在传统的经济学和管理学理论中，人是“理性的人”和“经济的人”，但现代理论越来越认识到“社会的人”“文化的人”“心理的人”也是人的本质的重要组成部分。消费者决定购买的过程实质上是接受刺激后的心理反应过程。不同国家、不同职业、不同年龄、不同收入水平的人的消费心理是不同的，因而定价方式在这些消费者心理上产生的效应也不同。在国际市场营销中，营销人员应灵活运用各种价格策略来满足细分市场的要求。

（1）以价显质法。“一分钱一分货”这种观念在世界各国消费者心中都是普遍存在的，因而国际市场营销人员可以利用制定较高的价格向消费者传递这样的信息，即“我们的产品是高档优质的”。这种方式可以增加利润率，有利于提高企业声望，树立产品形象。事实上，现实生活中的确存在这种现象，同样的服装、手表等产品，定价低时未必好销，价格大幅提高后却购者如潮。在皮包、化妆品等行业中情况更是如此。有时候，人们干脆把这些商品的低价直接等同于“低档劣质”，而高价则必然“高档优质”。使用这种价格策略的商品一般应是其消费者对商品的专业知识知之不多，如很少有消费者可以说出两个品牌的香水之间有什么化学成分的差别，但机械产品、服务有时并不适用这种策略。

（2）数字技巧法。数字在不同的文化背景中有不同的含义，现代心理学的研究更揭示了不同数字在顾客心中引起的不同反应。比如，在日本，“4”因与“死”谐音，是极其忌讳的，同样的商品，定价 54 日元肯定不如定价 65 日元；在东亚文化圈中，“8”一般被认为是吉利的数字。另外，消费者一般比较喜欢尾数精确的价格，99.8美元总感觉比100美元更接近成本，更能真实地反映商品的价值，二者虽然相差微小，前者却比后者容易接受。

（3）比较定价法。这是一种自我设置参照物的办法。消费者通常对所购商品的专业知识知之不多，总是通过商品之间的横向比较来决定是否购买。企业可以针对差别并不明显的商品，以截然不同的价格打入同一市场，创造一种档次感和差别感。大多数求廉的消费者必然会由于高价产品的存在，增加对低价产品的购买；追求高档的消费者会购买定价高的产品。这样，企业既可以扩大销售，又可以增加收益。

五、价格歧视策略

价格歧视策略是指企业按照两种或两种以上不反映成本差异的价格销售某种产品或服务。价格歧视策略也是企业在国际市场营销中经常采用的定价策略。比如根据购买数量的不同，提供给买方不同的报价；或者根据消费时间的不同制定有区别的价格，如电影院黄金时段的票价要高于其他时段。需要注意的是，企业对于不同细分市场实施价格歧视策略，虽然可以达到利润最大化的目标，但也可能引起消费者的质疑，企业的信誉可能会受到损害。如何才能更好地运用价格歧视策略而尽量避免其负面作用呢？这里有几种做法可供选择。

（1）企业可以通过不同细分市场内不同的包装或商标的巧妙设计来消除或者至少减少能够使消费者认识到不同细分市场内的商品实质上是同一商品的信息来源的方式实现价格歧视。

（2）企业可以通过不同销售渠道、销售氛围的巧妙选择以及产品定位的变化来实现价格歧视。例如，在礼品店销售钢笔、赋予巧克力浪漫色彩，都是运用的这种手段。再如在国内卖几十元，普通得不能再普通的解放鞋和回力鞋，在欧洲卖到50欧元，在美国卖到70美元，并且销售极为火爆，因为产品定位发生了改变，由生活必需品摇身一变，成为时尚、潮流的符号。

（3）设置平衡距离。两个市场在地理上是相互分离的，消费者要到低价位市场所在地购买就要花费一定成本，当消费者认为这种成本接近或超过价格差时，这种空间分离就会阻止高价位市场中的消费者到低价位市场去消费。在国际市场营销中，国别分隔会使这种价格歧视更为有效。

（4）为了竞争的需要，可将价格歧视运用到争斗性品牌中。比如，优衣库在进入中国市场后，为了与国内已有的诸多品牌如无印良品、海澜之家、森马等竞争，制定了让消费者“买了也不会心疼”的亲民价格，并致力于追求“低价优质”。公司在施行低价策略的同时，积极主动地挖掘潜在顾客群。这一策略帮助优衣库初步打开了中国市场。

可以看出，以上几种定价策略侧重于不同的方面，从不同的角度出发，因而并不是相互排斥或孤立的，而是可以相互配合使用的。企业可以根据实际情况，选择一种或同时运用几种定价策略，以达到最佳的定价效果。

案例分析

麦当劳的定价策略

在西式快餐巨头的激烈角逐中，麦当劳正以一系列创新举措和策略应对中国市场的挑战。2024 年 7 月，麦当劳的动作频频，从营销活动到价格战，再到门店扩张计划，无不显示出其在中国市场的决心和野心。

麦当劳价格策略的实施并非一帆风顺，在餐饮市场出现波动的大环境下，2023 年底麦当劳将接近 90% 的主要汉堡小食类产品挂牌价提价 0.5 元，负责人表示，在过去几年里，麦当劳通货膨胀成本显著增加，麦当劳与特许经营商也在合力解决，包括通过选择性提价以确保餐厅的盈利能力，但这打乱了麦当劳的长期价值计划，也让消费者重新考虑了购买习惯。积极应变的麦当劳，开始反思自己的涨价策略，决定采取更优惠的价格策略以留住对价格敏感的消费者。麦当劳美国总裁在电话会上多次强调，将更加谨慎地提高产品价格，并将在多个市场延长优惠套餐。

中国市场拥有巨大的消费潜力和增长空间，消费者对高品质、便捷、多样化的餐饮需求日益增长。在中国，麦当劳通过精准的促销节奏，使 10 块钱的购买力在快餐店内得到了极大的提升。2024 年 1 月，麦当劳推出了多款汉堡的 10 元优惠活动。随后，麦当劳在下半年再次推出了“10 元吃堡”活动，延续之前优惠模式的同时，并设有其他优惠套餐，以满足不同消费者的需求。中国食品产业分析师朱丹蓬指出，麦当劳价格的调整匹配了宏观环境的变化，也匹配了消费端对于质价比与性价比两者兼而有之的核心需求跟诉求。

面对行业内部激烈的价格战，麦当劳并未退缩。2024 年 7 月，麦当劳餐厅在各地社群中频繁发布消息，为即将回归的“88 金粉节”进行预热，做出“时隔 3 年，即将回归”、“明星汉堡三件套+ 2 元得第二套”、“每周三经典小食回归”以及“20 万+ 员工严阵以待”、“6 000+ 门店蓄势待发”等承诺。

通过“88 金粉节”等促销活动，以及“10 元吃堡”的低价策略，麦当劳在保持品牌价值的同时，也在积极争取市场份额。这一策略的实施是对市场环境的快速响应。麦当劳中国门店的扩张计划正在加速进行。麦当劳计划在 2028 年前在中国开设 1 万家餐厅，这一目标不仅显示了其对中国市场的长期承诺，也反映了其在市场竞争中的雄心。

资料来源：麦当劳，“挑剔”下成长．(2024－07－30). https://news.qq.com/rain/a/20240730A09DBJ00.

问题

1. 麦当劳采用了哪种价格策略？
2. 麦当劳是如何实施其价格策略的？
3. 麦当劳的价格策略具有何种优势，又存在哪些潜在的风险？

思考题

1. 简述国际市场价格形成中价格升级的含义。

2. 跨国企业国际市场定价的目标主要有哪几种？

3. 价格歧视策略可能引发的负面作用有哪些？跨国企业如何更好地运用价格歧视策略而尽量避免其负面作用？

第11章
国际市场渠道策略

本章要点

1. 国际企业的产品只有依托国际市场渠道才能到达消费者手中，渠道中各个中间商的行为和角色都会对渠道产生重要影响。

2. 国际市场渠道并没有一个完美的模式，不同的企业应当根据顾客特点、文化、竞争状况、企业目标、产品特性、资本、成本、覆盖率、控制、连续性和沟通（11C）对渠道进行设计和管理。

3. 目前国际渠道发展表现出一种联合化增强的趋势，主要表现为垂直市场营销系统、水平市场营销系统和多渠道市场营销系统这三个方面。

国际市场营销中的分销渠道系统是整个国际市场营销组合的重要组成部分，它和营销组合的其他因素有着密不可分的联系。国际企业产品的生产与开发要依托于各类富有活力的中间商组织；价格策略的实施取决于它是否利用大型的、高质量的经销商；推广和广告决策则取决于对分销渠道组织的培训和鼓励。所以，国际渠道通畅与否关系到整个营销组合和策略的顺利实施。

第1节　研究国际营销渠道的意义

市场营销渠道是将生产者所生产的产品转移到消费者手中的一系列独立组织或单位的总称。国际营销渠道是指商品从一国生产企业到达国外最终购买者所经过的环节和途径，它实质上是执行把产品及其所有权从生产者转移到最终购买者的所有活动（功能）的一套组织机构。它是商品由生产商向国外消费者转移所经过的通道，可以经由国际中间商，也可以不经由国际中间商。国际营销渠道包括出口商、进口商、进出口代理商、经销商以及与国际市场营销有关的实体分配单位等组织或个人。国际营销渠道中的各个组织机构在整个渠道系统中处于不同的环节，担负不同的职能，在相互联系中交互发生作用。国际营销渠道各环节的关系如图 11－1 所示。

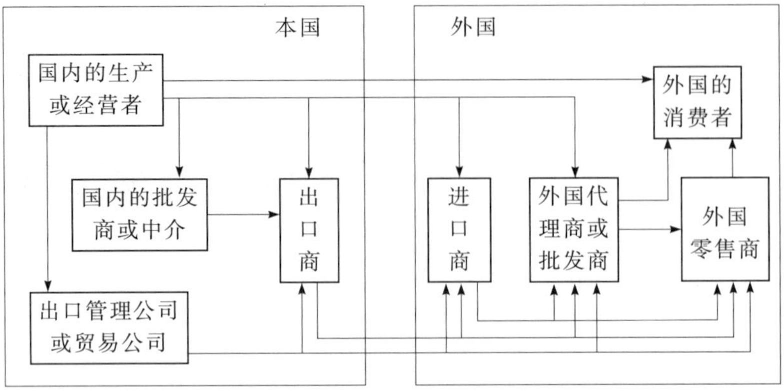

图11-1 国际营销渠道

渠道策略的重要性在于渠道策略不同于营销组合其他因素的使用。产品、定价和广告策略的正确选择固然可以使企业超越对手，但相对来说这些优势比较容易被模仿。而作为企业关键性外部资源的市场营销渠道系统，其建立往往需要较长的时间，一旦建立起来就会保持一种惯性，不是轻易可以改变的。所以，经过长时间设计和管理的市场营销渠道往往能创造出更为持久的竞争优势。随着市场竞争日趋激烈，渠道管理将成为整个市场营销管理过程的关键所在，关系到企业经营活动的兴衰成败。

国际企业要开拓海外市场，渠道策略是其成功的决定因素之一。但由于各国经济发展水平、传统文化、风俗习惯等方面的差异，各国的渠道体系有所不同，进入国际市场的企业必须了解目标市场国渠道构成的特点，才能组织起有效的商品和服务的流转。比如，瑞士的一家著名手表制造商在设计分销渠道时，选择的分销渠道如下：选择豪华的珠宝店来销售昂贵的欧米茄牌手表；对中档手表的销售追求的是市场覆盖面，选择一般百货商店；对低档手表则通过各种类型的中间商进行销售。这种渠道模式使该手表制造商获得了成功。

习近平总书记强调，“以国内大循环为主体，绝不是关起门来封闭运行，而是通过发挥内需潜力，使国内市场和国际市场更好联通，更好利用国际国内两个市场、两种资源，实现更加强劲可持续的发展”[①]。在经济全球化的背景下，就我国企业来讲，进入国际市场是企业经营国际化的一种必然选择。在渠道策略方面，不能将构建国内渠道的模式照搬到国际市场上，因为国际市场营销不是国内市场营销活动的简单延伸和扩展。比如芬兰，虽然人口不多，却是欧洲人均购买力水平很高的国家之一。假如一家生产方便面的中国企业欲进入该国市场，首先要了解该国消费者的需求状况。此外，还要认真分析这个国家的渠道结构。芬兰的消费品市场基本上被三家批发商控制，销售网络一直延伸到独立的零售商。零售商的货源主要来源于这三家批发商，此外再没有其他的市场营销渠道可供选择。对于芬兰消费者不

① 习近平：在企业家座谈会上的讲话．(2020-07-21)．人民网．

熟悉的产品来讲，批发商可能要求生产企业寻找代理商，但代理商的选择往往也要通过这些批发商。这就决定了这家方便面企业在芬兰销售产品，除了与这几家批发商打交道外，没有其他更好的选择。从出口角度看，国内企业往往习惯于把产品先卖给国外的进口商，然后由进口商将产品销往国外市场。而在全球市场上，比如在加拿大，传统的从生产厂家经批发商再到零售商的市场营销渠道模式正在发生变化，代之以生产厂商和零售商直接发生联系。如加拿大鞋业市场的大型零售企业通常直接从厂家进货，而基本不从批发商和进口商那里进货。在这种情形下，如果中国的制鞋企业还按照传统渠道模式向该国出口鞋，尽管可以扩大出口，却无法得到产生于营销环节的高额附加价值，让别人拿走大额利润。相反，国内企业若能对加拿大鞋业市场的渠道结构进行认真分析，准确选择新一代中间商，直接向它们销售产品，则能获得较高的营销效益。实践表明，由于各国渠道结构不同，进入国际市场的企业必须首先了解目标国家的渠道构成，在此基础上进行合理的渠道设计与管理，进而创造较大的竞争优势，这是迈向国际市场营销成功的关键步骤。

第 2 节　国际营销渠道的行为与结构

国际营销渠道的行为与结构是影响整个渠道系统运行的重要因素，企业要建立有效的营销渠道就必须注意渠道各成员间的关系，加强渠道合作，减少渠道冲突。

一、国际营销渠道行为

渠道是产品由生产者向消费者或用户转移的路径以及在转移过程中发挥必要功能的组织或个人及其活动。有渠道就有人的活动，也就有了渠道行为。国际市场营销中的渠道行为除了具有一般渠道行为所具有的特性，还往往具有跨文化的特点，即渠道成员来自两个或多个不同的文化环境，如图 11－2 和图 11－3 所示。文化环境的不同不仅使渠道成员在价值观上存在差异，还使它们的行为方式产生差异。

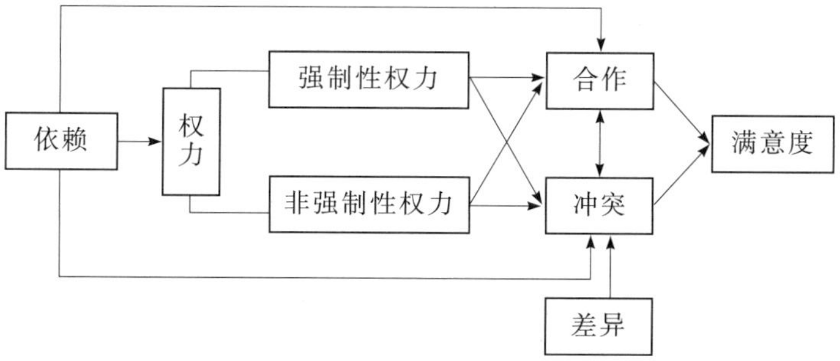

图 11－2　国内营销渠道行为

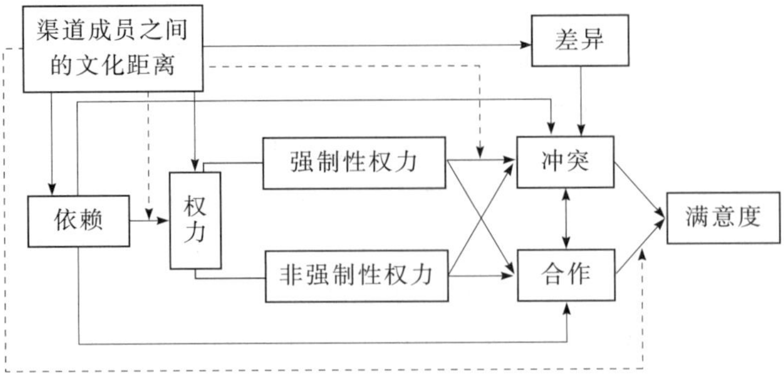

图 11－3　国际跨文化渠道行为

图 11－2 可以这样解释，成为一个渠道的成员这件事本身就意味着这个成员既依赖于别人同时又被别人依赖。在被依赖与权力之间存在正相关关系，即一个渠道成员越为另一个渠道成员所依赖，这个渠道成员对于另一个渠道成员就有越大的权力。强制性权力导致冲突，减少合作的意愿，而非强制性权力则减少冲突，增加合作的意愿。冲突产生于渠道成员之间在目标、预期、价值观和对各自所承担角色的认识等方面的差异，差异越大，渠道成员之间的冲突越频繁。冲突与合作之间是负相关关系，即渠道成员之间的冲突越频繁、越严重，它们之间的合作意愿就越弱。合作会提高渠道成员的满意度，冲突则会降低渠道成员的满意度。

图 11－3 说明了渠道成员之间在文化上的差异对国际营销渠道的影响。由图可见，渠道成员之间的文化差异影响到渠道行为的方方面面，既有对于状态或状态认知的影响（实线），也有对于行为选择的影响（虚线）。不同文化中的渠道成员会对依赖性有不同的认识。强集体主义文化中的成员会对依赖他人抱更正面的态度，个人主义文化中的成员则会对依赖他人持较负面的态度。文化之间的差异本身就是渠道成员之间差异的一个来源，它会直接导致渠道成员之间的摩擦或冲突。不同文化中的成员基于同样的权力基础，会对权力行为有不同的选择。为了影响其他成员的行为，权力距离较大的文化中的成员更倾向于使用强制性权力，权力距离较小的文化中的成员则更倾向于使用非强制性权力。

（一）渠道权力

渠道权力是一个渠道成员对于另一个在同一渠道中不同层次上的渠道成员的控制力或影响力。当渠道成员 A 使渠道成员 B 做了一件 B 原本不会做的事情时，我们就说 A 对于 B 有权力，权力的大小是由 A 能使 B 做那件事的能力确定的。这里要特别注意，权力是一种能力，可以是已实现的能力，也可以是未实现的能力。未实现的能力是一种意识状态，存在于权力对象的感觉中。实际上，在大多数情况下，为了影响一个渠道成员的决策或行为，权力的拥有者是不需要真实地使用权力的，权力对象会根据他们对于权力拥有者所拥有权力的认识而采取顺从或合作的行动。

权力依据基础或源泉分为六种类型，即奖励权力、强制权力、法定权力、认同权力、专家权力和信息权力。奖励权力来源于一个渠道成员能够给予另一个渠道成员某种有价值的东西以帮助他们实现其目标的能力。比如一个零售商具有给某种产品的生产企业更多或更好的展示货位的能力，生产商则具有为零售商提供批量折扣、优先供货等能力。强制权力基于一个渠道成员处罚另一个渠道成员的能力。实际上，奖励权力和强制权力是可以相互转化的。当一个渠道成员为另一个渠道成员提供某种优惠时，是在用奖励权力；而当撤销或威胁要撤销这种优惠时，则是在用强制权力。法定权力产生于渠道内部成文或不成文的规则，这些规则规定一个渠道成员有权影响另一个渠道成员的行为，而后者有义务接受这种影响，比如合同或协议规定的权利或义务。法定权力与强制权力的区别在于：法定权力一般是有法律保证的，一方违法时另一方实施的惩罚也是通过法律机构进行的；强制权力则无法律保证，一方对另一方的惩罚是直接的，无须法律机构或其他机构插手。认同权力来源于一个渠道成员的形象，其形象对其他成员具有较大的吸引力，获得其他成员的尊重和认同。一般名牌产品、名店具有这种权力。专家权力来源于一个渠道成员在某一方面所具有的专业知识。专家权力与奖励权力的区别在于：作为一种资源，专业知识一旦提供给合作伙伴，就不能再撤回；而奖励权力是可以撤回的。信息权力产生于一个渠道成员提供某一类信息的能力。信息权力与专家权力很相似，二者在提供出去后都不能再收回。二者的区别在于：专家权力是长期经验积累或专业训练的结果，而信息权力只是由于一个渠道成员容易接触到某一类信息而对于某一类事物具有更多的知识。

西方渠道行为理论倾向于在进行实证研究时，将以上六种权力重新组合划分为两种，即强制性权力与非强制性权力。强制性权力包括上文中的强制权力和法定权力；非强制性权力包括奖励权力、专家权力、信息权力及认同权力。

（二）渠道合作

渠道合作是渠道成员之间的合作，指渠道成员为了共同的及各自的目标而采取的共同且互利的行动和意愿。渠道合作有多种形式，主要有联合促销、联合储运、独家代理、信息共享、联合培训和地区保护等。

渠道合作源于渠道成员之间的相互依赖性，而相互依赖性是渠道成员功能专业化的结果。在一个渠道功能非专业化的经济环境中，所有的生产者或服务供应者都只能将其产品或服务直接出售给最终消费者，就像早期的生产者所做的那样。在这种情况下，他们不需要与其他的人或组织合作，因此渠道合作也不存在。随着人类社会的发展，出现了社会分工、专业化和市场交换，尤其是出现了商业，直销的交易方式越来越不经济，尽管还在使用，但其重要性在各种各样的渠道中一直在下降。现在，已经很少有企业只使用这种零层次渠道了，多层次渠道占据了统治地位。与零层次渠道相反，多层次渠道中的渠道成员专注于它们具有相对优势的功能，于是专业化一方面给渠道成员带来规模效益，另一方面使它们在功能上相互依赖。这就使它们为了实现自身的目标，必须先实现它们共同的目标。

（三）渠道冲突

渠道冲突是一个渠道成员意识到另一个渠道成员正在阻挠或干扰它实现自己的目标或有效运作，或一个渠道成员意识到另一个渠道成员正在从事某种会损害、威胁其利益，或者以损害其利益为代价获取稀缺资源的活动。根据分歧的强烈程度、重要程度和经常性，把冲突划分为三个水平，即低水平冲突、中等水平冲突和高水平冲突。低水平冲突对渠道效率没有太大的影响，中等水平冲突对渠道效率有好的或建设性的影响，高水平冲突则对渠道效率有坏的或破坏性影响。导致渠道冲突的主要原因有目标不一致、角色不互补、资源稀缺、认识差异、沟通不足等。

渠道冲突从渠道内不同层次之间、渠道内同一层次的不同成员之间以及不同渠道之间的关系的协调性与竞争性来判断，可分为三种类型。

（1）垂直冲突。这种冲突来自同一分销渠道上的前后环节间关系的不协调性，例如生产商与批发商之间、批发商与零售商之间，甚至包括零售商与消费者之间的利益矛盾与冲突。有些分销渠道的垂直矛盾与冲突来自分销渠道成员的目标差异。比如生产厂商希望通过低价政策获得销售的高速增长，在给予零售商价格折让时，希望零售商把这种折让利益转让给消费者。而零售商希望通过高价政策获得高利润，在获得生产厂商的价格折让后，希望把这种利益装进自己的腰包。零售商向生产商压价，如家乐福和康师傅。有些垂直冲突可能与预期错误有关，比如一些生产厂商在向市场推出某种新产品时，往往对市场前景充满乐观预期，因而把这种乐观估计以及相应的诱人的承诺传达给中间商，但是渠道成员通过一段时间的观察后，发现竞争压力相当逼人，如果生产厂商的承诺不能及时兑现，渠道冲突就会激烈地表现出来。一般来说，垂直冲突是由于企业利用外部生产或商业资源引起的，因而可以通过垂直一体化或产权的合并来解决。

（2）水平冲突。这种冲突是由同一分销渠道某个环节上同类中间商之间的利益矛盾所引发的。比如同在一个批发商采购商品的零售商之间，为了抢占市场而激烈竞争，并引发渠道冲突。同一连锁商业公司的不同分店之间也可能由于商圈的重叠而引发冲突。

（3）交叉冲突。虽然商品都来自同一生产厂商，或者都在为相同的顾客销售商品，却由于是否通过中间商，以及中间商层次与数量的差异，出现了不同的分销渠道，产生分销渠道之间的矛盾与纠纷。采用多渠道策略的企业，线上渠道与线下渠道的冲突一直备受关注。

解决渠道冲突需要合理设计和经常检查渠道成员之间的合作关系，确立渠道成员的共同目标、合作价值观，允许甚至鼓励渠道竞争，在渠道冲突激化之前采取措施加以控制，必要时通过渠道调整与重组来消除不可调和的渠道冲突。消除冲突的主要做法是建立渠道共同目标，共同目标的核心是增进各个成员对渠道合作、相互依赖性的认识，通过确立共同目标让每个成员把渠道合作作为自己的权利和责任予以认可和接受，一旦全体渠道成员都有了合作的意愿，就会有效地开展有助于合作的行动，消除引起冲突的不利因素，从而将渠道恢复到正常运行状态。如果达不到这样的目的，则应该对渠道进行改组和重建。

二、国际营销渠道结构

商品的渠道流程应该包括从生产商开始至消费者为止的全过程，而营销的目的是使目标市场接受该商品并使消费者满意，有效、经济的渠道结构将是营销人员的最佳选择。国际营销渠道结构有直接渠道和间接渠道两大类，如图 11－4 所示。

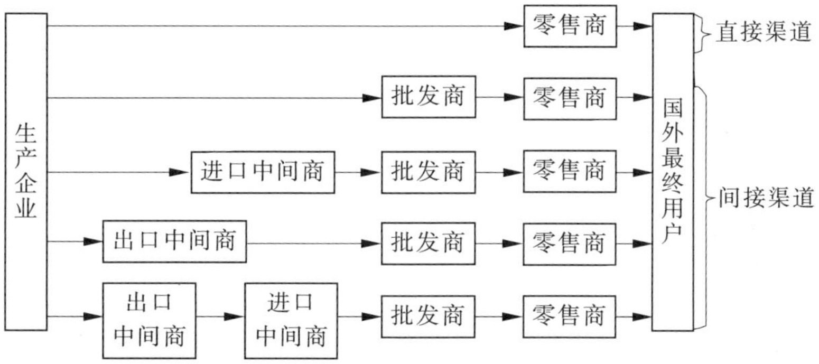

图 11－4　国际营销渠道结构示意图

直接渠道指生产者将其产品直接销售给最终消费者，也称为直销或直营，常见的形式有上门推销、邮购、电话推销、电视直销以及厂家的直营机构等。间接渠道指生产者经过若干层次的中间商将其产品逐级转卖给最终消费者。直接渠道和间接渠道各有特点：直接渠道成本较低，周转迅速，能及时获取消费者信息，仓储运输、销售人员和管理费用增加迅速，网络分散且覆盖面较小，要求企业对产品销售有很强的控制与管理能力；间接渠道成本较高，周转次数较多，速度较慢，企业对渠道的控制较弱，获取信息慢，仓储、销售人员和管理费用较低，网络密集且覆盖面广，渠道自身专业性比较强。

企业将自己的产品向国外消费者销售的过程，除了企业自己设置机构外，都不可避免地要同各类中间商打交道，这些中间商是国际渠道的成员即参与者。因此，了解这些中间商的特点及情况对于选择适合本企业的分销渠道有重要意义。比较常见的进出口中间商可分为出口中间商、进口中间商和兼营进口中间商。

（一）出口中间商

出口中间商指国内经营出口产品业务的中间商，分为出口商业中间商和出口代理商两种。出口商业中间商拥有产品的所有权，而出口代理商不拥有产品的所有权。

（1）出口商业中间商。出口商业中间商通常称为出口商，它们通常以自己的名义购买本国商品，然后卖给国外买主。它们一般与国外的中间商有长期的合作关系，具有完善的信息网络和丰富的国际营销经验等。出口商有可能采取先接受国外订货然后在国内购买的低风险的经营方式，也可能采取先在国内购买然后卖给国外的高风险经营方式。出口商实行自主经营、自负盈亏，自己承担风险。常见的出口商主要有进出口公司和出口行。其中进出口公司负责进口和出口商品，一般在国外有庞大的分销网络和信息网络，有丰富的国际营销知识和经验。许多中小企业甚至一些大型企业都可以通过进出口公司让自己的产品进入国际市场。出口行指本国专门从事出口业务的批发商。它们的分销网络包括自己设立的分销机构和其他中间商，可以经营不同企业的竞争性产品，根据产品盈利性确定供应商，但不与供应商建立长期合作关系。

（2）出口代理商。出口代理商指接受本国卖主的委托，以委托人名义代理委托人向国外销售商品，并从中收取佣金。出口代理商不拥有商品的所有权，也不承担风险，风险由委托人承担。作为出口代理商的可以是机构，也可以是个人。常见的出口代理商有销售代理商、厂商出口代理和国际经纪人。其中销售代理商一般为出口企业提供全面的出口业务服务，按销售额的一定比例收取佣金。它们代理委托人接洽客户、拟定销售计划、提供商业情报、负责资金融通、处理单证甚至承担信用风险等。由于销售代理商的这些特点，竞争激烈的行业适合采用这种中间商，如食品、纺织品等；此外，缺乏国际销售能力和经验不足的企业也适合采用这种方式。厂商出口代理相当于厂商的出口部，以自己的名义开展业务，但提供的服务少于销售代理商，不负责出口资金、信贷风险、运输、出口单证等业务，中小企业开拓新市场、推广新产品和市场潜力不大时多采用这种方式。国际经纪人不拥有商品的所有权，也没有货物，而是负责为买卖双方联系以达成交易，在达成交易后收取佣金，交易双方与国际经纪人一般无长期的固定关系。大宗货物或是季节性产品多用这种方式，如机械、大宗农产品等。

（二）进口中间商

进口中间商指与产品消费者处于一国经营进口业务的中间商。它们一般比较熟悉当地的市场环境和消费者的购买习惯，能较好地完成国际营销。所以为实现国际市场扩大和企业的长远发展，与出口中间商相比，越来越多的企业更愿意选择进口中间商。进口中间商可同样按对产品的所有权分为进口商业中间商和进口代理商，前者拥有产品的所有权，后者没有产品的所有权。

（1）进口商业中间商。进口商业中间商通常称为进口商，是从国外购进商品向所在国销售的中间商，占有商品所有权并承担经营风险。常见的进口商有进出口公司、国外经销商。作为进口商的进出口公司同作为出口商的进出口公司为同一类型，从国外购进商品，一般没有独家经销权，熟悉所经营商品和目标国的市场，掌握专门的商品挑选、分级、包装等技术和销售技巧。国外经销商指与出口国的供应商建立长期合作关系，享有一定价格优惠，有货源保证的进口企业。它们在特定的区域，在购买和转售产品方面获得独家经销权或优先权。有的经销商的商品来自单独的供应商或企业，专门从事工业品和耐用消费品的独家经销。

（2）进口代理商。进口代理商指接受卖方委托代办进口、收取佣金的中间商。它们一般不拥有产品所有权，不承担信用、汇兑和市场风险。常见的进口代理商有厂商代理商、融资代理商和国外经纪人。厂商代理商一般为直接接受出口国生产厂商的委托，签订代理合同，为生产厂商推销产品并收取佣金的进口国的中间商。它们能够为委托人提供全面的市场信息，不占有货物，不负责安排运输和装卸等。这种方式适合没有能力设立自己的销售机构但希望适当控制出口业务的企业。融资代理商可以为生产厂商的生产和买方的购买提供融资，从而为买卖双方分担风险，是一种近年来发展起来的代理商。国外经纪人提供各种低价代理服务，根据委托人的产品目录或样品代签订单。它们熟悉国际市场且同客户有长期关系，主要经营初级大宗商品的交易。

（三）兼营进口中间商

兼营进口中间商指兼营进口业务的批发商和零售商。进口国的一些批发商和零售商可以直接进口产品，兼营进口业务。

（1）兼营进口的批发商。兼营进口的批发商一般从国外进口商品，批发给其他中小批发商或零售商，减少了中间环节，节省了费用，降低了成本。如美国埃克森美孚公司从各国进口多种商品，对其进行包装，贴上该公司商标后发送给零售商，从而避开了出口中间商和进口中间商，降低了成本，获得了更大的利润。

（2）兼营进口的零售商。兼营进口的零售商也同样从国外直接购买商品，降低了流通费用。大型零售商兼营商品进口的业务有很大的优势，它们同最终消费者直接接触，能更好地掌握消费者对商品的需求状况，因此能够更好地同生产厂商进行交流，使商品适销对路。主要的兼营进口的零售商有大型百货公司、超级市场和邮购公司。沃尔玛作为大型零售商，在公司内部设有进口采购部，与出口生产企业直接进行接洽和谈判。美国国内的超市总部一般设有采购委员会，由部门经理和商品经理组成，商品经理和各分店经理确定采购，大型的超市有足够的实力直接从国外采购。它们一般经营规模较大，存货量大，品种多，采用直接进货的办法来降低成本。

第 3 节　国际渠道的设计

国际企业要想使自己的产品进入国际市场，必须正确地进行分销渠道的设计，有利的市场加上有效的渠道，企业才能以较少的花费取得较多的利润。分销渠道的设计是一项复杂的系统工程，涉及多方面因素，需在熟悉国际分销渠道结构的基础上进行科学的决策。

国际渠道设计的中心问题是确定到达国际目标市场的最佳途径。渠道设计具体是指对渠道长度和宽度的设计，长度由中间商的层次数目决定，宽度由渠道中每一层次所使用的中间商数量决定。决定渠道设计的因素可构成一个整体组合。这些因素分别是顾客特点、文化、竞争状况、企业目标、产品特性、资本、成本、覆盖率、控制、连续性和沟通，一些学者将其概括为 11C，其中前 3 个因素是既定的，另外 8 个因素在某种程度上可由国际市场营销人员实施控制。

一、顾客特点

目标顾客特点是渠道设计决策的依据，诸如对顾客需要什么、什么时候需要、为什么需要以及怎样购买等问题的回答可用来决定产品到达顾客手中的途径，顾客数量的多少以及集散程度决定了使用中间商的数目，顾客购买习惯会影响使用的分销渠道的类型。百胜集团旗下的外卖品牌必胜宅急送虽与必胜客共享了必胜客的品牌，但其目标顾客不同，分销渠道也不相同。必胜客瞄准看重餐厅环境和氛围的消费者，多选址于城市主要商圈；而必胜宅急送重视具有外卖消费需求和习惯的人群，如忙碌的白领、互联网催生的习惯于居家生活的“宅”一族等，故宅急送虽有临街门店，但只设外带等候区，无就餐区，且多选址于住宅集中区域，以方便外送。此外，顾客对所提供服务的期望也是影响渠道设计的一个因素，提供更多、更好的服务意味着渠道开支的增大和消费者所支付价格的上升。所以，因顾客特点不同，同一产品可用两种不同的渠道进行分销。

二、文化

渠道设计中的分销文化特征是指国际市场营销人员必须考虑的现存的渠道结构、各种中间商需发挥的作用、渠道成员间的关系以及与渠道有关的立法等内容。对于现存的渠道结构，欲进入国际市场的企业需花费较多的时间充分了解欲进入国现行的渠道模式，要把一般性的分销体制和为某种产品服务的专门渠道类型结合起来进行研究，对各种中间商的作用也应给予明确界定。比如日本服装行业的渠道成员间的分工就很明确，制造商主要集中于生产和相关的促销活动；批发商负责制造商与零售商之间的沟通以及融资等活动；零售商则主要从事产品的销售活动。对渠道成员间关系的考察也很重要，有的国家凭借某种形式的产权结构把渠道成员联系起来，有的国家渠道成员的相互依赖是通过家族式关系形成的，彼此间是一种义务关系。法律也影响到渠道设计问题，选择分销渠道时必须符合国家有关政策和法令的规定，如专卖制度（香烟专卖）、专控商品（控制社会集团购买力的少数商品）、税收政策、价格政策、出口法规、商品检验规定等也影响着分销路径的选择。比如在芬兰，高度酒只能在国家专营的 ALKO 酒类专营店出售，啤酒等酒精含量较低的酒精类饮料则不受限制，超市、便利店随意出售。土耳其有严格的限酒令，除禁止向未成年人售酒，还禁止在餐馆、学生公寓、医院、体育场馆、教育机构、咖啡厅、甜品店等场所销售酒精类饮料。

三、竞争状况

国际企业既可使用与竞争对手相同的分销渠道，也可使用与竞争对手不同的渠道。选用与竞争者相似的渠道，是因为这样比较容易进入市场并占有一定的市场份额，而且竞争者在选择渠道前往往已做过细致的市场调查，采取相似选择可省去渠道调研的时间和精力，节约成本。比如我们经常看到一条街道一边是麦当劳，一边是肯德基，这就是肯德基采取的跟进策略。但在某些情况下，所有可行的分销渠道可能已被竞争对手控制，或者消费者的购买习惯发生了变化，这时就需使用完全不同于竞争对手的分销方式。采用新的分销方式之前要对市场环境的变化进行测试和分析。

四、企业目标

企业对渠道的设计要服务于企业的总体经营目标，如果企业所设计的渠道不能满足其对市场份额、利润率等目标的要求，这样的分销渠道就是不合适的。比如，某个电脑公司将其渠道目标阐述为“可以让想买电脑的人在驱车距离内就能方便地购买”；某减肥品公司的渠道目标是“在一年内使公司的产品在 80%的超级市场中得以展示”；某服务器生产企业将渠道目标规定为“公司在两年之内覆盖全国范围，使二级经销商达到 30 个左右，在三年之内通过经销商销售的比例达到 30%以上”。在正常情况下，分销渠道会随企业经营的改变而变化。施乐公司制定的目标是其非复印设备的销售额要占公司全球经营额的 50%，而在做出此项决策之前，其复印机业务占销售额的 95%，且主要渠道是公司自己的推销队伍。为了达到这一目标，公司开始建立本企业全权拥有的零售经营网络以代替传统的分销渠道；为了提高在小城市和农村地区的市场覆盖率，施乐公司还以拥有特许经营权的独立分销商代替了原来的直接销售人员。一般来讲，企业若采用多元化经营，制定宽范围的产品组合策略，则一般要使用较多的中间商；企业若采用深度扩展组合策略，则使用独家经销商或代理商比较有利，而且产品组合的关联性越强，越应考虑使用性质相同或相似的分销渠道。

五、产品特性

产品特性影响着分销渠道设计决策。一般来讲，分销渠道的设计要充分考虑产品的特性，如产品保质期、数量、需要服务的数量和水平、价格、产品生命周期、产品的耐用性、仿造的难易度等因素。鲜活易腐烂的商品、时尚变化快的商品更需要直接营销渠道；庞大笨重的产品应尽量使运输距离和转卖次数降至最低，尽可能减少运费；非标准品由代理商直接销售较合适，因为独立经销商往往缺乏这方面的专门知识；需要较高售后服务水平的产品一般使用特许经销商这样的短渠道来负责安装和维修等服务；单位价值高的商品也不宜通过批发商之类的中间商，以避免转手过多导致的经营风险；刚刚进入国际市场的新产品，中间商因担心产品销路而不愿经销，企业也不得不采取直销的方式。有些产品在不同的生命周期阶段，其目标市场会有相应的变化，因而也需要考虑何种渠道类型更适合其目标市场。比如，计算机最初是由专业商店经销的，随着计算机的普及和目标市场的扩大，家用电器专业连锁店、超级市场也开始成为生产制造商使用的销售渠道。这说明产品进入成长期需要开拓渠道，实施多渠道流通，而在成熟期末的产品则要压缩渠道。此外，随着市场环境的变化，国际企业所设计的渠道还必须与产品的市场定位相配合，比如汇率变化可能引致所销售产品的重新定位，由一般产品变为高档商品或相反，因而也需要建立与商品档次相匹配的分销渠道。

六、资本

资本是指建立分销渠道的资金要求，建立不同模式的分销渠道往往需要不同数额的资金投入。如果制造商要建立自己拥有的分销渠道，通常需要雄厚的财力作为支撑，这意味着很大的一笔投资；如果制造企业利用独立中间商，虽不需要直接投资，但需要一些间接投入，有时需要对这些中间商提供信贷；如果该制造商利用代理商，代理商不会提出投资要求，但企业在开始阶段要给予代理商一定的补贴。总的来说，只有大型国际企业或跨国公司才有能力建立起自己所有的或控制的渠道，一般中小企业适宜利用某种形式的中间商来销售产品。

七、成本

建立一条国际分销渠道需要资本，渠道建立之后的维持性费用与成本概念密切相关。渠道成本包括维持销售活动的一切费用：各种中间商的佣金、商品流转过程中的储运装卸费用以及广告宣传、业务洽谈等项开支。评价分销渠道成本的基本原则是，用最少的分销成本达到预期的销售目标。如果进入传统的渠道成本过高，一个企业就有可能选择新的渠道类型。比如联合利华公司是较晚进入印度尼西亚冰激凌市场的，其品牌是和路雪，但联合利华并没有选择现有的冰激凌分销渠道，而是建立了一个新的销售代理网，雇用很多家庭主妇作为代理商，并为各个代理商配备了一台冰箱，以自行车为运输工具不断补充存货，每个送货员只负责一小块地区。这样，和路雪以低廉的成本优势很快成为印度尼西亚冰激凌市场上一个强有力的竞争品牌。又如美宝莲在渠道方面走的是一条与其他外资品牌截然不同的道路，它选择的是渗透力最强的超市和连锁便利店。通常只有大型百货商店才被认为是高档彩妆的主要销售渠道，但大型商场、百货商店中的品牌专柜动辄需要大量的投资，还

区域。覆盖率并非越大越好，主要看所覆盖范围能否给企业带来较好的经济效益。这一问题需要考虑以下几方面：(1) 市场区域能否获得最大销售额；(2) 市场区域能否确保合理的市场占有率；(3) 市场区域能否取得满意的市场渗透。一般来讲，企业在分析市场覆盖率这一因素时，还必须评估与之相关的中间商问题，因为中间商的使用数目关系到市场区域范围。国际企业面临三种选择，如图 11－6 所示。

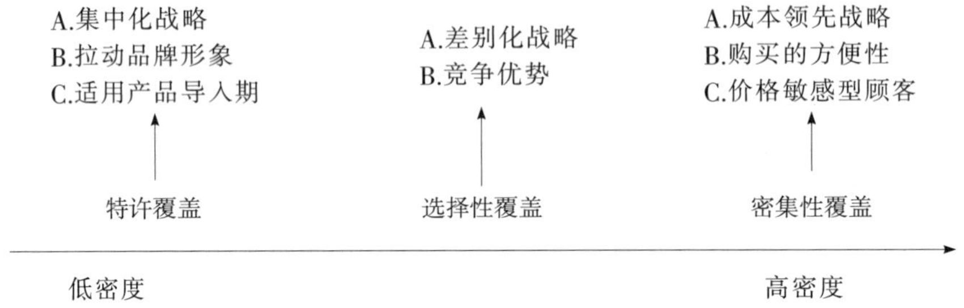

图 11－6 市场覆盖率确定渠道目标关系图

（一）密集性覆盖

当制造商对消费品购买的空间便利性极为重视时，往往要求通过最大数目的不同类型的中间商和每种类型中最大可能数目的中间商来分销产品，使渠道尽可能加宽。这时的制造商会不加选择地利用各种可能的销售渠道，如利用批发商大量进货的优势、零售商分布面广的优势、代理商营销成本低廉的优势和自销及时了解市场信息的优势。利用多条渠道广泛分销的最大优点是市场覆盖率高，使顾客有较多机会接触到产品，便于刚刚进入某一市场的企业迅速打开局面。但密集性覆盖的一个明显不足是缺乏对中间商的管理控制。各中间商会展开对同一产品的激烈竞争，有可能损害企业形象，降低制造商的盈利能力。

（二）特许覆盖

这种办法是指在一定地区内只选择一家中间商，授予其对本企业产品的独家经销或独家代理权，可密切企业和中间商的合作关系，有利于加强对渠道的控制，一般适用于消费者重视品牌、商标的特殊品，需要现场操作演示和良好售前售后服务的工业品和消费品。这种策略通常要求独家经销商或代理商承担促销职能。家居用品生产商特百惠就确立了以“特百惠特许加盟”为主渠道，以会员制为特色的发展策略。特许覆盖的缺点是独家销售缺乏竞争，对中间商的依赖性强，当市场发展壮大时，企业易受中间商牵制，一旦中间商合作不力，便可能失去整个目标市场。此外，它的市场覆盖面窄，有限的渠道宽度意味着对一部分潜在顾客的放弃，使得渠道的适应性较差，难以扩大销量。

（三）选择性覆盖

有一种分销模式介于密集性覆盖和特许覆盖之间，即区域市场上的多家分销商分别代理/经销同类产品中的某个型号，这种情况在手机行业最为常见；或者多家分销商分别代理/经销同类产品的不同品牌（即产品相同或相似），这在建材行业屡见不鲜。这是一种既充分利用渠道资源，又对渠道进行适度间隔和利益保护的折中做法。这种策略是在市场上选择部分中间商渠道来经营本企业产品，在每种渠道结构中又对具体的中间商做出选择。这种方式使得分销既有重点区域，又有一定的市场覆盖范围，比密集性覆盖的分销成本要低，控制能力也强，比较适用于消费品中的选购品、特殊品及工业品中的某些零配件的分销。对于首次进入国外市场的企业，可先采用密集性覆盖策略，经过一段时间，再淘汰一些低效率的中间商，采取选择性覆盖策略；也可以采取一种反向策略，即把营销重点集中在某一特定地区，待企业进入市场并站稳脚跟之后，再凭借已取得的市场经验和在当地的声誉，把选择性覆盖扩张为密集性覆盖。选择性覆盖的局限性主要在于其市场营销面不宽，在营销环境宽松时难以实现企业的多种经营目标。

从理论上讲，制造商为拓展市场范围，总想从特许覆盖转变为选择性覆盖，再由选择性覆盖转变为密集性覆盖。但从国际市场营销实践来看，许多国外企业并不热衷于广阔的市场区域，而更力求打入人口密集、购买力强的中心区域。比如欧洲地区人口稠密且收入水平高，是许多大型跨国公司欲进入的市场。又比如在日本，超过 50%的人口聚集在东京—名古屋—大阪区域。主攻中心区域尽管空间上市场覆盖范围不是很广，却能以较少的分销成本取得较大的销售额。当然，进入这类市场也面临着空前激烈的市场竞争。

九、控制

企业对渠道的控制表现为控制欲望、控制能力、控制成本等方面。当企业控制的成本大于收益时，企业就失去了控制渠道的欲望。渠道控制欲望较强、能力较高的企业，倾向于选择垂直一体化的控制结构，进行水平较高的渠道控制；渠道控制欲望较弱、能力较低的企业，倾向于选择偏向于市场化的控制结构，通过关系与合作来实施低水平的渠道控制。渠道控制欲望与控制能力的各种组合使渠道控制产生很多变化，由此产生渠道控制的不同的制度安排，如垂直一体化的公司渠道结构、中间商结构、扁平化的市场结构等。渠道设计必须把控制问题考虑在内，企业如果建立自己的国外市场分销渠道，虽然会增加投资和成本，但企业对渠道的控制也比较容易，正是基于这一点，一些著名的跨国公司都倾向于构建自己的分销系统，以保证母公司对渠道的最大控制。一旦使用中间商就意味着企业部分失去了对渠道的控制，企业对渠道的控制程度取决于中间商愿意接受控制的程度，企业和中间商的关系越松散，越不能对渠道施加有效的控制。一般来讲，渠道越长，即流转环节越多；渠道越宽，即使用中间商的数目越大，企业在定价、销售量、促销手段等方面越难以有最终发言权。倘若企业对渠道完全失去控制，就只能听凭中间商的市场销售决策，这很可能造成一种对企业很不利的局面，本来要销往某国的商品却通过中间商的转手被运到另一个国家，使得此类产品在另一个国家与经销本企业产品的批发商、零售商展开竞争，造成渠道系统混乱并影响营销收益。国际企业对渠道的控制能力，除与所设计渠道的长短、宽窄有关，还与产品类型相关。像工业品或高技术产品，由于需求者数量较少，售后服务水平高，且这种服务只能由制造商提供，在这种条件下，制造商对渠道的控制比较容易，而消费品的需求者多且分散，可利用的中间商类型也较复杂，因而制造商对渠道的控制能力就较弱。

十、连续性

国际市场的形势是千变万化的，一个企业要想使国际分销渠道持续稳定地运行，就必须使之具有连续性。渠道设计决策是营销组合中最具长期性特点的决策活动。某些大公司之所以要建立公司控制的分销系统，保持渠道的连续性是一个主要原因，但许多复杂的因素又会影响到企业和中间商的关系。首先是中间商自身的存在与否会影响渠道寿命的长短，在竞争激烈的国际市场上，一些中小规模的中间商由于经营实力和业务转移等原因常常更换所经营商品的品种，甚至整个机构倒闭也是常有之事。其次，大多数中间商都是以利润为目标，经营目的是获得好的经济效益，当商品畅销、有利可图时，中间商便蜂拥而至；一旦产品滞销、利润下降，它们又会转向利润水平较高的行业。这就要求企业要慎重选择中间商，对那些愿意经营本企业产品，而且符合本企业营销目标要求的中间商，应加强合作、予以鼓励，不宜轻易更换；同时要在用户或消费者中树立良好的品牌形象，提高商品知名度，以提高中间商对企业的忠诚度，坚定其持久合作的信心。这里所说的连续性并不是指原有渠道的一成不变，对那些可能不再经营本企业产品的中间商，应预先做出估计，提前确定潜在的候选者。对原有渠道进行适当的调整或改变，也是保持分销渠道连续性的重要步骤。比如丝宝的组织化渠道。传统的渠道模式由一群独立的制造商、批发商与零售商组成，每个成员都是一个单独的企业个体，各自追求自身利益的最大化，因而降低了整个渠道的效率。丝宝集团变革了以往以经销商为主的营销模式，通过在各地建立分公司，实现对主要零售点的直接供货和管理，建立起直接由厂商控制的垂直系统。垂直营销系统的制造商、批发商和零售商结为一体，渠道成员有的同属一个公司，有的具有特许权关系，有的有足够的力量使其他成员与之合作，从而更有效地控制渠道和终端资源。又比如格力的组织化渠道模式，格力公司与经销商组织起来建立一个地区性的、格力为大股东的合资销售公司，以这个公司来充当空调的分公司管理当地市场。在格力模式的分销网络中，原来互为竞争对手的大批发商都作为股东加入合资公司，各自的销售网络合并在一起执行统一的价格政策，批发商的利润来源不再是批零差价，而是合资公司税后利润分红。格力认为这种分销模式从根本上解决了批发商渠道问题，称之为“福特汽车式的营销系统”。格力与海尔、美的三种分销模式的区别如表11-1所示。

表 11-1　家电企业三种渠道模式设计指标因素比较分析

指标因素	海尔模式	格力模式	美的模式
模式特点	零售商为主的渠道	厂商股份合作制	批发商带动零售商
企业自身特点	企业规模大，管理能力强，资金雄厚，知名度高	企业规模较大，管理能力较强，资金雄厚，知名度高	企业规模较大，管理能力较强，资金雄厚，知名度高
满足顾客服务需求的能力	强	强	强
渠道类型	直接销售	间接销售	间接销售
渠道长度	短渠道	较长渠道	长渠道
渠道宽度	密集性渠道	选择性渠道	专业选择性渠道
渠道系统结构	垂直渠道系统	水平渠道系统	传统渠道系统
渠道控制力	强	较强	较强
市场覆盖率	高	高	高
经济性目标	营销成本高	营销成本较高	营销成本较高

十一、沟通

沟通是信息交流的过程，畅通的信息交流是渠道设计中需要重点考虑的因素，在国际分销中更是如此。成功的信息沟通对渠道运转之所以重要，是因为国际市场上买卖双方存在着不同意义的距离。双方所处地理环境之间存在实际距离；双方对彼此经营方式的不熟悉会产生一种社会距离；买卖双方因国度不同在价值观念、行为规范方面存在差异，进而导致文化上的距离；双方的产品或工艺方面的差别还会有技术上的距离感，上述诸多方面的距离使得沟通非常必要。成功的信息沟通应该是双向的，既有中间商向企业反馈市场变化及中间商的设想和需要，又有企业告知中间商自己的产品、定价、促销等方面的信息。绝大多数企业对从中间商那里获得的有关消费者行为变化的市场信息往往非常感兴趣，因为这对企业的一系列决策将起到关键的影响作用。但从渠道设计角度看，企业应更加重视收集有关中间商自身的信息。这些信息包括中间商遇到的市场机会，销售活动中来自竞争对手的挑战，中间商希望企业提供怎样的技术援助和促销支持以及哪方面的产品资料，中间商对企业的各项策略是否满意以及有何疑问，等等。所有这些方面在决定是否使用中间商以及如何使用中间商或使用何种类型的中间商时都必须考虑到。这种沟通可把企业目标及时传递给中间商，并向其解释企业策略的变更，解答中间商提出的各种问题，有利于避免双方的冲突，促进双方目标和要求之间的相互协调，使产品营销过程顺利完成。

以上对影响渠道设计的若干因素分别做了分析和研究，在企业进行国际渠道设计决策时，还要将这些因素组合在一起，认真调整、平衡有着密切内在联系的11C，以建立起合理、有效的国际渠道系统。

第4节 国际渠道发展动态

对市场营销渠道的研究不能仅仅站在制造商的微观角度，还应从更为宏观的角度研究整个渠道体系与结构的变化。几十年来世界各国，尤其是西方发达国家，销售渠道有了很大的变化，最明显的特征是渠道联合化趋势日益增强。这种联合化趋势可从垂直市场营销系统、水平市场营销系统和多渠道市场营销系统三个方面予以考察。

一、垂直市场营销系统

传统市场营销渠道是由独立的制造商、批发商和零售商组成的松散网络。每个渠道成员作为独立的经济实体，追求的都是自身利益最大化，但每个渠道成员利润的最大化并不能保证整个渠道的优化，很可能会降低整个渠道的利润水平。松散的渠道网络还将造成较高的渠道成本，因为渠道成员都是通过洽谈买卖、讨价还价来达成交易的，交易活动完成，渠道成员的关系亦随之中止，即使建立了较长时间的合作关系，这种合作也不稳固，任何一方都有权解除这一关系，从而导致较高的交易费用。垂直市场营销系统是对传统渠道模式的挑战，它由制造商、批发商、零售商联合为一个统一体，是一种一体化经营组织。组织中的某一成员对整个渠道有较强的控制能力，这个成员可能是制造商，也可能是批发商或零售商，它一般拥有其他成员的所有权，或实行特许经营，或有足够力量驾驭整个渠道，使其他成员愿意与之合作。垂直市场营销系统给整个渠道网络规定了总体经营目标，任何渠道成员的活动都受到系统的监督和制约，因此有可能获得一种规模效益。垂直市场营销系统可分为公司式、管理式和契约式三种具体形式。

1. 公司式垂直市场营销系统

这种形式的市场营销系统由同一所有权下的制造和分销部门组成，整个渠道属于一个投资系统，喜欢对渠道有高度控制权并有雄厚财力的公司往往采用这种形式。例如我国长城汽车就是通过自建营销网络走出国门的，并选择在消费者成熟的地区建厂；特斯拉持续深耕中国市场，2018年成为中国首家外商独资整车制造企业，2024年上海储能超级工厂开工，中国市场为特斯拉贡献了近30%的收入。

2. 管理式垂直市场营销系统

这种形式的市场营销系统由一家声誉好、实力强、管理先进的大企业把不在同一投资主体下的生产、分销部门联合起来组成。通常是名牌制造商利用其品牌形象，吸引大量经销商进入其销售系统。像柯达、吉列、宝洁等名牌企业都能与经销商有效合作。一些大的经销商，特别是大型零售企业，在商品陈列、柜台布置、定价、促销方面也愿意接受这些名牌制造企业的支持和管理。

3. 契约式垂直市场营销系统

这种形式的市场营销系统既不是出自同一个投资主体，也不是出于管理上的需要，而是由处于不同层次且有相关关系的制造商与中间商在合约的基础上联合起来，以谋求单独经营所不可能获得的销售量和销售业绩。这种渠道系统近年来有了长足的发展，可细分为以下几种形式。

（1）以批发商为首倡办的自愿连锁。由批发商出面制定计划，组织若干独立零售商成立自愿连锁，通过销售活动的标准化、规模化等优势与其他大型零售商展开竞争。

（2）零售商合作组织。由几家零售商牵头组成经济实体，在开展大型零售活动的同时，还可以兼营批发业务，甚至可附带某些生产与制造职能，该组织在进货时可采取集中购买方式，在促销过程中可以联合做广告，按一定比例分享利润。比如韩国几家大型连锁超市通过合作组织的形式，低价从农民手中购入农产品，并使自己在进口时能以整体组织形式和外商讨价还价，获得某种竞争优势。

（3）特许经营组织。这是近年来发展较快的一种纵向一体化形式，可划分为几种不同形式。一种是制造商-零售商特许系统，即制造商提供特许，零售商为特许经营人。比如福特汽车公司就是通过独立的特许经销商来销售其产品的。另一种是制造商-批发商特许系统，比如可口可乐公司将浓缩液卖给分布在各国市场上的装瓶厂，即批发商，然后由它们装瓶，再转卖给当地的零售商。还有一种是服务特许系统，通过特许经营协议授予特许经营人使用特许人商业名称和专利技术的特权，例如福田雷沃重工对其海外经销商进行技术支持和培训，委托其全权负责产品售后服务。经销商在代理销售产品的同时，还进行信息反馈、用户培训服务及配件供应等。海外服务体系的持续打造使福田雷沃重工产品在海外市场的竞争力得到了进一步加强。

无论哪一种形式的垂直营销系统，作为渠道系统的控制者，都希望与渠道成员有密切的合作。但垂直市场营销系统有时也会发生冲突，这是一种同一条渠道中不同层次间的冲突。比如日本的折扣商店以低于资生堂化妆品公司建议零售价的价格出售资生堂化妆品，这就有可能产生冲突。作为渠道的控制者，无论是制造商、批发商还是零售商，均应通过有效的渠道管理，消除各渠道成员为追求各自利益而造成的冲突，以良好的合作使整个渠道获得比各自独立经营更多的利润。

二、水平市场营销系统

水平市场营销系统是由两个或两个以上同层次的制造商、批发商或零售商联合经营的系统。倘若一个企业单独经营，有时会感到资金不足，或者缺乏必要的技术和某种市场营销资源，或者风险太大。如果两个企业从横向意义上联合起来，共同开发一个新的市场营销机会，则可能带来巨大的协同效应。这种横向联合可以是短期的，也可以是长期的，或者联合起来成立一个新的经营单位。比如，阿里巴巴为规范旗下电商平台的第三方物流业务，联合银泰集团、复星集团、富春集团、顺丰集团、三通一达（申通、圆通、中通、韵达），以及相关金融机构合作组建了菜鸟网络科技有限公司。目前，该公司估值已超过 1 850 亿元。

此外，国内企业同外国或其他地区企业进行营销系统的置换和共享也应属于水平市场营销系统。比如 2023 年中国时尚品牌 SHEIN 与美国 Forever 21 达成合作，合作内容包括 Forever 21 旗下产品通过 SHEIN 的线上销售平台进行销售，打开中国市场、扩大销售范围，而 SHEIN 也依托于 Forever 21 的线下渠道进行销售，双方均基于各自的销售渠道进行快速的国际市场扩张。通过营销网络共享的方式进入其他国家和地区，可以避开与当地渠道中间商和终端销售商之间的直接接触，缩短开辟海外市场所需的时间。再如五粮液与汇通达。五粮液与汇通达进行渠道合作，汇通达在 21 个省、2 万个镇下沉市场的网点和渠道运营能力优势，能推动“五粮系”产品更广泛地触达乡镇市场；另外，汇通达的产业互联特征也与五粮液深化厂商共商共建共享，积极探索服务新模式。营销网络的共享使双方获益，又比如，2016 年，京东集团与沃尔玛公司达成深度战略合作。一方面，沃尔玛入驻 1 号商城，继续自己的自营业务；另一方面，京东和沃尔玛在供应链端展开合作，沃尔玛在中国的实体门店将接入京东集团投资的众包物流平台“达达”和 O2O 电商平台“京东到家”。

通过并购方式收购国外企业的营销渠道系统也是一种水平形式的营销合作。如安踏收购芬兰体育用品巨头 Amer Sports，Amer Sports 于 1950 年成立，旗下拥有包括加拿大户外装备品牌始祖鸟、法国山地户外越野品牌萨洛蒙（Salomon）、美国网球装备品牌威尔逊（Wilson）等 13 个品牌，安踏收购 Amer Sports 成为其全球化战略的一部分，安踏继续聚焦运动装备产业，以多品牌战略满足不断细分的消费者需求和使用场景。中海油收购海外油田资产、中石油收购印度尼西亚油气田、中国网通收购美国亚洲环球电信公司、中国化工集团收购瑞士先正达等也属于此种形式。

水平市场营销系统也会有渠道冲突发生，这种冲突通常来自渠道内同一层次的成员之间。

三、多渠道市场营销系统

多渠道市场营销系统是指在一个或几个市场上同时使用两个或两个以上的渠道。这一渠道形式可扩大市场面，增强竞争能力，具体讲至少可使企业获得三个方面的优势。首先，有利于提高市场覆盖率。当使用原有的单一渠道不能进入某一市场时，企业可为特定的消费者群体建立新的渠道，如增加农村代理商为分散的农户服务。其次，有利于降低渠道成本。对分散的、小规模的顾客群，显然不适合使用较昂贵的促销手段，如对购买力较低的客户，电话推销比人员推销更为廉价。最后，有利于更好地满足消费者的需求。为技术性能比较复杂的商品单独设立渠道，会给消费者提供更多的方便，比如使用专业推销员销售复杂的设备等。多渠道市场营销系统在给企业带来较大利润的同时，也会产生渠道冲突及相关的控制问题，小米的渠道系统变化充分说明了这一点。

小米创立之初，公司采用互联网直销的模式进行销售，仅借助互联网平台进行销售，渠道单一、营销成本低、手机售价低廉，凭借着高性价比的形象迅速打开市场。但随着市场竞争加剧以及小米产品种类的增多，单一的线上渠道并不匹配多元化的手机市场，小米逐步扩张线下销售渠道，发展经销商、代理商，以及以“小米之家”为代表的线下核心直营门店，同时兼顾线上零售平台的渠道扩张。发展至今，小米的市场营销系统日益多元，包括官网销售、天猫等电商平台、自营门店、授权门店、经销商、运营商合约等，形成了典型的多渠道结构，覆盖全国不同层级的城市与多类消费群体。小米不同的营销渠道对应的市场客群与渠道定位不同。其中，线上官网与电商平台对应熟悉网络、追求新品的都市青年群体；而线下直营与自营门店更侧重于品牌展示、产品体验以及售后等附加产品服务；众多的线下代理商与经销商门店则覆盖中小城市和乡镇市场，聚焦于市场下沉。尽管多渠道系统带来了销量的持续增长，但小米也因此面临较为严重的渠道冲突问题。首先是线上直销与线下门店之间的价格矛盾。尽管小米提出“线上线下同价”策略，但由于运营成本差异与销售策略不同，线上往往能提供更多促销优惠，导致部分消费者在线下门店体验后选择转至线上下单，门店变成“展示厅”，严重削弱了线下门店的利润空间和经营积极性。其次是自营门店与授权经销商之间的市场重叠。由于部分授权门店经营范围与自营门店高度重合，双方容易为争抢同一批客户陷入价格战，而一旦不同渠道间价格不同，极有可能引发串货等问题，破坏渠道系统。同样面临多渠道冲突问题的还有苏宁易购。在早期，同时发展线上渠道和线下渠道的苏宁易购并没能平衡好这两种渠道的发展。在公司过分依靠低价策略推广线上渠道的同时，也引致其线下实体店大量亏损。公司不得不关闭大量亏损门店，或缩小门店面积。

解决渠道冲突的关键是根据客户、地域和产品特性等因素明确划分渠道界限。明确渠道界限虽然不能完全消除渠道冲突，但至少有助于减少冲突，把渠道冲突控制在最低限度，争取获得理想的市场覆盖率、渠道成本和消费者满意度。例如，法国电子消费品零售商法雅客通过城区商店、郊区商店、网站以及移动站等渠道进行销售，每个渠道有不同的商品供应。比如某些产品只在网上销售，有些产品则以折扣价在商店或网上提供。公司商店和网站的差异化分类与定价便于该公司在产品的整个生命周期中进行产品分类和定价管理，同时也可以有效地避免渠道冲突。为此，企业应做出在每个渠道提供哪些差异化功能的决策，并使其成本与消费者预期保持一致，其最终目标是为每个渠道开发最适合的定制产品。

案例分析

Lululemon 的渠道战略

2024 年，Lululemon 成为全世界运动品牌领域市值排名第二的品牌，市值高达 500 亿美元，仅次于耐克。中国市场成为其重点拓展对象，CEO 将品牌在中国的强劲表现归功于本地化策略，包括与品牌大使、社区伙伴和 KOL 建立深入联结，品牌活动广受好评，以稳健步伐持续拓店。Lululemon 在中国知名度的大幅提升，究其原因，离不开其成功的渠道营销。

Lululemon 最初定位于女性瑜伽服市场，这是一个相对小众但具有高增长潜力的细分市场。通过精准定位，Lululemon 成功与其他运动品牌形成错位竞争，迅速在瑜伽服领域树立起品牌标签。Lululemon 通过建立直营门店，及时响应消费者需求，强调消费者为中心的互动关系，而后其采用社群营销的方式，通过品牌大使精准渗透到瑜伽社群中并建立共识，品牌与当地运动行业大使、明星、社群健身教练等知名人物合作，进行口碑宣传。这种营销策略帮助 Lululemon 精准培育高黏性客群，增强消费者黏性。Lululemon 也紧紧把握住“她经济”的机遇，通过品牌和产品的双向力量，将运动和女性互相交集的圈层牢牢拿捏。从一开始较为小众的瑜伽文化社区，逐渐成为能够涵盖更广泛领域的女性文化社区。

除此之外，运动品牌容易与健康生活产生链接，Lululemon 不仅仅销售产品，更是推广一种健康的生活方式，激发买家为健康生活方式而购买，成功地打入了顾客的内心。2024 年，Lululemon 推出的“一起好状态”活动点亮多座城市地标，鼓励人们通过运动和社区，感受内心花园。通过将受众视为一个因追求更健康的生活方式这一共同目的而聚集起来的群体，Lululemon 可以与顾客建立更深的联系。

如今，Lululemon 也在努力拓展品牌增量空间。在渠道拓展上，其积极布局电商渠道，作为 DTC（direct to consumer）模式的关键补充以降低人工成本。电商渠道也曾在新冠疫情期间为 Lululemon 带来过很大的业务推动，在 2019 年，电商营收占比在 28.6%，到 2020 年其电商占比提升到 52%，2021 年即便有回落，也远超之前的发展水平。在品牌业务拓展上， 2015 年 Lululemon 首次推出 ABC 男士长裤，一经推出便受到广大男性欢迎，为全年增加了 15% 的销售业绩。目前，Lululemon 的男装业务已经连续两年超过女装增速，成为 Lululemon 的第二增长曲线。不只男装，Lululemon 还推出了自主研发的高尔夫和网球系列产品，赢得了热烈的反响。CEO 也多次强调，无论在全球哪个市场，提高品牌知名度始终是 Lululemon 的最大机遇之一，期待将品牌理念带给更广泛的新客群，未来将继续以创新的产品系列、全渠道运营模式，以及独一无二的品牌定位来吸引新客群。

资料来源：Lululemon 品牌战略：差异化打造忠实客户群体．(2024－03－28). https://www.sohu.com/a/767440054_114819.

问题

1. Lululemon 在最初进入中国市场时选择的渠道战略是什么？

2. Lululemon 渠道战略取得成功的原因是什么？

思考题

1. 简述国际营销渠道各环节的关系。

2. 简要说明渠道设计决定因素的 11C 理论的基本内容。

3. 跨国企业激励渠道成员的三种主要形式是什么？

4. 比较垂直市场营销系统和水平市场营销系统，并谈谈多渠道市场营销系统的利弊。

第 12 章
国际市场促销策略（上）

本章要点

1. 企业需要通过合理有效的信息设计与沟通系统把产品的相关信息传递给消费者，这种信息的传递就是促销，不同信息传递方式的组合就是促销组合与策略。

2. 国际广告是促销中常用的手段，国际广告主要涉及确定目标、确定预算、确定广告信息以及确定广告媒体。

在现代国际市场营销活动中，企业不仅要拥有一流的产品、合理的价格、畅通的渠道，还需要与有力的促销手段相配合，国际促销已成为国际市场营销活动中一项必不可少的基本活动。

第 1 节　国际市场促销组合

现代促销是企业运用各种方式与手段，向消费者传递企业和企业所提供的产品与服务的信息，使消费者对企业及其产品与服务产生兴趣、好感与信任，进而做出购买决策。这说明企业不仅要向消费者传递产品与服务信息，而且要把消费者的需求信息反馈回来。这种信息的输出、输入与反馈实质上是一种沟通。促销的本质是信息的双向沟通，沟通的主要工具可由广告、营业推广、人员推销、公共关系与宣传报道等组成，但沟通又不仅仅局限于这些特定的促销手段，产品款式与包装、价格、销售场所，甚至与客户打交道的业务人员的着装与举止，都在向购买者传递着某种信息。可以说，包括促销组合在内的整个市场营销组合都在为取得最好的沟通效果而服务。

一、促销手段与促销组合

市场促销组合由多种促销手段组成，每种手段又有多种不同方法，不同行业经常根据其特点的不同采取不同的促销手段。即使同一行业也有差异，如特百惠公司主要运用人员推销，露华浓主要用广告。许多因素影响着国际市场营销人员对促销工具的组合。

（一）各种促销工具的特点

（1）广告。在各种促销手段中，广告是一种大众化的信息沟通方式。作为普及媒体，广告具有覆盖面广、渗透力强的特点，是与地理上大量分散的购买者接近的一种有效方式。但广告媒体众多，媒体成本差异也较大。如电视广告需要大量预算，而其他形式的广告如报纸广告则可用较少的预算完成。

（2）人员推销。人员推销是购买过程后期最有效的一种促销手段。与广告相比，人员推销有三个方面的突出特性：一是人际接触，通过直接对话、双向沟通，使每一方都能觉察出对方的需要及特点并做出调整；二是培养关系，人员推销可将最初的买卖关系发展为深厚的友情关系，通过培养感情建立起长期的业务关系；三是及时反应，这种促销方式可使顾客在听取推销陈述后及时进行信息反馈。人员推销尽管具有上述优势，但也是一种最昂贵的促销工具。

（3）公共关系。公共关系的吸引力在于它具有较高的可信度。一般来讲，新闻报道和宣传介绍看上去比广告更加真实可靠。尽管市场营销人员不把公共关系活动看作主要的促销手段，而仅仅是促销的补充形式，但与其他促销手段相配合的公共关系活动确实是十分有效的。

（4）营业推广。营业推广具有相当的广泛性。一般不属于上述三种形式的促销方法都可归为营业推广。它可通过奖券、竞赛和奖励等形式创造更强烈、更迅速的消费者反应。这种以明显的让利、引诱来诱导消费者立即进行交易的促销活动，可提高正在下降的销售额，但这一手段的作用效果常常是短期的，对建立产品的长期品牌偏好没有显著效果。

（二）制定促销组合需考虑的因素

各种促销手段不仅各具特点，而且相互之间存在着密切的有机联系，表现为各种促销工具之间具有相互补充、相互替代的作用。所以，广告、人员推销、公共关系、营业推广四种促销方式也有先用与后用、重用与轻用、用与不用、单独运用与配合运用等相关联的问题。国际市场营销人员在制定促销组合策略时，应综合考虑各方面的因素，下面分别加以讨论。

（1）产品市场类型与促销组合。对于消费品市场和产业用品市场，各种促销手段的重要性是不同的，一般来讲，消费品尤其是购买人数众多且分散、产品技术性不高且价格较低的日用消费品，广告的作用较大，营业推广次之，人员推销和公共关系则往往是辅助性手段；对于产业用品而言，人员推销的作用较明显，营业推广也有较强的适应性，广告和公共关系常作为辅助性手段。可见，四种促销手段对消费品和产业用品实现促销目标的作用程度是不同的，如图 12－1 所示。比如统一润滑油的促销。2003年统一润滑油在中央电视台《新闻联播》后广告时段投放广告，短短几个月，销售成倍增长，一跃成为润滑油行业的领导品牌。当统一润滑油在中央电视台投放广告时，很多专家质疑其“以消费品的方式运作工业品，以大众产品的方式运作分众产品”。殊不知，统一已经完成了对润滑油的重新定位，因为统一发现，随着中国汽车行业的迅猛发展和非职业驾车族的增多，润滑油正在完成从工业品向消费品、从分众产品向大众产品的转变。

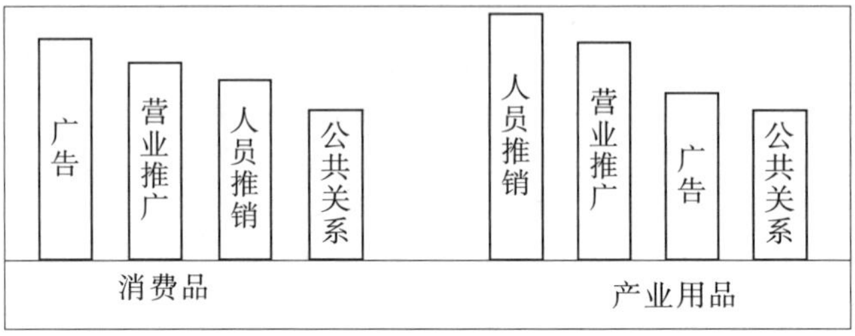

图12-1　各种促销手段对消费品与产业用品的相对作用

也有研究证明，广告在产业市场上的重要性同样不容忽视。在产业用品营销方面，广告和人员推销的结合使用比没有广告的情况要好得多；同样，在消费品营销中，人员推销有时也能够发挥较大的推动作用，所以，某一种促销手段适合某一类产品的情况也不是绝对的。2013年，康师傅茉莉花茶系列（茉莉清茶、茉莉蜜茶）将两位著名演员囊括旗下作为代言人；此外，当年夏季，康师傅发起了“加量不加价”的推广措施，更为实惠的促销赢得了消费者好评。2021年，蜜雪冰城通过简单但让人印象深刻的广告曲以及“在门店唱主题曲免单”的推广活动，瞬间引爆消费者打卡热潮。

（2）产品组合特征与促销组合。就营销产品整体而言，在不同的产品组合中，各种促销手段对企业向购买者传递信息的作用力度也不相同，广告促销只适合比较简单的产品组合。对于内部关系复杂的产品组合而言，短短十几秒钟或一定版面的广告难以描述全部营销产品。相对而言，营业推广则可以把整个产品组合陈列于营业场所之内，给消费者一个直观、形象的感觉。就组合关系复杂程度不同的消费品而言，各种促销手段的作用力度如图12-2所示。

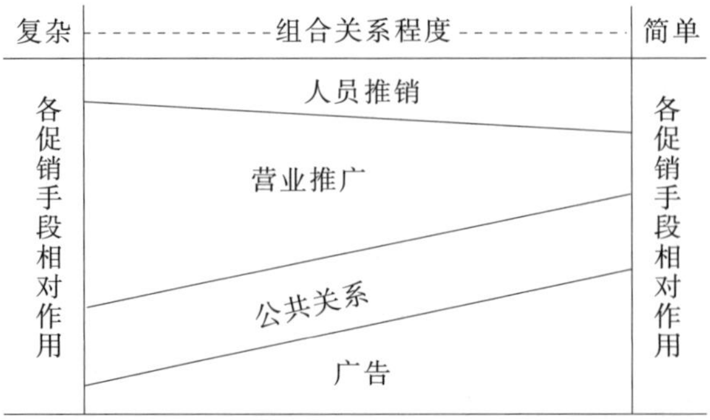

图12-2　各种促销手段对产品组合的作用力度

（3）产品生命周期与促销组合。产品生命周期不同阶段的市场特征是不相同的，消费者对不同促销手段的反应也是有大有小的，从而使得不同生命周期阶段促销手段的成本效益不同，如图 12－3 所示。因此，企业运用不同促销手段的重点也应随产品生命周期促销成本效益的演变而转移。当产品处于介绍期时，广告与公共关系具有很高的成本效益，其次是人员推销，因此，促销手段应以广告和宣传报道为主，以迅速提高产品的知名度。在成长期，需求会保持一种自然增长的势头，但应保持广告和宣传报道的相对优势，在内容和形式上以增强顾客兴趣和取得中间商的信任为重点。在成熟期，营业推广比广告的成本效益大，广告的成本效益又比人员推销大，所以应以营业推广为主，广告和人员推销为辅。产品进入衰退期后，营业推广的成本效益还会有所加强，但广告、公共关系及人员推销的成本效益却在下降，尤其是人员推销的成本效益极低，因而应通过强化营业推广手段来维持日益衰退的销售。

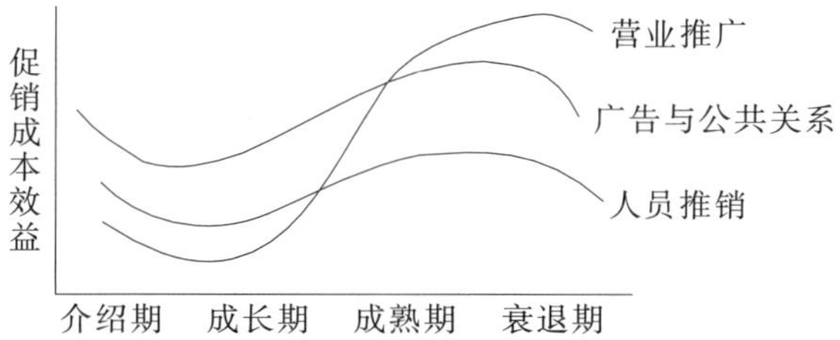

图 12－3　各种促销手段在产品生命周期不同阶段的成本效益

（4）购买准备阶段与促销组合。购买行为的发生有一个过程，在不同的购买准备阶段，促销工具的成本效益是不同的。广告在产品认知阶段很重要，比人员推销或营业推广会更有效，顾客对产品的了解也主要受广告及宣传报道的影响；顾客的信任则主要受人员推销的影响，受广告和营业推广影响不大；买卖的成交主要受人员推销及营业推广的影响；再次购买还受到人员推销和营业推广的影响，但提示性广告也起一定作用。很明显，广告和公共关系在购买决策过程的初期最具成本效益，人员推销及营业推广在后期的成本效益比较高。各种促销手段在购买准备阶段的作用如图 12－4 所示。

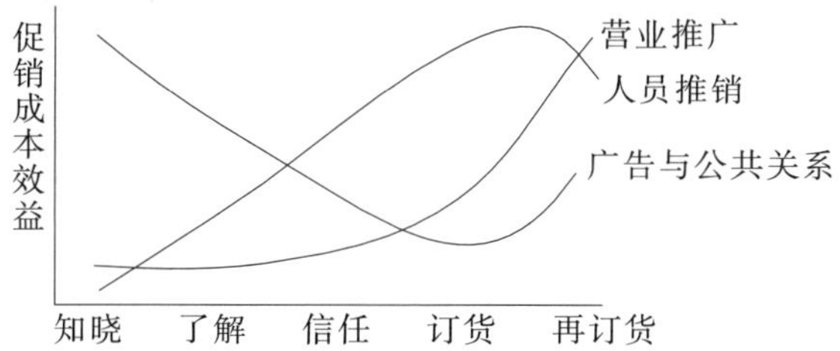

图 12－4　购买准备阶段各种促销手段的成本效益

（5）市场覆盖范围与促销组合。不同的促销手段具有不同的空间作用范围，这种差异正是企业选择利用不同手段并使之配合的依据。公共关系活动是企业与外界的全面联系，所有潜在顾客都是其作用对象；广告主要针对目标市场潜在的或原有的消费者；营业推广只局限于营业场所以及企业与营销伙伴的关系；人员推销则只涉及某些既定的消费者和客户。促销手段的作用对象范围如图 12－5 所示。

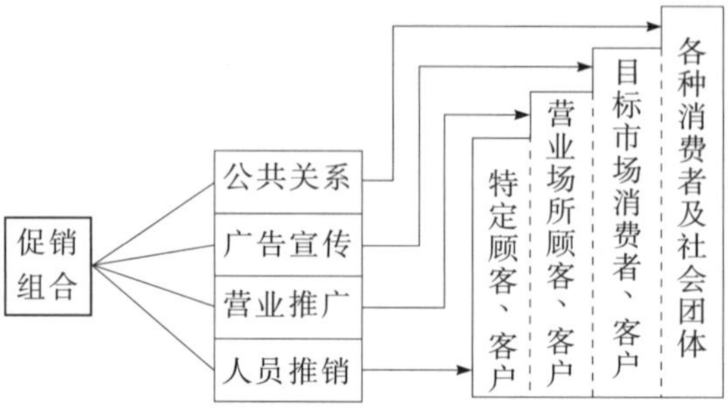

图 12－5　各种促销手段的作用对象范围

（6）“推”与“拉”的促销策略与促销组合。促销策略从总的方面来说，可分为推动策略与拉引策略。使用推动策略的企业主要是利用销售队伍及其他营业推广手段，目的在于劝诱中间商订货，把产品推向最终用户。拉引策略是针对最终用户的市场营销活动，通过促销活动拉动最终用户向中间商购买产品，进而促成中间商向生产企业订货。两种策略的比较如图 12－6 所示。

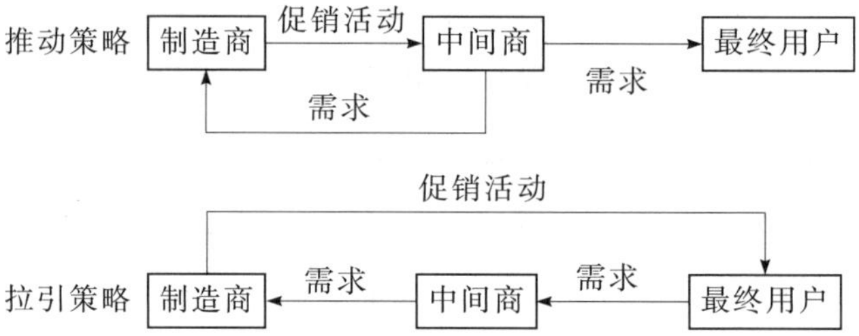

图 12－6　推动与拉引的促销策略

在推动策略中，主要的促销手段是人员推销；在拉引策略中，则以广告宣传为主要促销手段。在促销实践中，大多数企业往往把两种策略结合起来运用，即一方面利用人员推销把产品推入分销渠道；另一方面又使用广告等手段吸引顾客，通过中间商求购本企业产品，推与拉相结合的促销策略会使促销效果更为明显。比如，农夫山泉倒着做渠道。农夫山泉在推广其 500 毫升瓶装水时，首先是雇用一批学生和兼职人员，对零售终端进行全面铺货，然后采用电视广告高空“轰炸”，当终端开始走货时，中间的经销商就不请自来，主动向农夫山泉要货，通路就这样给倒着做起来了。又如 GE 强调推式策略（数量折扣、购买回扣），这种策略以交易为目的；美国百得公司则强调拉式策略（广告、消费者折扣），这种策略瞄准的是消费者。再如美国英威达公司推拉结合的促销策略。它成功地把莱卡——一种专业性极强的化学纤维原料，做成了时尚品牌。其成功的原因在于改变了产业链中上游产品只注重推式营销的模式，极力扩大品牌同消费者的接触面，通过“莱卡风尚颁奖大典”“莱卡我型我 SHOW”等时尚活动大胆接近终端消费者，让消费者建立清晰的品牌联想：“莱卡”就是“舒适、服帖、时尚、潮流”。当使用莱卡的下游产品在市场上走俏时，上游厂家求购莱卡的热情也开始高涨；英威达公司又积极推行传统推式营销，为下游厂商提供周到的技术服务和市场咨询，提升其使用莱卡的动力和信心。

传统理论认为，推动策略在产品生命周期早期或许更为有效，这时的消费者需要教育，而对已拥有大量了解产品种类，只需知道可替代品牌的消费者的较成熟的产品，拉引策略可能更为有效。跨国公司在中国的渠道策略曾经历了一个由"以拉为主"变为"以推为主"的过程，即早期把经销商通路看得比最终消费者更重要，广泛采用以通路为中心的营销模式。这是基于当时中国特有的市场环境：信息不对称；消费者选择有限；消费者的权益保护意识也有待加强；等等。谁掌控终端，谁的品牌就能够进入终端，谁的销量就大。终端等于销量，渠道就是一切（distribution is everything），成为当时很多跨国公司的共识。伴随着中国市场经济的发展以及消费者逐步走向成熟，消费者在跨国公司促销决策中的地位越来越重要。

二、促销效果评估

促销手段实施之后，沟通者必须衡量某种促销对目标顾客的影响。对促销效果的衡量与评估主要有两个方面：（1）目标顾客对促销信息的感知程度，包括顾客是否可识别并回忆起该信息、接收该信息的次数是多少、能回忆起的信息内容有哪些、对该信息的感觉如何、顾客以前及现在对企业及产品的态度怎样等。（2）目标顾客对促销信息的行为反应，包括有多少人喜爱该产品、多少人购买了该产品、多少人与其他人谈及过该产品等。对促销效果的评估是企业调整、改变促销策略的重要依据，对企业促销目标的实现有重要意义。比如某企业在对其两种产品——品牌 A 和品牌 B 开展促销活动之后，经过对促销结果的评估发现，对 A 品牌来讲，有 80%的消费者都知道，且有 60%的人试用过，试用者中只有 20%的人感到满意，这表明 A 品牌的促销在创造品牌知晓度上是有成效的，但产品本身不能满足消费者的期望，需要在功能和质量方面切实改进；对 B 品牌来讲，只有 40%的人知道它，其中 30%的人已试用过该产品，试用者中有 80%的人对它感到满意，这说明产品本身是没有问题的，但有必要修订促销计划，加大促销力度。图 12－7 提供了消费者对两种品牌的知晓、试用和满意程度。

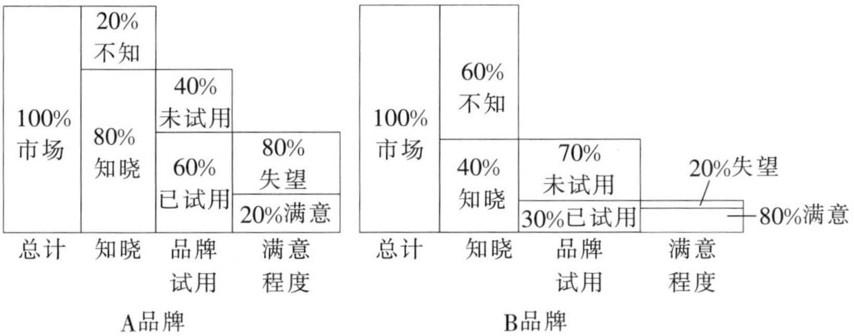

图 12－7　两种品牌目前消费者的状况

三、影响国际市场促销的特殊因素

国际市场营销涉及不同国家间的信息沟通，因此，在国际市场上进行有效的促销设计时应考虑一些特殊因素的影响，主要包括国家间的语言差异、社会文化差异和政府的管制。

（1）语言差异。在语言相同的国家，如美国和英国可以通过相同的信息进行沟通，以节省成本。但对国际市场营销来说，大部分国家间存在语言差异，信息在不同国家的投放必须根据所在国的特点进行翻译和调整，以使接收信息的群体产生亲切感，容易接受。如通用电气公司一种机器名叫“Vauxhall Nova”，这个词组在西班牙语中的含义是“不工作”，可想而知，这种产品在西班牙的销售肯定不佳。同样，百事可乐的广告语“Come Alive with Pepsi”（喝百事，万事兴），在百事可乐进军德国市场时被翻译为“百事可乐，死而复活”，这样的翻译势必影响产品的销售。

（2）社会文化差异。社会文化包括宗教、态度、社会条件、教育等方面，不同国家间的文化和风俗习惯存在很大差异，这直接影响到沟通效果。如孔雀在我国是吉祥的象征，在欧洲却被视为“祸鸟”，因此所有带有孔雀标志的商品都会被排斥。国际电信联盟（ITU）的数据显示，5G 移动网络的覆盖范围已扩大至全球近 40%的人口，但其分布状况也是不均衡的，高收入国家 89%的人口已有 5G 网络覆盖，与此同时这项通信服务在低收入国家几乎不存在。[①] 不同国家和地区之间的数字基础设施建设存在巨大差距。此外，非洲国家互联网使用费远高于全球平均水平。这些社会条件的差异势必影响信息的传播和沟通。

（3）政府的管制。各国政府对信息的许多方面都有限制，管理和法规也不尽相同。许多国家对信息内容、产品种类以及信息费用方面都有限制。法国禁止抽奖销售，德国禁止使用折价券。一些国家还对广告内容、时间长短、版面和广告费等方面有严格的管制。如法国禁止医院做广告；德国法律规定所有医药广告都必须清楚注明药品副作用及服用方法等所有相关要素，否则制药商和广告商将受到严厉处罚；等等。营业推广的效果也与各国消费传统紧密相关，在法国最有效的营业推广形式是商店降价、贸易折扣和免费样品，在巴西最有效的形式是附送礼品，在瑞典合作广告效果不错；而在一些国家人员推销并不被人们普遍接受。

第 2 节　国际广告决策

国际广告是国际企业以支付广告费用的形式，通过电视、广播、报纸、杂志等

① 网络接入增长，数字鸿沟依旧．（2024－01－12）．https://www.cnii.com.cn/gxxww/zgdxy/hqfy/202401/t20240112_536976.html.

各种媒体，向国外消费者传播商品与服务等信息的一种国际促销手段。与其他沟通方式相比，国际广告具有以下特点：广告刊登在大众传媒上，可以消除消费者的顾虑，增加信任，有利于产品顺利进入目标市场。同时，广告可以利用大众传媒广泛接触消费者，尤其在现如今，“互联网是一个社会信息大平台，亿万网民在上面获得信息、交流信息，这会对他们的求知途径、思维方式、价值观念产生重要影响……”[①] 网络平台上的信息很容易进入消费者的视野，迅速提高产品知名度。广告作为一种艺术表达形式可以用美或情感的表现力和感染力，表现企业和产品的价值以吸引消费者。

在现代通信工具和新闻媒体已相当普及的条件下，广告是一种十分有效的信息传播方式，可以通过多种多样的工具或媒体形式，自然而然地进入家庭，成为参与家庭购买决策的重要力量。尽管现代社会人们具有较强的自我意识，消费者往往认为购买决策是自己独立自主做出的，但在这一过程的背后，却经常是广告传递了信息，说服和诱导了消费者，强化了其购买倾向。

国际企业在制定广告促销策略时，通常需要考虑下述几方面内容：广告促销的目标是什么；可支配的广告费用是多少；广告应传递什么样的信息；广告应使用何种媒体；如何评价广告效果，即所谓的 5M（任务（mission）、资金（money）、信息（message）、媒体（media）、衡量（measurement））问题。

一、制定广告目标

广告促销方案的第一步是制定广告目标，而广告目标又与所做出的目标市场、市场定位及营销组合决策紧密相关。这些决策基本上决定了广告促销手段所要完成的任务，即在特定时期内对特定广告对象所要达到的沟通绩效水平。按沟通的直接目的可把广告目标分为提供信息、说服购买和提醒使用三种，相应地，广告可分为告知性广告、说服性广告和提醒性广告。

（1）告知性广告。此时的广告目标是建立初步需求，是企业在市场开拓阶段为迅速让消费者或用户了解产品的名称、性能、特点等而做的广告。目的是提高产品的知晓率，诱导早期购买。

（2）说服性广告。这是企业在产品生命周期的成长阶段所做的广告，目的在于介绍产品的实际使用效果，突出该产品的特色和用途，从而建立起对企业产品品牌的选择性需求。由于这种广告多在国际市场竞争激烈时使用，所以又称竞争性广告。说服性广告的目标是为特定的品牌培养选择性需求，因而某些说服性广告已变成比较广告，即企业将其产品或服务与竞争者进行对比，通过与其他品牌的特定比较来突出自身的优势。比较广告可分为直接比较广告和间接比较广告，前者是企业将自己的产品与某一竞争者进行对比；后者是将自己的产品与不指明的竞争者进行

---

① 习近平：在网络安全和信息化工作座谈会上的讲话．(2016－04－26)．人民网．

对比。尽管间接比较广告没有指名道姓，但通常人们也明白广告中所指的竞争者，比如百事可乐曾进行过蒙眼品尝可乐试验，并将结果在广告中广为宣传，虽然在广告中未指明试验中的竞争者，但一般人一看便知这是在与可口可乐进行对比。今天的比较广告已随处可见，诸如百事可乐对可口可乐、汉莎航空公司对美国航空公司、奥迪汽车对奔驰和马自达汽车的比较广告大战已经尽人皆知。在世界各国，政府对比较广告的态度也不尽一致，英国、奥地利、瑞士等国允许使用比较广告，而法国、比利时、意大利和荷兰等国禁止使用比较广告，德国法律虽规定有条件地允许比较广告存在，但比较广告在德国极少见到。

（3）提醒性广告。这种广告对成熟期的产品或处于衰退期的产品非常重要，目的是提示消费者不要忘记他们曾经购买或消费过的产品，刺激他们继续购买，加深购买者对产品的印象。提醒性广告通常适用于历史悠久的老产品、已经销售多年并处于成熟或衰退阶段的产品、因竞争激烈已由紧俏转为滞销的产品，比如美国杜邦公司、壳牌石油公司经常通过提醒性广告，宣传老企业的传统产品，以减弱人们的遗忘程度。提醒性广告的另一种相关形式是强化性广告，目的是让购买者相信他们做出了正确的选择。

总的来讲，广告目标应建立在对目前市场营销情况透彻分析的基础之上，广告所表达的思想应是一个循序渐进的深入过程，比如日本企业在中国市场的广告目标选择上，就采取了渐进式策略，在不同的市场阶段制定不同的广告目标，这一过程可分为四个阶段。

第一阶段，在产品还未进入中国市场时，就将广告推向中国市场，这一时期日本企业的广告基本上是宣传和介绍产品的名称、功能、规格、品种、用途等，让中国消费者知道并了解产品，提高产品的知名度。

第二阶段，当大多数潜在消费者已知道产品时，广告的重点就转向宣传介绍产品的特色、产品给消费者带来的利益、产品对特定消费者的适应性等。这时的广告带有刺激欲望、引导购买、指导消费的性质。因为这一阶段是达到广告目的的关键时期，所以日本企业不惜投入大量广告费用，耐心说服潜在消费者购买其产品。

第三阶段，在日本企业的产品深入中国消费者心中后，广告促销的目标就不再是产品，而是产品背后的企业形象，是企业的声誉、地位及知名度等消费者感兴趣的东西，目的是促使消费者对企业产生良好印象，进而对企业的产品产生偏爱和信任。

第四阶段，这一时期日本企业采用了提醒性或强化性广告，因为这时企业及其产品已为中国消费者所熟知，产品已进入成熟期，市场竞争也日趋激烈，广告在媒体选择、构思创意、广告语言和色彩的运用方面更具特色。提醒性或强化性广告通常言简意赅，有时仅提示出企业名称，目的是让消费者不要忘记某企业的产品，强化消费者信心，刺激重复购买。

上述四个阶段并不是截然分开的，四个阶段的广告特征在市场上往往同时存在，因为一家日本企业在中国市场同时销售多种产品，各产品的生命周期也有所不同，在同一时期，不同的广告目标可能兼而有之，但总的来讲，日本企业的广告目标始终与产品和市场的发展同步。

二、确定广告预算

广告目标确定之后，企业接着要为每个产品做出广告预算。尽管企业愿意花钱达到促销目的，却不知道花费多少才是适当的。广告支出太少，达不到促销的目的；若支出过大，则浪费了企业财力。在这个意义上，有人说："企业不做广告是在等死，做广告是在找死。"这说明巨额的广告费是一把双刃剑，它既可能打造一个优秀的品牌，也可能毁掉一个原本实力雄厚的企业。现在有一种批评意见，指责消费品广告做得过多过滥，而工业品广告明显不足。广告比较适用于消费品的促销，但现在许多大企业并没有对广告促销的实际效果予以切实把握，在缺少市场调查的情况下，把资金大量投放在广告上，销售效果并不明显，花了冤枉钱。生产工业品的企业完全依赖自身的销售队伍，尽管人员推销比较适合此类产品，但广告促销对工业品也是必要的，适度的广告活动可提高工业品的知名度与市场覆盖范围，许多企业在这方面估计不足。

广告费用的投入过程中存在现实中的保守投入值和理论上的合理投入值两个数值，这两个数值很多时候不相同，两者的差值产生了广告投入的浪费区域，如图 12－8 所示。微观经济学认为，单个厂商做广告会使销售额和利润增加，但同行业多个厂商同时做广告，在市场总容量没有增长的情况下，效果会相互抵消。而且广告战引起价格战，结果是低廉的价格在国内引起全行业亏损，在国外引起反倾销。

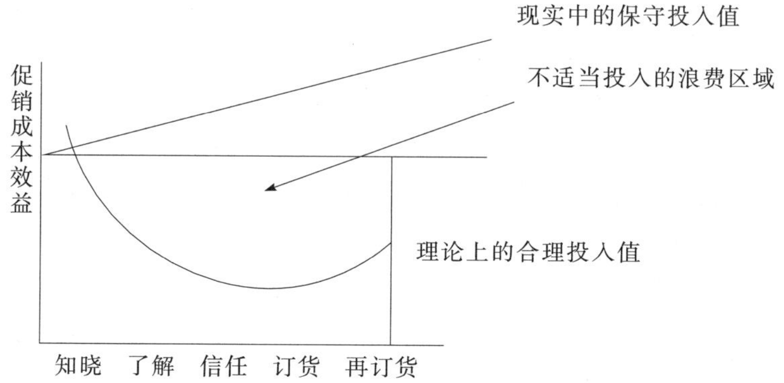

图 12－8　广告投入规律示意图

确定促销预算的常用方法对广告这一促销手段同样适用，但在广告预算估算过程中，还应考虑以下几方面的因素：（1）产品生命周期。刚刚上市的新产品需要花费大量的广告预算以建立知名度；而处于成熟期的产品，品牌知名度已很高，以较低的广告预算维持现状即可。（2）市场份额。市场占有率较高的品牌通常并不需要过高的广告支出，可按销售额的一定百分比提取适量的促销费用来维持目前的市场份额；相反，通过提高市场占有率来扩大市场份额，则需要大量的广告支出。（3）竞争干扰。在有众多竞争者且同类产品广告比较密集的市场上，某一品牌的广告活动只有战胜同类产品广告的干扰，才能引起人们的注意。（4）广告频率。在某一广告媒体上，某种品牌信息的重复次数也决定着广告预算。（5）市场特征。倘若目标市场消费者对某一广告信息很感兴趣，而且不在乎广告内容的重复再现，这时的高额广告费用就是必要的。总之，广告预算的多少必须与广告所起的作用联系起来考虑，费用与效益的比较是确定广告预算的基本依据。

三、广告信息决策

广告活动中的内容与形式有时比所花费的促销成本重要得多，广告只有引人入胜，才能有助于提高品牌的销售。

（一）广告内容

广告内容会因创意不同而有较大的差异，尽管广告内容都是要表达某品牌所具有的主要用途，但营销人员可通过多种创意产生尽可能多的广告诉求。顾客、经销商、专家和竞争者都可作为创意的来源，其中消费者是最重要的创意源泉，他们对现有产品的优点与不足的反馈为创意提供了重要线索。比如某发胶公司通过消费者对现有品牌及其特性的满意程度的调查，发现消费者需要一种对发型固定能力更强的发胶，公司立即着手改变产品配方并广而告之。

国际广告内容决策的难点是标准化与当地化的问题。标准化就是把同样的广告信息主题传播到各国不同的市场。人们对美的追求、对健康的向往是超越国界的，顾客的需求在许多方面就表现为一种一致性，标准化策略是可行的。标准化的优点在于：企业只需要确定一个广告主题就可以在不同国家稍加改动后进行宣传，降低了成本；可以集中企业内部各种人才，集中使用广告费用，形成广告的竞争优势；可以将产品统一的形象传递给消费者，加深企业和产品在消费者心目中的印象，不仅有利于企业整体促销目标的制定、实施和控制，而且可以使公司总部的专业广告人员得到充分利用，所以，标准化策略可获得规模经济效益。比如美国的可口可乐和百事可乐运用标准化广告策略，在世界上 100 多个国家和地区从事营销活动，取得了很大的成功。标准化的缺点在于没有考虑各市场的特殊性，广告的针对性较差，可能影响广告效果。

当地化策略是指国际企业通过广告向不同国家和地区传递不同的信息。这一策略的依据是各国政治、经济、文化和法律等环境各不相同，顾客需求也千差万别，广告信息只有符合各国特点，才能收到好的效果。当地化的优点在于，广告的针对性较强，广告宣传有不同的侧重点，能够适应不同文化背景的消费需求。其缺点在于成本较高，企业总部对各国市场的广告宣传难以控制，甚至各国宣传相互矛盾，影响企业形象。如西方某航空公司采取国际广告当地化策略，在某国宣传该公司的高档、豪华服务，而在另一国则宣传机票实惠，两者的冲突有损公司形象。但一般来说，尽管当地化策略的广告成本会比较高，但可以提高销量，带来更大的促销效益。可口可乐在中国的广告当地化策略首先体现为其广告与中国传统价值观的结合。其一系列的春节贺岁广告选择了典型的中国情境拍摄，运用对联、书法、剪纸等中国传统艺术，通过贴春联、放烟花等民俗活动来表现中国浓厚的乡土味和家庭观，这种乡土形象确实达到了感染中国消费者的效果。

事实上，广告内容的绝对标准化或当地化的两种极端情况是不多见的，国际企业更多的是在两种情况之间选择偏向其中一端。（1）这种选择首先要考虑环境因素，当各国市场与产品营销有关的环境因素差异不大时，企业可采用标准化策略；反之，则应采用当地化策略。（2）应考虑需求因素。各国目标市场如属于同质市场，可采用标准化策略；反之，异质市场的情况则应使用当地化策略。（3）应考虑产品性质与产品生命周期的因素。技术性较强的工业品比较适宜标准化策略；采用差异化产品设计的消费品更适宜当地化策略。各国市场上生命周期大致处于同一阶段的产品，比较适合标准化策略；产品生命周期各不相同的国家则适合当地化策略。（4）风俗习惯的相似与差异也是决定企业是采用标准化策略还是当地化策略的一个重要因素。（5）广告机构的选择也是影响因素。若选择跨国广告机构，可以采用标准化策略；若选择当地广告机构，则可能被要求按当地消费者偏好采用当地化策略。（6）企业的要求若偏向方便控制和树立统一的产品形象，可以采用标准化策略；若公司不要求统一规划或形象无法讲求统一，则可以采用当地化策略。

（二）广告形式

信息的效果不仅取决于其内容，而且取决于其表达形式，任何广告信息的表达都包括风格、语调、措辞、版面或画面等方面。

广告信息可以有不同的表达风格，主要表现为：（1）生活片段，再现一个人或一群人在日常生活中使用某产品的情景。（2）生活方式，可强调某产品如何适合某种生活方式。（3）幻想，针对某产品及用途制造一种幻想。（4）气氛或形象，主要是借助某产品唤起某种气氛或形象。（5）音乐，以背景音乐展示某产品，或演唱有关本产品的歌曲。（6）拟人，赋予某产品以某种人格化特征。（7）技术经验，通过事实显示公司在制造某产品中的专业技术特长。（8）科学证据，展现本公司的某品牌产品比别的品牌更为优秀和更受欢迎的科学实验证据。（9）证人，通过具有很高威信、受人欢迎的明星或专家来认可产品。

以广播或电视为媒体的广告还必须选择一种合适的语调。广告语言通常是一种肯定的口气，比如宝洁公司的广告在谈到其产品时，语调总是十分肯定。

措辞作为一种广告表达形式，应该引人注意且使人难忘，比如日本企业在中国的广告语很多是汉语的成语、俗语或名言。丰田汽车公司的广告：“车到山前必有路，有路必有丰田车”；夏普打字机广告：“不打不相识”；东芝公司则用“此时无霜胜有霜”来宣传自己的优质无霜冰箱，可谓独具匠心。

广告的大小、色彩、插图等版面或画面因素对广告信息的表达也有很大影响，加大广告篇幅可引起人们更多的注意；以四色印刷的插图替代黑白插图，当然会增强广告效果；适当角度的摄影可展示产品的某些性能。总之，可以通过设计、规划广告不同元素的相对优势来获得一种最佳广告形式表达方案。

四、广告媒体决策

国际企业在完成了广告信息决策之后，接着就要选择广告信息的载体。广告媒体众多且各具特点，选择正确与否关系到促销效果，甚至很大程度上决定企业开拓国际市场的成败。广告媒体选择的步骤是：确定期望的送达率、频率与效果；选择主要的媒体种类；选择媒体的使用时机以及确定媒体的地域分配。在国际市场营销中，要考虑国际广告机构的选择和广告媒体的运用。

（一）确定期望的送达率、频率与效果

为了正确选择各种媒体或进行最佳媒体组合，国际企业首先应做出媒体的送达率、频率和效果决策。

（1）媒体的送达率决策是指企业在特定时间里，决定目标顾客群体接触广告的预期人数，如决定在第一年内让 80%的目标顾客接触到广告。

（2）媒体频率决策是指企业决定在一定时期内目标顾客触及信息的次数，比如决定让目标顾客一年内平均每人接触到三次广告。广告的展露频率要适度，重复次数过少也是一种浪费，因为不会引起注意；过多则费用大，成本效益低。有学者研究证实，一条广告展露三次足矣。首次展露有独特的意义，给人带来“它是什么”的认知反应。再次展露会产生多种效果，一种是目标受众在首次展露时没太注意此信息，再次展露具有同首次展露同样的认知反应；更多的则是以“它有什么”的反应取代“它是什么”的反应。第三次展露可起到提醒的作用，提醒那些已做出购买决策但尚未行动的人。这里所指的三次广告展露，是实际看过三次广告的人。

（3）媒体效果决策是指通过特定媒体的展露所产生的影响力。各种媒体的影响力不同，其效果也就有所差异。不仅不同媒体的效果各有不同，而且同种媒体由于社会影响力有大有小，媒体效果也有所区别。

在既定的广告预算条件下，什么是送达率、频率和效果的最佳成本效益组合呢？一般来讲，送达率越高，展露的频率与影响力就越大。当推广新品牌、非主要品牌、名牌、不常购买的品牌或者进入不确定的目标市场时，送达率最为重要。当存在较多竞争对手、广告内容不易理解、消费者阻力较大或是展露频繁购买的品牌时，频率就非常重要。

（二）选择主要的媒体种类

世界各国的广告媒体种类很多，而且随着现代科学技术的发展，新的媒体还在

不断出现。一般来说，主要的广告媒体有：

（1）报纸。报纸广告读者广泛，传播迅速，制作灵活，尤其在本地市场覆盖面大，可信度高且费用较低；缺点是寿命短，复制质量差，浏览性读者多，而且每种报纸的覆盖面小，企业需要在多家报纸做广告致使费用增加。

（2）电视。电视广告把视听两种功能综合起来，具有较强的感染力。传播范围广且形式丰富多彩，可吸引观众的注意力，因而送达率较高。但电视广告的绝对成本很高，观众选择性小，且易受其他节目干扰，展露时间也较短，而且很多国家对电视广告的播出时间、广告内容和目标对象有诸多限制，如加拿大魁北克省法令规定严禁电视广告针对儿童，也禁止所有促使人们借款购物的商业广告。

（3）邮寄。邮寄广告是将样本、商品目录、商品说明书等印刷广告物直接寄送或当面交给买主，这种广告媒体地理选择性及针对性较好，灵活性也较大，而且同一媒体内没有广告竞争；缺点是成本较高，可信度较差。

（4）广播。广播广告传播面广且迅速及时，地区和人口选择性强，成本较低，因而可大规模使用，但此种广告只有声音效果，吸引力低于电视广告，而且展露时间短。在一些广告预算有限制的国家和文盲率较高的国家或电视普及率低的国家，广播仍是重要的广告媒体。在汽车比较普遍并且装有收音机的国家，人们往往利用驾车时间听广播。

（5）杂志。杂志广告地区和人口选择性强，可信度高且复制质量好，寿命也较长；缺点是出版周期长，发行量有限，尤其是专业性杂志，读者面较窄。许多杂志仅有本国文字的版本，无法在国外更广泛的市场发行。近年来，针对这些矛盾，很多有影响力的杂志都在采取扩大海外版的策略，如法国时尚杂志 ELLE 在包括中国的 36 个国家发行出版，美国 VOGUE 已在 26 个国家发行，其他各大杂志也纷纷扩大发行范围，为跨国公司和当地企业提供了更多选择机会。

（6）户外。户外广告形式多样，有招贴广告、广告牌、广告标语、建筑物外广告、霓虹灯广告、烟雾广告等。这类广告地理选择性好，灵活且持续时间长，成本较低，竞争者少；缺点是缺乏创意，信息内容少，表现形式有局限性，观众选择性差。

（7）互联网。互联网是全球最重要的传播媒体之一。相比其他媒体，互联网不受印刷、运输和发行影响，信息传播速度快，信息容量大，全球联通，信息传递交互性使用户改变被动接受的状态，在心理上更易于接受，且较之电视等传统媒体广告成本相对低廉。2023 年我国网络广告整体市场规模突破 12 482 亿元，同比增长 11.1%。①

（8）电影。在一些国家，电影广告也是一种重要的形式，如印度。

上述媒体特点不同，优缺点兼有，国际企业应综合各方面因素，选择最有利的广告媒体。

---

① 中国互联网广告与营销市场规模增长 AIGC 将引发结构性洗牌．（2024－09－26）．http://news.10jqka.com.cn/20240926/c661994176.shtml.

（三）选择媒体的使用时机

广告媒体的使用时机有连续式、集中式、飞跃式和起伏式四种模式，企业在推出新产品时，需在几种不同模式间做出选择。

（1）连续式广告。这是指在一段时间内均衡地安排展露时间。如果某产品处于成长期，销售额稳步上升，且目标市场类型又很明确，这一阶段可以采用连续式广告，但由于广告成本和市场需求的变化，这一策略往往难以持续。

（2）集中式广告。这是指在节假日或某种产品的销售旺季集中促销，在很短的期间内支出所有的广告费用。

（3）飞跃式广告。这是指在某段时间内通过连续播放广告来集中促销，然后有一个间歇期，间歇期过后再进行第二轮广告促销。这一策略比较适合广告经费不足、消费者购买持续时间长和商品季节性强的情况。

（4）起伏式广告。这种广告策略吸收了连续式广告和飞跃式广告的优点，强调在某一时间段保持低强度广告的态势，然后再以下一阶段的高强度广告加大促销力度。如市场调查证明，百威啤酒可在某一市场减缓广告活动一年半，对销售额并不产生影响，一年半后公司再采用高强度的广告宣传来加强促销，巩固销售增长率。

选择媒体的使用时机模式还应考虑购买者流量、购买频率和遗忘率三个因素。购买者流量是新的购买者进入市场的速度，速度越快则广告的连续性应越强。购买频率是现有顾客购买某产品的次数，频率越高，广告连续性也应越强。遗忘率反映了顾客对某一品牌的遗忘程度，遗忘率越高，广告越应具有连续性。

（四）确定媒体的地域分配

媒体选择不仅要考虑时间问题，而且要考虑地域问题。如果国际企业追求的是“全球性购买”，则应选择具有世界影响的广告媒体，进行全球性广告宣传，对于通用性强、潜在销量大、选择性小的商品多使用此类广告。如果企业追求的是“区域性购买”，则应选择相应的覆盖国际市场某一区域的媒体，如某国的国家级电视台和全国发行的杂志做广告。在国际市场营销中，中小企业及销量有限、选择性较强或刚刚进入国际市场的产品，多选用区域性广告。如果企业追求的是“地方性购买”，则应选择地方性媒体，如地区级电视台或杂志的地方版进行广告宣传，这类媒体传播的空间范围相对狭小，主要是为当地零售商和消费者或用户服务。

（五）国际广告机构的选择

在国际市场营销中，考虑到国际环境的复杂性，广告一般由企业委托广告机构代理，由广告机构提供广告的设计、制作、代理服务等。国际广告机构可以为法人、经济组织或者个人。若要制作成功有效的国际广告，广告机构的选择十分重要。企业在国际促销中可以选择的广告机构一般有两种，即当地广告机构和跨国广告机构。

（1）当地广告机构。在不同的广告投放地区选择不同的广告机构，对广告的效果有很大帮助。当地广告机构一般对当地的文化背景等比较熟悉，所创作的广告更符合当地政府的要求，也便于当地消费者接受，因此能为公司产品树立很好的民族形象。如 IBM 在国外市场选用当地广告机构，树立了本公司为当地优秀公民的形象。较大型的国际公司在国外的分公司往往选用当地广告机构，这种做法可以提高分公司的自主权与积极性；使企业降低成本，获得更高利润；增强广告的针对性，弥补技术和制作水平与跨国广告机构相比的劣势，有效地完成任务。

（2）跨国广告机构。有些企业在进行国际市场营销时，在不同的国家选择同一跨国广告机构的当地分支机构为自己提供广告的设计、制作和代理服务。跨国广告机构因为多年的经营一般在各国有多方合作者，这对于没有国外分销机构的企业来说是难得的资源。同时，跨国广告机构在广告设计和制作技术上经验比较丰富，可以制作出高质量的理想广告。采用跨国广告机构可以兼顾企业和产品在世界范围内的统一形象。另外，企业同单一的广告机构交流比与多家当地广告机构的交流要容易控制。

（六）广告媒体的运用

在国际市场营销中，不同国家的特点决定了所倾向媒体的不同，了解这点对更加有效地进行国际广告决策有重要的意义。针对每个国家对媒体所花的费用的差别，可以把广告媒体的运用分为混合型广告、印刷型广告、电视电台型广告和其他类型广告。

（1）混合型广告。在信息传播业比较发达的国家，各种广告媒体的运用比较自由，政府的限制比较宽松，因此对各种媒体的运用不存在太大的偏向，比较平衡。采用混合型广告的国家和地区主要有中国、美国、日本、英国、加拿大、荷兰、西班牙、巴西等。其中，美国、日本、英国、加拿大是世界上广告最发达的国家，它们的广告费用支出占全世界广告费用总额的 70％～80％。在这些国家和地区投放广告，企业可以不受太多限制，采用适合自己的媒体广告。

（2）印刷型广告。一些国家和地区受到国家政策的影响，采取以报纸为主的媒体形式。如挪威、瑞典政府基本禁止电视电台广告，印刷广告占 70％以上。澳大利亚的报业十分发达，报纸广告占 40％以上。还有许多国家因为本国政府将电视电台的重点放在娱乐上，广告主不得不依赖报纸等印刷媒体。另外有些国家由于电视电台不是很普及，也以报纸等作为主要媒体方式。采用报纸广告为主要广告形式的有瑞典、挪威、澳大利亚、新西兰、南非、马来西亚、新加坡等。一些国家由于传统的原因选择杂志作为主要广告媒体，最典型的为德国和意大利，两国的杂志出版业十分发达。在这些国家投放广告就应该主要选择报纸、杂志类印刷型广告。

（3）电视电台型广告。一些国家和地区的出版业不太发达，印刷型广告所占的比重比较小，主要以电视电台广告为主，如爱尔兰、希腊、哥伦比亚、墨西哥等。

（4）其他类型广告。一些国家由于本国国民性质和本国传播手段的限制更多地采用户外广告等其他类型，最典型的是法国和瑞士。法国比较推崇个性和独立，而瑞士比较注重环境，因此它们经常采取一些时尚的方式进行信息传播，如霓虹灯广告和街头广告等。还有一些国家文盲较多，广告也主要采用直观的户外广告。其他类型广告发达的国家主要有法国、瑞士、奥地利、丹麦等。在这些国家做广告，要更多地考虑目标受众的接受程度，选择为该国消费者所喜爱的广告媒体。

广告媒体的选择一般需考虑以下因素：

（1）目标顾客的媒体习惯。目标市场的消费者有特定的媒体习惯，国际企业进行广告宣传的目的就是将商品、服务等有关信息及时、准确、有效地传递给目标消费对象，但如果企业所选择的传播媒体与消费者的媒体习惯不一致，这时的广告促销就收效甚微。因此，对消费者经常购买的商品应采用他们经常接触的广告媒体进行传播。比如男性用品的广告多刊登在体育杂志上或在电视的体育节目中播放；技术性强的产品多刊登在专业杂志上；妇女儿童用品的宣传应以女性报刊或儿童杂志为理想的传播媒体。

（2）产品性质和特点。工业品，尤其是技术性能比较高的产品，宜采用报纸、样品目录、商品说明书等做广告，以便用户了解产品性能、特点及使用维修方法。消费品，尤其是日用消费品，可选择的广告媒介较多，但最理想的传播媒体还是广播和电视，因为这两种媒体在各国的普及率都很高，是消费者接收商品信息的重要渠道。

（3）媒体的传播数量、质量与可用性。媒体的传播数量是指报纸、杂志的发行量，电台、电视的覆盖面等，它关系到信息传播与影响的范围。媒体的覆盖范围与目标市场范围应是一致的，倘若出口商品的目标市场只是某一国家的局部地区，就不必选择覆盖全国的广告媒体。媒体传播的质量是指某一具体媒体在消费者心目中的声誉和威望，在某种程度上，它比媒体数量更直接影响到信息传播的效果。媒体可用性通常受到来自政府政策或法律方面的限制；同时也会受到一国经济、文化、社会等因素的制约。比如瑞典、挪威、丹麦等国政府规定禁止在电台和电视台做商业广告；南欧地区的居民对电视广告反感，而喜欢看杂志，故商业广告多刊登在杂志上。

（4）媒体费用。媒体费用不仅取决于媒体自身的声誉和影响力，还取决于广告播放的时间、频率和广告持续时间。在大多数国家，媒体费用是可以通过谈判来协商的，但一般来讲，电视广告费用最高，报纸杂志广告次之，邮寄广告的费用有时也很高，而广播广告则比较低廉。比如耐克在促销其新款球鞋的过程中，除电视广告外还选择在 TikTok 等平台进行精准投放，与博主和运动达人合作制作短视频进行宣传。此外，在视听媒体的黄金时段播放广告和报纸杂志的重要版面刊登广告费用很高，企业应根据自己的财力和所要达到的传播效果，正确选择适当的广告媒体。

五、衡量广告效果

规划和控制广告的关键是对广告效果的衡量。合理的广告促销应先在一个或几个城市开展小规模广告活动，评价其效果，再投入大笔费用在全国范围内铺开。广告效果衡量包括沟通效果衡量和销售效果衡量两个方面。

（一）沟通效果衡量

沟通效果衡量是指广告是否有效地将信息传递给了消费者。沟通效果的衡量可分为事前测试和事后评估。

事前测试有三种方法：一是直接评分法，即由消费者观看本企业产品的各种备选广告，请他们给不同的广告打分，以此来测试广告效果。二是组合测试法，请消费者看或听一组广告，不限制时间，然后请他们回忆广告内容，其结果可表明广告内容中突出的地方以及易懂性、易记性。三是实验室测试法，这是用仪器测量消费者对于广告内容的生理反应，但这类测试只能测量广告的吸引力，无法衡量消费者的信任、态度和意图。

事后评估是在广告发布后对消费者进行的测试。一种是回忆测试，即让接触过广告媒体的人回忆最近几次媒体展露的广告及其产品，其结果可说明广告为人注意和容易记忆的程度；另一种是识别测试，即让接触媒体者从若干广告中辨认哪个广告是他们曾经看过的，由此可说明广告在顾客头脑中留下的印象。

（二）销售效果衡量

衡量沟通效果可以帮助企业了解广告传递信息的结果，却无法揭示其对销售额的影响。销售效果衡量就是直接评估广告使销售额增加了多少。这比沟通效果的测量更为困难，因为销售额的增长不仅受制于广告，而且受到其他各种因素的影响，如产品、价格、收入、渠道等，衡量效果的难易取决于影响因素的多少。比如直销方式下销售效果比较容易衡量，而在运用品牌广告或企业形象广告时，销售效果就很难衡量。

对销售效果的衡量通常可采用历史分析法和实验分析法。

历史分析法就是基于现在或未来的考虑，利用先进的统计技术，找出过去各个时期销售额与广告支出间的相关性，以此作为分析目前和将来广告促销的依据。

实验分析法也可用来评估销售效果。比如企业可以将整个销售区域划分为三个组成部分，在甲地追加较多的广告支出，在乙地追加较少的广告支出，在丙地维持原来的广告开支，经过一段时间后，企业再考察各地区的销售增长情况，由此估算出广告费用增长对销售额的影响。但这种方法在国际市场营销活动中的运用困难较大，各国市场相距遥远且差异很大，市场的异质性使在一国获得的数据在另一国会失去其应用价值，各国市场缺乏可比性。这要求国际市场营销人员在对环境不同的各国市场的销售效果进行评估时，保持更大的适应性与灵活性。

案例分析

中国银联的广告策略

在中国移动支付市场，支付宝与微信支付占据着超90%的市场份额，为在激烈的市场竞争中获取市场份额，银联面临着巨大挑战。但由于涉及个人金融信息安全问题，让消费者主动体验一种新的移动产品门槛相当高，要改变人们日常的支付习惯，使其转用新的支付方式难上加难。中国银联希望借助公益事件宣传刺激消费者主动进行产品初体验，达到推广支付功能的传播目的。

中国银联发现生活在大山里的孩子，由于隔代抚养，出现教育断层，缺乏父母的关心和爱护，让他们比同龄人藏着更多敏感与懂事。许多人对他们的认知仅仅是物质与亲情的缺失，少有人注意到他们身上宝贵的才华，他们在山川河流中寻找灵感，能写下饱含想象与情感的诗，却由于生活与教育环境影响被忽视与埋没。

中国银联告别卖惨求同情的公益形式，意图通过育人育学树立中国未来文化自信。工作人员收集了四川、云南、新疆、河南等地山区留守儿童创作的805首诗，用常见的POS单承载。中国银联将支付终端产品POS机改造成“会吐诗的POS机”，人们在POS机上使用手机闪付支付一元，即可获得一张印有孩子们诗的POS单，孩子们的才华由此被更多人看见，筹集到的款项也为孩子们提供了艺术教育课程，帮助他们一展所能。

2019年7月15日，“诗歌POS机”首次在上海陆家嘴地铁站亮相，瞬间火爆线上线下。在人流高峰时段，地铁站现场几经限流。此后，在“诗都”成都孩子们的诗歌被打散成42 182个笔画，制作成独一无二且可佩戴的艺术品，并一一编号，现场更有大诗人欧阳江河等人齐聚，与孩子们的才华对话。活动启动以来，银联闪付新用户增长达400万。人民日报出版社将山区孩子的诗整理成《大山里的小诗人》儿童公益诗集出版，通过此次公益宣传，山里孩子们的才华得以被社会看见并延续下去。

2024年夏季，中国银联也开展了一场暑期“反骨式”营销，其发布了一支名为《鼓励在夏天贴贴的人》的短片，通过温馨的画面和文案，鼓励人们在夏天与生活中的美好瞬间亲密接触，如与流汗的杯子、家里的冰箱、路过的晚风等“贴贴”。同时也巧妙地将“补贴”的概念融入其中，展现出中国银联准备的无数份夏日补贴，以“贴贴”这个动作直观展现支付功能的同时，也鼓励大家尽情度过快乐的夏天。中国银联更是借广告营销的契机，推出“带上银联乐在当夏”暑期优惠活动，聚焦暑期“旅游出行”活动主线，带动旅游目的地消费。用户在活动商户消费时选择银联卡、云闪付、银联手机闪付等支付方式，有机会享受“满减”“折扣”“返现”“优惠券”等各类优惠活动。

在国际市场方面，中国银联则聚焦于文化差异与文化符号。2024年是中法建交60周年，中国银联作为2024梅多克马拉松官方合作伙伴，将东方“侠”文化融入充满热情的体育赛事，形成跨次元、跨中西的文化碰撞；同时中国银联与中宣部电影局达成战略合作，积极推动2025巴黎中国电影节等一系列中国电影海外推广活动，以文化为纽带实现广告营销。2025年中国银联正式宣布大熊猫“和花”担任银联全球支付大使，并推出相应的动画微电影与宣传物料，借助熊猫这一在全世界广受欢迎的动物形象，在全球范围传播中华文化、发展熊猫经济，打造中国银联在国际支付中优质、高效的支付形象。

此外，中国银联还积极把握中国免签政策、“一带一路”建设、大湾区建设等中国对外开放契机，全面优化全球支付网络建设，为国人出境支付、外籍人士来华支付提供双向便利。

资料来源：中国银联：诗歌 POS 机——大山里的小诗人．（2021－03－08）．https://www.sohu.com/a/454700368_470079.

问题

1. 结合案例，谈谈国际市场营销中成功的广告应该具备怎样的特质。

2. 公益广告策略的核心是什么？

思考题

1. 跨国企业在制定促销组合策略时需要考虑的因素有哪些？

2. 国际市场促销与国内市场促销相比有何特殊性？

3. 给你留下深刻印象的跨国公司产品的广告有哪些？请从国际广告决策的角度分析该广告策略的特点及效果。

第13章 国际市场促销策略（下）

本章要点

1. 除了国际广告促销，人员推销、公共关系和营业推广也是同样重要的促销活动。

2. 这三种方式虽然实施细节不同，但同样需要详细全面的设计与方案策划。

在国际市场促销活动中，广告固然是一种很重要的促销手段，但从微观经济学角度来看，单个厂商做广告会增加销售额和利润，而同行业多个厂商同时做广告，在市场总容量没有增长的前提下，广告的效果会相互抵消。与广告相比，人员推销、公共关系和营业推广常被看作次要的促销工具，这其实是一种误解，后三种促销手段在国际促销活动中也扮演着非常重要的角色。

第1节 国际人员推销决策

国际人员推销是指企业派出推销人员或雇用外国推销人员，向国外中间商和最终用户介绍宣传产品，以实现产品价值。与其他促销方式相比，国际人员推销有很多优势，如可以根据中间商和最终消费者的需求变动促销，既灵活又有针对性；可以及时了解市场情况，反馈给企业；现场的解说和示范可以消除消费者的疑虑，增强说服力，并在消费者接受时及时交易；可以建立和谐的人际关系，有利于企业长期发展。不过，人员推销由于培训等原因会有较高的成本，促销的范围较小，也不能迅速占领市场。

在国际市场促销活动中，面对面推销商品的人员推销方式，是一种直接的国际促销方式，它以其独具特色的“推”的作用成为推动某些商品销售的重要手段。在国际人员推销决策中，重点是解决好人员推销设计、人员推销管理以及提高人员推销绩效三个问题，下面逐一论述。

一、人员推销设计

简单的人员推销只是设法将推销员手中的货物转卖给现实的需求者，而创造性的推销活动则能够寻找潜在顾客并引导他们购买。这就需要国际企业在人员推销的目标、策略、组织结构、队伍规模和报酬制度等一系列问题上进行深入细致的思考。

（一）推销目标

营销观念作用于营销目标，营销目标又决定着推销目标。20 世纪 50 年代以前，在传统营销观念支配下，国际市场推销员所关注的是商品的“卖”，注重运用各种推销术，想方设法卖出现有产品，争取更多的销售额。50 年代以后，企业奉行的是一种现代市场营销观念，人员推销活动要服从于企业的整体营销目标，以满足国际消费者需求为中心的现代国际市场营销活动对人员推销这一古老的促销方式提出了更高的要求，使人员推销的目标多元化，具体的推销目标可归纳为下述几方面。

（1）开拓市场。把一种产品销售出去是推销员的首要任务，要求国际推销人员具有一定的市场开拓能力，善于发现市场机会，能够成功地找出潜在用户，不断培养国际市场新顾客。

（2）沟通信息。销售是推销人员的首要任务，但并不是他们唯一的任务。为了让顾客了解企业的产品和服务，推销员必须兼具广告的功能，或者协助国际市场广告活动，所以，推销员担负广告和有关宣传工作，配合广告媒体促销已成为一种趋势。

（3）提供服务。在现代产品整体概念中，服务属于附加产品，服务是对核心产品和形式产品的一种调整和改进。大规模生产只能提供标准化产品，销售服务是将标准化产品略做调整以符合目标市场的不同需求，如为顾客提供咨询、给予技术帮助、安排资金融通及提前交货等。与国内市场营销相比，国际市场推销中的服务活动更为重要，因为在出口国设计制造的产品与进口国的市场需求之间总是有一定的差距，做好技术咨询、资金融通等方面的服务，实质上是对这种差距的弥补，可以增加产品附加价值，提高企业的国际竞争力。

（4）收集情报。国际推销员除推销商品，还担负着市场情报的收集工作。这是因为国际企业远离目标市场，只有通过外销人员与海外顾客保持经常性联系，才既能及时向顾客传递企业产品与服务信息，又能向企业反馈顾客的要求与想法。比如日本一些企业的国际推销员会亲自深入市场取得第一手资料，通过与中间商座谈获得有关本企业产品、竞争对手产品以及整个市场需求状况的信息，通过与顾客的直接接触，了解顾客的消费观念与态度、产品使用方式和顾客对未来产品发展的意愿，企业可根据推销员反馈的情报信息制定有效的营销对策。

在上述目标的基础上国际企业有时对推销员的工作目标给予更具体的量化规

范，如某公司要求推销员把80%的时间花在现有顾客身上，20%的时间用在潜在顾客身上；把85%的时间用于推销现有产品，15%的时间用于推销新产品。倘若没有这些具体规定，推销员可能会把所有时间用于向现有顾客销售现有产品，而忽视新产品的推广和潜在顾客的开发。

（二）推销策略

国际市场人员推销必须有策略地使用推销员，在适当的时间以适当的方式去拜访适当的顾客。有以下策略可供选择。

（1）推销员面对一个顾客。企业外销人员可通过电话或亲自拜访，和一个现有顾客或潜在顾客进行交谈，这通常是推销员主动登门拜访的方式。

（2）推销员面对一群顾客。推销员尽可能多地结识顾客群体中的成员，和一组顾客接触洽谈，回答询问，有可能促成多笔生意。

（3）推销小组面对顾客群体。当某一地区出现一个庞大的值得进入的市场时，国际企业有必要派出一个专业推销小组，集中推销，一些大公司还特别组织一个专家小组，在国际市场巡回考察、调研、推销，解决与本企业有关的经济、贸易和技术问题。

（4）推销会议。利用订货会、博览会、展销会等会议形式介绍和宣传商品，具有接触面广、成交量大的特点。企业和顾客在会议内外都有接触，只要商品对路、价格合理，容易达成大批量交易。

（三）推销组织结构

国际市场人员推销组织结构是指推销员在国际市场的分布和内部构成，一般包括四种类型。

（1）地区型。即按地区配置推销员，将推销员派到不同地区，分别负责某一地区市场所有产品的推销工作，如西欧市场、日本市场、北美市场、中东市场等，在该地区内全权代理公司业务。这一结构的优点是，对推销员的职责有明确的划分，作为该地区内唯一指定的推销员可因取得较高的推销效益而独享殊荣，也会因推销业绩不佳而受惩罚，这有助于激发推销员的工作热情。此外，这一结构把推销员的活动相对稳定地固定在某一地区，可以节省差旅费用支出。尽管该方法简便易行，但必须注意地区内的市场规模和市场范围两个前提条件。

地区内的市场规模应易于估计，销售潜力大体相同的地区应给推销员提供获得相同收入的机会，使他们有一个合理充足的工作负荷，并给公司提供一个衡量工作成绩的标准。但由于市场所在地的人口密度不同，具有相同销售潜力的地区的大小可能有较大差异，如果消费者在较小区域内高度集中，担负该地区推销业务的推销员就可以以较小的努力取得较高的推销业绩；而地广人稀地区的推销员可能付出相同的努力只取得较低的业绩，或者要达到同样的销售额需付出更大的努力。在这种情况下，必须合理解决推销员的报酬问题。

地区内的市场范围是指销售区域应容易划定，且要考虑到地域的自然条件、相邻区域的一致性和交通的便利性等地理因素，因为这些方面的差异会导致不同的交易成本、推销覆盖的难易程度和推销员对工作的满意度等。按地区划分市场，应考虑到各区域市场在顾客密度、推销工作量、销售潜力和推销员差旅时间等方面的大体均衡。

（2）产品型。即按产品来组织的推销人员结构，将企业外销产品分成若干类，每位国际推销人员负责推销一类或少数几类产品。产品开发和产品管理的发展使许多公司通过产品线来建立推销队伍成为可能。特别是在产品类型较多、产品技术复杂且产品间无关联的情况下，按产品专门化组成销售队伍就更合适。但这种结构的最大缺点是，不同产品的推销员可能同时到一个地区或一个部门推销，这既不利于节约差旅费用，也不利于制定同一市场的统一促销策略。

（3）顾客型。国际企业经常按顾客类别来设计自己的推销队伍，将企业的目标市场按顾客属性进行分类。常见的分类方法有：按产业分类，可分别向机电部门、纺织部门等派出不同的推销人员；按用户规模及与企业的关系可划分为大客户和小客户、主要客户和次要客户、现有客户和潜在客户，分别配置推销员；按销售渠道划分，可对批发商、零售商、代理商分配不同的推销员；按一般企业划分，可让甲推销员负责 A，B，C 企业的推销业务，而让乙推销员负责 D，E，F 企业的产品销售。按顾客组织推销队伍的明显优点是每位推销员都能了解消费者的特定需求，比如通用电气公司曾按产品来组织其推销队伍，但后来又改成按行业组织，原因在于消费者是按行业来购买风扇电机、开关等产品的。当推销对象在区域上重叠时，这种推销结构能够降低销售费用，但当对象分散时，也会增加推销费用。

（4）混合型。在企业规模大、产品多、市场范围广和顾客分散的条件下，上述任何单一方式都无法有效地提高推销效果时，企业可按地区-产品、产品-顾客、地区-顾客等方式来组织国际推销人员，在一个广阔的地域范围内向各种类型的消费者推销种类繁多的产品。比如美国一些大公司根据产品和市场特点，对东亚、东南亚、西亚、非洲等地区采用地区型推销方式，对西欧、澳大利亚和拉美地区则更多地采用产品型、顾客型和地区型相结合的混合型人员推销方式。

（四）推销队伍规模

国际企业一旦确立了推销队伍结构，就应着手考虑推销队伍的规模问题。推销队伍规模要以推销员所需接触的消费者人数为起点，运用工作负荷法来确定，可按以下步骤进行：首先按年销售额将顾客分为几类；然后确定每年对每类顾客的推销访问次数；每类顾客数目与此类顾客一年所需的访问次数相乘，就是该类顾客在一年内所需的推销次数，再将各类加总，得到一年的总访问次数；根据推销员的正常工作负荷确定每位推销员的年平均推销访问次数；用每年所需访问总数除以推销员的年平均推销访问次数，就可估算出所需要的推销员数目，推销队伍规模便可大体确定下来。

（五）推销报酬制度

为了给国际推销人员以一种持续的鼓励，使他们保持旺盛的工作热情，国际企业必须制定有吸引力的报酬计划。合理的报酬计划应既给推销人员的工作业绩以公正的评价，又给企业提供管理上的有效和便利；既要考虑推销员的业绩，又要顾及派驻国的消费水平及其他企业的报酬安排等。当整个推销活动中非销售职责所占比例较大、销售技术比较复杂或要求较多的集体协作时，应更多地注重固定金额报酬，以薪金形式满足推销员的稳定性收入需要；当市场销售呈周期性变化或推销业绩与推销员的个人努力关系很大时，更应强调变动性报酬，通过佣金、奖金和利润提成的形式来回报推销员所做的较大努力，因此，固定的和变动的报酬产生了三种基本的人员推销报酬形式，即薪金制、佣金制和薪金与佣金混合制。

（1）薪金制。推销员定期取得固定报酬的薪金制，有利于企业在资金上控制推销员的活动，使人员推销活动按照企业的计划来展开；同时，这一制度也有助于推销员不受推销环境变化的影响，获得稳定的工资收入。薪金制的缺点是缺乏灵活性，对工作业绩突出的推销员缺少物质激励，带有较强的平均主义色彩。比如日本的许多企业就是采用终身雇佣制和固定工资，这虽然是一种缺乏刺激个人活力的方案，但大多数日本人喜欢这种雇佣体制和薪金发放方式。终身雇佣制、年功序列制、内部工会是日本企业管理体制的基础，低失业率、定期加薪、论资排辈也是这一体制的特点。

（2）佣金制。依推销员完成销售额的数量而支付一定报酬的佣金制能有效地刺激推销员积极从事推销活动，可通过灵活运用佣金率这一手段鼓励推销员推销利润大或滞销的产品。但佣金制的缺点是把推销员的全部注意力都吸引到销售金额上，不利于鼓励推销员做好市场调研、提供服务、收集信息等非销售性工作，容易使推销员产生单纯追求数量的狭隘促销观念，甚至有可能产生欺骗性推销行为。

（3）薪金与佣金混合制。对推销员采用薪金与佣金相混合的报酬制度，能兼取两者之长而避各自之短。当企业推销任务较为艰巨，或者企业希望推销员承担一部分非销售性任务时，比较适合采取这一报酬形式。这种制度的难点是合理确定薪金与佣金之间的比例关系。

二、人员推销管理

在确定了人员推销的目标、策略、组织结构、队伍规模和报酬制度后，国际企业就应着手推销员的招聘、培训、激励和评价工作，进入对人员推销的实际管理过程。

（一）招聘推销员

人员推销活动成功的关键在于选择有效率的推销员。由于推销员素质与能力的差异，他们之间的绩效差距可能很大，因此，招聘优秀的推销员是国际企业人员推销管理工作的基础。

1. 推销员应具备的素质

从消费者角度看，他们喜欢诚实可信、产品知识丰富、乐于助人的推销员；从企业角度看，也要明确需要什么样的推销员。尽管推销员所处行业和所推销产品对其素质的要求有所不同，但作为国际推销员，具备一些必要的知识、技能、作风和个性还是至关重要的。推销员的必备素质大体可概括为以下几方面。

（1）国际推销员应有较强的决策能力。国际市场营销环境复杂多变，市场状况很不稳定，营销的风险和机会比国内市场要大得多，再加上地理和通信方面的限制，国际推销员在很多情况下不能及时得到上级主管的指导和帮助，这就要求推销员有果断决策的能力，能就风险和机会等问题做出迅速判断。

（2）国际推销员应具备较高的市场调研能力。推销员是企业的代表，有为企业推销产品的职责，同时又是顾客的顾问，有为顾客的购买活动当参谋的义务。也就是说，推销员不能强行推销，他们应该在了解顾客需求、有针对性地满足顾客需求的前提下推销商品。这就要求推销员掌握国际市场营销调研的基本原理和方法，了解和掌握产品的国际市场销售动态、现实顾客的购买能力、潜在顾客的需求量以及产品的国际市场竞争状况等。

（3）国际推销员应有较好的文化适应能力。推销员应能够理解并适应东道国文化，熟悉东道国宗教信仰、风俗习惯等文化方面的特征，研究国外各类顾客的购买心理，进而掌握顾客的购买行为特点。这就要求推销员通晓社会学、心理学和人际交往方面的知识，最好能精通目标市场国的语言。这方面的知识和能力越广博，就越能突破人际隔阂、文化差异和语言障碍，使推销工作更富有成效。

（4）推销员应是可靠的，并深受国际企业的信赖。跨越国界的推销工作复杂且流动性大，推销员往往是独立工作且很少受到监督，工作努力与否在很大程度上靠推销员的自觉性。倘若他们对公司不忠诚，企业就可能蒙受损失。因此，派驻海外的推销员必须为企业所信任，在任何情况下都能坚守自己的岗位，履行自己的职责。

2. 推销员的选拔

选拔推销员不仅要在那些未从事过推销工作的人员中进行，也包括对现有推销员的重新选聘，淘汰那些不适合国际推销活动的推销员，或解雇，或召回国内。在选拔活动之前，企业管理机构应事先规定本公司的国际市场营销活动期望招聘到什么样的推销员，可通过编制职务说明书，说明岗位职责要求和不同派驻国对人员的特殊要求。国际推销员多数是从国际市场所在国的当地人或本国国籍的驻外人员中选聘，这主要是出于社会文化方面的原因。这类人员对当地的风俗习惯、消费者行为和商业惯例比较熟悉，在语言交流上没有障碍，与当地政府也有着多种多样的联系。此外，国际企业也可以从国内选派人员出国承担推销工作，但应特别注意选拔那些在不同的文化环境中能意识到不同国家风俗习惯的差异，又不过于敏感以致自己的行为受到不利影响的人。国际推销员一般是由国际企业的人力资源管理部门采用推销人员举荐、职业介绍所、人才交流中心、招聘广告等多条途径来招聘，通过考试、单独面谈、查阅档案、侧面了解和身体检查等程序来选拔和录用。许多企业都很重视对推销员的正式测试，像IBM、宝洁、吉列这样的公司除对应聘者进行测试，还采用参加展销会、贸易谈判等方式来考察应聘者对行情、业务的熟悉情况和语言表达能力，在工作中能否获得他人的信任和好感，等等。在选拔过程中，正式测试成绩只是一个参考，更应注重应聘者在实际活动中所表现出的能力，只有把两个方面结合起来，才能选拔出真正优秀的推销人才。

（二）培训推销员

国际企业在完成了推销员的招聘任务后，还不能立即将他们派驻国外市场，在从事实地推销工作之前，一段时间的集中培训很有必要。对于跨国公司而言，培训一般由各国子公司负责，公司总部负责协调、监督各子公司并交流培训经验。培训的时间会因推销活动的复杂程度和推销员素质水平的不同而有所差异。推销员不仅上岗之前要经过培训，上岗之后也要每隔一定时间就进行短期培训。这是因为新的技术、工艺和产品不断涌现，市场供求关系和竞争态势也在变化，企业需要调整推销计划或开拓新的市场，此类短期培训就非常重要。比如，沃尔玛就构建了包含入职培训、技术培训、岗位培训、海外培训在内的员工培训计划，并在全球各地都设立了培训店。培训内容一般包括以下几方面：

（1）企业状况。包括本企业的发展历史、经营目标、组织结构、财务收支等，还要使推销员明确企业的未来发展规划。

（2）产品情况。要使推销员了解本企业的产品销售状况、产品长远规划以及产品的结构、性能、用途、成分和维修方法等多方面情况，以便能及时准确地为顾客提供咨询服务。

（3）顾客和竞争者特点。要使未来的推销员了解不同顾客的需求特点、购买动机和购买习惯等，还应使推销员熟悉竞争对手的市场定位以及营销策略与方法等。

（4）推销艺术与技巧。对派驻国外市场的推销员需进行语言与文化方面的集中训练，使他们在异国环境中能够从容不迫地开展推销活动，针对当地居民的购物心理，实施有效的推销展示活动。

上述培训内容可依据选聘人员的不同而有所选择，对由国内选派的推销员应把培训重点放在对派驻国风俗习惯和销售技巧的了解与掌握上，主要集中在培训内容的后两个方面；而对于聘请的当地推销员，则应重点培训他们对企业本身和外销产品的了解，主要集中于培训内容的前两个方面。

国际企业是否有胸襟和耐心对待长期的培训投资以及销售行业人员流动较大的现实，取决于这个企业是否真正关心销售培训带来的价值。不同企业的文化和理念不同，培训方式也不尽相同，进而决定了受训人员的状态和培训结果。例如联合利华认为培训是对业务人员的褒奖，在销售淡季为员工提供环境舒适的培训；可口可乐在课程中更多地向受训者灌输公司标准手册和成功概念，采取封闭式、全天候的集中培训；也有企业采取“类科举”方式，将培训后的考试成绩作为晋升的参考依据之一。

（三）激励推销员

在推销活动中，只有极少数对推销工作怀有浓厚兴趣的人可能不需要某种激励也会竭力去做，对于大多数推销员来讲，则需要鼓励和特殊的刺激才能努力工作。有学者研究了推销员的激励问题，概括为下面的激励模型：

激励→努力→绩效→回报→满意

这就是说，激励的力度越大，努力的程度会越高，就越有可能取得更大的成绩，相应地会得到更大的回报，进而产生更高的满意度，而满意又能进一步强化激励。激励的重要性可以从销售额的变化上体现，如果向推销员支付酬金，给予升迁机会或满足其物质需要，激励水平就高，随之会带来销售额的增长；如果只是一般的口头表扬和最低保障，激励水平则偏低，对销售额增长的刺激也有限。当然，采用何种激励方式和推销员的个性特点也有关系，有些人重视物质回报，有些人更重视精神鼓励。从手段来看，对推销员的激励可分为销售定额激励和销售定额之外的其他激励工具。

（1）销售定额激励。许多国际企业根据年度市场营销计划制定销售定额，给每位推销员规定一年中应完成的产品销售额，根据定额完成情况来考虑推销报酬。合理的销售定额应该是推销员经过努力可以达到的，这样可促使他们尽最大努力去工作，并获得最高的推销报酬。

（2）其他激励工具。除货币报酬，还有几种常见的激励措施，比如：公司可组织优秀推销员免费到其他国家旅游；可以授予优秀推销员某种荣誉称号；可以举办销售竞赛来刺激推销员努力工作；定期召开推销会议也是一种重要的交流和激励工具，让推销人员交流经验、互相促进。需要指出的是，对于推销员来说，货币激励比其他激励工具更为重要，因为这种奖励直接与销售结果挂钩，促进更高质量地完成更多工作；对企业来说，使用货币激励也能有效地控制激励成本。

无论采用何种激励手段，都要考虑到文化背景差异。国际推销员来自不同国家，有着不同的行为准则与价值观念，同一激励手段在某国有效，在另一国却可能无效。比如在美国，对推销员可给予很高的个人奖励，但这种办法在日本就不一定奏效，因为日本企业强调集体协作和年功序列，并不推崇过高的个别奖赏。对国际推销员的激励应因地、因时、因人制宜，使激励手段收到良好效果。

（四）评价推销员

国际企业对推销员的工作业绩进行科学的评估，目的是能经常从推销员那里获得他们对绩效水平改变的评价，以此作为对推销员进行行为激励的依据。

对国际推销员的评估：(1) 要查阅、分析、综合有关情报资料，确定评估的依据。(2) 要确立有效的评估标准，可以结合本企业及各国的实际情况进行选择和设计，如一定时期内每百万元销售额所使用的推销员数量、每百次访问平均得到的订单数、推销人员支出占总支出的百分比、一年内开发了多少新顾客或流失了多少老顾客，等等。(3) 对推销人员的业务进行评估，这时的评估要避免产生误导，只有将各国在市场、竞争、推销成本等方面的差异考虑在内，比较其销售业绩才有意义。

对于建立了定期报告制度的企业，还可以依据销售报告进行评估，由推销员定期以书面形式向总公司报告推销业务的开展情况，内容可包括：一定时期内推销员访问顾客的人数与次数，推销业务活动的进展程度，推销费用的升降原因及水平，顾客对所推销产品的满意度，竞争对手的产品与销售策略，未来市场潜力的发展变化，等等。国际企业应在科学的推销评价基础上，制定具体的奖惩措施，进一步优化人员推销的整体规划。

三、提高人员推销绩效

人员推销活动的设计与管理，其最终目的还是解决好销售问题，即提高人员推销的绩效。作为古老的销售活动，人员推销包括对一整套理论与原则的运用，可主要从推销术、谈判和关系市场营销三个方面来讨论人员推销绩效的提高。

（一）推销术

不讲究推销艺术的推销员，只能勉强称为订单的接收人。各种推销训练方法都试图把推销员从一个被动的订单接收人转变为积极的订单争取者。推销导向的推销训练方法是教会推销员如何强调自家产品的优点，准确指出竞争对手产品的缺点，为了拿到订单还要做多大的价格让步，等等。在推销员看来，商品是被他们“卖出去”的，而不是被顾客“买回去”的。营销导向的推销训练方法是要教会推销员如何倾听消费者意见，识别消费者动机，并能提供适当的产品来满足消费者的需要。建立在营销导向基础上的推销艺术与方法更能充分满足消费者需求，也更容易为消费者所接受。这种方法通常包括图13－1中的一些主要步骤。

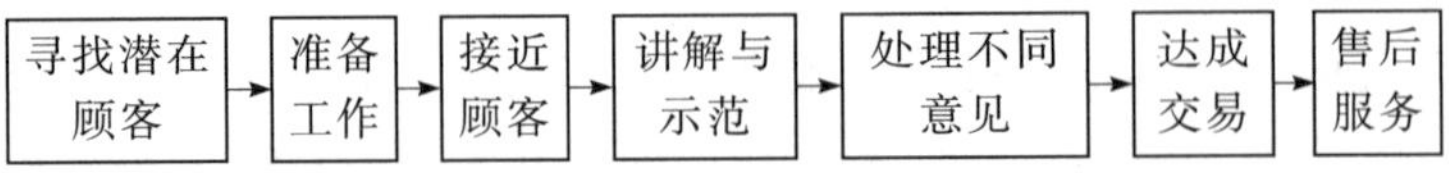

图13－1　有效推销的主要步骤

(1) 寻找潜在顾客。推销过程的第一个步骤是确定潜在顾客，公司可通过向现有顾客询问的方式寻找潜在顾客，也可以从供应商、中间商等渠道寻找线索，还可以利用电话和邮件查询顾客来源。

（2）准备工作。推销员在活动开展之前，应尽可能多地了解潜在顾客的情况，如他们确实需要什么商品、何人参与其购买决策、执行采购任务的购买者的个人性格和购买习惯，等等。推销员可通过查阅资料和寻访他人等手段来掌握这些情况，推销员还必须事先确立访问目标、访问方法及访问时机，针对顾客特点拟定整体推销策略。

（3）接近顾客。推销员应以整洁的仪表、礼貌的开场白和恰当的举止接近顾客，使双方的接触有一个良好的开端。在交谈过程中，还要通过顾客的表情和举止等揣摩顾客心理，聆听顾客的需求表达，根据顾客心态和情绪的变化调整自己的言行。

（4）讲解与示范。推销员在讲解中应把产品能给消费者带来的利益放在首位，把对产品价值的强调放在其后。在推销中常犯的错误是过分宣传产品特征而忽略了顾客利益。最古老的推销方法是将顾客置于被动地位，推销员用正面的刺激性语言、图片来讲解，希望能激起购买欲望，说服顾客购买，这是典型的产品导向的推销方法。另一种方法是推销员先识别消费者需要，与消费者一起探讨问题，了解他们的需要和态度，然后再开始一种模式化讲解，说明产品如何能满足他们的需要。还有一种方法是推销员不多讲话，而是鼓励消费者发言，推销员扮演一个知识丰富的消费顾问角色，这要求推销员善于倾听别人意见，从中了解他们的真实需要并能帮助消费者解决问题。后两种方法是营销导向的推销方法。

除讲解外，推销员还可以现场示范。顾客如果能看到或亲自使用产品，则会更好地记住产品特点，这对于消除国外消费者由于对商品规格、性能、用途及语言文字等不了解、不熟悉或者由于社会文化、价值观念、审美观、风俗习惯的差异而产生的各种疑虑，具有直接且明显的效果。

（5）处理不同意见。在推销员所接受的推销技巧训练中，如何应对反对意见是一个重要组成部分，因为在推销员介绍产品过程中或要求顾客订货时，消费者经常会表现出一种本能的抵触。研究证实，如果消费者感知到促销者的商业意图，而促销项目又同消费者付出的消费努力（如已经形成的品牌偏好、消费目的）不一致，就会产生促销抵触心理。这时推销员要采取积极对策，请顾客说出抵触的原因，针对这些原因进行解释，将对方的反对意见转化成购买理由。

（6）达成交易。在推销过程中，推销员应意识到达成交易的最佳时机。在设法达成交易的时候，推销员应知道如何识别顾客发出的交易信号，包括他们的举止、言语和表情等。这时推销员可着重询问顾客是要甲产品还是乙产品，或引导顾客对式样、大小、颜色等做出选择，或说明现在如果不买，将来可能会后悔等，也可以通过特价、免费额外赠送等推广手段来诱使成交。

（7）售后服务。交易一旦达成，推销员应着手做好各项具体工作，如交货的时间、地点及条件等，尽量使顾客满意。为了维持顾客的继续购买，还应提供良好的售后服务，包括对商品的安装、维护及使用方法的指导等。推销员的推销计划中应包括一个完整的售后服务计划。

（二）谈判

市场营销活动中很多交易都是通过讨价还价的谈判方式来达成的，双方或多方经过谈判达成有约束力的协议。在谈判中，价格往往是讨价还价的焦点；此外，商品质量、购买批量、合同期限及所提供的服务等也都在考虑范围之内。

为了在谈判中争取主动，使协议尽早达成，推销员应掌握一定的推销策略与技巧。在谈判之前，应制定一个较周密的谈判计划，对可能出现的问题与麻烦拟定对策，熟悉谈判内容并掌握与谈判相关的知识。在谈判进行过程中，推销员要思维敏捷、表达清楚，并有较强的归纳与判断能力，在顾客表达不同意见时，要有耐心倾听的技巧和说服、诱导能力，使顾客与自己达成一致。关于谈判策略，相关学者在“哈佛谈判项目”的研究中，提出了实施有原则的谈判战略的四大要点。

（1）将人与问题分开。在谈判中，谈判双方往往将各自的感情或情绪因素与所谈的问题本身纠缠在一起，这样的谈判已脱离主题而失去了意义。为此，双方对各自所提条件都应设身处地地从对方的角度去理解；对一方流露出来的感情因素，对方应有正确理解，避免谈判陷入僵局；双方都应进行积极交流，耐心听取对方陈述，沟通对问题的看法且不要轻易指责对方。

（2）将注意力集中在利益上。利益的存在可以增加达成交易协议的机会，在利益方面进行协调往往会收到好的效果，所以，应避免将双方注意力集中到除利益之外的其他敏感问题上。

（3）创造对双方都有利的选择。这意味着谈判双方要努力寻找共同利益，并尽可能使之扩大，这样各自所分享的利益才能增加。

（4）坚持客观标准。如果谈判出现分歧，一方固执地坚持自己的立场，另一方应建议双方共同讨论某一公平客观的标准，这一标准不向任何一方倾斜，而是价值、价格、成本和竞争等综合因素的反映。

除上述谈判战略，还有诸如报价技巧之类的谈判战术，也需要推销员在谈判过程中灵活运用。

在国际市场的推销活动中，还必须考虑到各国之间在政治、社会与文化等方面的差异。实践表明，在某一国家进行商务谈判时被认为是合理的行为、观念、习惯或礼仪，在另一国家却可能被认为是傲慢无礼、过于自信或有挑衅意味的。比如西方国家对肯定与否定的答复是明确的，而亚洲人一般不愿对别人做否定的回答以免他人不高兴，即使拒绝也要言辞委婉。谈判中美国人习惯看表，对时间的高效利用反映了他们“时间就是金钱”的观念，而东方文化比较漠视时间的有限性，喜欢在谈判前后建立私交，为此必须给谈判留出足够的时间。谈判中的称呼问题也值得注意，中国人和韩国人的姓在名字前面，正确地称呼对方可避免谈判中出现尴尬。

（三）关系市场营销

在人员推销活动中，建立长久合作关系的销售方式比仅完成一次交易复杂得多，前者是关系市场营销，后者仅是一种交易市场营销。交易市场营销是发生在买卖双方之间的短期行为。关系市场营销比仅仅争取顾客的订单要复杂得多，推销员还应在其他时间打电话或进行拜访、共同进餐，经常提出有用的建议等。长久的关系需要耐心和时间才能培育起来，建立起来的关系还需维护和加强，这样才能确保关系的质量。关系不仅有质量，而且有层次，如消费者与企业的关系、消费者与零售商的关系、作为中间商的渠道成员之间的关系。国际推销人员进入某一市场时，要花费时间和金钱结识各方面的人，建立并促进各个层次的关系，形成长期交易的重要合作伙伴。比如在美国和欧洲的部分国家，培养推销员与顾客的关系，建立起彼此的信赖和尊重，通常比提供优质产品、有竞争力的价格和可靠的运输更为有用。这就是说，买卖中的非经济因素形成了交易的主要部分，建立在信赖和尊重基础上的关系是企业战略营销的有效构成。正是出于这一长远利益的考虑，现在越来越多的国际企业将它们的重点由交易市场营销转向关系市场营销。同时也必须看到，关系市场营销投资较大，并非所有的国际企业都能实施这一策略，也并不是对所有的顾客都适合。在目前的条件下，只有对于那些高度依赖某一专业系统并希望得到长期即时供货或服务的顾客，关系市场营销才是重要且有意义的。总之，在国际人员推销活动中，关系市场营销是一种使买卖双方产生亲密的合作关系和互相信赖的推销艺术。

第 2 节　国际公共关系决策

公共关系作为一种重要的市场营销工具，是指在营销活动中正确处理企业与社会公众的关系，树立企业的良好形象，从而促进产品销售的过程。国际公共关系则是指企业在国际市场上开展的公共关系活动，是一种通过信息沟通创造“人和”的艺术。

国际公共关系是一种间接的促销手段，既不局限于企业和顾客间的关系，也不局限于单纯的宣传报道，它本身拥有多种活动，主要是为了同社会公众建立起良好的关系来促进企业的长远发展。国际公共关系活动相对其他促销方式拥有许多优点，如关注东道国的社会热点问题，赢得当地公众的注意和信任，迅速扩大企业的知名度和影响力。国际公共关系活动比国际广告更容易突破当地政府的限制和障碍等，比如可口可乐公司在品牌建设过程中便成功地使用了国际公共关系的一种形式——体育赞助。从 1907 年赞助美国棒球比赛开始至今，可口可乐公司利用体育全民性和世界性的特点，在世界范围内形成了很高的品牌认知度。

在国际市场促销活动中，公共关系具有其他促销手段所无法替代的作用，国际公共关系能够帮助企业和产品进入国际市场，如健力宝公司抓住美国总统竞选招待会的机会，让很多美国人认识了自己的品牌，为产品顺利进入美国市场创造了条件。国际公共关系还可以帮助开发新产品、延长产品生命周期，提高产品竞争力，如可以为顾客提供各种便捷的反馈渠道，通过顾客提供的信息来创新产品，还可以通过为中间商提供企业访问、座谈会和展览会的方式来激励中间商的活动。

相比较而言，国际营业推广是一种急功近利的短期促销行为，虽然能收到立竿见影的效果，却难以长久，而国际公共关系则具有长远的激励效应。就国际公共关系与国际广告来讲，随着广告媒体费用的提高、广告干扰的增加，大规模广告促销的威力正在被削弱。而公共关系活动可不必为争夺各种媒体的时间或空间付出代价，在新品牌的认知和已有品牌的市场知名度提高方面，公共关系都能卓有成效地发挥作用。因此，市场营销部门越来越多地把注意力转向公共关系活动。自 1908 年美国 AT&T 公司创设公共关系部门之后，类似部门在许多企业应运而生并得到普及，公共关系活动的内容也不断丰富。它可以通过密切与新闻界的联系，将有新闻价值的信息传播出去，以吸引人们对某产品或某企业的注意；它还可以通过企业和外部的交流协作来促进消费者及整个社会公众对企业的了解；企业的公共关系人员可以游说某些立法者及政府官员，力争给本企业创造更为宽松的法律和政策环境；公共关系人员也可就产品和公司的定位与形象问题向企业高层管理人员提出建议或咨询。企业通过一系列公共关系活动沟通与外国公众之间的感情，向外国公众提供信息并进行交流，使目标市场国的社会成员了解、信任、关心和支持本企业，提高产品及企业的国际知名度，在有关国家乃至国际市场上树立起企业的良好形象。

国际企业的公共关系决策主要包括企业形象的调查、确定公共关系活动目标、选择公共关系信息和工具以及评价公共关系活动效果四个主要步骤。

一、企业形象的调查

开展国际公共关系活动前，企业首先要通过调查了解企业自身的状况以及在目标市场公众心目中的形象。企业可以通过自己设立的相关机构来收集信息，进行研究，也可以委托公共关系代理机构来完成。美国、日本及西欧一些国家都有专门的公共关系咨询公司和市场调研机构，可以通过这些机构了解诸如企业的信誉、企业和产品的知名度、产品的市场地位、产品在公众心目中的定位、消费者对产品的忠诚度等方面的情况，为下一步确定公共关系活动的目标奠定基础。

二、确定公共关系活动目标

在一个时期内，国际企业的公共关系活动目标应是相对明确和具体的。企业进行国际公共关系活动的目标主要有以下几个。

（1）改善和消费者的关系。企业可以通过及时答复公众提问、应对来访来信，从而建立起与公众的联系，在消费者心目中建立良好的印象与信赖感。

（2）协调与政府的关系。企业如能密切同东道国政府官员的联系，了解目标市场国法律、文化的特点，将有助于对各国政府的限制和要求做出反应。同时，企业也可通过为公益事业捐款、赞助教育等公共事业，树立良好形象，争取有利的国外营销环境。

（3）加强与传媒的关系。媒体是大众了解企业的重要渠道，因此与媒体建立良好的关系，积极创造有新闻价值的事件并得到媒体主动、正面的报道，对企业的跨国营销有重要意义。

企业在进入国际市场的过程中，应随所处阶段的不同而采取不同的公共关系活动，如初期的目标主要是争取被政府和公众接纳，营运阶段主要是扩大企业产品在社会上的影响、建立良好声誉，撤出阶段则主要是维护好与东道国的良好关系和各方面的利益。每一次公共关系活动的重点都应事先有所考虑，这样才能取得最佳效果。比如美国加利福尼亚州的一家葡萄酒制造商聘请一家公共关系公司策划其在英国市场的宣传活动，这家企业提出三个公共关系目标：一是让英国人感到喝葡萄酒是美好生活的重要内容；二是使英国居民认为饮用该厂生产的葡萄酒是现代生活的象征；三是提高该企业产品在英国酒类市场的声誉并增加市场份额。为此公共关系公司确定了以下宣传目标：（1）编写有关该企业葡萄酒的故事，并争取在英国有影响的报刊上发表；（2）撰文论述饮用该企业葡萄酒对人体健康的益处，用医学和营养学知识予以解释并进行宣传；（3）赞助老年人健康协会，捐款给英国食品博物馆；（4）介绍该企业已取得的成就和美国消费者对企业产品的称赞；（5）针对该企业的细分市场，如成年人市场、大学生市场、政府市场和少数族裔市场，制定特殊的宣传方案。上述具体目标的确定有益于对最后结果的评估。

三、选择公共关系信息和工具

公共关系目标确立之后，公共关系人员下一步的工作就是选择与目标相关的信息内容和工具。比如一所知名度不高的学院希望得到更多的认同，公共关系人员就要为此寻找一些有意义的信息，如该院教师或学生队伍中有无不寻常的事情发生、正在进行什么不同凡响的活动、最近开设了什么新颖的课程、学校里发生了多少有趣的事情，等等。通过上述诸多方面的信息寻找，可以发现并选择一些有趣的事件或故事，经媒体报道后就能提高这所学院的社会形象。倘若所寻找的信息内容不够充分，公共关系人员还可以建议学院开展有新闻价值的活动，如召开学术讨论会、邀请专家或名人讲话、举办新闻发布会等，这些有意制造的事件都为不同媒体的报道提供了机会。可供国际公共关系人员选择的公共关系工具主要包括以下几类。

（1）出版物。包括年度报告、小册子、文章、视听材料和公司的业务杂志在内的出版物，可以作为有效的沟通材料来使企业和目标市场保持经常的接触，以吸引顾客对企业及其产品的注意，帮助企业在社会公众面前树立良好形象。利用各类出版物可以向外国公众宣传企业的历史、现状及发展前景；企业的经营宗旨、方针和目标；企业的产品种类和产品特点、性能与用途；企业的经济实力、技术与管理水平；企业与当地公众的良好合作关系以及企业对当地社会的贡献；等等。它是企业经常采用的能有效沟通信息并改善企业与外国公众关系的一种重要方法。

（2）事件。寻找甚至创造某些事件是企业进行宣传所使用的一种特别技巧，企业可利用各种事件来吸引顾客和公众对本企业产品及服务的注意，包括新闻发布会、讨论会、博览会、时装表演、竞赛和比赛、周年纪念、捐款或捐赠物品等方式。比如日本雅马哈公司在世界上称雄的产品，除了摩托车外，还有钢琴。为了突出这一产品形象，该公司在具有悠久音乐历史的欧洲设立了专门的琴房，每年资助 5 位世界最优秀的青年钢琴家，并保持和他们的联系。通过这些举措，雅马哈钢琴始终位于世界顶尖产品系列，国际钢琴比赛大多选用雅马哈品牌。伦敦奥运会上，耐克公司代言人刘翔因伤意外退赛，耐克公司发出微博："谁敢在巅峰从头来过，即使身体伤痛，内心不甘。让 13 亿人都用单脚陪你跳到终点。活出伟大，一起为飞翔而战。"这一声明使耐克公司在第一时间赢得了国人的尊重，也传达了耐克公司的产品所寄托的情感价值，即鼓励人们勇敢面对前进中的挫折。2008 年，苹果手机"中国最美打工妹"默认桌面事件以及由此引发的网络热议、媒体蜂拥报道等一系列后续活动，让苹果手机在 6 天之内在全世界赚足了眼球，而以亚洲女工作为事件主角，更是为其在亚洲的推广先行赢得了人心。2021 年，欧洲杯赛前发布会上，倡导健康饮食的葡萄牙球星 C 罗将面前的可口可乐移开，并举起矿泉水示意大家多喝水，可口可乐没有发出任何不满的声音，反而回应称尊重个人喜好，使得品牌舆情热度明显增长。2024 年，霸王茶姬官宣郑钦文作为品牌首位健康大使，借巴黎奥运会的风口，提升品牌的国民度。

当市场上出现不利于本企业发展的某种活动或舆论时，可利用公共关系策略予以补救或纠正。比如美国新闻界曾公布了一则消费者的控告：通用汽车公司的卡瓦牌汽车在任何速度下都不安全。几年后该车型在市场上便销声匿迹。为防止因卡瓦汽车的失误而导致整个企业声誉下降，通用汽车公司在加强产品质量和售后服务的同时，通过各种新闻媒体进行广泛宣传，重新树立企业形象。2020 年，海底捞在新冠疫情缓解后恢复营业，同时上涨餐品价格，这一行为迅速引发消费者不满，将海底捞推向舆论风口。海底捞果断采取公关处理，发布了致歉信，并宣布菜品价格恢复到 1 月 26 日门店停业前标准，重新赢回了大众的信任。

（3）新闻。新闻媒介是社会公众的耳目和喉舌，在社会公众心目中具有一定的权威性。就企业的公共关系活动而言，要密切与新闻界的联系，和新闻单位的关系越好，相应地就会得到更多、更好的有关企业及其产品的报道。比如人们在看到吉列公司的广告之前就已知道了吉利感应剃须刀，这是因为报纸和杂志已对有关感应刀片进行了报道，人们了解到这是一种技术突破，对这一新产品已有好感。国际公共关系人员应及时将有新闻价值的稿件通过媒体播发出去，并选择恰当的时机举行记者招待会，依托记者的现场报道来扩大影响。比如美国福特汽车公司向国际市场推出野马牌新型轿车，在该车投放市场前 4 天，邀请世界各地的数百家媒体记者参加由 70 辆车组成的野马车大赛，这些参赛车经过 700 英里的长途奔驰未出现任何故障，引起了记者们的极大兴趣。他们在世界各国数百家报纸和杂志的显著位置，登载了有关这次大赛的大量文章和照片。这一宣传攻势在各地产生了极大反响，使野马车的销售创造了该公司历史最高纪录。

当新闻媒体上出现不利于本企业的报道时，企业不能置之不理，而应采取矫正性公共关系活动来消除不利影响。比如雀巢公司在开拓发展中国家市场时，不愿改变婴儿食品营养宣传方案，在推销时缺少详细的使用说明和指导；又由于有些发展中国家的家长缺乏有关卫生知识、奶瓶消毒不彻底、饮用水不洁及使用方法不当，致使婴儿死亡事件发生。英国记者报道这一消息后，引起了社会公众对雀巢公司的指责。当时雀巢坚持认为本公司不能对喂养不当负责，不肯修改广告和促销方案，随后国际上成立了抵制雀巢的委员会和民间组织，同公司展开论争。直到雀巢公司同意接受世界卫生组织关于婴儿奶粉在发展中国家销售的准则后，国际社会才停止抵制雀巢的活动。如果雀巢公司能适时采取行动，早些发表声明或通过新闻报道表明自己的态度，虚心听取公众对企业的意见和建议，就能够更快地变被动为主动。

需要注意的是，同事件营销一样，新闻营销要适可而止，频繁制造新闻点可能会导致品牌形象受到损害。

（4）公益活动。在国际市场上，公众越来越注重企业对社会的影响和贡献，国际企业在财力许可的条件下，应支持目标市场国的教育事业、慈善机构、体育比赛和文娱活动，这些活动一经媒体报道就会广为传播，在较大范围内产生影响。如美国可口可乐一度垄断了印度饮料市场，但由于企业后来没有处理好和印度政府的关系，最终不得不退出该国市场。百事可乐吸取了可口可乐的教训，通过成功的公共关系策略，占领了印度市场。百事可乐最初进入印度市场时，主动提出帮助印度出口农产品，并确保出口额大于进口软饮料浓缩液的成本。百事公司不仅在印度主要城市销售百事可乐，还将其产品销往印度农村，并许诺将一些食品加工、包装和稀释处理等技术提供给印度。百事公司因向印度政府提供了一系列利益，赢得了该国各利益集团的好感，最终克服了来自印度国内软饮料公司和反跨国公司立法机构成员的反对，经印度政府批准，打入该国市场。在国际市场营销中，这种公共关系影响营销成败的例子屡见不鲜，通过公益活动获得公众好感可能是那些打算在目标市场国长期经营的国际企业的重要营销策略之一。

营销学教授菲利普·科特勒曾以“PENCILS”（铅笔）的妙喻概括了公共关系活动的诸多表现形式。

（1）P(publication)：指发布宣传文字。这是典型的商业活动新闻报道。

（2）E(event)：指旨在起推广作用的“事件”报道。有些企业独具匠心地创造事件，并通过对所谓事件的追踪报道达到促销效果。典型的案例是美国某动物食品公司有意识地创造出一只名为莫丽丝（Morris）的猫，希望为那些有猫或爱猫的人塑造一个生动逼真的猫的形象，让人觉得此猫是如此玲珑乖巧，惹人怜爱，以致尽人皆知。经过公共关系公司的精心设计，该公司举办了五次活动：一是发起寻找和莫丽丝最相像的猫的活动；二是编写一本书，讲述这只名猫的趣事；三是将一尊名为“莫丽丝”的铜质雕像颁发给在地区猫展中获奖的人；四是倡议发起“领养猫之月”，鼓励人们收养流浪猫；五是散发小册子，宣传如何饲养好并训练好猫。这一系列活动的终极目的无非是吸引更多的人养猫，让他们经常购买该公司的猫粮产品。

（3）N(news)：指新闻报道。瑞士欧米茄手表厂为参加某大赛的运动员及工作人员按成本价供应纪念表，这成为一条轰动新闻。一些汽车公司往往乐意将高级轿车赠送给来访的有关国家的政府首脑，因为这种赠送仪式常常是报纸上的头条和重要电视新闻，由此产生的影响是普通广告所不能比拟的。

（4）C(community relation)：指社会联系活动。美国麦当劳公司通过组织汉堡包球队、在儿童节举办游艺会等公关活动，努力在社区为自己树立一个“好公民”形象。

（5）I(identity media)：指信息传播的媒介选择。信息内容应与媒体性质相符，科技产品新闻如果刊登在专业杂志上，效果要比刊登在一般报刊上好。比如IBM的管理制度、可口可乐的营销策略和宝洁公司的人员推销经验，都是管理类杂志的热门话题。

（6）L(lobby)：指游说。这一活动在美国相当盛行。游说对象主要是政府或有关的官方机构，目的是希望政府的各项决策使企业处于比较有利的境地，至少不要使企业受到制裁。一项对全球国际市场营销经理的调查显示，国际市场营销最主要的挑战是和东道国的关系，企业必须重视发展与东道国政府的关系，加强沟通，协调可能发生的矛盾和冲突，争取政府的理解和支持。

（7）S(social cause marketing)：指公益营销。即以关心人的生存发展、社会进步为出发点，借助公益活动与消费者沟通，在产生公益效益的同时，使消费者对企业的产品或服务产生偏好的一种营销行为。科特勒特别强调这类活动的作用，提倡企业从事此类活动，企业在这方面的日积月累自然有助于在公众心目中提高自己的形象。以三星为例，1988年三星成为韩国汉城奥运会本地赞助商，之后三星成功与国际奥委会签订协议，开始了后续长达36年的战略伙伴关系。体育领域的持续的公益营销为三星赢得了国际品牌知名度，已成为三星的核心营销策略。

四、评价公共关系活动效果

如果把公共关系活动作为单独的促销手段来使用，则对其促销效果的衡量还是比较容易的。一旦把这一手段和其他几种促销工具混合使用，就会使这种衡量变得相对困难。而现实中混合使用的情况是经常存在的。衡量公共关系活动效果的困难还在于企业社会形象的评价需要一系列标准，而绝非产品销售量这一个因素。与社会形象有关的评估参数还包括以下几个：

（1）企业及产品名称在消费者中的知名度，比如公众中知道本企业及企业产品名称的比例。

（2）企业在公众中的声誉，如公众对本企业技术、财务与管理服务等方面的评价。

（3）企业产品在消费者心目中的定位，比如产品是优质优价的还是物美价廉的。

（4）企业的长期顾客以及企业产品的品牌忠诚者数量占某类消费者总人数的比例。

（5）企业及产品在非商业广告性质的传播媒体中展露的次数与频率，比如某一时期内报纸、电台、电视、杂志中出现有助于企业形象宣传的报道数量。

（6）政府、合作组织以及社区内的团体授予企业的荣誉和奖状，企业受表彰的层次与次数。

（7）其他方面的内容。

企业可对比在公共关系活动开展前后的上述各项情况，由此判断企业的社会形象是改善还是下降了。在图 13－2 中，虚线表示企业社会形象的期望值或以往的形象曲线，实线表示企业目前的社会形象曲线。由图 13－2 可看出，该企业在信誉方面超过目标要求或以往状况；在产品定位方面未达到预定标准；企业及产品在新闻媒体中出现的频率有所下降；企业的知名度和顾客对产品的偏爱状况同以往水平大体相当。从总的情况看，企业和产品的社会形象较好，处于相对稳定状态。对某些有损企业形象的问题，应总结经验，寻找原因，提出进一步改善公共关系活动的设想。

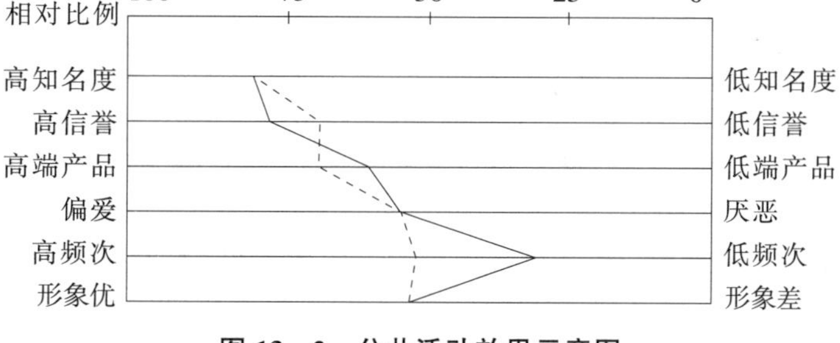

图 13－2　公共活动效果示意图

第 3 节　国际营业推广决策

国际营业推广是指除了国际广告、国际人员推销、国际公共关系以外，企业在目标国市场上采取一系列促销措施，以达到刺激需求、鼓励购买和扩大销售的目的。广告给购买者提供了信息，营业推广能给购买者以激励；广告能建立长期的消费者忠诚，营业推广具有明显的短期促销效果。在国际促销中，企业采用营业推广的主要目的是：（1）诱导消费者试用或直接购买新产品，或刺激现有产品的销售，减少库存；（2）吸引消费者走进商店并刺激其购买行为；（3）鼓励零售商在橱窗内陈列本企业产品以扩大影响；（4）诱使中间商，尤其是零售商订货；（5）配合广告和人员推销以增强整体促销能力；（6）与竞争对手的营业推广相抗衡以稳住本企业的市场占有率。与其他促销方式相比，营业推广有灵活多样和非连续进行的特点，可以根据销售的实际情况进行调整。所以营业推广具有广告等其他促销手段所不能替代的作用。尤其是 20 世纪 70 年代以来，无论是在企业还是在非营利组织中，营业推广都得到了广泛运用，目前国际营业推广的总费用增长速度已大大超过广告费增长速度，营业推广在解决国际目标市场某一短期促销任务方面具有独特的优势。

国际营业推广虽然可以提高短期效益，但是也存在一些问题。在各国进行营业推广的过程中，一定要注意结合各国消费者的心理活动，避免他们怀疑产品质量有问题，从而降低产品的身价，影响企业在国际市场的声誉。各国消费者对营业推广的方式的偏好也不同，如法国消费者偏爱商品降价、贸易折扣和免费赠送样品；西班牙消费者偏爱折价券、免费礼品和商店降价；瑞典消费者看重合作广告；巴西消费者看重附送礼品；匈牙利、荷兰和希腊消费者偏爱贸易折扣。同时，国际营业推广中要注意各国法律的限制，违反法律必然会遭到处罚，如在法国，免费提供给消费者的商品价值不得高于总购买价值的 5%；德国禁止使用折价券；新西兰折价券仅限于兑换现金。另外，在国际营业推广中要注意加强同当地零售商的合作，它们是实施营业推广不可缺少的合作伙伴。

国际企业的营业推广决策应主要按照确定推广目标，选择推广工具，制定、测试和实施推广方案，以及评估营业推广效果的步骤来进行。

一、确定推广目标

营业推广应该有具体的目标，每一次较大的营业推广活动应有一两个具体目标，比如将新产品推向市场、扩大现有产品的销量、增加淡季商品销售或争取新的顾客等，企业可从中选择具体的推广目标。这种推广目标是从范围较大的促销目标中分离出来的，而促销目标又取决于整体性的营销组合策略，最终还要服从于目标市场的要求。营业推广目标会因推广对象的差异而有所不同，当营业推广的对象指向消费者时，推广目标通常包括鼓励立即购买或大量购买，争取未使用者的试用，从品牌竞争者那里吸引新顾客。国际市场消费者推广的主要目的是提高产品知名度，鼓励购买以刺激销量增加。当推广对象指向零售商时，目标应包括鼓励它们经营新产品和维持较高水平的存货。对于进入国际市场不久或在国际市场名气不大的产品，对包括零售商在内的中间商促销是一条重要途径。比如日本企业在 20 世纪 70 年代初刚进入美国市场时，多采用独立的代理商代销，为保证代理商忠诚地为日本厂商服务，企业向它们支付高额的代理费、推销津贴和奖金，并在资金上给予融通。当推广对象指向销售人员时，推广目标应包括鼓励他们寻找更多潜在顾客和刺激过季商品的销售。国际市场的销售人员主要包括企业的外销人员，企业驻外机构的外销员，出口商的推销员，进口国进口商、代理商和经销商的推销员以及在目标市场国雇用的当地销售人员，国际企业可根据具体情况，以各种方式给推销员一定的优惠条件，给予精神上的鼓励和物质上的激励。

二、选择推广工具

为达到推广目标可使用多种营业推广工具，具体选择哪种推广工具应考虑市场类型、竞争条件和各种工具的效益成本等因素。推广工具可分为消费者推广工具、经销商推广工具和商业促销工具三类。

（一）消费者推广工具

直接对消费者的营业推广工具主要有：

（1）样品。样品是对某种产品或服务一定数量的免费供应。免费赠送样品是国际企业新产品打入市场时常用的方法，尤其适用于小商品，如糖果、饮料等。除赠送，样品也可以邮寄、在商品中附送，或在街头散发，也有低价出售试用样品的，如“买一送一”的方式。赠送样品是介绍新产品最有效也最昂贵的方法。

（2）降价。产品进入成熟期后，国际企业常以降价来吸引顾客，扩大销量。降价的常用方法是在商品原价的基础上，给消费者提供一定的折扣，并在价格标签或商品包装上将折扣数标出，但必须说明企业并非出于质量问题才降价。

（3）交易印花。消费者在购买某一商品时，企业根据消费者购买商品的金额给予一定数量的印花，当消费者积累的印花达到一定数目时，可兑换指定商品。

（4）优惠券。优惠券是授权持有者在购买某种商品或某种品牌的商品时，可享受一定折扣、免付一定金额的单据。企业可通过邮寄或附在其他商品中或随报纸、杂志发送等方式，将优惠券赠给顾客。专家认为，优惠券要提供 15%～20%的优惠才有效，优惠券主要适用于成熟品牌的销售和鼓励新产品的早期试用。

（5）有奖销售。有奖销售通常是在售货时附送奖券，小额的立即兑奖，大额的择期公开摇号抽奖，也可以将中奖标记预先封在商品包装内，消费者购买商品时凭标记领奖。

（6）赠奖。赠奖是低价出售或免费赠予某种商品，以此作为对购买某种特定产品的激励。赠奖的形式一般有两种：一是关联赠品，消费者购买甲产品，可免费或廉价获得乙产品，既可置于包装内，也可附在包装上，倘若包装物本身是一个能重复使用的容器，也可作为一种赠品；二是免费邮寄赠品，也就是在收到消费者购买某商品的凭据后，邮寄一种赠品。还有一种是把产品以低于正常零售价的价格出售给购买者。有时，免费服务亦可作为赠品看待。

（7）现金折扣。这一方法和降价不同，降价是消费者从零售商那里购买商品时获得的价格折扣，而现金折扣是购买过程结束之后从厂商那里得到的价格削减。把购买凭证寄给厂商，厂商会把购买价格的一部分作为折扣寄给消费者。

（8）商品陈列和演示促销。这是在销售现场的橱窗或柜台里专门布置某些商品，通过陈列或新产品使用示范等方式来激发消费者购买动机。演示促销有现场演示和流动演示，前者在销售现场和展览会上进行，后者由专业演示组在消费者密集地区巡回进行，但成本较高。

（9）免费试用。这是指邀请潜在购买者免费尝试产品，比如汽车经销商鼓励试驾，以激发购买兴趣。

（10）产品保证。当消费者对产品质量比较敏感时，对质量的保证也是一种重要的推广工具，如企业提供比竞争对手更长的质量保证期，就能吸引更多的消费者注意。

除上述推广工具，对消费者的推广还可以使用连带促销、竞赛或抽奖等方式，无论哪种推广工具，如果能和广告手段结合使用，将会收到更好的效果。

（二）经销商推广工具

制造商开展针对经销商的营业推广活动是要达到以下目的：一是说服批发商和零售商经营制造商的某品牌商品；二是鼓励批发商和零售商购买比平常数量更多的商品，即大量进货；三是激励批发商和零售商通过广告、展示、降价等方式推销制造商品牌；四是刺激零售商及其销售人员的商品推销工作。主要使用的推广工具有：

（1）购买折扣。指经销商在一定时期内的每次购买中得到的相对于报价的直接折扣，这种折扣使经销商获得利润或广告支出费用的补偿，以此鼓励经销商多经营老产品或有一定风险的新产品。

（2）津贴。这是制造商为感谢中间商的合作而给予其利益上的一种补偿。存货津贴是用以激励经销商增加从制造商的进货量；广告津贴是制造商对经销商代做产品广告的酬谢；陈列津贴是为酬谢经销商举办商品特别展示而给予的补贴。

（3）免费商品。在中间商购买某种产品达到一定数量时，制造商就为其提供一定数量的免费商品。

（4）推销奖金。当经销商或它们的推销队伍推销制造商的产品时，制造商要给予一定数额的推销奖金，以奖励那些推销有功人员。推销奖金可以是现金或礼品。

（5）合作广告。当经销商为企业的产品做广告时，企业给予经销商一定的广告折扣，或者支付一些广告费用。

（6）销售竞赛。在经销商中展开销售竞赛以鼓励经销商和推销员积极工作，常对优胜者发放奖金、给予旅游机会或是商品奖励。

（7）商品目录。将企业的各种产品名称、规格、特点以及价格等印制成小册子发放给经销商，使经销商更方便地认识和了解企业经销的全部商品。

除了上述推广工具之外，对经销商的营业推广还包括商店布置、零售业务培训等形式。

（三）商业促销工具

运用商业促销工具可获得吸引消费者购买或激励推销员取得更好成绩的促销效果。主要商业促销工具包括：

（1）商业展览和业务会议。由行业协会牵头组织的商业展览和业务会议可以边展览边交易，通过各种订货会或展销会，企业可以接触到其他促销方式无法接触到的潜在顾客，找到新的销售线索，争取向消费者销售更多的产品。比如定期举办的国际博览会，邀请各国企业参加交易，可分为综合性的国际博览会和专业性的国际博览会。

（2）销售竞赛。竞赛对象包括推销员和中间商，通过对有业绩的推销员予以奖励，提高他们一定时期内的销售额，表现优秀者可得到免费旅行、奖金或礼品。当然，企业所制定的竞赛目标应是经过努力可以达到的，否则，推销员和中间商便不会接受这种挑战。

（3）特殊广告品。这是推销员免费送给潜在顾客的价格低廉而有用的礼品，因这些物品经常使用，以此类物品为载体的公司名称和广告信息就会经常出现在消费者面前，使人容易对产品和企业产生好感。

三、制定、测试和实施推广方案

企业要制定一套良好的国际市场营业推广方案，不仅要选择适宜的推广工具，而且要结合产品、市场等方面的情况，慎重地确定所鼓励的规模、参加者的条件、推广的期限、推广的途径、推广的时机以及推广预算。方案制定后还要对其进行测试，并在实施中加以控制。

（1）营业推广鼓励的规模。企业在制定营业推广方案时，应首先确定营业推广的鼓励规模。推广面并非越大越好，鼓励的规模必须适当，规模过小引不起顾客的兴趣，规模过大时高刺激虽能产生更多的销售反应，但与营业额上升相伴的是成本效益的递减。合理的推广规模应依据推广费用和销售额的关系确定，通常选择单位推广费用效率最高时的规模。

（2）营业推广鼓励的对象。营业推广鼓励的对象可以是所有人，也可以是部分人。企业在这方面是有选择的，一般是鼓励那些能最有效地扩大销售的现实的或可能的长期顾客，有时也有意识地限制某些不可能成为长期顾客或购买量太少的顾客参加。比如企业对国际市场的老顾客提供购货折让、对有长期往来的中间商提供合作广告等优惠条件，短期顾客或新顾客则不享受这些优惠。但限制条件也要适度，否则会排斥新顾客或潜在顾客的加入。

（3）营业推广的途径。营业推广工具不同，推广途径的选择也应不同。即使同一推广工具也存在多种推广途径，比如发放奖券，既可以放在出口商品的包装中，也可以附在国际广告中；既可以通过国外进口商、经销商或代理商在进货或购买商品时分发，也可以直接邮寄给消费者；此外，还可以在当地市场通过抽签或摇奖的方式进行。在选择营业推广途径时，国际企业应结合自身的条件、市场状况、竞争动态、消费者购买动机以及各种推广途径的效率、成本等进行综合分析，做出最有利的决策。

（4）营业推广的时机和期限。对营业推广时机和期限的判断是达到较好推广效果的前提条件。不同商品在不同的市场条件下，其推广时机应有所不同，比如竞争激烈且质量差异不大的老产品、刚进入国际市场的新产品、滞销产品等多在销售淡季或其他特殊条件下进行推广。至于推广期限，也应该考虑消费的季节性、市场供求状况以及产品的国际市场生命周期等因素来确定。倘若推广时间太短，一些潜在顾客可能就来不及进行购买，因而得不到推广的好处；如果推广持续时间太长，不仅费用上升，而且会失去来自刺激的即刻行动力量，还会给国外消费者造成一种推广不过是因产品质量问题而导致的变相降价的印象。一项调查表明，营业推广每季度搞三周左右为好，而最佳持续时间应以消费者的平均购买周期为准。

（5）营业推广的预算制定。制定预算有两种方法：一种是营销人员根据所确定的方案来估计总的推广成本；另一种更为普遍使用的方法是按总促销预算的一定百分比来提取。当然，不同市场上各种产品的推广预算百分比是不同的，它要受到产品生命周期和竞争对手促销支出的影响。尤其是经营多品牌的企业，要协调好不同品牌之间营业推广预算的安排。

营业推广方案制订以后不应匆忙大量使用，在经验基础上制订出的推广方案需要经预先测试以判断推广工具是否合适、鼓励规模是否适宜以及推广效果是否显著等。一些大公司在重要的全国性推广活动进行之前，都要预先选定范围较小的市场进行各种推广方案的测试。在测试方案中，直接面对消费者的推广活动是最容易进行的，公司可直接邀请部分顾客对不同的优惠办法进行评估和排序，或在某一地区市场进行试用测试。

在营业推广方案实施过程中，国际企业还应对每一次推广工作实施一定程度的控制。企业可通过信息反馈及时了解和掌握方案实施中的问题，观察国际市场营销环境的变化，依据自身实力对营业推广进行有效的调控。

四、评估营业推广效果

营业推广方案实施效果的评估是一项重要的促销管理工作，最普通的方法是对营业推广前后的企业销售情况做综合比较。比如某公司在开展营业推广前拥有6%的市场份额，促销期间跃升至10%，推广结束后又降到5%，一段时间以后又增至7%。这说明推广吸引了新的试用者，同时也鼓励了现有消费者的更多购买，促销后销量下降是消费者使用存货所致，促销后7%的市场份额表明公司吸引了新的使用者，使竞争对手的顾客发生了品牌转换行为，推广活动是有效的。如果推广前后的市场份额没有发生变化，则说明推广活动没有改变总需求，只是影响了需求发生的时间。企业可以根据推广前后的结果比较，对营业推广方案做出修订和补充。

案例分析

霸王茶姬的强势出圈

近年来，随着文化自信的不断提升，国风、国潮成为主流。特别是在茶饮赛道，国风茶饮更是备受消费者宠爱。安永咨询发布的《2024 年新茶饮增长洞察白皮书》显示，新茶饮行业基本度过了跑马圈地的野蛮生长初期。作为一个自云南走出来的茶饮新品牌，霸王茶姬自诞生起就与“国风”深度捆绑。其名字直接取材于中国史诗故事霸王别姬，品牌 logo 将东方文化与西方艺术表现形式相结合，让品牌呈现出一种独特的东方美学之美，并提出了品牌“东方新茶铺”的定位，进一步升华了品牌的“国风”属性。

作为一个从区域崛起的新茶饮品牌，霸王茶姬注重原料品质，使用来自生态茶山原叶直采的有机茶，拒绝茶渣、茶粉；门店所用鲜果为生态果园现摘直供，自然种植，确保新鲜；所使用的奶均为牧场新鲜牛乳。其产品逻辑是“做好大单品，成为经典款”，门店销量的 70% 都集中在主打的 3~4 款产品。霸王茶姬创始人张俊杰表示，霸王茶姬全球门店总数已成功突破 4 500 家。每家门店月均销售近 2.4 万杯，单日销售量最高达 8 687 杯，其经典产品“伯牙绝弦”的年销售量超过 2.3 亿杯。

当然促销策略也在其中发挥关键作用，成都首店开业时，通过试饮等活动，吸引消费者关注，开业三天日排队人次过万，并与草莓音乐节等进行跨界合作，在音乐节现场设置摊位，吸引年轻消费者，扩大品牌影响力。2018 年，霸王茶姬通过“大大杯”盲盒活动在网络中引起了广泛关注，购买超大杯奶茶后，撕开纸杯便可获取奖券，这种新颖的互动方式大大提高了品牌的知名度。在推出新品时，霸王茶姬精心策划免单活动来预热造势，意图用充满诚意和实力的大手笔优惠，让消费者对品牌产生好感，从而愿意进一步了解和尝试。

霸王茶姬目前已与多个知名 IP 进行联名，如与摄影师张家诚合作，以国风大片重新定义东方茶世界，结合皮影、剪影等传统元素，为消费者提供了独特的国风美学体验。 2024 年巴黎奥运会期间，紧扣奥运热点，霸王茶姬携手刘翔、汪顺、郑钦文、陈清晨、贾一凡、刘清漪等一众运动健儿，希望借助这场 2024 年最大的运动盛会，助力霸王茶姬迈向国民品牌，也同步传递霸王茶姬现代东方茶的健康理念。无论是与文化、运动等领域的精准联名，还是长期执行的免单活动和徽章营销，都有效提高了消费者的参与度和品牌曝光度。

在五周年庆典期间，霸王茶姬还通过 SVIP 召回计划，以给老粉丝“福利加码”的方式，加深了品牌与用户的绑定，这种情感上的“回归”策略，有效地维护了品牌忠诚度。

在国际市场上，霸王茶姬的表现同样出色，霸王茶姬已在马来西亚、新加坡、泰国等多个国家开出 100 余家门店，将东方茶饮推向全世界。在海外市场扩张途中，霸王茶姬也展现出了丰富的营销策略。在马来西亚，霸王茶姬选择当地体坛巨星李宗伟作为形象代言人，迅速提升了品牌知名度；同时与本土品牌皇家雪兰莪等特色品牌推出联名产品，引发众多消费者抢购。在营销告推广方面，霸王茶姬在海外社交媒体上推出一系列消费互动活动，提升品牌曝光度。此外， 2024年霸王茶姬还于马来西亚推出全球首家得来速汽车穿梭门店，以差异化的运营模式满足海外消费者多元化的消费需求，持续深耕海外茶饮市场。

资料来源：霸王茶姬5周年“高势能”营销玩法．(2022－12－05)．https://www.163.com/dy/article/HNRS4HVK05198DT6.html.

问题

1. 霸王茶姬能够强势出圈的原因是什么？
2. 案例中霸王茶姬采用的促销策略是什么？

思考题

1. 简述国际市场人员推销组织结构的四种基本类型。
2. 举例说明可供国际公共关系人员选择的公共关系信息和工具。
3. 举例说明可供国际营业推广人员选择的推广工具。

第 14 章
国际市场营销新趋势

本章要点

1. 时代不断发展，国际市场营销也表现出了新的趋势。

2. 随着国际市场营销理论的发展，营销战略模式也会不断演进、发展。

3. 国际市场营销新趋势包括全球营销、网络营销以及绿色营销等。

随着国际贸易环境的变化、各国政府经济政策的调整以及环境保护问题的日益突出，国际市场营销中的理念与方法也发生了新的变化。如今，全球营销、网络营销、绿色营销已是各种媒体上经常出现的字眼和人们经常谈论的内容，这些概念蕴含着新的更为丰富的国际市场营销思想，因而有必要对这些理念的产生、发展做进一步的探讨。

第 1 节　国际市场营销理论发展

世界经济的一体化带动了营销战略的国际化，企业的国际市场营销战略经历了一系列发展阶段，从最初的出口营销到国外营销，从多国营销到多区域营销，直至最终的全球营销，诸多营销战略模式之间不是后者取代前者的替换关系，而是互相补充、互为一体的依赖型关系。企业的国际市场营销模式可以是几种模式的最佳组合，怎样看待不同的营销模式、根据什么来选择营销模式，是需要加以研究的问题。

一、营销战略模式的演进

国际市场营销是从出口营销或称对外营销起步，逐步发展变化，演变为多种多样的营销模式。

（1）出口营销。比较早的出口营销是指企业将在国内生产的产品直接或间接出口到国外市场。由于国内外营销环境的不同，需要就原本针对国内市场的营销组合进行修改或补充，以适应国外消费者的需求。这种战略模式的市场导向虽面向国外，但生产要素的配置只局限于国内，设立在国外的销售机构并不具有调研、融资、生产及销售等一整套营销功能，这种战略模式带有明显的本国中心主义观念。

（2）国外营销。出口营销只是简单地通过对外贸易向其他国家输出本国制造的产品，这一方面会受到国外消费者需求差异的影响，另一方面要受到外国政府贸易保护主义的抵制，这种市场扩张战略有很大的局限性。为此，资金和技术实力雄厚的大企业改变了单一出口营销模式，从产品输出转向资本输出，即通过在海外直接投资方式，按目标市场特点组织生产与销售，这样既充分满足了当地消费者的需求，又绕过了政府的贸易保护主义壁垒，这种国外营销模式也就是国际经济活动中的直接投资方式。

（3）多国营销。随着海外投资数量的增加，国外营销方式得到不断发展，形成一定规模的国外营销又从国际营销中分离出来，成为一种独立的营销战略模式，即多国营销，它是指企业在境外多个国家乃至世界各地开展营销活动。这一营销模式的基本特点是，目标市场差异化，根据各国市场特征分别制定不同的目标市场策略。由于采取差异化的目标市场对策，企业在产品生产、资源配置、营销组合设计等一系列营销决策上，都必须根据单个市场的特点分散地组织实施。这一营销方式固然有适应当地需求的优点，但市场分得过细，也会造成产品批量过小、组织机构重叠、生产与营销成本过高。对外直接投资虽然有利于克服贸易保护主义，但也会遇到当地政府对外国品牌占领本地市场的抵制，使跨国公司的多国营销战略受阻。

（4）多区域营销。在多国营销基础上兴起的多区域营销，是将国际市场划分为几大区域，按区域特点设计营销组合策略，在同一区域内实施无差异市场营销，在不同区域实施差异化市场营销，这样可以使多国营销因市场划分过细而导致成本过高的状况有所缓解。多区域营销与多国营销没有本质区别，只是市场细分程度存在差异而已，从大的方面讲，两种模式可以归为一类。

（5）全球营销。全球营销是20世纪90年代兴起的一种新的营销战略模式，其营销策略是建立在将全球作为一个整体市场来看待的基础之上的。在这一模式下，各国市场需求无大的差异，可以生产一种标准化产品，设计统一的市场营销组合，营销决策可以是高度集中的，由国际企业的最高管理层如跨国公司总部做出，营销绩效考核也可以由跨国公司制定统一标准，在全球范围内组织实施。

二、营销战略模式的选择

从国内营销发展到全球营销，上述几种战略模式的出现尽管在时间上有先后之分，但各有其适用之处，它们之间存在的只是战略层次上的差异，国际企业可对不同模式做出自己的选择。对不同模式的选择主要从两方面来考虑：一是根据营销的产品特点；二是根据企业在价值链上的优势位置。

（一）产品特点与模式选择

根据产品生产经营技术难易程度和产品的市场需求差异这两个指标，可画出一个产品坐标图并据此选择相应的营销战略模式（见图 14-1）。

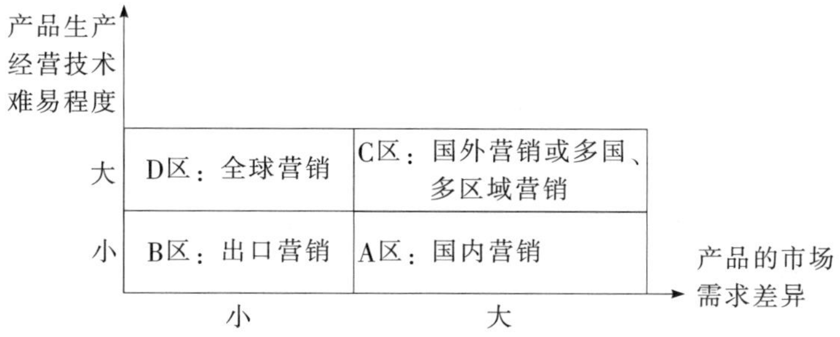

图 14-1　产品特点与营销模式选择

A 区范围内产品的市场需求差异很大，不仅各国之间的需求不同，一国内部不同地区间的差异也很明显，某种特定产品只能满足当地消费者的需要，产品的营销空间有限。从产品的生产经营技术来看，此类产品的生产经营技术通常比较简单，投资规模不是很大，竞争也主要在地方性中小企业间展开。另外，有些产品由于其特殊的理化性质无法远距离运输，如新鲜蔬菜等；有些服务行业的特殊产销关系决定了产品供应地与消费地无法分离，如美容美发、医疗或咨询服务等，由此决定了在经营上只能按照产品的理化性质和行业特点来组织市场供给。对这类产品，最适宜的营销方式是用多种不同的产品或服务满足不同的消费者需要。适应当地消费者需求的国内营销模式就是较好的选择。

B 区范围内产品的需求特征是需求差异小，同质市场的特点明显，需求广泛因而市场空间范围大，产品能够远距离运输，产品的质量标准国际通行且容易区分，故贸易可行性高。就生产经营技术来讲，产品生产工艺难度不大，不需要复杂的尖端技术，加工深度也不大，因而不需更多的固定资产投资。生产特点也决定了这类产品的经营特征，该类产品的市场竞争较充分，市场进入壁垒较少，所以不需要在生产地或销售地设立复杂的营销机构，市场竞争主要依靠丰富的自然资源和低廉的劳动成本优势。因此，最适宜此类产品的营销模式是出口营销，即通过市场扩张使商品跨国界交易，发展中国家的对外贸易通常是从这类产品的出口营销起步的。

C 区范围内产品的市场需求特征是需求差异明显，这是由不同国家的不同自然条件和社会文化背景所导致的，生产与消费在空间上难以分离的特点也决定了此类产品不宜长距离运输，跨国交易的可行性较差。处于这一区域内产品往往可以通过标准化生产取得明显的规模效应，但标准化集中生产难以适应不同国家的市场需求。这样的产品与市场特点也决定了竞争是在相对独立的国内市场上展开的，国家之间缺少竞争，市场竞争带有强烈的地方色彩，竞争的优势不在生产方面，而主要取决于产品与品牌形象、价格策略、渠道模式、广告与促销手段等一系列营销策略和技巧的运用。比如麦当劳、肯德基的食品是可以模仿的，但它们在长期经营实践中建立的一整套全面质量管理体制和独特的经营方式是他人难以仿效的，这是决定竞争胜负的关键因素。企业在某国市场所处的竞争态势对其在他国经营并不构成直接的影响，或影响相当有限。比如20世纪80年代可口可乐退出印度市场，但这并未影响其在中国及其他国家市场的成功。在可口可乐退出印度市场之际，百事可乐趁机在印度市场站稳了脚跟，百事可乐在该国的成功也并未导致其在全球的成功。因此，适宜此类产品的营销方式是在目标市场国直接投资，在当地生产且在当地销售，或者根据各国和各区域市场的特点，分别制定不同的市场营销组合，以适应当地消费者的需求，采用国外营销或多国、多区域营销，不失为较好的营销模式选择。

D区范围内产品的特征是各国对产品的需求差异不大，就某些产品而言，各国间的市场需求差异甚至完全消失。调查表明，消费者几乎无法明确表达出自己对某种商品的需求，他们的需求多来源于自身的见闻。在这种情况下，国际企业就可以通过标准化产品来引导全球消费需求。存在相似消费需求的某些产品在生产上却需要复杂的尖端技术、巨额的研发费用和较大的固定资产投资，造成产品成本极其昂贵，单位产品价值极高，且在某国市场上因购买者数量有限，需求规模并不大。这类产品的另一个显著特点是规模经济效益极为明显，从而在客观上要求从事此类产品生产经营的国际企业在目标市场选择上不能以国为界，要把各国市场看作一个整体，在全球范围内开展标准化生产、整体性营销活动，也就是说，全球营销是生产经营此类产品的国际企业的唯一选择。

（二）价值链与模式选择

企业制造与实现价值的活动是一个可以用“链”表示的系统，构成企业的“价值链”（value chain）。该理论认为，企业的价值链可分为基本价值活动与辅助价值活动。基本价值活动即生产经营活动，向前可包括人、财、物等各项资源提供者的活动；向后可包括与产品价值实现有关的每一主体，如中间商、消费者等的活动，其主体是企业自身的价值创造活动。根据生产经营活动发生的先后顺序，又可把基本价值活动分为上游环节和下游环节。原料储运、生产运作属于上游环节；成品运输、经营销售和售后服务属于下游环节。辅助价值活动包括企业基础设施、人力资源管理、技术研究开发、采购供应组织等，是为基本价值活动服务的。企业的整体经济活动就是基本价值活动与辅助价值活动、价值链的上游环节与下游环节交互作用的结果，它决定着企业的营销效益与竞争实力，这一过程如图14-2所示。

价值链理论认为，企业活动的各环节之间虽然是相互关联、相互作用的，但企业经营的成败并不取决于企业对所有环节的控制，事实上企业也不可能把价值链的所有组成因素都牢牢掌握在自己手中。退一步说，即使企业能控制这些因素，也不可能在各方面均占据优势。企业应在对自身生产经营活动进行整体分析的前提下，对价值链中的重要环节和本企业具有优势的环节予以控制。抓住了这些关键环节，也就等于抓住了整个价值链。这些有战略意义的优势环节应由企业来承担，使之成

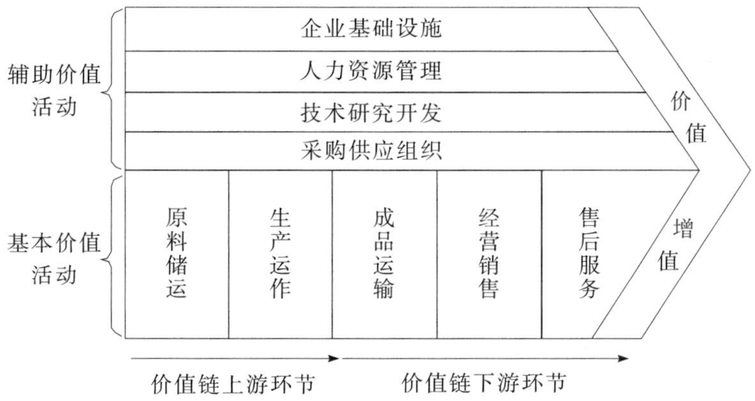

图 14－2　企业的价值链

为企业内部因素；而对非战略性的次要环节，应将其变为企业外部的市场交易关系。

根据价值链理论，可对企业应采取什么样的营销战略模式予以判定。如果企业的优势环节处于价值链的上游过程，则应采取集中、统一的全球营销战略。因为上游环节价值活动的中心是产品，与产品密切相关的新技术、新工艺一旦开发出来，可在广阔的市场空间运用，其优势具有普遍意义。优势环节位居价值链上游的企业，其成功的关键是新的生产技术的垄断和生产规模的扩大，伴随规模的扩大，市场空间不断扩展，生产成本与营销成本趋于下降。因此，企业应采取决策集中化、生产标准化、分销统一化的全球营销战略。相反，如果企业的战略优势处在价值链的下游环节，下游环节的中心是顾客，运输、销售及服务等营销活动都与消费者特点紧密相关，营销决策就应充分考虑到当地市场的特点，按照当地消费者的需求设计产品，按照当地的购买能力制定价格，按照当地居民的购物习惯建立销售渠道，按照当地风俗文化和语言特点来进行广告促销。这样设计出来的营销组合必然带有强烈的地方色彩，倘若不加区别地照搬或移植，就难以在异地市场取得成功。因此，国际企业不能试图以一种产品、一套营销组合来实现占领各国市场的目的，而必须以不同的产品、不同的营销组合策略分别进入不同国家的市场，即采用多国营销的战略模式。

第 2 节　全球营销

20 世纪 90 年代以来，日新月异的科技进步使国际市场营销发生了许多新的变化，由于技术的发展与传播、新的通信工具和便捷的交通方式缩短了人们之间的距离，不同国家的文化得以相互交融，文化的交融又带来了各国消费者对商品和服务的需求与欲望朝着相似的方向发展。这种需求的相似性为标准化产品创造了更为广阔的全球市场，也为企业采用统一的全球市场营销概念与营销策略提供了可能。

一、全球营销的概念

全球营销的概念最早出现在莱维特于 1988 年发表的学术论文《市场全球化》中。莱维特认为，从消费者的兴趣和偏好来看，随着各国社会、经济和技术的发展，相似的需求已构成一个统一的世界市场。为适应这种需求的相似性，国际企业可以生产全球性标准化产品以获取规模经济效益，通过降低生产与营销成本，比其他竞争者具有更多的比较优势。这便是全球营销概念的由来。全球营销可定义为：企业通过全球性布局与协调，使其在世界各地的营销活动一体化，以获取全球性竞争优势。

全球营销在很大程度上是依据一种特定的经营哲学，即力图克服以往国际市场营销中国别分离的思维模式，着重考虑世界市场的一般性和各国的交叉文化群体。一方面，经济发展水平相似的发达国家，其国内市场虽然不尽相同，但人口老龄化、家庭规模缩小、教育背景相似和较高的收入水平已使这些国家呈现出日益鲜明的市场共性；另一方面，随着国际交往日益频繁，各国消费者的观念、风俗和习惯也在趋向一致，如对健康的关心和重视闲暇时间的享受，形成不同国家间的交叉文化群体。因此，市场一般性和各国交叉文化群体便成为全球营销这一经营哲学的基点，国际市场营销中这种求大同、存小异的综合思维模式，为市场营销差异化战略向市场营销标准化战略的转变奠定了理论基础。早在 1969 年，珀尔马特（Perlmutter）就将企业的国际市场营销战略分为本国中心主义、多中心主义、地区中心主义和全球中心主义。国际企业所信奉的经营哲学不同，采取的经营战略也就存在很大差异。本国中心主义采取的是对外营销或国外营销的市场扩张战略；多中心主义采取多国营销的多国别战略；地区中心主义采取多区域营销的区域性营销战略；全球中心主义实际上是一种全球营销哲学，将整个世界市场视为一个整体，采取的是全球营销战略。还有的学者将全球营销哲学的发展分为三个阶段：初始阶段为多国扩张阶段，即通过单个企业的渐进方式进入外国市场；后来这种多国扩张模式让位于以竞争者为中心的新的全球化方法，即竞争者驱动阶段，在这一阶段国际企业为应对激烈的市场竞争不得不采取全球营销战略；第三阶段是所谓的顾客驱动阶段，在这一阶段企业考虑采取全球营销方式，不是为了首先避开国际市场竞争，而是因为顾客的需求与偏好已经全球化，消费倾向趋同是全球化的真正原因。

二、全球营销策略

对全球营销应有正确的理解，不能简单地将其认定为在全球范围内采取完全标准化的营销。全球营销是有条件的，在全球营销的条件未完全具备的情况下，要承认全球营销的非唯一性。企业的国际市场营销活动既要求全球协调，也要求一定程度的国别适宜性；既是全球顾客导向，也是全球竞争者导向。在实现营销完全标准化之前，要充分认识到市场细分和产品定位在全球营销中仍占有重要地位，国际企业应实施正确的全球营销策略。企业的全球营销策略包括四个主要方面：确定全球营销任务、进行全球市场细分、选择全球竞争定位及设计全球营销组合。

1. 确定全球营销任务

全球市场营销的中心任务不再是对分国别的特定的市场营销活动的个别优化，而是更多地优先考虑不同国家的商业利益如何隶属于企业的全球性战略目标。既然全球营销对于企业实现其全球性战略目标十分重要，企业的全球营销就应与企业的整体发展相适应，为了企业的整体发展，在必要的时候放弃某国市场也在所不惜。企业在确定全球任务时，应以战略的眼光看待全球市场的选择与进入，注重全球市场规模的整体优化。

2. 进行全球市场细分

全球市场细分有三种方式可供选择。

（1）全球型市场细分。此方式要求细分标准必须跨越国界，重在找出不同国家的消费者在需求上的共性，避免地域或文化方面的差异。比如按人口统计标准来细分国际市场，这些标准可以是年龄、性别、收入、家庭人口，也可以是家庭发展的各个阶段。由于各国具有相同年龄、性别、收入、民族等人口统计指标的人往往具有相似的消费习惯，所以这种细分法容易突破社会文化差异的限制，充分反映各国市场的共性。又比如心理细分法，这种细分法以全球目标市场的使用行为、价值观、兴趣、生活方式、个人观念等心理变量作为划分标准。由于它强调了个体消费者的消费偏好，因而更容易摆脱各国的社会差异。这一方法常常和人口统计细分法结合使用，可更加具体地反映潜在购买者的兴趣、价值观念和其他个人信息的数据资料。世界各国消费者需要一种标准化产品来满足他们的需求的情况是很普遍的。如家电，各国消费者都承认并接受标准化的洗衣机、冰箱、电视机等，他们认为三菱公司比通用电气和飞利浦公司做得好，原因是三菱电器实现了产品全球标准化。

（2）国别型市场细分。这一方式强调不同国家之间文化上的差异，市场细分主要以地理位置和国籍为基准，即把世界市场看成由许多不同国家的市场组成的，这出现在各种力量要求采取非标准化的情形之下。比如人们认为联合利华公司比宝洁公司做得好，原因是前者给它的各地分公司以很大的自主权。

（3）混合型市场细分。这种方式是前两种细分方法的结合，某一国别市场可个别化，而另一些国别市场可组合成一个共同的细分市场。如中国是一个规模巨大的潜在市场；而北美、西欧及日本三极市场上出现了一个新的顾客群，他们具有相似的受教育程度、收入水平、生活方式及休闲追求等，企业可将这三个细分市场看作一个共同市场。

在国际市场细分方面，究竟是全球化还是国别化，抑或二者相结合的地区化，表面上看似乎是矛盾的，但实际并非如此。有学者曾形象地把欧洲、美国、亚洲等地的市场比作一辆车的几个轮子，要使车子转动就需要一条好的链子把轮子连接起来，这就是全球化，而每个轮子本身就是国别化或地区化，这一比喻生动地描述了几种细分方式的内在联系。正是基于这样的理念，有学者提出了全球本土化的战略，即“全球化思考，本土化行动”。全球本土化战略兼容了全球标准化和本土适应性的优点，既降低了成本，又适应了不同国家消费者的不同需求。跨国公司要根据所面临的环境、公司特点、产品特点、所处行业、竞争者战略等情况，决定在哪些方面标准化、在哪些方面本土化，是标准化程度高还是本土化程度高，以及标准化与本土化选择的时序问题。国际市场营销的精辟之处在于处理好全球化和本土化之间的关系。

3. 选择全球竞争定位

除进行全球市场细分外，企业还要选择其在每一个市场上的竞争地位。通常情况下，四种主要的竞争定位分类是：市场领导者、市场挑战者、市场追随者和市场补缺者即小市场份额占有者。如果企业在所有的外国市场采取同样的竞争定位方式，称为全球性竞争定位策略；反之，如果企业在不同市场采取不同的竞争定位方式，则称为混合型竞争定位策略。

4. 设计全球营销组合

根据企业的全球市场细分和竞争定位策略，可以设计相应的市场营销组合，主要类型如图 14－3 所示。

全球产品	混合Ⅰ型营销组合	理想的全球营销组合
国别产品	理想的国别营销组合	混合Ⅱ型营销组合
	国别型市场细分	全球型市场细分

图 14－3　全球营销组合类型

理想的全球营销组合指采用统一的营销计划，在一个全球型细分市场上营销一种标准化产品。标准化营销的理念是基于日益全球化的经济、技术、市场和文化的发展，国家间的边界难以有效地将不同国家分割为不同的目标市场；各国消费者的需求越来越相似，消费动机、消费方式等日益接近，全球日趋成为一个共同的消费市场。当某全球企业向所有的消费者出售同样的产品并提供相同的服务时，它注意的是全球市场的相同点。比如全球各地的前卫少年同喝可口可乐、同穿李维斯牛仔、同看在线短视频的情景。青少年和国际旅行者是全球标准化营销的主要目标群体，对应的消费品是 T 恤衫、平板电脑、数码相机等。全球营销者应充分认识到产品、定价、渠道与促销的标准化能给企业带来的巨大经济效益。可口可乐、联想电脑、苹果系列手机等全球标准化产品的成功，几乎让世界每一个角落的消费者都感受到了这些全球品牌的威力。

理想的国别营销则要求对营销组合进行专门的调整，以满足各个国别市场本土化的需要。本土化营销的理念是基于跨国公司在进入国际市场时常常面临“文化差异”的难题，公司必须对国外市场的文化差异保持敏感性和适应性；尽管经济一体化进程的加快导致消费需求相似性越来越大，但在不同文化背景下消费者的需求仍存在显著差异。比如海尔的本土化策略体现在：(1) 研发本土化。海尔搭建“10+N”创新体系，“10”意味着海尔在全球包括欧洲、美国、日本、韩国、新西兰、意大利、德国等 10 多个地区和国家建设 20 多个研发中心，“N”代表着在硅谷、新加坡等全球创新高地建立 N 个创新中心和创新网络。泰国气候炎热，当地人喜欢喝冰沙，海尔在冰箱中专门设计了可制作冰沙冷饮的变温区，匹配用户生活习惯。(2) 人才本土化。海尔在美国的营销经理就是聘用当地人，虽然年薪较高，但他们的优势是海尔外派人员无法比拟的。(3) 生产销售本土化。海尔在“一带一路”共建国家建成 22 个工业园、103 个制造基地及 103 个贸易公司，比如在巴基斯坦建立了海尔工业园，生产的家电不仅能满足巴基斯坦的需求，还能供应到中东区域。(4) 营销方式本土化。海尔建立 23 万个销售网络，聘用了当地 300 多名经理人，进入全球 200 多个国家和地区，服务 10 亿多家庭用户，在中国、美国、新西兰等 6 个国家实现市场份额第一位，“宁愿要一流的经销商、二流的市场，也不要一流的市场、二流的经销商”，海尔找到了很好的经销商。又比如，戴尔以直销闻名，但在美国和中国的营销模式也是不同的，如图 14-4 所示。相比之下，伊莱克斯在中国的本土化过于重视和强调形式上的本土化，频繁在终端展开价格战，一味依靠输出高附加值的品牌、管理、技术获取高回报，而在真正需要的产品本土化、研发本土化、管理本土化和营销本土化上却付出甚少。伊莱克斯品牌在中国市场不断被稀释、低廉化。

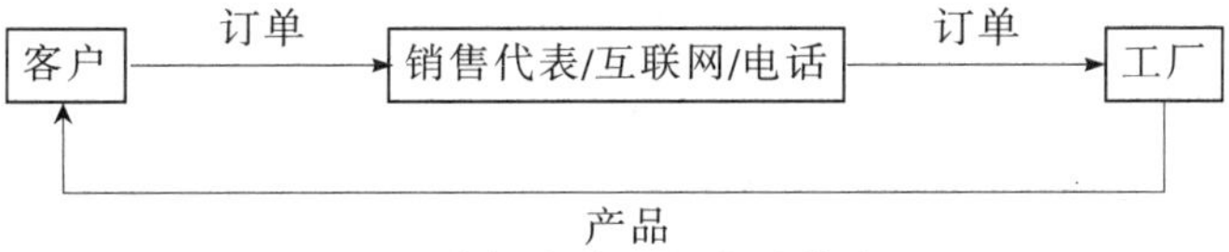

戴尔在美国的直销模式

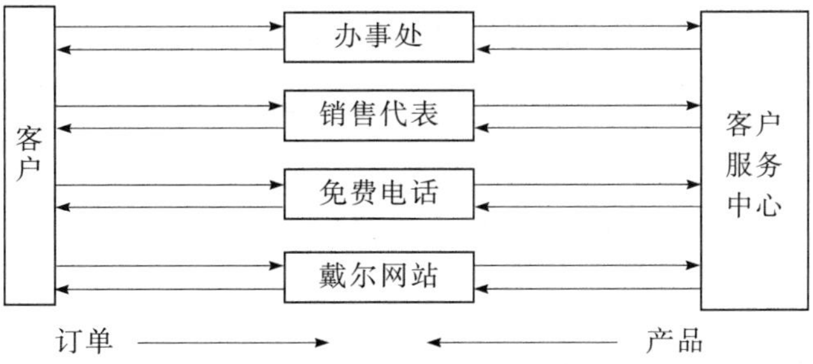

戴尔在中国的直销模式

图 14-4　戴尔在美国、中国的直销模式

混合Ⅰ型营销组合虽然采用标准化产品，但需要调整其他营销组合要素，以支持其标准化产品决策。倘若在不同市场，人们购买同一产品的动机、心理各异，则宜采用差异化的广告手段。美国李维斯牌牛仔裤行销 70 多个国家，该品牌的广告采用差异化策略：在欧洲，竭力强化广告的性感色彩；在日本，强调产品是正宗美国货，并利用传奇人物增加穿牛仔裤的英雄情结；在巴西，时装消费潮流主要受欧洲的影响，李维斯牌牛仔裤的广告就由巴黎时髦青年来做。又比如可口可乐的本土化。可口可乐首先在中国获得了一个既“可口”又“可乐”的极具亲和力的汉化名称，其本土化的营销理念是“2L3O”，即长期（long term）、本地化（localization）、乐观（optimism）、机会（opportunity）、公民责任（obligation）；后又在全球第一个提出了“本土化思考，本土化行动”的本土化思想。可口可乐公司的品牌构成中，绝大部分是区域性品牌，公司还销售许多特别为本地市场口味制造的其他饮料。在促销方式上，可口可乐为使产品形象贴近当地市场，一改统一由美国总部制作广告片的做法，允许世界各地的分公司自行制作广告，它在世界特定市场推出的广告都是专门设计的，鞭炮、春联、泥娃娃、十二生肖这些代表中国文化的东西成了可口可乐促销的主题。2014年春节，星巴克在中国推出包括“金马迎春”在内的三款卡套，麦当劳推出了“新年红运”系列广告；2023年，肯德基与故宫合作，精心设计新春产品包装，致敬中国美学。

混合Ⅱ型营销组合是指组合中的某一关键要素要标准化，其余要素做适当调整。比如产品标准化可以是指企业只对核心产品及其生产技术实行标准化，而对产品其他组成部分做出调整，在促销、服务等方面做适当改动。比如麦当劳在全世界连锁店中使用相同的配方、标准化的服务和管理，只要可能，公司就将其工艺、广告、店面装潢和布局等标准化。然而，在法国的菜单上仍然会看到葡萄酒；在德国有啤酒；在马尼拉有菲律宾风格的香汉堡包；在泰国有猪肉汉堡包；在新德里有蔬菜汉堡包；在中国，麦当劳提供的多为符合中国消费者饮食习惯的快餐食品，其所用的原料95%是在中国当地出产的。又比如，宝洁公司对婴儿纸尿裤实行全球战略；对洗涤剂在北美和欧洲采用区域战略，在亚太地区采用国别市场战略。

从以上全球市场营销的概念、基本思想及营销策略的主要内容不难看出，全球营销体现出国际市场营销的重新定位，是国际市场营销的一种新战略。为充分利用与全球营销紧密相关的国际市场机会，企业必须在全球营销战略实施前，结合企业的内部因素与外在环境进行全面的分析，以确保全球营销战略的实现。

第3节　网络营销

近年来伴随着科技革命的进行，计算机、互联网的普及促进了信息技术的发展，互联网作为继广播、报纸、杂志、电视之后的第五种媒体——数字媒体，用户数量以几何级数增加，发展速度之快有目共睹。网络技术的发展使各国消费者的消费方式发生了很大变化，出现了许多便捷的购物方式。不断有电子商务企业从零迅速崛起并成功挑战传统企业巨头，如携程等；而栖身于淘宝网、亚马逊、eBay等购物门户的无数网店经营者的销售力量汇聚起来，更是形成一个庞大的虚拟市场。不仅如此，在网络基础上搭建的信息平台也为传统企业营销的高速运行提供了可能，网络已成为众多跨国企业青睐的传播媒介，“水泥＋鼠标”这种表示传统企业借助互联网平台进行营销创新的形象提法已变成现实。以互联网技术为基础的高新技术同市场营销资源相融合，构成了信息社会条件下一种新的营销模式，即网络营销。

一、网络营销的概念

互联网是一个消除了时间和地域限制的虚拟世界，作为一种信息双向交流和沟通的工具，它把厂家、商家、消费者、产品、服务等都集中在网络这样一个名副其实的虚拟市场上。在这个虚拟市场上，广告、调查、分销和购物结算都通过互联网转变为数字化行为，不受空间限制的 24 小时网上营销可以将产品或服务通过互联网直接、快速地传递给处于世界任何一个角落的客户。商品或服务的推销不再是面对面地与客户直接交易，而是借助互联网在网上与客户见面。客户不再是被动地接受商品或服务，而是利用互联网、多媒体手段主动与企业建立双向互动式的商业关系，消费者通过互联网这个虚拟的购物空间确定自己的消费行为。人工智能等新一代数字技术也有力地推动网络营销的开展，如丝芙兰推出面部识别的 AI 美容顾问，帮助顾客提供个性化的产品推荐。因此，网络营销是以互联网为传播手段，通过对市场的循环营销传播，达到满足消费者需求和商家诉求的过程。

二、网络营销策略

企业实行网络营销同传统的市场营销一样，首先需要制定好规划。网络营销策略的制定一般要考虑以下几方面因素。

（1）网络营销目标。网络营销管理首先需要设置明确的营销目标，只有确定了明确的营销目标，才能对网络营销活动做出及时的评价。进行没有明确目标的网络营销，一窝蜂地挤进网络，正是目前企业常犯的错误。企业在互联网上建立自己的网站，其目的不仅是直接增加网上销售量，还应着眼于网络营销所带来的其他效应，如通过网络向潜在顾客提供有用信息，提高品牌知名度，培育顾客的忠诚，支持其他营销活动，减少营销费用和时间等。所以，企业在引入网络营销时可根据自身的特点，设定明确的营销目标。

（2）网络营销管理部门。网络营销既涉及营销部门又涉及信息技术部门，所以公司应明确规定网络营销的负责部门，以免出现责权不明的现象。网络营销还是应由营销部门负责，因为营销部门对整个公司的产品、市场状况比较了解。技术部门虽然对企业网页设计的技术细节有详细的了解，但可能更注重这些技术细节，有时难免忽略了营销的整体效果，结果可能适得其反，达不到预期目标。总的来讲，营销部门应和信息技术部门通力合作，对信息技术工具的优点、缺点、用途应有概括的了解，信息技术部门也应积极参与网络营销计划与开发的过程，保证能用最新的技术手段最好地实现营销目标。

（3）反馈信息管理。网络双向互动的特性决定了网络企业会收到大量的反馈信息，公司要专门安排人手或设置部门对这些信息进行管理。有的公司可能是由产品部门经理负责，有的可能是由顾客服务部门经理负责，大的公司可能两个部门都要负责。反馈信息中一部分内容是顾客提出的各类问题，对这些问题公司有关部门应尽快、尽可能详细地给予答复，对一些常见的问题可通过预先设置自动应答器立即给出预备的答复。对一些不能即时答复的问题，公司应回复提问者，告诉他已收到问题，并承诺给出答复的时间限制。

（4）企业形象保持。网络营销使跨国公司面临巨大的公共关系挑战。在网络平台中，每个客户都是媒体，对于企业的口碑，从监测到发现问题后的引导、澄清都需要控制。首先，公司要设立专门的网上信息监督人员，并赋予他们关闭有害信息的权力，确保网上不会出现失真、过时的信息以及与企业宗旨、目标相违背的信息。其次，公司应安排专人经常监控与公司相关的重要的网站、新闻媒体中的言论，要告诫公司所有职员，在参加网上讨论或发送邮件信息时如涉及公司相关问题，观点要与公司的宗旨、目标保持一致。再次，要保证授权代理商和母公司网络形象的一致性。最后，公司在发生信任危机时，可以有效利用网络传播的快速性、精准性或大型网站的公信力、用户黏性和聚合性进行危机公关和口碑重建。

（5）网络服务商选择。选择网络服务商应该充分考虑各种因素，如网络服务商所提供的服务、站点的特性、费用、设备性能、公司业务背景等。

新浪作为中国网民访问最多的网站之一，根据自身多年网络营销经验，提出了IMPACT网络营销理念，该理念以“选择决定营销效果”作为核心，从方法和介质两个层面，对包括互动（interactive）、用户黏性（magnetism）、聚合力（popularity）、公信力（authority）、创意（creative）和精准性（target）在内的六个网络营销要素进行科学评估选择，企业在网络营销中可根据以上六个维度衡量媒体价值及营销策略的合理性，从而实现扩大传播影响、赢得受众关注、转化消费者行为及树立品牌口碑的目标。

三、国际市场营销中的网络营销

从市场和产品的角度看，国际市场营销中特殊的地理因素使得企业的产品到达国际目标市场路途遥远，造成营销成本大幅增加，网络营销则可利用虚拟空间将市场距离大大缩短。此外，市场的距离还表现为各国文化差异所导致的不同国家消费需求和消费习惯的不同，网络营销则可以通过定制营销的方式，将企业的刚性生产和柔性生产结合起来，一方面通过刚性生产对产品需求几乎相同的部分做好准备，另一方面对于各国的不同消费需求部分，通过归类进行柔性生产，这样就将大众化的营销转变为个性化营销，从而更好地满足各国消费者的需求。

从渠道的角度看，在跨国营销活动中，从企业到中间商再到消费者，产品转移经历了一个十分复杂的过程，这无形中增加了营销成本。而网络营销可大大弱化中间商的职能，通过网上交易平台使生产者和消费者实现一对一的交易模式，减少中间环节，极大地节省国际市场营销成本。跨国营销在产品向目标市场转移的过程中，还存在着大量的票据交易，涉及金融、保险等许多方面的风险问题，网络营销通过电子数据的处理减少了这方面的损失，便利了国际市场营销的顺利进行。

从定价和促销的角度看，网络营销使得国际市场上信息的传递速度加快，不同国家的企业可以便利地从网上获取市场需求信息和其他竞争企业的信息，从而对产品价格的理性制定有较好的约束作用，在一定程度上防止了恶性价格竞争。而且，网络营销利用先进的信息技术提高了促销活动的效率，与大范围的广告促销相比，网络营销可以把促销对象集中在有购买意愿的目标市场群体上，节省了促销费用，并且可避开许多国家政府和行业组织对广告等促销方式的限制，提高了促销工具的利用效率。例如，一向重视培植年轻群体作为目标受众的可口可乐与腾讯公司合作，开发出多款以可口可乐为设计元素的 QQ 界面，搭建针对年轻学生群体的精准营销平台。此外，可口可乐还将二维码印在包装上，消费者扫描后可进入 Smile World 可口可乐在线社区。类似地，为建立雀巢咖啡给白领阶层带来“快乐”的品牌精神内核，雀巢咖啡在网易上发起“疯狂办公桌大比拼”照片上传活动，吸引了白领网民群体的关注。

第 4 节　绿色营销

在当今的社会经济发展条件下，环境问题已成为企业无法忽视的影响企业生存和发展的重要问题。温室效应、海洋污染、资源的日益枯竭使环境保护问题日益突出。经济的发展要求人们更加重视自身的生存环境，以牺牲环境为代价换取经济发展的观念已逐渐被摒弃。“生态兴则文明兴，生态衰则文明衰。”[①] 党的十八大以来，以习近平同志为核心的党中央对生态文明建设高度重视，对贯彻绿色发展理念决心坚定。党的二十届三中全会提出，“聚焦建设美丽中国，加快经济社会发展全面绿色转型，健全生态环境治理体系，推进生态优先、节约集约、绿色低碳发展，促进人与自然和谐共生”[②]。为了追求生活质量的提高和人类的长期生存发展，消费者环保意识的增强也驱使越来越多的消费者追求产品的安全性、健康性、无害性，绿色消费观念开始形成和发展，与之相伴的绿色营销也就成为一种新的营销观念。

---

① 习近平：坚持节约资源和保护环境基本国策努力走向社会主义生态文明新时代．(2013-05-25)．人民网．

② 中共中央关于进一步全面深化改革　推进中国式现代化的决定．北京：人民出版社，2024.

一、绿色营销的概念

一般认为，绿色营销是指企业在营销活动中要体现“绿色”，即在营销中要注重生态环境的保护，促进人与自然的协调发展，为实现企业自身目标、消费者利益和社会整体的协调发展以及自然环境的不断优化而对其产品、定价、渠道和促销的策划与实施过程。

绿色营销首先意味着市场营销的观念是“绿色”的。它以节约能源、资源和保护生态环境为中心，强调污染防治、资源的充分利用、新资源的开发和资源的再生利用。绿色营销还意味着企业所属的行业是绿色的，或者说其生产经营的产品是绿色的，其行业或产品应该具有节约能源、资源，或利用新型资源、促使资源再生利用等特点。

绿色营销在不同国家的理解也是有差异的，不同国家和地区之间在环境标准及环保制度上存在着较大差别，其具体环保政策也不尽相同，这导致绿色营销策略因国家而异。

二、绿色营销策略

绿色营销策略主要包括以下几个方面。

（1）树立绿色营销观念，收集绿色信息。从企业的营销观念到具体的营销策略，企业应始终坚持绿色理念，及时广泛收集相关的绿色信息并结合自身的具体情况采取相应的措施，深入研究信息的真实性和可行性，为企业实施绿色营销提供可靠的依据。

（2）制订绿色计划，开发绿色资源。绿色计划应明确企业承担研制和营销绿色产品的任务，还要具体说明环保的努力方向以及如何尝试用以指导日常决策。

（3）研制绿色产品，争取绿色标志。绿色产品应有如下特点：产品应是安全卫生，有利于人体健康的；使用该产品不会造成环境污染，最好有利于改善环境；产品使用可再生材料、降低消耗、节省能源；产品易回收处理或具有复用功能；产品的效率更高、寿命更长等。同时，企业应该争取绿色标志，绿色标志的获得是企业立足于市场的重要举措，是进入国际市场、打破非关税壁垒的有效途径之一。

（4）制定绿色价格，刺激绿色消费。绿色产品由于支付了较高的环保费用，因而其价格往往高于非绿色产品。在工业发达国家，绿色产品价格上扬幅度较大，消费者也乐于接受。但在一些发展中国家，消费者的绿色意识较弱，绿色产品价格上扬幅度不宜过大。

（5）开辟绿色渠道，优化绿色通路。通过直销、专门的销售机构，监督和管理企业绿色营销的实施和发展，同时激发消费者的绿色兴趣，引导他们消费绿色产品，并在消费过程中注意环境的保护。

（6）实施绿色管理，强化绿色营销。这包括在整个营销过程中，要从生产资料和消费品的生产环节、营销环节、储存环节、运输环节、回收处理环节等各方面，全面系统地考虑环境保护问题，从内容到对象都实行“绿化”。

三、国际市场营销中的绿色营销

国际市场营销中的绿色营销是要企业通过利用现代管理手段、先进的生产工艺和技术设备，尽可能节约资源和能源的投入，从而减少废弃物的排放，创建无废或少废的企业。需要国际企业去开发更能为环境所接受、对保护环境更有利的产品和服务，从而达到满足消费者需求和改善环境品质的双重目标。特别是发展中国家要防止发达国家通过产业转移转嫁污染，在技术引进上绝不能购买那些国外早已禁止使用的有可能导致严重污染的设备。

国际市场营销中的绿色营销是要提高整个企业的绿色含量，关注企业营销活动全过程对生态环境的影响及影响程度。包括产品、定价、渠道和促销等环节的营销活动过程如不对环境造成污染或破坏，就称企业营销的绿色含量较高，反之则低。在这方面，各国日趋严格的环保法规是增加营销绿色含量的重要推动力量，各种环保法规要求国际企业在产品开发时，无论是产品线的选定，还是产品项目的增减，甚至是包装的更换，都要兼顾绿色含量的不断增加，以吸引消费者对绿色产品的消费热情。此外，企业在定价策略、实体分配和推广政策等方面也需要做出与环境保护相匹配的决策，如绿色价格策略、绿色渠道策略和绿色促销策略等。

国际市场营销中的绿色营销还要求企业注意塑造绿色形象，在内部员工教育、外部宣传报道方面精心策划、突出绿色，从理念识别、行为识别、视觉识别方面增强企业文化建设本身的凝聚力，加深不同国家消费者对企业的认同，形成消费偏好，创造竞争优势，从而给企业的国际市场营销带来良好的市场效应和积极的社会影响。

案例分析

伊利集团的绿色营销

随着“双碳”目标作为重点工作被正式写入我国“十四五”规划，“绿色低碳”这一趋势备受关注。作为早在 2009 年便提出“绿色产业链”的中国乳业品牌，伊利积极响应国家政策，以自己的方式践行低碳环保的理念，从率先打造“零碳牛奶”，到倡导“低碳生活+ ”理念，再到上线“动物足迹瓶”，伊利的低碳环保行动一直走在行业前列。

作为节能减碳的倡导者和践行者，伊利的绿色营销不局限于消费领域，而是从生产、运输到消费环节全链路践行绿色生态发展观念，致力于打造多方参与、全方位渗透的“绿色营销”，其创新性地推出绿色环保概念的低碳牛奶——环保双减纯牛奶和减甲烷环保学生纯牛奶。在生产端，伊利打造绿色牧场，采用低碳饲料技术，减少奶牛的甲烷排放，使排放气体中甲烷占比降低20%～30%，助力全球气候目标的实现；伊利还布局了种植业和养殖业互相反哺、增产降碳的模式，在牧场周围种植奶牛饲料植物，一方面靠广泛植被固碳，解决草场沙化；另一方面通过精选饲料减少奶牛肠道发酵甲烷排放来减碳。此外，在包装和物流方面，伊利推动使用新能源汽车，发展多式联运，打造零碳物流园区、零碳物流线路；通过减铝箔、减油墨环保工艺打造全新减碳包装，建立包装回收机制，强化固废闭环管理，推进资源再生循环利用①。在线下拓展方面，伊利成功打造了首家“绿色门店”，依托亚运会的契机，搭建由64 610个回收奶盒再造材料组成的“绿色门店”，店内桌椅、绿植墙等以及创意相框、乒乓球拍、徽章等周边文创，均由废旧奶盒回收材料制成，助力杭州亚运绿色绽放。

由于乳制品行业横跨一、二、三产业，从饲草种植、奶牛养殖、产品加工到终端销售等各个环节都会涉及碳排放，且乳业国际化程度较高，加速绿色低碳进程离不开全球合作。因此，伊利联合43家全球战略合作伙伴启动行业首个“零碳联盟”，以促进供应链间的低碳合作，搭建了供应商碳排放数据收集信息化系统，并对供应商进行一对一全程辅导，引领17家供应商完成低碳转型，预计年度减少碳排放量超5 000吨。

凭借全产业链协同创新减碳、使用可再生资源等方面的突出表现，伊利在消费者心中建立起更强的信任感和忠诚度，进一步巩固了其在乳品行业的领军地位。

问题

1. 伊利是如何实现绿色营销的？
2. 结合案例，思考绿色营销相比于传统营销方式具有什么优点。

思考题

1. 简述国际市场营销战略模式的演进过程。
2. 简述国际市场营销中的全球营销概念。
3. 举例说明全球营销组合的四种基本类型。
4. 简述国际市场营销中的网络营销概念。
5. 简述绿色营销为何能给跨国企业带来良好的市场效应。

① 首推零碳牛奶，伊利都对奶牛做了什么.（2023-09-02）. https://finance.sina.com.cn/xwzmt/2023-09-02/doc-imzkiese1885847.shtml.

参考文献

［1］陈启杰．现代国际市场营销学．上海：上海财经大学出版社，2000.

［2］黄维梁．国际营销学．北京：中国金融出版社，2000.

［3］殷勤凡．跨国市场战略营销学．上海：立信会计出版社，2000.

［4］迈克尔·津科特，伊尔卡·朗凯思．国际市场营销学：第6版．北京：电子工业出版社，2004.

［5］菲利普·R. 凯特奥拉，约翰·L. 格雷厄姆．国际市场营销学：第12版．北京：机械工业出版社，2005.

［6］苏比哈什·C. 贾殷．国际市场营销：第6版．北京：中国人民大学出版社，2004.

［7］王成慧．市场营销理论的演进逻辑与创新研究．北京：中国财政经济出版社，2003.

［8］陈厚义，李新民．市场营销的国际化与本土化．贵阳：贵州人民出版社，2004.

［9］庄贵军，周筱莲，王桂林．营销渠道管理．北京：北京大学出版社，2004.

［10］郭国庆．市场营销学通论．9版·数字教材版．北京：中国人民大学出版社，2022.

［11］江林，丁瑛．消费者心理与行为．7版·数字教材版．北京：中国人民大学出版社，2022.

［12］加里·阿姆斯特朗，菲利普·科特勒．市场营销学：第14版．北京：中国人民大学出版社，2022.

图书在版编目（CIP）数据

国际市场营销：数字教材版 / 王晓东编著. 7版. -- 北京：中国人民大学出版社，2025. 6. (新编21世纪市场营销系列教材). -- ISBN 978-7-300-34147-7

Ⅰ. F740.2

中国国家版本馆 CIP 数据核字第 2025QB1829 号

“十二五”普通高等教育本科国家级规划教材
北京市高等教育精品教材立项项目
新编21世纪市场营销系列教材
国际市场营销（第7版·数字教材版）
王晓东　编著
Guoji Shichang Yingxiao

出版发行	中国人民大学出版社		
社　　址	北京中关村大街31号	**邮政编码**	100080
电　　话	010－62511242（总编室）		010－62511770（质管部）
	010－82501766（邮购部）		010－62514148（门市部）
	010－62511173（发行公司）		010－62515275（盗版举报）
网　　址	http://www.crup.com.cn		
经　　销	新华书店		
印　　刷	北京市鑫霸印务有限公司	**版　　次**	1998年10月第1版
开　　本	787 mm×1092 mm　1/16		2025年6月第7版
印　　张	18.25 插页1	**印　　次**	2025年6月第1次印刷
字　　数	381 000	**定　　价**	52.00元

中国人民大学出版社　管理分社

教师教学服务说明

中国人民大学出版社管理分社以出版工商管理和公共管理类精品图书为宗旨。为更好地服务一线教师，我们着力建设了一批数字化、立体化的网络教学资源。教师可以通过以下方式获得免费下载教学资源的权限：

- 在中国人民大学出版社网站 www.crup.com.cn 进行注册，注册后进入“会员中心”，在左侧点击“我的教师认证”，填写相关信息，提交后等待审核。我们将在一个工作日内为您开通相关资源的下载权限。

- 如您急需教学资源或需要其他帮助，请加入教师 QQ 群或在工作时间与我们联络。

中国人民大学出版社　管理分社

教师 QQ 群： 648333426（工商管理）　114970332（财会）　648117133（公共管理）
教师群仅限教师加入，入群请备注（学校＋姓名）

联系电话： 010-62515782，82501868，82501048，62514760

电子邮箱： glcbfs@crup.com.cn

通讯地址： 北京市海淀区中关村大街甲 59 号文化大厦 1501 室（100872）

管理书社　　人大社财会　　公共管理与政治学悦读坊